Innovation und Gesellschaft

René John · Jana Rückert-John
Elena Esposito (Hrsg.)

Ontologien der Moderne

 Springer VS

Herausgeber
René John
Berlin, Deutschland

Jana Rückert-John
Inst. f. Sozialinnovation (ISInova)
Berlin, Deutschland

Elena Esposito
Universita di Modena e Reggio Emilia
Italien

ISSN 2193-6625
ISBN 978-3-531-18022-9
DOI 10.1007/978-3-531-94128-8

ISSN 2193-6633 (electronic)
ISBN 978-3-531-94128-8 (eBook)

Die Deutsche Nationalbibliothek verzeichnet diese Publikation in der Deutschen Natio-nalbibliografie; detaillierte bibliografische Daten sind im Internet über http://dnb.d-nb.de abrufbar.

Springer VS
© Springer Fachmedien Wiesbaden 2013

Gedruckt auf säurefreiem und chlorfrei gebleichtem Papier

Springer VS ist eine Marke von Springer DE. Springer DE ist Teil der Fachverlagsgruppe Springer Science+Business Media.
www.springer-vs.de

Inhaltsverzeichnis

Vom Sein zum Machen der Welt

René John, Jana Rückert-John und Elena Esposito

Wissenschaftliche und außerwissenschaftliche Debatten sowie deren massen-
mediale Aufbereitungen münden zunehmend in Diskussionen um Letztursachen
und rufen Lösungen auf, die mit den postmodernen, de- und konstruktivistischen Argumentationen – spätestens seit den 1990er Jahren – ad acta gelegt
schienen. Prominente Themen solcher Debatten sind Geschlechterunterschiede,
Motive sozialen Handelns, Willensfreiheit oder auch Klimawandel und Um-
weltgefährdung. Evolutionsbiologische und -psychologische Schlussfolgerungen, bildgebende Verfahren der Neurophysiologie, statistische Verfahren, immer umfangreichere Rechenmodelle auf immer leistungsfähigeren Computern
befeuern kausalistische Argumentationen, die wiederum auf Natur, Menschen
und Subjekte, auf ein Sein an sich verweisen. Die massenmedial aufbereiteten
und verbreiteten Debatten öffnen mit der Re-Vitalisierung dieser Ontologie ein
Tor zur gesellschaftlichen Öffentlichkeit. Denn die Themen schließen unmittelbar an Alltagserfahrungen der Verunsicherungen an und erlangen dadurch
enorme Diskurskraft. Im Alltag des sich sorgenden Seins[1] in der Welt scheinen
immer Entscheidungen erforderlich, die sich auf Gründe berufen müssen – wie
begrenzt deren Geltung späterhin auch immer ist. Die Beobachtung der Welt
nach Gründen führt zur Suche nach ihrer geltenden Ordnung. Diese Beobachtung erster Ordnung aber führt oft zu einer unreflektierten Ontologisierung der
Welt.

Die Erfahrung alltäglich realisierter Ontologisierung ist ein Motor für das
Wiederauftauchen letztlich essentialistischer Argumente auch in den Wissenschaften und nicht zuletzt der Verunsicherung der Sozialwissenschaften.[2] Onto-

---

1   Die Sorge bestimmte Heidegger (1993: 193) bekanntlich als Wesenheit des Daseins, die al-
    lem anderen Handeln vorgelagert ist.
2   Kants transzendentale Lösung war zwar eine bedeutende, aber bekanntlich nicht die entschei-
    dende Antwort auf die Unmöglichkeit der Ontologie in der wissenschaftlichen Reflexion. Das
    Sein lässt sich nicht an jenseitige Gewissheiten binden, sondern bedarf eines Grundes aus sich

logie – ob nun als Argument oder Taxonomie – wird hier im Sinne der Tradition als erste Philosophie (Husserl 1992) verstanden, als Begründung von Wahrheit, die keiner weiteren Begründung mehr bedarf. Damit erlaubt solchermaßen verstandene Ontologie, die Referenzzirkel zu unterbrechen, indem mit ihr auf die Feststellung des Seienden gezielt wird. Ist damit Ordnung erzeugt, ist auch Sicherheit gegenüber einer undurchschaubaren Welt gewonnen.[3] Der fiktionale Charakter dieser Weltordnung (Esposito 2007) ist damit gleichsam aus der Welt geschafft, wenn sie als selbstbegründetes Sein Evidenz erlangt: Es gibt keine weiteren Gründe.

Wechselt man unter der Prämisse einer beobachtungsabhängigen Welt aber die Perspektive, so eröffnen sich immer weitere Möglichkeiten zur Nach- und Gegenfrage, wobei die eigene Position unausweichlich der Ontologisierung anheimfällt: Der Beobachter zweiter oder höherer Ordnung hat immer seinen blinden Fleck, den er unreflektiert voraussetzt – eine Art unterscheidungstheoretisches Korrelat der Ontologie.[4] Legt man Beobachtung in ihrer verschachtelnden Verweisung dem Ringen um Wahrheitsaussagen, dem wissenschaftlichen Arbeiten zugrunde, kommt man nicht umhin, sich dem Paradox zu stellen, sich in de-ontologisierender Absicht der Ontologie bedienen zu müssen. Dabei treten Paarungen zutage, die eine Spannung eröffnen, welche zur Auflösung treibt: Substanz fordert zur analytischen Beobachtung, die gründend auf geglaubter Substanz diese begründet; Glaube an ein Wesen der Welt provoziert den Willen zum Wissen, der von Ideen der Wahrheit getrieben wird; andauernde Gewissheit erlebt sich im momentanen Zweifel, der aber augenblicklich auf Gewissheiten angewiesen ist, verliert er doch sonst seine Grundlage. Viele Debatten scheinen diese Paradoxien – getrieben von alltäglichen Erfahrungen mit der Besorgung notwendiger Entscheidungen – mittels Ontologisierung zu lösen, ohne aber in der Lage zu sein, sie festzustellen. Der paradoxe Charakter des Ausgangsproblems tritt in den ontologisierten Lösungen immer wieder zutage. Die Paradoxien werden also nicht aufgelöst, sondern bloß verschoben.

In den jungen Debatten über das Nachholen der Ontologie und einen angeblichen „neuen Realismus"[5] beeindruckt vor allem der Mangel an Bewusst-

---

selbst heraus. Zur Beobachtung aktueller essentialistischer Argumentationen siehe Fuchs (2001).

3   Die Intention, Aussagen hinsichtlich ihres Wahrheitsgehalts anhand erster Dinge zu prüfen, leitete schon Aristoteles (2007, insb. II. Buch (α)), dem es anhand der Rückführung auf die Prinzipien des ewigen Seins um eigentliche Wahrheit ging.

4   Mit der interessanten Folge, dass Ontologie als funktionierende Blindheit erscheint.

5   Siehe etwa die Tagung „On the Ashes of Post-Modernism: A New Realism?", die am 7. November 2011 am Italienischen Kulturinstitut in New York stattfand. Autoren wie Umberto

sein für diese Komplexität und für die entsprechenden Paradoxien. Die Diskussion kapriziert sich immer noch auf die Alternative zwischen Realität und Interpretation. Dabei polarisieren die Positionen zwischen denen, welche die Priorität eines Bezugs auf Realität hinter der Proliferation von Interpretationen behaupten, und den angeblichen Positionen jener, die Realität nur als Produkt der Interpretation betrachten, das sich beim Wechsel der Perspektive gefügig verändert. Der Realismus wird auf diese Weise gegenüber einer, auf naiven Annahmen verkürzten Rekonstruktion der Postmoderne und des Dekonstruktivismus ausgespielt. Die Debatte führt trotz der großen Medienunterstützung offensichtlich zu nichts, außer zur Opposition zwischen inkompatiblen Fronten, weil sie die echte Innovation der theoretischen Reflexion in verschiedenen Disziplinen, wie Philosophie und Soziologie, aber auch Naturwissenschaften, wie Physik und Biologie, der letzten Jahrzehnte des 20. Jahrhunderts vernachlässigt: der Übergang von der Orientierung auf Einheit als die Realität *oder* die Interpretation zur Orientierung auf Differenz, nämlich den *Unterschied* zwischen Realität und Interpretation. Beide Aspekte sind nur gleichzeitig gegeben, binden sich gegenseitig und schließen jede Willkür – in den Formen eines „anything goes" oder einer Realität „so wie sie ist" – aus. Nötig ist darum eine viel komplexere Reflexion über Zirkularitäten und reflexive Formen dieser Art von Debatten, die offen für die Anerkennung und Problematisierung der Paradoxien sind.

Die ontologisierende Invisibilisierung der Paradoxien setzt zirkuläre Argumentationen in Gang, die von der Simplifizierung des Komplexen über die Finalisierung von Debatten und die Sicherheitsfiktion durch Fixierung bis zur Rückweisung von Verantwortung reichen. Das Diktat eines ökonomisch messbaren Pragmatismus ist nur eine Folge der eskalierenden Argumente, die sich zu beinahe undurchdringlichen Bedeutungssyndromen, wie Natürlichkeit, Geschlecht, Körper, Innovation, Gerechtigkeit, Individualität, Geld und anderem, zusammenballen.[6] In dieses Dickicht massenmedial verbreiteter und gesellschaftlich goutierter Begriffe gilt es, Licht zu bringen. Dabei ist schon auf vorherige Bemühungen einer Aufklärung bornierter Verhältnisse zu verweisen, die immer selbst in Gefahr ist, sich anstelle des Kritisierten zu setzen. Es geht hier nicht darum – in der Absicht, die Verhältnisse zu verändern – diese Verhältnisse lediglich mit neuen Begriffen neu zu beschreiben. Die Beiträge des Bandes konzentrieren sich auf die Art und Weise der Ontologisierungen, ihre kontingenten

---

Eco, Hilary Putnam sowie Maurizio Ferraris, Autor des „Manifesto for New Realism" (2011), nahmen daran teil.

6   Die mit ihrer Popularisierung gleichzeitig stattfindende Entleerung dieser und ähnlicher Begriffe hat Pörksen (1988) unter dem Stichwort „Plastikwörter" polemisch beschrieben.

Formen und Lösungspotenziale, die Folgen für Beobachtung und die Möglichkeiten soziologischer und sozialwissenschaftlicher Aufklärung.

Leitende Fragen des Buches sind die nach den Gründen für die Ontologisierung, den damit zunächst gelösten Problemen sowie nach den Folgen dieser essentialistischen Problemzuschnitte. Die Diskussion von Prozessen der Ontologisierung im Hinblick auf ihre Problemlösung, ihre Grenzen und weiteren Folgen soll sich an den Leitdifferenzen überkommener Ontologien und einer operativ ironisierten Ontologie orientieren. Es gilt erneut, den paradoxen Charakter herauszustreichen, mit dem Ziel, der Funktion und der Folgen von Ontologisierung nachzuspüren. Zudem soll diskutiert werden, ob und wie die Spannung der Paradoxien zwischen ontologisierter Konstruktion und dekonstruierter Ontik produktiver gestaltet werden kann, wie de-ontologisierende Aussagen trotz ontischer Verwiesenheit (mindestens der Sprache) möglich sind oder ob es Alternativen jenseits ontologisierender Praktiken gibt. So sind anhand der Darstellung der Vielfalt ontologischer Beschreibungen Querverweise und deren gegenseitig legitimierende Wirkungen hervorzuheben, die ein scheinbar zwingendes Denkgebäude für den Alltag bereitstellen. Auf dieser Grundlage sind Fragen nach der Reichweite und der Funktion aktueller Tendenzen zu ontologischen Erklärungsmodellen zu stellen. Das lenkt die Aufmerksamkeit auf mögliche Äquivalente und weist der Wissenschaft einen Weg, ihre hochkomplexen, kontextreichen und deshalb de-ontologisierenden Erkenntnisse gesellschaftlich weitreichender darzustellen, das heißt, sie mit einer höheren Anschlussfähigkeit zu auszustatten. Dies berührt gleichsam die Möglichkeiten und Reichweite soziologischer und sozialwissenschaftlicher Aufklärung, nämlich ihr Rollenverständnis: als Rufer in der Wüste oder als Erzeuger vielfältiger Selbstbilder der Gesellschaft. Verhallen die Rufe des Ersten nutzlos, weil ungehört, sind die verunsichernden und darum aufbrechenden Reflexionen Grundlage möglicher gesellschaftlicher Zukünfte. Für die Sozialwissenschaften ist damit Gelegenheit gegeben, ihre Beobachtungen im Verhältnis zu den Beobachteten und sich selbst darzustellen, mithin über Möglichkeiten, die sozialwissenschaftliche, insbesondere soziologische Beobachtung zweiter Ordnung anschlussfähig an die Reflexionen sozialer Praxis zu machen.

Hinsichtlich der Problemstellung des Buches, Formen, Funktionen und Folgen von Ontologisierung in der modernen Gesellschaft zu diskutieren, kann angenommen werden, dass sich ontologische Weltentwürfe in einer unüberschaubaren Vielfalt präsentieren. Dabei sind sie nicht neu und künden auch nicht von der Wiederkunft einfacher Welterklärungen. Sie sind schlicht notwendig für das Zustandekommen von Gesellschaftlichkeit. Unter den Bedingungen der Moderne aber hat sich die Ontologie schon längst vom Anspruch der Wahrhaftigkeit im Wesen der Dinge verabschiedet. Ontologie ist nicht länger als Singuläres vorstellbar – was natürlich eine grundlegende Umstellung zu dem traditionellen Ontologiebegriff bedeutet: Von Ontologien im Plural zu reden, würde schon heißen, nicht mehr ontologisch im eigentlichen Sinne zu argumentieren. Gerade deshalb ist heute eine Reflexion darüber nötig. Entsprechend der Vielfältigkeit der Welt kommen die Beiträge aus verschiedenen sozial- und geisteswissenschaftlichen Disziplinen. Die Beiträge diskutieren das Spannungsverhältnis zwischen Ontologie und Konstruktion im ersten Teil „Wesen – Idee" zunächst hinsichtlich der Rezeptionsmöglichkeiten der Welt. Hier finden sich epistemologische, ethische und sprachwissenschaftliche Beiträge mit eher konzeptioneller Ausrichtung. Die Diskussion wird im zweiten Teil „Ewigkeit – Augenblick" mit Beiträgen fortgeführt, die sich um das Problem der Zeit gruppieren. Dabei geht es im Wesentlichen um die Frage der Beherrschbarkeit von Zeit, insbesondere der Zukunft. Schließlich werden im dritten Teil „Substanz – Beobachtung" weitere Phänomene diskutiert, deren Konstruiertheit hinter der alltäglichen Faktizität evidenter Sorgen verschwindet. Thematisiert werden hier die Wissenschaft und der Klimawandel, die Konzeption von Raum, der Bürger als Adressat des Staates, die Gefangennahmen durch die Freiheit des Geschlechtskörpers, die De- und Rekonstruktion von Körper durch Krankheit, die persistente Zurechnung auf Akteure.

Am Schluss müssen Ontologien als plurale und sich gegenseitig widersprechende Weltentwürfe und -aneignungen gedacht werden. Ontologien sind Konstruktionen durch Beobachtungen von Phänomenen hinsichtlich verschiedener Funktionslogiken, ohne dass dafür eine ordnende Instanz angenommen werden kann. Dabei aber behauptet jede Ontologie für sich – notwendigerweise und kontrafaktisch – einen absoluten Geltungsanspruch. Dieser wird durch die Ansprüche anderer Ontologien allerdings sogleich negiert. Paradoxe Verhältnisse zeichnen so die Ontologien der Moderne aus. Sie fallen als Bezeichnungen auf, die kontingent einen Unterschied setzen, der durch die eröffneten Möglichkeiten folgenreich ist. Eben diese negativen Verhältnisse der Ontologien im womöglich ironischen, sich seiner Partikularität bewussten Blick zu behalten und damit die anderen Möglichkeiten der Realität ins Recht zu setzen, könnte eine moderne Aufgabe der Soziologie sein, die sich freilich selbst ironisch ins Visier nehmen müsste, um nicht der Tragik universalistischer Hybris anheimzufallen.

Literatur

Aristoteles (2007): Metaphysik. Stuttgart: Reclam.
Elena, Esposito (2007): Die Fiktion der wahrscheinlichen Realität. Frankfurt am Main: Suhrkamp.
Ferraris, Maurizio (2011): Manifesto for New Realism (Internet: http://labont.it/wordpress/wp-content/uploads/2010/11/1107-New-Realism-Ing.pdf, 22.12.2011).

Fuchs, Stephan (2001): Against Essentialism: A Theory of Culture and Society. Cambridge: Harvard University Press.

Heidegger, Martin (1993): Sein und Zeit. Tübingen: Niemeyer.

Husserl, Edmund (1992): Erste Philosophie. Gesammelte Schriften, Bd. 6. Hamburg: Meiner.

Pörksen, Uwe (1988): Plastikwörter. Stuttgart: Klett.

Teil I

Wesen und Ideen

Ontological and Constructivist Observing

Stephan Fuchs

1   Introduction

Ontology and construction are two possibilities for understanding observers and accounting for the epistemic status of their observations. "Observing" is observed here not as a passive or receptive mirroring or copying of a, or even the, world. Rather, it is an active intervention into the world, a doing of sorts. An observer is not a duplicate or mirror of what it observes. There is no "external observer" of the world (Luhmann 1992a: 8) – and there is no external observer who could observe this being the case, either.

To observe means to allow something in the world to matter and make a difference in some way; it is a mode of coming into, or going out of, the world. When, for example, a biological species goes extinct, or when a new aesthetics is born, the world does not simply lose or gain one of its parts, while otherwise remaining the same. Rather, it loses or gains itself; that is, one possible way in which it matters, makes a difference, and can be encountered or experienced. Observing is a mode of world-making, of "worlding".

Observing is a doing without a doer. This runs counter to our liberal and humanist habits, which assign an actor to every action, and then further restrict actors to human beings. But the observer is the distinction itself. What is being done in observing is the drawing of a distinction: "The basic cognitive operation that we perform as observers is the operation of distinction" (Maturana and Varela 1980: XIX). Observers differ in which primary, or self-defining, distinctions they draw, and how they draw them. The observer "Marx"[1] draws a distinction between basis and superstructure; the observer "Durkheim" observes,

---

1   Names of authors are placed in quotation marks to indicate that biographical or flesh and blood persons are irrelevant to the present argument. They are not irrelevant to those who live, or used to live, with them, to be sure.

according to the difference between mechanical and organic solidarity, how the distinction between the sacred and the profane can be drawn in ways that vary across religions, and the observer "Luhmann" separates system from environment. Those are the key distinctions in each case, distinctions that frame and structure all secondary distinctions, and without which the respective observer would cease to be the observer it is.

Where nothing can be distinguished, as in fog, utter darkness, or glaring light, nothing can be observed, nothing makes a difference, and all cats become grey. Too little or too much light render an observer blind. The light is the medium in which an observer observes, the light its core distinction casts in and upon the world. When nothing makes a difference and nothing matters, the Nothing erodes the observer and its distinctions. Thus, the observer "Nietzsche" observes nihilism as that historical process in and through which the Platonic-Christian distinction between this "lower" world (body, senses, will) and the other, "higher" world (mind, idea, reason) becomes void and obsolete, and hopes that nihilism can be overcome by the Uebermensch, a "total artist" of sorts, reversing that distinction. Without distinction, the world may still be there, but it does not matter; it is a matter of in-difference. A world where nothing matters may still be there in some (unimaginable) way, but it would lack all meaning and truth.

Observers appear and disappear together with their distinctions. It is not that there was first an observer, who then occasionally drew a distinction in such a way that the observer was the cause, source, or reason for its distinction. The relation between observer and distinction is not analogous to that between actor and action. If an actor does not perform this or that action, the actor is still there. But the observer is not the source or origin of its distinction. Rather, the observer *is* the distinction, and thus can see what it sees according to, and implying, this distinction, but cannot see the distinction itself. At the core of an observer is a blindness and unthought. An observer sees something in the light of a distinction, but, for the most part, does not attend to that light itself – until it gets dark, that is, when the observer disappears, disintegrates, or dies. Observers and their distinctions appear and disappear together.

How an observer observes depends on the structure and constitution of that observer, as well as on the position and location of that observer in relation to other observers in the world. There is no longer a place in the world from which the world as such could be observed in its totality. Except for God, who is everywhere and sees the truth of everything for all eternity, observers are historical, finite, and local, although there are differences between their comparative ranges, scopes, and durations. Some observers last longer than others, and some observers manage to extend the domain within which their observations matter into the domains of other observers, as happens when one scientific specialty invades another such specialty, or when an empire imposes its tax system on an annex. For Latour (1988), the "Pasteurization of France" was possible only because the laboratory was gradually extended beyond its confines, into the farms in the French countryside.

However, their finitude imposes limits on that which can be observed by any observer. Outside of the domain which a distinction delineates and demarcates, such as true/false, an observer cannot perceive anything at all, though different observers might, according to what matters to them, and following their own distinctions. All observers are restricted to their own domains or niches. The domain or niche of an observer is that segment of the world which its distinction circumscribes, and within which the distinction matters and makes a difference. The domain is an observer's home, where it belongs and longs to be. Domains may change; for example, they might shrink and expand, but never to the point at which a domain includes and rules all other possible domains. Not even "world religions" have ever been religions of the whole world, and the same is true for empires of "the" world.

Observers are positioned in various relations and degrees of social and cultural distance to that which they observe, and that relation and distance determine in which light what is observed appears. A lover observes the beloved one in ways that not only differ, but *must* differ, from how psychology or survey research observe. But never are observations so close to, and determined by, their referents as to be simply "caused" by what they observe. A dog perceiving a book may perceive some object in some shape, and the projection of that percept onto its retinae may be "caused", amongst other factors, by the actual object, but dogs cannot see books *as* books. The book itself cannot possibly cause the dog to see it as a book. The book matters for dogs, if at all, in ways that differ from how it matters for readers or writers. For collectors, editors, librarians or publishers books matter and appear in yet different ways.

Phenomenologically speaking, it is not our eyes that see; it is *we* who see, and how we see depends on who and how we are, and in what ways we are, or are not, concerned about what matters to us. How we are is how we are open (and closed) to that domain of the world which is our niche and home, where we and our distinctions matter and make a difference.[2] If the language of causation is to be maintained in this context at all, which it probably should not, one might say that observers cause themselves or, better, that the best predictor for what an observer will observe next is what has been observed thus far already. Observers

---

2   But who and how are we, and whom does this "we" include and exclude? For how long does this "we" last?

can learn, but what and how they learn depends on their past and current conditions, experiences, and trajectories.

2 Who Is the Observer?

An "observer" is not a person, nor a group or community of persons, but a more or less closed and bounded recursive network of related observations and communications. To be sure, if there were no persons there would also be no such networks, but necessary conditions are not sufficient, which is why networks do not "follow" from persons. Nor do they "consist" of persons as their elements, nodes, or units. Instead, "person" is what a network uses to assemble and reproduce itself. Sociologically, but not in common sense, persons "follow" from networks. It is such networks which observe, not the senses, brains, or minds of persons. However, it remains possible to attribute certain network outcomes and accomplishments to persons, as happens in the (frequently controversial and revisable) granting and recognition of authorship and the accumulation of reputational capital in a science, art, or literature. But such granting of authorship is nothing authors can do all by and for themselves, since such claims need to be recognized, negotiated, and confirmed by the network in which such claims appear and circulate. It is the network, not authors, that settles questions of authorship or priority disputes. While persons and their minds or bodies contribute sensory perception to such networks, which have no bodies and therefore cannot sense anything on their own, networks are not contained within persons, and they cannot be found inside their minds or brains. The state of a network is not a mental state. No brain could, at any time, contain the entire network, and neither could all the brains involved together.

Moreover, just what persons perceive, and how they do so, is formatted and structured by the very network into which perceptions are to be fed to make a difference there. Nothing can enter the network that is not, or cannot be made, compatible with its current modes, formats, and cultural or technical standards of observing (Daston and Galison 2007: 17).

In this way, any network excludes most possible perceptions and observations from itself. The more specialized and professionalized a network, such as a science or art, the more narrow and restricted the segment of the world that still matters, and the more extensive the zone of indifference, outside the observer's domain or niche, to which it pays no attention as a matter of course and default. The more advanced, sophisticated, and esoteric such an observer becomes, the longer it takes to train and discipline the minds or brains of persons to observe in ways and modes required by, and compatible with, that science or art. It takes much time and effort to become trained and skilled in scientific observing, for example. Such observing does not come easily or naturally, and never is it of the simple "just open your eyes and see" variety. *As* scientists, persons are the outcomes of their science, not its sources or origins. Of course, persons are "more" than scientists or artists, but what or who they are and do besides does not, and should not, matter to their science. When they are not being scientists, persons continue to perceive and observe something, but they will do so according to what matters elsewhere, outside of their science. When interacting with their families, neuroscientists will never perceive brains, meat that thinks, and no such domestic perceptions will find their way into neuroscience, at least not in the format in which they were originally made. Such observations are not fed into their science, and will not count as scientific observations there. As a result, any network excludes from itself not only all observations being fed into different networks, but also all those observations and perceptions of its "members" that are made outside of that network.[3]

It is, in any case, the network of observations itself, not persons, that decides which perceptions and observations matter to it and are to be recognized as contributions to the network. This applies even to basic and raw "sense data", as the network itself determines which data are relevant to it, and how such data are to be processed and interpreted to make sense and a difference within the network. In fact, there are no "raw" data at all, only data in various modes and stages of being "cooked". The more a science advances, and the more it relies on advanced technologies of observing, the less direct the relations between the observer and what is being observed. What scientists "see" is, first of all, their laboratories, not "nature". And since they observe and work *within* their laboratories, scientists cannot see them as such, either. As far as the scientists who work in labs are concerned, the lab is both present (as that within which they work) and absent (as the elusive totality of that space).

For epistemology and philosophy of science, it follows that there are no straightforward falsifications of theory, since theory decides what it will recog-

---

3   What is the relationship between systems and networks as two "relational" modes of theorizing (see Fuchs 2001)? In the perspective of systems theory, "system" refers to the unity of the difference between system and environment, while "network" designates the "structure" of a system, as the patterned or conditioned relations among its elements (Luhmann 1984: Chapter 1). In the perspective of network theory, a "system" is a special case of networks, one that is rather closed and self-accomplished: "For a system to exist, entities must be clearly defined, whereas in practice this is never the case; functions must be clear, whereas most actors are uncertain whether they want to command or obey; the exchange of equivalents between entities ... must be agreed, whereas everywhere there are disputes about the rate and direction of exchange" (Latour 1988: 198). It should be noted that, for Latour, "actor" does not exclusively refer to human beings, but to any being that can make a difference or matter in some way. Such beings are "actants".

nize as possible falsifications or anomalies, and how it will respond to and handle them, if at all. A science can be irritated by its data, but only if it allows and lets itself be so irritated. If it does, then how it handles and interprets its data is not itself decided by them. If it does respond to an anomaly, a science will do so in its own terms, not those of any falsificationist philosophy. The handling of anomalies will likely be controversial within the network, and so there are no straightforward or logical effects of falsifications on theory, effects that could be bindingly legislated in advance, once and for all, by some philosophical "logic" of science. How a science reacts to a philosophy of science is not decided by philosophy, but science, as both are different networks and observers to which different observations matter in different ways. Of course, a philosophy of science can claim that any science which violates philosophical rules of method is not really a science, but such claims will make little or no difference to the science in question.

Epistemology and the actual practices of a science are, at best, loosely coupled to each other. There is little to no evidence that any science pays much attention to the mostly normative and prescriptive strictures of epistemology, at least not when it comes to how a science actually does its work. Such normative accounts do play a bigger role, however, when it comes to frontstage presentations and public rationalizations of science, or when a science tells its history as the progressive and cumulative elimination of error on the way to truth. Much like in other organizations, the rhetoric of rationality in science is most likely to surface when science displays itself to lay audiences, funding agencies, or outside critics (Fuchs 1993). Generally, different observers can, and do, irritate each other, but whether, and how, such irritations matter depends on the internal workings and possibilities of each of them. For example, nothing that cannot be translated into synaptic firings can ever find its way into a brain, and no work of art can be recognized as such without negotiating how it fits into the art that is already there.

3   Levels of Observing

The observer "ontology" is a first-order observer (Luhmann 1992b: 68 ff.). A first-order observer "simply" observes what it observes, no questions asked. When something is perceived in this mode, the implicit, obvious, and taken for granted assumption is that what is being seen is seen simply because it is really "there". Anyone with eyes to see would see it as well, and see it in much the same way. This is observing in its routine, default, or normal mode. It occurs prominently in the core of the network, where it houses and protects its common sense, the sense common to this network (Fuchs 2010). Common sense is a *sense*, not a knowledge. Sensing is much more robust and confident than knowing. It is much more difficult to make someone doubt what they smell or taste than what they know. If you like chocolate, my saying that you really don't borders on the absurd. But if I suggest that your knowledge of what the state is is deficient, you will be much more willing to concede. This is why common sense is not consensus, and lasts much longer than any consensus. Common sense is self-evident; it does not even need reasons, warrants, or arguments. In fact, the very occasion of common sense being asked for reasons and warrants is a sure sign that it is already not that common and natural anymore. Common sense is the longue duree of the network, although it comes to an end eventually as well, when that network itself disappears or disintegrates.

A science is not opposed to common sense in the same way as reason and truth are opposed to habit and prejudice. No science is a perfectly "open" system of conjectures and refutations. Instead, a science has its own common sense, as that which it can expect all its competent practitioners to master. In turn, "competent" is someone who masters a science's common sense. This circularity is part of observers as networks, especially in their cores, where relations among the network's nodes are dense, redundant, and self-similar or tautological (Burt 1992). As far as observers are concerned, tautology is not a logical fault or deficiency, but a sign that one has reached an institutional level so deep and obvious to that observer that it becomes pointless and irritating to insist on further justifications and clarifications. Of course, it is always possible to keep asking for further reasons, but at some point, this will be taken as a sign of irreverence, frivolity, or sheer lack of competence. Since the network core houses and protects the foundations for the entire network, persistent inquiries into the foundations for these foundations will quickly lead to an infinite regress. When it comes to itself, common sense is its own last court of appeal.

The common sense of a science is that science in its "normal" everyday mode (Kuhn 1970). Common sense is a resource, not a topic, in an observational network. For the most part, common sense remains invisible and unthought in the background of the network, as that which enables it to do its work without becoming thematic, much less problematic or questionable. Hardly ever does it occur to this first-order mode of observing to turn to and inspect itself, let alone question or doubt itself as such and as a whole. Common sense is averse to skepticism, and shrugs off objections to itself as simply non-sensical, in an effort to get on with the serious business of everyday life and work. If skepticism does become rampant, this is evidence of a crisis and possible collapse of the network, as happens in rare scientific revolutions, for example. For an observer, the complete breakdown of its core and common sense is nothing short of catastrophic, leading to the demise and extinction of that observer as such. Of course, one observer's common is another observer's *un*common sense. That distinction is the core distinction of common sense as a first-order observer.

First-order observers can realize they made a mistake and learn from such mistakes, but they cannot consider the possibility that they are mistaken altogether. If this mode of observing is interrupted, bracketed (Husserl 1913/76) or breached (Garfinkel 1967), it first reacts with various degrees of disbelief and hostility, and then re-normalizes the interruption in an urgent effort at returning to its normal and routine mode. Common sense blames interruptions of its routines not on the possibility that the world according to common sense may not be the only possible world, and its mode of making sense but one amongst others, but on some misunderstanding, social or cultural incompetence, or a variety of special exceptions and exemptions related to situation and context. As an observer, or observational mode, common sense insists on itself and refuses to consider itself contingent. For it is not just any, but the *natural* attitude – that attitude which, presumably, comes "naturally" to all observers at all times and places. This is why it is so difficult and laborious to leave common sense for extended periods of time, as the history of metaphysics documents from Platos simile of the cave, to Hegels phenomenology of experience and Heideggers "authentic" mode of Dasein.

Once common sense is observed on a second level, however, it can be seen that what appears natural to common sense is just the result of enduring habits and undisturbed practice. Switching to second-order observing, the possibility emerges that common sense is not all that common, and that it is variable, not constant. The sense common to a modern science is not common to medieval scholasticism, where it would have made no sense at all, much less *common* sense.

As a first-order observer, ontology attributes itself in a realist mode to the way the world really and truly is and must always be and remain. In ontology, the observer and its observations do appear as somehow caused or necessitated by the world. Causation is the condition for the possibility of truth. Truth is accurate representation or correspondence to reality. The observer recedes behind the observed reality, to the point of invisibility or latency. To itself, the ontological observer appears simply as the passive and receptive medium through which reality expresses itself, without bias, distortion, prejudice, or limited perspective. In ontology, there is, ultimately, only one observer and only one truth, reality, and world. If there are other observers around at all, they are considered subordinate and secondary to the privileged and primary observer at the apex of the ontological hierarchy. Subordinate observers cannot claim to observe in their own and independent terms. A regional ontology, for example, may map the ontic structure of a special province of the world, but this map may not contradict the map of the world itself, which is provided by fundamental ontology. Regional is subservient to fundamental ontology.

In transcendental terms, the ontological observer is the ultimate condition for the possibility of all observing, the vantage point at which all true observations come together in a grand synthetic unity. The observer itself recedes behind its observations of the external world, the world outside of the observer. Ontology is an "absolute" observer in that it ab-solves itself from the world, becoming otherworldly or meta-physical in the process. Ontology claims to capture the universal and permanent fabric of the world in its entirety and totality, regardless of changes and accidents in time, context, or culture. For such changes and accidents concern the mere surface and appearance of things, without affecting their intrinsic nature or essence. That essence remains the same despite variations in secondary properties and accidental or contextual traits. Ontological observers trust in ultimate and invariant foundations; they see the reality of the world as a hierarchically layered and ordered architecture of substances, essences, and natural kinds. Ontology's logical modality is necessity; its cultural mentality and morality are deterministic, absolutist, and reductionist.

4   The Ontological Difference

To observe is to draw a distinction. A distinction establishes two different sides. The distinction itself is one, a unity, the unity of a difference. The two sides emerging in and from the distinction are different from each other, and so depend on each other. One side is not the other, but what it is it cannot be without the other. The two sides belong to each other, and not to the sides of a different distinction drawn by a different observer.

The condition for the possibility of the observer metaphysics or ontology is the "ontological difference"; that is, the distinction between Being (Sein) and beings (Seiendes) (Heidegger 1928/90: 193).

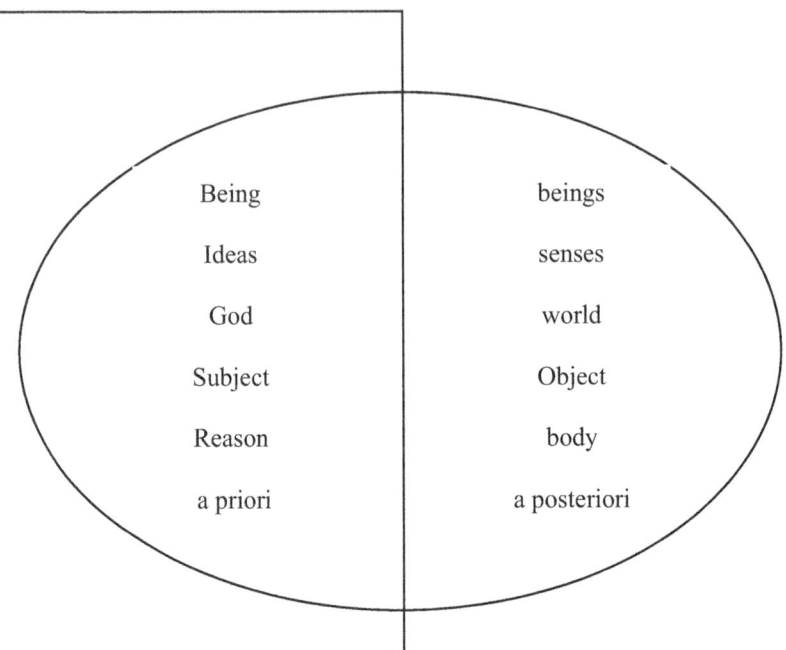

Figure 1: The Ontological Difference

Insofar as metaphysics has addressed Being at all, it has done so in terms of beings, that is, coming from, and returning to, the side of the distinction housing
beings, not Being itself: "Das Sein ist, metaphysisch gedacht, jenes, was vom
Seienden *her* als dessen allgemeine Bestimmung und auf das Seiende *zu* als dessen Grund und Ursache gedacht wird" (Heidegger 1936-39/96: 429). As a result,
being appears in metaphysics, if at all, in several ways and questions. The first
one of these is, what makes a being what it is in its very core? In the core of a
being we find its substance or essence. The substance is that being which, in its
being, needs no other being besides itself to be what it is. It exists in and on its
own terms, as an independent and self-sufficient reality. The substance comes to
the fore as all accidental and contingent properties of a being, such as an object
or thing, are gradually stripped away. Contingent or accidental are those properties that can be otherwise and different from what they actually are, without
changing the very "nature" of that being. This blue table here could be painted
black, but this change in appearance would not affect what it essentially is, a table. The substance of the table is what the table is *as* table, and its substance re-

mains the same underneath all changes in its surface traits. Since the substance or essence of something belongs to all things of its (natural) kind, a substance is what all beings of the same natural kind have in common in their very core.

The second way in which metaphysics has conceived of Being in terms of its other side, Beings, is as the "highest" of all beings, that being among all other beings which *is* in a privileged and out-standing way (ens certum). Such a being is the substance of all substances, a First Beginning, First Principle, prima causa, or unmoved mover. The metaphysics of this highest being is "ontotheology" (Heidegger 1929/69: 19). Throughout its history, the history of the Occident, metaphysics has offered various candidates for this supreme or higher being. For Plato, it is the "idea", since the idea of something remains the same, despite accidents and changes in its actual or material realization. The Christian God, as *ens increatum*, is another possibility; in medieval cosmology, all things are what they are depending on their relation and proximity to this highest of all beings. God is that being which needs no being other than itself, while all other beings are created, and so need the Creator to be. For Descartes, Kant, and the German Idealists the substance of all substances is the Subject as Cogito, while Nietzsche claims all Being is essentially will to power. In today's naturalist and physicalist ontologies, this ultimate and foundational reality, to which all other realities can be reduced, is *whatever* the leading science of the day proclaims as nature's most fundamental and ultimate building block. The core of all reality, substance of substance, is that being which cannot, at least for now, be further reduced and decomposed into a still more elementary and basic substance.

A third way in which metaphysics thinks Being is transcendental. Kant analyzes not beings or objects, but the conditions under which they can be known. Before an observer, such as a science (for Kant: Newtonian mechanics), can analyze an object, and any object, it must already "know" what constitutes any and all objects *as* objects. Such knowledge is never inductive, but prior to knowledge about particular empirical objects. As an a priori, Being appears in Kant as the objectivity of objects, and it is grounded and rooted in the transcendental subjectivity of the Subject as Cogito.

In its modernist and scientistic incarnation, metaphysics, or what is left of it, sees all beings as natural, material, and physical things, and these things as objects of science. In this light, metaphysics sees itself as the most fundamental of all sciences, as science of science, absolute science, pure reason, or logic. With Fichte and Hegel, the Subject has become science, and comes into its very own as science of science, *Wissenschaftslehre*, knowledge of knowledge, pure reflexivity. But this Subject is nothing subjective or psychological; rather, it is the condition under which psychology, and all empirical science, become possible. Since the metaphysical observer is the Subject, and since this Subject is a

Cogito, Being is what it is for the Subject as Thought. The world *is* representation, and that representation is, ultimately, metaphysics or ontology.

In sum, ontology searches for that substance which underlies all other substances, the ultimate and primary source, origin, cause and core of the world, to which all other substances can and must be reduced, and in terms of which they must be explained. Fundamental ontology is a reductionist and realist first-order observer of the world, privileged in its access to reality, and disinclined to observe itself as but one possibility among others.

Some ontological observers, such as fundamentalist religions and cults, protect the sanctity of their core institutions by taboos and prohibitions against second-order observing, especially reflexive and critical self-observing or ironic distance and virtualization. As a first-order observer, a religion resents and resists being observed by a second-order observer, such as sociology of religion. Such outside observing is disdained, or even prosecuted, as an intrusion of the profane into the sacred, as violation of taboo, as desecration of the totem. Religion attributes itself to what it worships as sacred, not to itself or society, as sociology does. For sociology, a religion's God is the religion's own. It is a more or less local accomplishment and construct. Sociology (and other debunkers) reverse the religious hierarchy between the sacred and the profane, with the profane appearing now, in this light, as the source of the sacred, instead of its gift and bequest. As a result, religion sees sociology, if it does see it at all, as a complete misunderstanding of what matters to itself, a vile and dangerous attack on the sacred, coming in the deceptive guise of objective science. Another possible way of reacting to second-order observation is with *tu quoque* returns, to the effect that sociology is also a local and temporary construct, and that the relativity of all observing is itself relative. Such was the strategy of science in the "new wars of truth" (Fuchs 1996).

5 Constructivist Observing

Constructivism is not first-order, but second-order, observing of observers. Observers now appear in the massive and manifest plural, as part of the modern condition (Luhmann 1992a: 31, 101). From now on, any claim that one of those observers is naturally and undoubtedly superior to all others will not fail to be met with incredulity, resistance, irony, and deconstruction.

A second-order observer observes not *what* the first-order observer observes, and it does not observe together *with* that observer, either. First and second-order observers operate at different levels, and in different domains. Take the relations between the second-order observer "neuroscience" and the first-order observer "brain" or "mind". On the first or ontological level, a person[4] looking at a wall trusts the wall is seen because it is really there. One simply sees the wall itself, and not one's own representations of it. One looks at the wall, and not at mental tokens or symbols of it. Even less does one see one's brain when one looks at something. When seeing the wall, the seeing itself is not and cannot be seen. At this level, nothing is seen or known about how seeing is being accomplished; about retinae, optical nerves, blind spots, or brain modules for vision. Even if one is told by neuroscience how one's eyes and brain accomplish seeing the wall, one continues seeing the wall as before, and still routinely and unquestioningly attributes seeing it not to oneself, but to the object out there, the wall.

This is how stubborn and persistent common sense is. Utterly fantastic, therefore, is Churchland and Churchland (1998: 8) expectation that, since common sense is a "theory", it will eventually be falsified and replaced by a "better" theory, and then "will go the way of phlogiston, caloric fluid, and the crystal spheres of ancient astronomy". This is fantastic for three reasons: common sense is not a theory to begin with; it is not in us or our brains, but we are in it, and there is no way for neuroscience to distinguish between brain states that are true and those that are false.

As a second-order observer, neuroscience sees not the wall, but the brain seeing the wall, and attends to how the electrochemistry of brains accomplishes vision. These observations are not fed into brains, and especially not the first-order brain watching the wall. Rather, neuroscientific observations are fed into the network that is neuroscience, and make their sense and difference there *and only there*. The domain and truth of this observer end at the, however shifting and variable, boundaries of the network that is neuroscience, including popular accounts and presentations of itself in some public medium. To find neuroscience, one must read papers and open books, but it cannot be found in anyone's (whose?) brain, including the brains of neuroscientists. Their neuroscience is not in their brains, but in their work, in their laboratories, in their conferences, and in their publications. Neuroscience is a network of communications and observations, not a network of neurons, as brains are. Neuroscience does not "follow" from brains, but from itself; that is, from previous neuroscience. To be sure, if there were no brains at all, there would also be no neuroscience, but by far the

---

4   It is left open and undecided here what the relations are between "person", "mind" and "brain". Phenomenologically, they're all inadequate. Do you see yourself as a mind, as a brain, as a psychical system, as a consciousness? Do you see your "significant Other" in those terms, or your children?

most brains do not, on their own account and initiative, develop any neuroscience. Humans have had brains for a very long time, but neuroscience is a very late and recent accomplishment. So brains cannot be the "cause" of neuroscience. Nor do they "contain" it. At most, brains are a necessary condition for neuroscience. But then, brains are necessary conditions for states and revolutions as well, and no one would claim that states and revolutions follow from brains, or are themselves states of a brain.

6   The Truth of the Matter

An important consequence of the difference between levels of observing concerns truth. No brain can decide, for and by itself, whether neuroscience is true. Neither is the truth of neuroscience a state common to all brains of all neuroscientists at any point in time. Not even two brains are ever in the exact same state, let alone the brains of all members of the neuroscientific community. Actually, not even one single brain can be in the same state twice, if only because it ages. For this reason, matters of truth are settled within the network that is neuroscience, not in brains. Brains contain no truth, only neurons, relations among them, and events. But events can only happen or not; they cannot be true. If neuroscience were, indeed, a brain state, then it would be equivalent to all other brain states, such as alchemy and Zoroastrism. As a brain state, neuroscience could no longer claim that it is scientific and supported by the evidence, while alchemy and Zoroastrism were false, since that claim itself would amount to nothing but a very fleeting event in a brain. To say and write that "we" *are* our brains, and can therefore be reduced to, or explained in terms of, our brains is not an event in the brain, but a communication in a network of communications. As a result, one cannot say such things at all times and in all situations – not, for example, when the neuroscientist is talking to his wife at home. Then, the neuroscientist sees not a brain, but his wife, and how he sees her does not follow from either one or both of their brains, but from the history and presence of their mutual relations. Those relations are not relations in or of the brain, either. These relations are not "in" us at all; rather, we are in them.

The most one can say is that brains "underwrite" neuroscience, much as an official underwrites or signs a document and passes it into law without having to know just what is being signed, and without such knowledge being a necessary condition for her signature turning the document into law. But brains can underwrite much else besides neuroscience, such as metaphysics, postmodernism, or myths. None of the differences between them, however, result from differences in brains or brain processes. The difference between metaphysics and myth is not a difference between brain states, and cannot be described, let alone explained, in neuroscientific ways.

The distinction between observational levels and domains should not conceal the fact that no observer can do entirely without some common sense, that is, without the assumption that what is being observed exists prior to, and outside of, the observer. At the second level, where observers are being observed, it is these observers which are considered real. The observer "Luhmann" (1984: 30) acknowledges, "Es gibt Systeme", and the observer "Heidegger" (1969: 6) says, "es gibt das Sein". For common sense, that reality is the real wall; for neuroscience, it is the real brain constructing its own perception of the wall. But this realist attribution might again be interrupted by a (third-order) sociology or psychology of neuroscience, which would attribute neuroscience not to the reality of brains, but to the (real!) social or psychological conditions of neuroscientific observing.

Once second-order observing becomes possible and widespread, there is no preset and fixed limit to the number of observational levels, and there is no hierarchical plateau or final level beyond or above which no more levels could conceivably be added: "Auch im Beobachtungsschema wahr/unwahr liegt keine Geste der Überlegenheit und kein Anspruch auf Beherrschung und Kontrolle, sondern nur ein spezifisches Interesse an einer spezifischen Unterscheidung" (Luhmann 1992a: 87). The term "level" of observing should not be understood to imply that levels were somehow ranked, so that more and more could be seen advancing upward from level to level, or that the higher the level, the more complete, all-inclusive, and foundational the respective truth. Such ranking requires society to be structured as a robust and all-encompassing hierarchy, which modernity dissolves, or transforms into stratification of various kinds of capital. "Truth" becomes, in modernity and constructivism, the truth of an observer, the truth *in* which an observer observes, the truth that ends at the boundary of the network that is the observer. Boundaries may shrink or expand. But, in constructivism, no truth can be boundless and final. For a final or ultimate truth would be that of a privileged and grand meta-observer, such as fundamental ontology, in which all observations at all levels would be grounded and united.

To stay with the example from above, none of the observers involved – brains, neuroscience, sociology – can plausibly and credibly claim to contain the truths of all other observers. Instead, truth becomes observer-relative and, as such, contingent. To be relative to an observer does not indicate that truth becomes relativist, or that anything goes, since only that which somehow finds its way into an observational network can attain the status of truth there. Not anything goes but almost nothing goes – into and in any observational network. But there is no all-encompassing network of all networks, at least not anymore, as

modern society has no center, where everything might come together, and from
which binding and official proclamations about the one and only Truth could be
issued. Modern states are not actual centers, but "permanently failing" parts, of
their societies, and so must do without foundational or transcendental political
theology (Meyer and Zucker 1989).

The massive and manifest plurality of observers and observational levels
means that, in each case, observations are fed only into the network that is the
observer at each level and domain. The observer neuroscience feeds its observations into neuroscience, not the brain; the observer sociology feeds its own discipline or specialty, not neuroscience. Even if it did pay attention to them, which
it does not, neuroscience cannot do anything with sociological observations of
itself, and especially can it not do any neuroscience with them. The "truth" of
sociological observations of neuroscience must be decided and established within sociology, not neuroscience, and vice versa. For neuroscience, sociological
accounts of neuroscience are, for the most part, a matter of indifference, to be
ignored not just case by case, but altogether and as such, by default, as it were.
If it does observe being observed by sociology, neuroscience might view this as
an encroachment of an outside field upon its own territory, as a misunderstanding of what neuroscience is and what matters to it, or even as a provocative as-
sault upon its status as an objective science. First-order observers respond to being observed by outside observers with irritation, anxiety, or resentment. Such
are the emotional dynamics of ideological observing.

7   Ideological Observing

A special case of second-order observing is ideological or suspicious observing,
as in Marx, Freud, Nietzsche, or Darwin. Ideological observing suspects that the
observer observed has something to hide, or is irremediably and irreparably
caught and stuck in the web of its own illusions. Ideological observing suspects
the observer observed, but not itself, to be either unwilling or unable to see the
light and truth. It is not just that the observer observed has made a mistake,
which could be corrected by learning. Instead, the observer observed is mistaken
as such and in its entirety, and can be rescued from itself only by some kind of
therapy or wholesale conversion to the other side, the right side, be that psycho-
analysis or scientific Marxism. Observed suspiciously or ideologically, an observer does not appear as an innocent vehicle of truth, but as the carrier of a particular interest, standpoint, or perspective. An ideology conceals such interests
or standpoints, or inflates them into a universal interest or neutral standpoint,
presumably shared or common to all observers at all times and places. Ideology
inflates a claimed consensus, up to the point where some "ideal" consensus

unites all rational and reasonable observers in universal discourse. Second-order observing then becomes critique of ideology, as it reveals the concealed interests, and deflates the ideological inflation. In ideological critique, universal consensus deflates into a temporary and locally shared practice.

In intellectual history, suspicious observing marks the transition from the metaphysics of the Subject in German Idealism to the "German Ideology" of Marx. In the "German Ideology", the observer – not the person – "Marx" observes the observer "German Idealism" not as absolute but relative, that is, relative to the social and cultural world of 19th century professional university intellectuals, the carrier stratum of German Idealism. The allegedly metaphysical and logical Subject turns out to be just another empirical observer, located at a particular time and place in society. The debunked Subject deflates from logic itself to the particular worldview of German idealist philosophers, and their hidden interest is in aggrandizing their local and limited perspective into a universal and absolute truth, thereby inflating their own position into the very logic of history itself.

Once second-order observing and constructivism arrive on the scene, metaphysics and the privileged observer come to an end, and God is dead. The death of God signals the dismissal and disappearance of any and all privileged observing, including scientific observing, which itself becomes empirical, not transcendental or logical, with the empiricism of Hume. While in some scientistic and dogmatic interpretations of itself, Marxism is held to be exempt from ideological suspicion because its carrier stratum, the proletariat, represents humankind itself, such self-exemptions can no longer be rendered plausible and convincing. This represents yet another major transition in intellectual history, from the critique of ideology to the sociology of knowledge, or from the "German Ideology" of Marx to "Ideology and Utopia" by Mannheim. After this transition, ideological suspicion becomes mutual, even total, as no observer can get away with claiming privileged, transcendental, or metaphysical status. At this point, all observers may have something to hide, and no observer can see everything there is to see, including itself and all the other observers.

Constructivism denotes an observer able and willing to observe itself, and be so observed, as but one contingent possibility among many other observers. Construction goes along with multicultural pluralism, hermeneutic charity, and multiple co-existing historicist worlds. Constructivist observing observes itself not as a passive mirroring of an unchanging reality, but as an active intervention into the world that always and unavoidably bears the signature and imprint of the observer and its "standpoint" or "perspective". All observers are limited and finite; no observer can see "everything". To observe is not to capture the world as it really and truly is, regardless and independent of the observer, but a way of "world-making". In constructivism, all observers are empirical; no observer is transcendental or privileged in an exemption from being observed itself (Luhmann 1992c: 133). As a result, observers cannot be ranked anymore according to a binding and obligatory hierarchical order. Although they may continue to claim superior status for themselves, such claims are open to dispute and controversy. All observers are limited and restricted to their particular niches and corners in the world. Any observer's rationality is bounded. It is not possible to see the world from nowhere, from a vantage point outside of the world. Constructivism observes all ontologies as regional and temporal accomplishments, including itself, at which point a paradox emerges, since constructivism cannot but be constructed itself, and thus can also be de-constructed, or even deconstruct itself. Once God is dead, and no observer, including science, is privileged and exempt from second-order observing, sociology's defining question is: Who is the observer? How is that observer located in historical time and social space, and what can and cannot be seen from this particular location?

Bibliography

Burt, Ronald S. (1992): Structural Holes. The Social Structure of Competition. Cambridge: Harvard University Press.

Churchland, Paul / Churchland, Patricia (1998): On the Contrary. Critical Essays, 1987-1997. Cambridge: MIT Press.

Daston, Lorraine / Galison, Peter (2007): Objektivität. Frankfurt: Suhrkamp.

Fuchs, Stephan (1993): Positivism is the Organizational Myth of Science. In: Perspectives on Science 1.

Fuchs, Stephan (1996): The New Wars of Truth. In: Social Science Information 35.

Fuchs, Stephan (2001): Networks and Systems. In: Javier Trevino (ed). The Legacy of Talcott Parsons. London: Sage.

Fuchs, Stephan (2010): Kulturelle Netzwerke. Zu einer relationalen Soziologie symbolischer Formen. 49-68, In: Fuhse, Jan / Muetzel, Sophie (eds). Relationale Soziologie. Wiesbaden: VS Verlag.

Garfinkel, Harold (1967): Studies in Ethnomethodology. Englewood Cliffs: Prentice Hall.

Heidegger, Martin (1928/90): Metaphysische Anfangsgruende der Logik im Ausgang von Leibniz. Frankfurt: Klostermann (GA 26).

Heidegger, Martin (1929/69): Was ist Metaphysik? Frankfurt: Klostermann.

Heidegger, Martin (1936-39/96): Nietzsche. Erster Band. Frankfurt: Klostermann (GA 6.1).

Heidegger, Martin (1969): Zur Sache des Denkens. Tübingen: Niemeyer.

Husserl, Edmund (1913/76): Ideen zu einer reinen Phaenomenologie und Phaenomenologischen Philosophie. Den Haag: Nijhoff.

Kuhn, Thomas S. (1970) The Structure of Scientific Revolutions. Chicago: Chicago University.

Latour, Bruno (1988): The Pasteurization of France. Cambridge: Harvard University Press.

Luhmann, Niklas (1984): Soziale Systeme. Grundriss einer allgemeinen Theorie. Frankfurt: Suhrkamp.

Luhmann, Niklas (1992a): Beobachtungen der Moderne. Opladen: Westdeutscher Verlag.

Luhmann, Niklas (1992b): Die Wissenschaft der Gesellschaft. Frankfurt: Suhrkamp.

Luhmann, Niklas (1992c): Universitaet als Milieu. Bielefeld: Haux.

Maturana, Humberto / Varela, Francisco (1980): Autopoiesis and Cognition. Dordrecht: Reidel.

Meyer, Marshall / Zucker, Lynn (1989): Permanently Failing Organizations. Newbury Park: Sage.

Luhmanns Ontologie

William Rasch
übersetzt von Roswitha Rust

Der Titel dieses Aufsatzes, „Luhmanns Ontologie", ist pervers.[1] Ontologie ist für Niklas Luhmann bekannterweise kein immer wiederkehrendes Rätsel, das es stets aufs Neue zu lösen gilt, sondern eine historisch determinierte Kategorie, die man aufgeben sollte.[2] Die Ontologie korreliert, als gleichbedeutend mit der westlichen metaphysischen Tradition, die in der aristotelischen Logik verwurzelt ist, mit dem Muster sozialer, durch die Epoche regionaler Hochkulturen gekennzeichneten Organisation, nämlich der hierarchisch angeordneten Form der Differenzierung, für die Luhmann die soziologische und anthropologische Bezeichnung ‚Stratifizierung' verwendet. Dass das Wort „Ontologie" im 16. Jahrhundert erstmals auftritt und dort eine Untergruppe der Metaphysik bezeichnet, versteht Luhmann als ein Zeichen einer Krise, oder – um es weniger dramatisch auszudrücken – als ein Zeichen des Übergangs; und dass die Semantik der Ontologie nebst einer Anzahl anderer traditioneller Begriffe (wie zum Beispiel die unerlässliche Kohorte der Ontologie, die Vernunft) heute weiterhin eine bewusste oder unbewusste Rolle spielt, ist für Luhmann ganz einfach ein Zeichen dafür, dass manche Leute nicht aufgepasst haben. Sie haben nicht auf das Entstehen einer neuen Form der Gesellschaftsstruktur – die funktionale Differenzierung – geachtet, von der Luhmann behauptet, sie sei frei beweglich und nicht länger mit regionalen Unterschieden verbunden. Dementsprechend muss die

1   Dieser Aufsatz wurde zuerst als „Luhmann's Ontology" in der Revue Internationale de Philosophie (2012) veröffentlicht und erscheint hier in deutscher Übersetzung mit deren freundlicher Erlaubnis. Er basiert auf einem Vortrag, der bei der Konferenz Social Form an der Zeppelin Universität in Friedrichshafen, Deutschland, im März 2010 gehalten wurde. Die Arbeit wurde großzügigerweise von der Deutschen Forschungsgesellschaft unterstützt. Mein Dank gilt auch Dirk Baecker für die Einladung zur Teilnahme.
2   Zu Luhmanns prägnantester Auseinandersetzung mit Ontologie siehe Luhmann (1997: 893-912), auf dem die kurze Zusammenfassung dieses Abschnitts beruht.

stabile Ontologie des alten Europas notwendigerweise von einer neuen Den-
kungsart abgelöst werden, die mehr im Einklang mit unserer komplexen, gegenwärtigen Form der Gesellschaftsorganisation steht. Daher erscheint es als ein
Oxymoron – oder noch schlimmer, als ein Zeichen meiner bodenlosen Unwis-
senheit – den Eigennamen „Luhmann" mit dem philosophischen Begriff der
„Ontologie" zu verbinden. Warum habe ich also einen derart fatalen Fehler be-
gangen?

Ich schlage vor, dass wir meine Überschrift nicht als eine Behauptung verstehen, sondern als eine Frage. Als sich Luhmann, der sich selbstverständlich als
Soziologe sah, in philosophische Gefilde begab, betonte er ausdrücklich, dass
seine Spekulationen epistemologischer Natur seien. Epistemologie ist aber nicht
inhärenter - oder notwendigerweise unvereinbar mit Ontologie; denn was wäre
schließlich Wissen für die metaphysische Tradition, wenn nicht Wissen um die
Wirklichkeit? Luhmann allerdings kontrastierte Wissen gerne mit einer „Realität, die unbekannt bleibt", eine Formulierung mit entschieden kantischem und
vielleicht besonders neo-kantischem Unterton, obwohl Luhmann versucht, diese
Nähe zu minimieren. „Wissen", so gesehen, kann Wirklichkeit weder abbilden
noch darstellen, sondern muss als eine Konstruktion, als eine Selbst-Produktion
gesehen werden. Trotzdem bedeutet die simple Tatsache, dass Realität an sich
unbekannt ist, nicht, dass sie nicht existiert; es bedeutet nur, dass sie nicht für
das Wissen existiert. Das räumt Luhmann auch ein: „Immerhin gibt es also einige Anhaltspunkte dafür, daß die unbekannt bleibende Realität, wäre sie total
entropisch, keine Erkenntnis ermöglichen würde. Nur kann das Erkennen das,
was von dieser Seite her die Bedingung der eigenen Möglichkeit ist, nicht in die
Form einer Unterscheidung bringen" (Luhmann 1988: 41). Wirklichkeit als negative Entropie wird hier als eine Voraussetzung verstanden, die Operationen
(Kognition, Beobachtung) zur Wissenskonstruktion ermöglicht. Da aber diese
Realität nicht das Objekt des Wissens sein kann, das sie ermöglicht, wird sie lediglich zur Voraussetzung des Wissens. Die Gehirnakrobatik, die für die Bestätigung von Wissen und Wirklichkeit und die gleichzeitige Verneinung des Wissens von der Wirklichkeit notwendig ist, produziert linguistische Konstruktionen, die sowohl ästhetischen Genuss wie auch kognitive Verblüffung auslösen.
Hier sind einige Beispiele: „Es gibt eine Außenwelt", versichert Luhmann, „was
sich schon daraus ergibt, dass das Erkennen als selbsttätige Operation überhaupt
durchgeführt werden kann." Er fügt allerdings hinzu, „aber wir haben keinen
unmittelbaren Zugang zu ihr." Luhmann behauptet also, dass „Erkennen nur als
selbstreferentieller Prozess" gedacht werden kann:

„Das Erkennen kann nur sich selber erkennen, obwohl es, gleichsam aus den Augenwinkeln,
noch feststellen kann, dass eben dies nur möglich ist, wenn es mehr gibt als dies. Das
Erkennen hat es mit einer unbekannt bleibenden Außenwelt zu tun, und es muss folglich lernen,
zu sehen, dass es nicht sehen kann, was es nicht sehen kann" (Luhmann 1990: 33).

Wissen kann nur erfassen, was es selbst mittels der Manipulation von Unterscheidungen konstruiert. Demzufolge ist „konstruierte Realität ... nicht die Realität, die sie meint". Mit einem Wort: „Die Realität ist das, was man nicht erkennt, wenn man sie erkennt" (Luhmann 1990: 50 f.).

Luhmann verleugnet also nie die Existenz von etwas, das wir konventionellerweise Realität nennen würden. „Bestritten wird nur die erkenntnistheoretische Relevanz einer ontologischen Darstellung von Realität", was Luhmann als „De-ntologisierung der Realität" bezeichnet. Er will dadurch nicht die „Außenwelt" leugnen, sondern vielmehr die Signifikanz der ursprünglichen ontologischen Unterscheidung von „Sein/Nicht-sein" (Luhmann 1990: 37; Kursivschreibung im Original). Diese externe Welt, diese unbekannte Wirklichkeit als die Bedingung für Erkenntnismöglichkeit kann nicht Objekt dieses Wissens werden und bleibt somit nicht nur unerfasst, sondern unerfassbar. Aber genau auf diese Weise kehrt die Realität an sich zurück oder, eigentlich bleibt sie ein unauslöschbarer blinder Fleck, für die Erkenntnis nicht zugänglich, aber doch auf eine unerfassbare Weise dafür grundlegend. Der Titel dieses Aufsatzes ist daher weder ein Irrtum noch eine Behauptung, sondern einfach eine Frage: Welchen Status könnte eine unerfassbare und doch notwendige negentropische Möglichkeitsbedingung in Luhmanns impliziter Philosophie einnehmen? Und welchen Sinn hat es, die Formierung dieser Möglichkeitsbedingung ganz gegen Luhmanns eigene Art „Luhmanns Ontologie" zu nennen?

Es gibt eine zweite Richtung von Überlegungen, die ich, wenn auch nur kurz, verfolgen möchte: Luhmanns konventionelle, sogar fast marxistische Soziologie des Wissens hat mich immer überrascht. Obwohl er seine Verben meist sehr sorgfältig wählt, impliziert seine Feststellung, dass Verlagerungen in Gesellschaftsstrukturen irgendwie mit Veränderungen (zum Beispiel in philosophischer Semantik) „korrelieren", sodass das Entstehen von funktionaler Differenzierung – hervorgerufen durch den Kollaps der Stratifizierung – notwendigerweise den Niedergang der Ontologie und den Aufstieg einer komplett neuen konzeptuellen Welt mit sich bringt. Luhmann drückt das folgendermaßen aus:

> „Man kann mithin wissenssoziologisch der Hypothese eines solchen Zusammenhangs von Semantik und Sozialstruktur auf Grund gewisser Anfangsplausibilitäten weiter nachgehen. Aber das überzeugendste Argument ist vielleicht, dass die Änderung der Sozialstruktur in Richtung auf funktionale Differenzierung erst Risse in, dann den vollständigen Zusammenbruch der ontologischen Metaphysik ausgelöst hat" (Luhmann 1997: 912).

Selbst hier verwendet Luhmann ein sorgfältig ausgewähltes Verb: „Auslösen" bedeutet nicht dasselbe wie „verursachen", obwohl es „verursachen" stark impliziert. Kommt uns eine solche quasi-kausale Beziehung zwischen Struktur und Semantik – oder Basis und Überbau, um die geläufigere Formulierung zu verwenden – jedoch genauso plausibel vor wie Luhmann? Können wir beispielsweise die Entwicklung der Quantenmechanik im 20. Jahrhundert wirklich mit den Verschiebungen in der Gesellschaftsordnung des 18. Jahrhunderts in eine Linie bringen? Wenn Gesellschaftsstruktur – die verschiedenen „Formen der Differenzierung" – das leisten kann, was Realität an sich nicht leisten kann, nämlich monumentale Änderungen der Wissensproduktion „auszulösen", macht das Luhmanns Begriffe, wie „funktionale Differenzierung" und „Gesellschafts-system" zu quasi- oder pseudo-ontologischen Objekten? Zu diesen Fragen werde ich am Ende des Aufsatzes zurückkehren.

In dem der Ontologie gewidmeten Teil von Gesellschaft der Gesellschaft führt Luhmann eine seiner unverkennbaren „Untersuchungen im Vorbeigehen" zu intellektuell-historischen Entwicklungen durch. Der Verlauf, den er in groben Zügen skizziert, folgt der altbekannten Verschiebung vom sogenannten alteuro-päischen Schwerpunkt der Metaphysik und Ontologie zur modernen Vertiefung in die Epistemologie – mit anderen Worten, die Verschiebung von Aristoteles über Descartes zu Kant und den Neukantianern des 19. Jahrhunderts. Dieser Schritt von einer Fixierung auf das Wesen der Existenz zu einer vorrangig wer-denden Beschäftigung mit den Möglichkeitsbedingungen des Wissens steht so-mit in direktem Zusammenhang mit dem gesellschaftsstrukturellen Wandel. Obwohl die meisten mit diesem Teil der philosophischen Geschichte vertraut sein werden, verdienen die Details der Luhmannschen Version, die sich stark auf eine unkonventionelle und wenig bekannten Quelle bezieht, einige Beach-tung.

Luhmann beschreibt Ontologie mithilfe des Grundelements seines theoreti-schen Werkzeugs, der binären Unterscheidung. Ontologie operiert, vermerkt Luhmann, mit der grundlegenden Unterscheidung zwischen Sein und Nicht-Sein. Wie er es, sehr charmant, ausdrückt: „Diese Unterscheidung hat ihre un-nachahmliche Plausibilität in der Annahme, daß nur das Sein ist und das Nicht-sein nicht ist" (Luhmann 1997: 895). Diese erste Unterscheidung hat weitere Unterscheidungen zur Folge, insbesondere jene des Subjekt/Objekt-Dualismus. Als ein Beobachter innerhalb des Seins ist die einzige Funktion des Subjekts, „Landkarten" des Existierenden anzufertigen. Durch die „Objektivität" (und zwar der akkuraten Wiedergabe von Objekten inklusive seiner selbst als Ob-jekt), welche durch solche Landkarten vermittelt wird, erhält das Sein einen quasi-normativen Status. Es existiert nur, was existieren soll; Anomalien er-scheinen als Wunder, als die göttliche Aufhebung des Gesetzes des Seins und damit als Beweis für das Sein Gottes als der Erschaffer der Unterscheidung zwi-schen Sein und Nicht-Sein. Für jene, die Theologie meiden, existiert Logik als die immanente, weltliche Garantie der Unverletzbarkeit des Seins, und das Wunder – dessen Nachweis mittels eines logischen Paradoxes erfolgt – wird mit Einverständnis aus der Einsicht verbannt und damit aus dem Weltwissen. Der Auftrag des Subjekts ist also, das Sein nicht anzuzweifeln und ganz bestimmt sein eigenes Sein nicht zu beteuern, sondern akkurate, wahre Repräsentationen der Welt hervorzubringen.

Von diesem minimalistischen Entwurf zu Luhmanns ohnehin schon knapper Darstellung erfahren wir wenig. Um von Luhmanns Ontologie-Karikatur zu einer komplexeren Vorstellung zu gelangen, müssen wir einen Blick auf die Arbeiten von Gotthard Günther werfen, auf den sich Luhmann bezieht. Es fällt zuerst auf, dass Luhmann einen Schritt auslässt. Für Günther ist die grundlegende ontologische Unterscheidung jene zwischen Ding und Gedanke; etwas formaler, diejenige zwischen Sein und Reflexion (oder, wie er sie manchmal bezeichnet, die zwischen Sein und Sinn). Diese Unterscheidung bricht jedoch im Laufe des Unternehmens in sich zusammen, da das Gegensatzpaar letztendlich von einer Logik der Identität bestimmt wird. Er erklärt dies folgendermaßen:

> „Gemäß der klassischen Maxime von der metaphysischen Identität von Denken und Sein besteht zwischen Subjekt und Objekt ein strenges Symmetrieverhältnis. D. h., alles Denken ist eindeutig auf das Sein abbildbar ... Ein Begriff, dem kein ontisches Seinsmotiv entspricht, hat in diesem Typus des Philosophierens deshalb keinen *entgültigen* Sinn. Er kann höchstens vorläufige Bedeutung haben, und es ist die Aufgabe des metaphysischen Denkens, seine Vorläufigkeit zu entlarven und ihn damit zum Verschwinden zu bringen" (Günther 1991: 14).

Nach dieser Sichtweise fügt die Reflexion nichts Eigenes zu der Wissensherstellung hinzu. Vielmehr ist sie von der Vorrangstellung des Seins abhängig und „reflektiert" im wahrsten Sinne des Wortes das Sein ohne Verzerrung wie ein guter Spiegel. Daher versinkt die Reflexion, nachdem sie ihren Auftrag erfüllt hat, im Nichts; sie hört auf zu sein: „auf dem Niveau der Aussagenlogik ist das denkende Subjekt nicht mit in den Kalkül hineindefiniert ... Das ganze System ist mit sich selbst sinnthematisch identisch, also verbietet es den Widerspruch, also schließt es das ‚Dritte', das reflektierende Subjekt des Denkens aus dem System des Gedachten aus" (Günther 1991: 186 f.). Wir können uns besser vorstellen, worauf Günther es abgesehen hat, wenn wir eine Darstellung aus Wittgensteins Traktatus zur Hilfe nehmen. Wittgenstein schreibt in These 5.632: „Das Subjekt gehört nicht zur Welt, sondern es ist eine Grenze der Welt" (Wittgenstein 1981: 150). In der nächsten These präsentiert Wittgenstein das Bild eines Gesichtsfeldes, in dem das Auge, welches dieses Gesichtsfeld produziert, nicht selbst enthalten ist.[3] Das ist ein leicht zu verstehendes Bild: Im Moment sehe ich den Raum vor mir, den Computer, den ich verwende, um diesen Text zu produzieren, den Schreibtisch, auf dem der Computer steht, die Hände, die

---

3   "Wo in der Welt ist ein metaphysisches Subject zu merken? Du sagst, es verhält sich hier ganz, wie mit Auge und Gesichtsfeld. Aber das Auge siehst du wirklich nicht. Und nichts am Gesichtsfeld lässt daraus schliessen, dass es von einem Augge gesehen wird" (Wittgenstein 1981:150).

tippen – aber ich kann das Objekt nicht sehen, das für all das Sehen verantwortlich ist, nämlich mein eigenes Auge. Während ich beschreibe, was ich sehe, bleibt mein Auge vor mir verborgen; ich kann es nicht sehen und so gleitet es ins Nichts. Selbstverständlich kann dieses Bild des Auges, das ungesehen bleibt, des blinden Flecks, der als Möglichkeitsbedingung meiner Beschreibungen des Gesichtsfeldes vor mir fungiert, auf unterschiedliche Weise interpretiert werden. Aber innerhalb des Bereichs der Ontologie, wie sie Günther und Luhmann darstellen, versinkt mein sehendes Auge ganz einfach im Nichts; und wie mein Auge ist auch die Reflexion begrenzt und vernichtet sich selbst. Weil die Reflexion mit dem Sein in dem Sinne identisch ist, dass sie eine pflichtbewusste Dienerin darstellt, welche die Aufgabe hat, ganz genau zu beschreiben, was sie sieht, fügt sie nichts zum Wesentlichen des vollständigen und eigenständigen Seins bei. Wenn sie mit ihrer Arbeit fertig ist, verschwindet die Reflexion, ohne etwas zurückzulassen. Wenn Luhmann also die Ontologie als eine Unterscheidung zwischen Sein und Nicht-Sein postuliert, wirkt das, als ob er erst nach der Selbstaufopferung der Reflexion auf der Szene erscheint, wenn das totale Verschwinden des subjektiven „Auges" bereits stattgefunden hat.

Wenn wir nun die quintessentielle Luhmannsche Frage stellen, wer denn die Unterscheidung zwischen Sein und Nicht-Sein beobachtet, dann ergeben sich zwei herausragende Möglichkeiten. Erstens, und zwar in einer theologischen Art und Weise, könnten wir einen allwissenden Aufsichtsdämonen annehmen, der die fehlbaren Repräsentationen der Reflexion mit dem Sein selbst in Einklang bringt, um die Fehlerkorrektur sicherzustellen. Wir könnten diesen Dämon dann als einen Beobachter zweiter Ordnung bezeichnen (und ihn „Gott" nennen, wenn wir das wollten), der die Beobachtung des Seins durch die Reflexion beobachtet, aber wir müssen hinzufügen, dass unser Dämon der einzige Beobachter zweiter Ordnung ist, der absolute Beobachter, welcher die Einheit der Welt als die Einheit von Reflexion und Sein garantiert. Luhmann stellt die transzendente Position dieses allwissenden Dämons mit der Gesellschaftsstruktur vormoderner Gesellschaften in Wechselbeziehung, von denen zwei Arten erwähnt werden: Solche, die stratifiziert werden, und solche, die mittels einer Unterscheidung zwischen Zentrum und Peripherie operieren. In jeder finden wir eine gesellschaftlich determinierte Position der Gewissheit – den aristokratischen Hof und/oder die Stadt – von der aus die gesamte Gesellschaft überblickt werden kann, und diese irdische Gewissheit spiegelt das sichere Wissen von einem gutgeordneten Universum wider. Das heißt, die Gesellschaftshierarchie entspricht der ontologischen Hierarchie, in der die Reflexion sozusagen der Existenz Folge leistet. Das erinnert an Adornos und Horkheimers Darstellung von Homers edlem Landbesitzer Odysseus, der die Lagerfeuer seiner Schafhirten von seinen Burgmauern aus überschaut. Er allein kann die Lichtstruktur ausmachen, welche diese Lagerfeuer innerhalb seines Gesichtsfelds projizieren;

er allein kann feststellen, dass dieses irdische Muster auf perfekte Weise das Licht der Himmelsharmonie von Fixsternen und ihren sie regelmäßig umkreisenden Trabanten reflektiert. Er allein steht immanent für den transzendenten, allwissenden Dämon. Aber er kann die historische und gesellschaftliche Bedingung nicht sehen, das „Auge" seiner privilegierten Position, welche ihm diese Sicht gestattet. Horkheimer und Adorno schreiben:

> „Die Allgemeinheit der Gedanken, wie die diskursive Logik sie entwickelt, die Herrschaft in der Sphäre des Begriffs, erhebt sich auf dem Fundament der Herrschaft in der Wirklichkeit. In der Ablösung des magischen Erbes, der alten diffusen Vorstellungen, durch die begriffliche Einheit drückt sich die durch Befehl gegliederte, von den Freien bestimmte Verfassung des Lebens aus. Das Selbst, das die Ordnung und Unterordnung an der Unterwerfung der Welt lernte, hat bald Wahrheit überhaupt mit dem disponierenden Denken ineinsgesetzt, ohne dessen feste Unterscheidungen sie nicht bestehen kann" (Horkheimer und Adorno 1988: 20).[4]

Und mit dieser Darstellung kommen wir zum zweiten Kandidaten für die Position des Beobachters, der den Unter-schied zwischen Sein und Nicht-Sein zu umfassen imstande ist – die Logik; denn, wie wir aus Günthers Darstellung von Hegel efahren, die Ontologie verlangt von der Reflexion auch, dass sie die unveränderlichen Gesetze des Denkens ausspricht, die im Idealfall Naturgesetze „widerspiegeln". Reflexion beinhaltet bereits eine Unterscheidung zwischen Reflexion-in-anderes und Reflexion-in-sich. „Die Reflexion-in-anderes hat es mit unmittelbaren Seinskategorien zu tun. Die Reflexion-in-sich entwickelt die sogenannten Reflexionskategorien. Die letzteren produzieren in ihrem systematischen Aufbau das System der traditionellen, formalen Logik. Und dieses System definiert, was Denken ist" (Günther 1991: 310). Der transzendente, allwissende Dämon wird somit durch das immanente und universelle Gesetz des Denkens ersetzt, welches ebenso wie der nun vertriebene Dämon Beständigkeit sicherstellt und es „Wahrheit" nennt. Mit diesen beiden Figuren – dem allwissenden Dämon, der die Einheit von Denken und Ding transzendent garantiert und der Logik oder den Gesetzen des Denkens, die immanent dieselbe Funktion haben – ist es möglich, die Geschichte der westlichen Metaphysik als Theologie und Ontologie zu beschreiben als den bisweilen ungesitteten Krieg zwischen Offenbarung und Vernunft. Der allwissende Dämon wird zum Schöpfer-Gott, der seinen göttlichen Plan durch Propheten und heilige Schriften enthüllt; die Gesetze des Denkens beinhalten die Fähigkeit der Vernunft, den Platz zu entdecken, den autonome Menschen innerhalb des rational fassbaren Kosmos einnehmen. Wenn

---

4   Dieser Abschnitt führt dem Leser dieselbe Wissenssoziolgie vor Augen, die Luhmann wählt, um die ontologische „Ideologie" der vormodernen, stratifizierten Gesellschaft zu erklären, obwohl Luhmann den Pathos von Herrschaft und Unterwerfung minimiert. Ich komme zu diesem Thema im letzten Abschnitt des Aufsatzes zurück.

es weder den von Gott gesalbten Propheten noch den selbsternannten Philosophen gäbe, wenn es allgemein anerkannt wäre, dass der privilegierte Beobachter sich in eine Pluralität von endlichen, miteinander in Konkurrenz stehenden Beobachtern aufgelöst hat, dann würden wir mit gar nichts dastehen – wie Luhmanns kantische Formulierung bezüglich einer unbekannt bleibenden (wenn auch nicht unerfassbaren) Wirklichkeit zu zeigen scheint. Konventionellerweise wird eine solche Position abwertend als „Nihilismus" bezeichnet. Luhmann stellt diese Entwicklung jedoch positiver dar, wenn nicht gar mit einer leisen Andeutung des Visionären: „Radikalisiert man aber das Konzept des unterscheidungsabhängigen Beobachtens, findet man sich in einer anderen Welt" (Luhmann 1997: 910).

Das Konzept der Beobachtung zu radikalisieren, bedeutet, die Beziehung der Logik zur Realität zu radikalisieren. Laut Günther ist es die Einführung einer dritten Reflexionsebene durch den transzendentalen Idealismus (insbesondere durch Hegel), welche die Radikalisierung der Beobachtung herbeigeführt und das Tor zur anderen, von Luhmann evozierten Welt geöffnet hat.

In der klassischen Logik wird der Sinn „Sein" einfach reflektiert. Jetzt aber wird – so stellt sich für Hegel das Problem dar – auf den *Gegensatz* von Sein-an-sich (Reflexion-in-anderes) und Sinn des Seins (Reflexion-in-sich) reflektiert. Wir erhalten also mit dem nächsten Schritt eine Reflexion-in-sich der Reflexion-in-sich-und-anderes. Was eine individuelle Reflexion ist, hängt deshalb von ihrem Stellenwert im System der Totalreflexion ab.

Diese letzte, den „Stellenwert" feststellende Reflexion bedeutet: es wird a) noch einmal auf „das andere" reflektiert (das seinerseits schon in der einfachen Reflexion-in-sich reflektiert war) und b), es wird auf die einfache Reflexion-in-sich reflektiert (die das andere – reflektiert – in sich enthält) (Günther 1991: 311).

Durch dieses Spiegelkabinett der Reflexion, das der Reflexion in ihrer Beziehung zum reflektierten Objekt Auto-nomie zuspricht, lässt sich, wie ich meine, eine Version von (oder vielleicht sogar eine Inspiration zu) Luhmanns Beobachtung zweiter Ordnung erkennen, welche die beobachtenden Konstrukte der empirischen Welt beobachtet. Im Gegensatz zur festgelegten und endgültigen Reflexion unseres allwissenden Dämons können diese Reflexionen zweiter Ordnung allerdings (theoretisch gesehen) nicht begrenzt sein, da jede Reflexion nun prinzipiell einer weiteren Reflexion ausgesetzt ist und jede Beobachtung einer weiteren Beobachtung. In Günthers (von ihm selbst) emphatisch kursivierten Worten: „*Dieser Reflexionsüberschuß ist vielmehr ein Anzeichen für die Existenz einer zweiten Logik, die die erste oder klassische Logik als Spezialthema in sich faßt,* die aber in ihrer eigenen Thematik weit über das Thema ‚objektives Sein' hinausgeht" (Günther 1991: 239). Mit anderen Worten, dieser „Reflexionsüberschuss" – so er als dreiwertige oder höhere Logik formalisiert wird

– unterminiert die Behauptungen der aristotelischen Logik, das universelle Gesetz des Denkens an sich zu sein, und damit die Gewissheit des stabilen, allwissenden Beobachters. Für Günther eröffnet diese „Radikalisierung" Aussichten, die bei Weitem romantisch-visionärer sind als alles, was ein vorsichtig-nüchterner Luhmann je von sich zu geben gewagt hätte.[5]

Diese hier von mir skizzierte Schilderung macht die Wertumkehrung der metaphysischen Polarität von Sein und Reflexion ersichtlich. Mit dem postulierten Zusammenbruch der Ontologie und dem Aufstieg der Epistemologie ist es nun das Sein, das inhaltsleer ist. Jegliche Operation findet aufseiten der Reflexion statt. Der notwendigerweise privilegierte Beobachter, der für die ontologische Unterscheidung verantwortlich ist, wird vom Thron vertrieben und zu einem von unzähligen kontingenten Beobachtern, die nun alle beschränkte Fähigkeiten haben (Luhmanns berühmte blinde Flecken), weil sie sich *innerhalb* der ursprünglichen Unterscheidung befinden, welche nun mutiert. Die aus dem Zusammenbruch der Ontologie neu entstehende Unterscheidung ist also eine Untergruppe der Reflexion auf der Achse der selbst-bewussten Selbstreferenz/Fremdreferenz – Günthers hegelsche „Reflexion-in-sich der Reflexion-in-sich-und-anderes". Mittels dieses Verfahrens erscheint auf empirische Weise – also konstruktiv – etwas, das wir nun einfach „Realität" (im Gegensatz zu „Realität an sich") nennen können und das man passenderweise als ein Wissensobjekt betrachten kann. Sein (das Sein oder die Realität an sich) wird dadurch in George Spencer-Browns unmarkierten Raum hineingedrängt, in das vormals von der Reflexion „okkupierte" *Nicht-Sein*, falls man überhaupt behaupten kann, dass etwas das Nichts zu „okkupieren" vermag. Für Kant ist die Seite der Beobachtung die phänomenologische Welt und die Seite, die vordem vom Sein eingenommen wurde, jene der noumenalen Welt. Diese letztere zeichnet sich nicht mehr als Ding *an sich* aus, sondern höchstens als unspezifizierter und nicht zu veranschaulichender Zustand der Negentropie. Was man üblicherweise Nihilismus nennt, ist also genau diese Verneinung der Wirklichkeit an sich – entweder idealistisch (Reflexion ist das Einzige, was es gibt) oder agnostisch (Wirklichkeit an sich ist unerfassbar). Manche nehmen in dieser Verneinung einen „Bedeutungsverlust" wahr, andere finden sich vielleicht auf dem magischen Pfad wieder, der zu einer schönen neuen Welt führt. Der Rest wird sich möglicherweise einfach dazu entschließen, sich seiner Meinung zu enthalten.

Mit dieser kurzen, rudimentären und sehr schematischen Wiederholung einiger wesentlicher Begriffe, die man mit Luhmann und Günther verbindet und die – in abgekürzter Form – eine Schilderung des Zusammenbruchs vormoder-

---

5   Zu Günthers Spekulationen bezüglich der Vereinigten Staaten als des möglichen Sitzes einer post-aristotelischen Welt (siehe Günther: 2000).

ner Ontologie und der Entstehung selbst-reflexiver Epistemologie beinhalten, möchte ich nun zu der Frage zurückkommen, die ich zu Beginn dieses Aufsatzes gestellt habe. Und zwar: Bedeutet der Untergang der Ontologie als ein metaphysisches Projekt, dass epistemologische Aussagen keine ontologischen Implikationen mehr haben?

Um an diese Frage gebührend heranzugehen, gibt es meines Erachtens keinen besseren Ausgangspunkt als Luhmanns mysteriöse Heilige Dreifaltigkeit von Einheiten, auf die er gelegentlich anspielt – am ausführlichsten in *Erkenntnis als Konstruktion*. Ich zitiere:

> „Damit kehren wir einmal zu der Frage zurück, ob es nicht gerade deshalb differenzlose (und damit: paradoxiehaltige) Begriffe geben müsse. Der Gottesbegriff der Tradition hatte diese Frage auf sich gezogen und damit absorbiert. Manchen mag dies genügen. Wir wollen, ohne uns hier festzulegen, drei weitere Begriffe vorstellen, die ganz entfernt an die Trinitätslehre erinnern könnten. Von *Welt* soll die Rede sein, um die Einheit der Differenz von *System und Umwelt* zu bezeichnen. Von *Realität* soll die Rede sein, um die Einheit der Differenz von *Erkenntnis und Gegenstand* zu bezeichnen. Von *Sinn* soll die Rede sein, um die Einheit der Differenz von *Aktualität und Possibilität* zu bezeichnen. Alle diese Begriffe sind differenzlos in dem Sinne, daß sie ihre eigene Negation einschließen" (Luhmann 1988: 41 f.).

Man fragt sich, was Luhmann dazu veranlasst hat, diese drei Einheiten vorzulegen. Sie fungieren als Endpunkte der Reflexion, als die Grenze, hinter der keine Abgrenzungsunterschiede mehr gezogen werden können. Sie verführen einen deshalb dazu, kein Wissen mehr zu produzieren, sondern Vermutungen anzustellen, was – wie ich vorläufig vorschlagen möchte – man als eine Art negativen oder indirekten Wissens betrachten sollte. Deshalb verstehe ich Luhmanns beiläufigen Vergleich seiner Einheiten mit der Doktrin der Heiligen Dreifaltigkeit weder als zu weit hergeholt noch als zu schwierig zu treffen. Welt, Realität, Sinn: Vater, Sohn, Heiliger Geist. Zugegebenermaßen erscheint „Sinn", der Heilige Geist, am interessantesten von den dreien; wegen der Absichten dieses Aufsatzes werde ich mich in meinen Anmerkungen jedoch auf den Vater und den Sohn, Welt und Realität, konzentrieren. Was immer auch christliche Theologie über den Vater und den Sohn sagen mag: Ich schlage vor, die Beziehung zwischen Welt und Realität als, wenn schon nicht hierarchisch, so zumindest asymmetrisch zu betrachten; wie schon Jesus' Worte am Kreuz anzudeuten scheinen: „Mein Gott, Mein Gott, warum hast du mich verlassen?" Spielen wir also mit dem Gedanken, dass Welt und Realität tatsächlich auf zwei Ebenen der Wirklichkeit hinweisen, wobei „Welt" für die Realität an sich steht oder dafür, was manchmal als geistes-unabhängige Realität bezeichnet wird (und damit, in Luhmanns Worten, als unbekannt bleibende Realität), und das, was Luhmann „Realität" nennt, für die *empirische* Wirklichkeit steht, die phänomenologische Realität, die von der Erkenntnis erfasst wird, weil es jene Wirklichkeit ist, welche die Erkenntnis konstruiert. Luhmanns *Welt und Realität* so zu verstehen, ähnelt natürlich Kants grundlegender Unterscheidung zwischen den noumenalen und phenomenalen Bereichen, allerdings werde ich in der folgenden Darstellung keine kantischen Kategorien verwenden, sondern vielmehr jene des französischen Physikers und Philosophen Bernard d'Espagnat, dessen Begriff der „verborgenen Wirklichkeit" – begründet auf der Grundlage der Universalität von auf quanten-mechanischen Beobachtungen basierenden Vorhersagen – sich als nützlich für das Verständnis von Luhmanns Streifzügen in das Gebiet der Philosophie herausstellt.

D'Espagnat operiert auf dem Boden der Experimentalphysik, genauer gesagt, der Quantenphysik. Er richtet seine Aufmerksamkeit auf die Frage, ob die experimentellen Resultate der Quantenphysik – die berühmte Unschärferelation, die Bellsche Ungleichheit, und so weiter – es ermöglichen, an eine geistesunabhängige Wirklichkeit zu glauben. Selbst diejenigen, die von den scheinbar unausweichlichen Implikationen der Quantentheorie abgestoßen wurden – am bekanntesten darunter Einstein – gaben zu, dass es angesichts der Versuchsergebnisse unmöglich wäre, sich Realität mittels traditioneller Modelle vorzustellen. Der letzte Tropfen, der das Fass zum Überlaufen brachte, waren anscheinend Alain Aspects Versuchsergebnisse, welche die Bellsche Ungleichheit bestreiten. Manjit Kumar formuliert sehr anschaulich die Konsequenzen, die sich daraus ergeben:

> „Bell hat die Ungleichheit von nur zwei Voraussetzungen abgeleitet. Erstens existiert eine Beobachter-unabhängige Wirklichkeit. Das lässt sich in die Tatsache umsetzen, dass ein Partikel klar definierte Eigenschaften besitzen, wie beispielsweise Eigendrehmoment [*spin*], bevor es gemessen wird. Zweitens wird die Örtlichkeit erhalten. Es gibt keine Einwirkung, die schneller ist als das Licht, also kann das, was hier passiert, unmöglicherweise das, was da drüben passsiert, unmittelbar beeinflussen. Aspects Ergebnisse bedeuten, dass auf eine der zwei Voraussetzungen verzichtet werden muss, aber auf welche? Bell war bereit dazu, Örtlichkeit aufzugeben. ‚Man will eine realistische Einstellung zur Welt haben können, über die Welt sprechen können, als ob sie wirklich da wäre, selbst wenn sie nicht beobachtet wird', sagte er. Bell (...) war davon überzeugt, dass ‚Quantentheorie (...) nur eine temporäre Notlösung [ist]', die letztendlich durch eine bessere Theorie ersetzt würde. Trotzdem hat er aufgrund der Bestätigung durch Experimente eingeräumt, dass ‚Einsteins Weltsicht nicht haltbar [ist]" (Kumar 2008: 350).[6]

Es gibt also, grob gesprochen, zwei Arten, mit den so entstehenden Dilemmas umzugehen. Einerseits kann man wie Bell auf die Endlichkeit menschlichen Wissens verweisen und behaupten, dass die eventuelle Entdeckung von „verborgenen Variablen" oder anderer Faktoren eine realistische Weltsicht wiederherstellen könnte, die trotz allem mit augenscheinlich widersinnigen Versuchs-

---

6   Die Zitate von Bell sind Davis and Brown (1986: 50, 47) entnommen.

ergebnissen übereinstimmen würden. Andererseits müsste man nur akzeptieren, dass es entweder gar keine geistes-unabhängige Wirklichkeit gibt oder dass so eine Wirklichkeit dermaßen kontraintuitiv und unzugänglich ist (mit Nicht-Örtlichkeit als eines der Charakteristika), dass die herkömmliche Frage dahingehend, wie man die Realität darstellen soll, überhaupt keinen Sinn mehr hat. Die erste Ansicht wird konventionellerweise als epistemologisch betrachtet, da sie sich an die Wirklichkeit klammert und auf das begrenzte menschliche Naturverständnis verweist; die zweite Ansicht ist ontologisch, weil sie eine definitive und entdeckbare Struktur des Universums verneint – das heißt, sie stellt eine Behauptung über Realität auf und nicht über unser Verständnis von Realität. Anders gesagt: Die Behauptung, dass das alte ontologische Weltbild falsch oder überholt sei, ist eine ontologische, keine epistemologische Behauptung. D'Espagnat stellt sich gewissermaßen in die Mitte, indem er darauf beharrt, dass es keine traditionell realistische Darstellung geistes-unabhängiger Wirklichkeit geben kann, dass jedoch gleichsam negative Evidenz existieren kann, die von bloßem ‚Idealismus' wegweist, selbst wenn sie keine visualisierbare Beschreibung der von ihr vorausgesetzten Wirklichkeit liefern kann. Auf jeden Fall muss die Wirklichkeit, mit der wir uns in der Alltagssprache, der Beobachtung und bei Experimenten auseinandersetzen, genau bestimmt werden, kann nicht als geistes-unabhängig angenommen und muss daher als „empirische Wirklichkeit" gekennzeichnet werden.

Laut d'Espagnat haben sich die meisten Physiker, die schon von Natur aus einer realistischen Weltsicht zugeneigt sind, von den Versuchsergebnissen der Quantenmechanik überzeugen lassen. Diese Ergebnisse zeigen, dass die Wissenschaft weder aufgrund von geistes-unabhängiger Wirklichkeit handelt, noch direkte Erkenntnis von ihr bezieht, sondern eine rationale Synthese von beobachteten Phänomenen liefert, was unsere Fähigkeit zur Vorhersage solcher Phänomene erhöht. Die Vorhersagen, die wissenschaftliche Beobachter, basierend auf mathe-matisch formulierten Gesetzen, treffen, sind auch tatsächlich keine Vorhersagen physischer Ereignisse (da wir keine Vorstellung von irgendwelchen geistes-unabhängen physischen Eigenschaften haben), sondern von beobachtbaren Ergebnissen (d'Espagnat 2006: 159). Wissenschaft produziert also nicht Erkenntnis einer geistes-unabhängigen Wirklichkeit, sondern einer empirischen Wirklichkeit, die d'Espagnat beschreibt als „die Menge der Phänomene, das heißt, die Gesamtheit dessen, wozu menschliche Erfahrung, gepaart mit Wissenschaft, Zugang verschafft" (d'Espagnat 2006: 4). Dass wissenschaftliche Erkenntnis auf die empirische Wirklichkeit begrenzt ist, tut der Universalität ihrer beobachtenden Vorhersagen keinen Abbruch; vielmehr sagt es nur aus, dass beispielsweise quantenmechanischer Formalismus nicht deskriptiv, sondern voraussagend ist und dass der Formalismus nicht Ereignisse voraussagt, sondern Beobachtungen (in der Form von Wahrscheinlichkeiten). Diese Voraussagen sind universell gültig, wiederum jedoch nur für alle Beobachter und nicht für Ereignisse (d'Espagnat 2006: 99 f.). Dementsprechend definiert d'Espagnat wissenschafliche Erkenntnis im Sinne von einer „schwachen" Objektivität, die er folgendermaßen definiert: „Eine Aussage ist ‚schwach objektiv' wenn sie (direkt oder indirekt) die Vorstellung eines Beobachters impliziert, aber so formuliert wird (oder in solch einem Kontext vorkommt), dass sie implizit Gültigkeit für alle Beobachter ohne Ausnahme beansprucht" (d'Espagnat 2006: 94). So gesehen, begreift sich die Wissenschaft nicht mehr als das vorhersagend, was sein wird, sondern was beobachtet wird, und die Art von wissenschaftlicher Wahrheit, die aus diesem Anspruch erwächst, ist nicht ontologisch, sondern intersubjektiv (in dem Sinne, dass Vorhersagen nicht Beschreibungen einer unabhängigen Wirklichkeit sind, sondern Erwartungen bezüglich der Beobachtungen aller beobachtenden Subjekte).

Nun behauptet d'Espagnat, dass theoretische und experimentelle Versuche (von David Boehm und Anderen), die versuchen, den „Schein zu wahren", also einen ontologischen Status für die Objekte der Beobachtung (wie Partikel oder Ereignisse) zu postulieren, fehlschlagen. Wenn das der Fall ist, dann bleiben drei wesentliche philosophische Optionen übrig. Eine ist die Behauptung, dass geistes-unabhängige Wirklichkeit nicht existiert und es nur Schein gibt. Diese Behauptung assoziiert d'Espagnat mit dem Neukantianismus von Ernst Cassierer, in dem Wirklichkeit durch mathematische Funktionen ersetzt wird (d'Espagnat 2006: 292-306). Zweitens könnte man behaupten, dass es so etwas Ähnliches wie eine Wirklichkeit gibt, die als ein formal einschränkendes Konzept fungiert, ein „etwas", wie d'Espagnat es ausdrückt, das „nein" sagt, das aber im Grunde absolut unerfassbar bleibt (d'Espagnat 2006: 388 ff.). D'Espagnat präsentiert andererseits eine dritte Position, die auf die Existenz von negativer Evidenz besteht, welche sich von der Physik ableiten lässt und einen kurzen Einblick in geistes-unabhängige Wirklichkeit gewährt und begrenzte und sorgfältige Spekulation erlaubt.[7] Diese Evidenz existiert vornehmlich in der Universalität empirischer Gesetze und der Vorstellung von Nicht-Trennbarkeit, welche Nicht-Örtlichkeit einschließt. Da Quantenmechanik diskrete Partikel nicht als von Beobachtung losgelöst postulieren kann, ist sie gezwungen, sich eine zugrundeliegende Realität vorzustellen, die ein undifferenziertes Ganzes darstellt, von dem empirische Phänomene (wie Partikel) nur einen „Aspekt" oder „Zustand" darstellen. Darauf beruhend, formuliert d'Espagnat folgende Voraussetzung:

---

7   Mit Fichte zu reden, versucht d'Espagnat festzustellen, dass das „etwas", das „nein" sagt, nicht das „Ich", sondern das „Nicht-Ich" sein muss (siehe d'Espagnat 2006: 452).

„[A]ngesichts der Tatsache, dass es universelle Gesetze – wie zum Beisiel die Maxwell-Gleichungen – gibt, denen Phänomene gehorchen, und dass diese Gesetze zweckdienlich bleiben, obwohl die Interpretationen sich mit der Zeit weiterentwickeln, finde ich es plausibler dass ‚das Wirkliche' (...) strukturiert ist und dass ein Teil dieser Struktur in unsere ‚Gesetze' eingeht. Mit anderen Worten (...), über eine kantische Kausalität hinausgehend, welche der empirischen Kausalität zugrunde liegt (...), glaube ich an die Existenz einer ‚erweiterten Kausalität' die nicht zwischen Phänomenen sondern *auf* Phänomene *des* ‚Wirklichen' wirkt. Offensichtlich kann das sogenannte ‚Wirkliche', dank der Nicht-Trennbarkeit, in keiner vernünftigen Art und Weise als aus lokalisierten Elementen konstituiert und in Raum und Zeit eingebettet angenommen werden, und daher unterscheidet sich diese Kausalität erheblich von kantischer Kausalität, aber auch von einsteinscher Kausalität. Selbstverständlich beinhaltet es keine ereignishaften effizienten Ursachen (...), da solch effiziente Ursachen die Zeit hereinbringen würden. Aber es könnte mit strukturellen Ursachen einher-gehen, und diese letzteren (...) lassen sich nicht auf bloße Gesetzmäßigkeiten innerhalb beobachteter Phänomensequenzen reduzieren. Tatsächlich sind diese strukturellen ‚erweiterten Ursachen' (...) Strukturen des ‚Wirklichen', [welche] die ultimative Erklärung darstellen, dass physikalische Gesetze (...) existieren" (d'Espagnat 2006: 454).

Diese Behauptungen kann man selbstverständlich einfach unbeachtet lassen, so man keinen Geschmack an ihnen als metaphysische Grübeleien findet. Immerhin frönen sie dem Erklären; sie tun also genau das, was Wissenschaft – laut d'Espagnat – nicht tut. Die Frage ist, ob eine solche Art des Schwelgens nicht einfach nur müßige Unterhaltung ist, sondern vielmehr notwendig. Die beobachtete Realität ist immer die Realität, die von Beobachtung produziert wird. Kann man aber durchgehend im empirischen Bereich verweilen, ohne einen nicht-empirischen Bereich der Wirklichkeit anzunehmen? Ich möchte an Luhmanns Behauptung über Entropie erinnern, die ich früher zitiert habe: „Immerhin gibt es also einige Anhaltspunkte dafür, daß die unbekannt bleibende Realität, wäre sie total entropisch, keine Kenntnis ermöglichen würde." Das ist eine schön formulierte negative Aussage, die ihrer Prämisse – das Wirklichkeit an sich unbekannt ist – treu bleibt, die aber bestätigt, dass das, was unbekannt bleibt, in der Tat existieren muss, und daher muss die Aussage ihm stets eine Art von Charakteristikum geben (in Luhmanns Fall ist das der Unterschied zwischen Entropie und negativer Entropie). Des Weiteren stellt diese Aussage fest, dass *Erkenntnis* innerhalb der empirischen Realität stattfindet und das Produkt empirischer Realität ist. Erkenntnis kann nur ihre eigene Wirklichkeit erfassen, nie die Wirlichkeit der Wirklichkeit; sie kann jedoch nie ihre eigene Wirklichkeit *als* ihre eigene Wirklichkeit erfassen ohne den Schatten, den eine andere Wirklichkeit auf sie wirft. Luhmanns Aussage deutet stark an, dass die empirische Realität, durch die Erkenntnis produziert wird, eine Vorstellung ontologischer Realität benötigt, um sich selbst als empirisch wahrzunehmen. Empirische Realität kann sich selbst also nur dann als empirische Realität erfassen – als die Wissenschaftsdomäne oder die Luhmannsche Konstruktivismusdomäne – wenn sie sich selbst in Gegensatz zu einer notwendigerweise „wirklichen" Wirklichkeit positioniert, einer Wirklichkeit, die wenigstens als eine logische Möglichkeitsbedingung auftritt. Um es zu wiederholen: Ontologische Realität muss existieren (oder muss als existent angenommen werden), damit empirische Realität sich selbst als empirische Realität erfasst. Wie würden wir sonst den folgenden Satz verstehen, der am Ende von „Das Erkenntnisprogramm des Konstruktivismus und die unbekannt bleibende Realität" auftaucht? Konstruktivismus, fasst Luhmann dort zusammen, ist die Form, „die nicht mehr zu dem Gedanken verführen kann, sie hätte nichts mit Realität zu tun" (Luhmann 1990: 58). Um den Konstruktivismus vor dem Vorwurf des Idealismus zu beschützen, sei gesagt, dass die Unterscheidung zwischen ontologischer Realität (die sehr wohl unbekannt und nicht erfassbar bleiben kann) und empirischer Realität in doppeldeutiger Weise und fast wie zufällig in Luhmanns unscharfer Verwendung des Wortes „Realität" enthalten ist.

Aber durch die Berufung auf Entropie verweist Luhmann auch darauf, dass die Möglichkeitsbedingung nicht *nur* logisch ist. Luhmann belässt es bei dieser ungenauen Evokation. D'Espagnat wagt sich ein bisschen weiter vor auf dem Weg zu jener von Luhmann erwähnten Welt. Erinnern wir uns, dass sich d'Espagnat auf zwei Quasi-Attribute geistes-unabhängiger Wirklichkeit konzentriert: Nicht-Teilbarkeit und Nicht-Örtlichkeit auf der einen Seite und erweiterte „strukturelle" Kausalität auf der anderen. Aus dieser unbekannten Realität, aus diesem ununterscheidbaren Ganzen, und durch die Gesetze, die wir undeutlich wahrnehmen, ko-entstehen „Zustände des Bewusstseins (...) mit solch konkreten Dingen wie Objekten, Ereignissen und so weiter", sodass „Bewusstsein und empirische Realität aufgrund von einander existieren (...) oder sich gleichermaßen gegenseitig hervorrufen" (d'Espagnat 2006: 424). Luhmann verstärkt diesen Glauben an die Ko-Emergenz des Bewusstseins (Luhmann würde sagen: Beobachtung) und empirischer Realität, indem er darauf besteht, anzumerken, was ungesehen bleibt: „Die Operation vollzieht sich gleichzeitig mit der Welt, die ihr deshalb kognitiv unzugänglich bleibt" (Luhmann 1990: 51).

Wir erkennen in dieser emergenten Wirklichkeit Luhmanns *Realität*. Ich bin überzeugt, dass Luhmann alles, was d'Espagnat über die empirische Wirklichkeit sagt, unterschrieben hätte. Und noch wichtiger, d'Espagnat wäre unter Umständen nicht abgeneigt, alles anzuerkennen, was Luhmann über die Erkenntnis gesagt hat: dass sie nämlich eine vernünftige, obschon unvollständige Beschreibung der empirischen Wirklichkeit darstellt. Mit anderen Worten, Luhmanns Begriff der *Realität* und d'Espagnats Definition von Wissenschaft als einer „synthetischen Darstellung von kommunizierbarer menschlicher Erfahrung" (d'Espagnat 2006: 159) erscheinen kompatibel. Die Frage, die sich hier also stellt, ist folgende: Könnte Luhmanns *Welt*, der Vater aller Einheiten, ein notwendiger Platzhalter für d'Espagnats verborgene Wirklichkeit sein? Für die Realität an sich, die unbekannt bleibt? Luhmann würde das vielleicht verneinen;

aber es scheint die letzte Ruhestätte aller Unterscheidungen zu sein, der Fried-
hof der Beobachtung. Würde sie das nicht auch zur Geburtsstätte empirischer
Wirklichkeit machen, gewissermaßen Rückstände zurücklassend, während die
empirische Realität ersteht? Rückstände, die zumindest im Rückblick als Ursprung fungieren? Wenn das der Fall ist, würden dann nicht Teile oder schwa-
che Hinweise auf die einstige Semantik – unentrinnbare Ontologie, radikal neu
definiert – unsere Vorstellungskraft notwendigerweise noch in festem Griff haben?

Ich habe oben auf die scheinbare Ähnlichkeit zwischen Luhmanns Erkenntnissoziologie (womit ich ganz generell die vorausgesetzte und wie auch
immer geartete Verbindung zwischen Ideen und Gesellschaftsstruktur meine)
und der von Horkheimer und Adorno in ihrer Schilderung von Odysseus als
Landbesitzer und späterem Schiffskapitän angenommenen Erkenntnissoziologie
hingewiesen.[8] Für Horkheimer und Adorno hängen die Herrschaft über die Natur, die Herrschaft über den Menschen und die logische Herrschaft des Allgemeinen über das Besondere zusammen. Wenn es eine „Basis" gibt, die den Inhalt des „Überbaus" determiniert (oder: verwenden Sie hier ein Verb Ihrer
Wahl), dann ist es die hierarchische Gesellschaftsordnung (d. h., Odysseus als
Landbesitzer und Schiffskapitän). Die Plausibilität ihres Beispiels wird durch
die Dichte und Gewandtheit ihrer Sprache verstärkt. Durch sie werden homeri-
sche griechische Gesellschaftsstruktur, aristotelische Logik und Webersche
(Lukácssche) Rationalisierung (Verdinglichung) fein säuberlich zu einem naht-
losen Ganzen aneinander geschmiedet, welches als „bürgerliche Subjektivität"
bezeichnet werden kann. Die Schwierigkeit dieses Vorhabens liegt jedoch in
seiner augenscheinlichen Ahistorizität. Kapitän Odysseus und Industriekapitän
John D. Rockefeller scheinen aus dem gleichen Stoff gemacht zu sein, wodurch
sich, falls es denn wahr wäre, die kausale Verbindung zwischen Basis und
Überbau als bedeutungslos erweisen würde. So gesehen, scheint es, als ob die
spezifischen Formen von „Herrschaft", die sie unterscheiden, in Wirklichkeit alle menschliche – oder zumindest westliche – Konstanten sind, die, wenn überhaupt, nur durch die *Parusie* geheilt werden können.

Das ist das Problem aller Theorien über Epochenwandel und Luhmann
macht sich zeitweise nicht weniger schuldig an solch enormen Pauschalisierungen der Menschheitsgeschichte. Trotz allem beruht seine Theorie der Moderne
auf einer eindeutigen Loslösung von der Vergangenheit, sodass sich Odysseus,
Aristoteles, das europäische Mittelalter und sogar Descartes nachdrücklich auf
der einen Seite dieses Bruches wiederfinden und wir auf der anderen. Klassische

---

8   Ich beziehe mich auf den Exkurs I, 'Odysseus oder Mythos und Aufklärung' (Horkheimer
     und Adorno 1988: 50-87).

Auffassungen zur Herrschaft finden sich deutlich in vormoderner, stratifizierter Gesellschaft, mit Top-down-Ordnungsprinzipien, während in der funktional differenzierten Modernität so etwas wie Selbstorganisation vorherrscht. Vertikale Hierarchien werden also durch emergente Ordnung ersetzt, die sich (metaphorisch gesehen) auf einer horizontalen Ebene befindet; prozessuale, rekursive Operationen verdrängen den Befehl. Luhmanns Theorie der Gesellschaftssysteme will zeigen, dass kein einzelnes System (nicht Politik, nicht Religion, nicht einmal Wirtschaft) die anderen beherrschen kann; vielmehr fungiert jedes einzelne als eine Umwelt – und daher als ein Reizmittel – für die anderen. Durch das Objektiv der Geistesgeschichte betrachtet, lässt sich die Theorie-Vaterschaft zu Mandevilles Bienen und Smiths legendärer unsichtbaren Hand verfolgen, oder man konzentriert sich mehr auf Luhmanns zeitgenössischere, kybernetische Quellen aus der Mitte des 20. Jahrhunderts. In jedem Fall könnte eine erweiterte Ideologiekritik von Luhmanns System der Systeme in Gang gesetzt werden. Man könnte andererseits etwas freimütiger – oder zumindest neugieriger – sein und über die möglichen Konsequenzen eines solchen radikalen und radikal postulierten Geschichtsbruchs nachdenken. Wenn klassische Herrschaft durch Selbstorganisation und Selbstreproduktion ersetzt worden ist, ohne notwendigerweise auch nur ein einziges bestimmtes Gesellschaftsübel – reiche Landbesitzer, verarmte Hirten – gelindert zu haben, über die sich Adorno & Co Gedanken gemacht haben, welche Auswirkungen hätte das auf die Semantik unserer Selbstbeschreibungen haben können?

Eine Möglichkeit geht in etwa so: Die Begriffslogik à la Odysseus mit ihrer hierarchischen Herrschaft des Besonderen müsste durch eine „emergente" Logik ersetzt werden, eine Art der Lokalisierung des Begriffs und des Besonderen, Ausgangs- und Endpunkt, auf ein und derselben Ebene, wie Luhmann es in dieser Passage zu Beginn seiner *Beobachtungen der Moderne* beschreibt:

„Ich beginne die hier auszubreitende Analyse der Modernität der modernen Gesellschaft mit der Unterscheidung von Sozialstruktur und Semantik. Meine Präferenz für diesen Anfang – eine Präferenz, die am Anfang nicht schon gerechtfertigt sein kann – hat mit einer verwirrenden Eigenschaft dieser Unterscheidung zu tun, nämlich damit, daß sie sich selber enthält. Sie ist selbst eine semantische Unterscheidung. So wie ja auch die Unterscheidung von Operation und Beobachtung, von der sie abstammt, selbst die Unterscheidung eines Beobachters ist. Ich muß es bei diesem Hinweis belassen und bei der schlichten Behauptung, daß diese logische Form die Grundlage der Fruchtbarkeit von Analysen ist, die ihre Paradoxie entfalten. Außerdem enthält dieser Ausgangspunkt im Kern schon die gesamte Theorie der Moderne. Denn die Analyse beginnt nicht mit der Anerkennung bewährter Naturgesetze, auch nicht mit Vernunftprizipien, auch nicht mit bereits festgestellten oder unstrittigen Tatsachen. Sie beginnt mit einer Paradoxie, die dann auf die eine oder andere Weise aufzulösen ist, will man unendliche auf endliche Informationslasten reduzieren. Die Analyse reklamiert damit für sich selbst die Merkmale ihres Gegenstandes: Modernität" (Luhmann 1992: 11).

Das Problem der Moderne ist daher das Problem ihrer Beschreibung und das Problem der Beschreibung ist das Problem, ohne Gewähr im Voraus eine passende Unterscheidung zu wählen, durch welche die Welt sichtbar gemacht wird. Das ist keine geometrische Methode, die bei Axiomen oder bei ersten Grundsätzen beginnt. Stattdessen wird die Entscheidungsgrundlage durch das „verwickelte" Wesen der Entscheidung selbst geliefert; was zuerst kommt, wird gerechtfertigt durch das, was zuletzt kommt, welches wiederum determiniert wird durch das, was zuerst kommt. Luhmann nennt das, berühmt(-berüchtigt), Legitimität durch Verfahren (Luhmann 1983). Die Wahl der ersten oder anfänglichen Unterscheidung ist daher kontingent. Man kann jede Analyse mit dem Paar System/Umwelt beginnen, aber man muss anerkennen, dass der Ursprung dieser Unterscheidung partikulär ist, nicht universal – ein Blick von wo her, nicht nirgendwoher. Ein anderer Beobachter könnte das beispielsweise als die Art der Systemtheoristen sehen oder der Kybernetiker oder Soziologen oder derjenigen, die sich in speziell gestalteten intellektuellen „Systemen" innerhalb des allgemeinen Bereichs der Natur- oder Geisteswissenschaften befinden. Theologen oder Künstler oder eine beliebige Anzahl anderer Beobachter beginnen unter Umständen ganz anders und kommen zu unterschiedlichen Rechtfertigungen der Welt, die sie einer Inspektion gegenüber öffnen. Weitere Beobachtung stellt vielleicht fest (oder beschwört uns, es als beobachtete Tatsache zu akzeptieren), dass erste Unterscheidungen – wie die oben zitierte zwischen Semantik und Struktur – innerhalb der Unterscheidung, die sie machen, getroffen werden. Die Unterscheidung zwischen Semantik und Struktur ist eine semantische Unterscheidung, genau so wie Wissenssoziologie von gesellschaftlich situierten Wissenssoziologen formuliert wird, und nicht von „frei-schwebenden" Intellektuellen, die der Konditionierung entgehen.

Würde man diese Überlegungen weiterspinnen, geräte man mit Sicherheit an den Rand des Trivialen, aber zwei Punkte lassen sich doch aus diesen Beobachtungen folgern. Erstens, das selbst-implizierende Wesen beschreibender Unterscheidungen – z. B. der semantische Charakter der Unterscheidung von Semantik/Struktur – erinnert an die hegelsche „Reflexion-in-sich der Reflexion-in-sich-und-anderes", die Günther als ein Zeichen jener zukünftigen Logik hervorhebt, welche der Komplexität der Beziehung zwischen Sein und Reflexion angemessen wäre, die nicht das eine auf das andere reduziert. Da es eine solche mehr-wertige Logik à la Günther (noch?) nicht gibt, bleibt das notwendige Mittel für einen solchen Verweis auf diese komplexe Beziehung paradox; daher erklärt sich auch Luhmanns Abhängigkeit von dieser Einrichtung in Bezug auf seine Erklärungen der Systemtätigkeit. Mit anderen Worten, Reflexion hat sich durch die Moderne und ihre Selbstbeschreibung von ihrem Status als Dienerin des Seins befreit und eine autonome, wenn nicht sogar „schaffende" Position angenommen. Und zweitens verleiht diese scheinbar paradoxe Wesensart der kontingent gewählten Anfangspositionen jeder dieser ersten Unter-scheidungen ihre eigene Autonomie. Es gibt kein fundamentales Axiom, aus dem alles andere folgt, es gibt keine Hierarchie einleitender Schachzüge, sogar dann nicht, wenn bestimmte Entscheidungen anderen gegenüber wegen der durch sie erreichten Resultate bevorzugt werden. Mit der Autonomität kommt die Autorität, die sich entweder dank der Ergebnisse rehabilitiert oder scheitert, die aber nicht willkürlich von den Äußerungen eines dominanten Systems für illegitim erklärt werden kann.

Ist Luhmanns Behauptung über die Verantwortung funktionaler Differenzierung gegenüber der Obsolenz traditioneller, ontologischer Wirklichkeitsbeschreibungen damit bestätigt? Es wäre ohne Frage absurd, daran festzuhalten, dass die Moderne die Forschungsergebnisse der Quantenphysik, auf die wir uns oben gestützt haben, *verursacht* hat.[9] Aber was die Moderne, wie Luhmann sie beschreibt, tatsächlich getan hat, ist, es der Wissenschaft zu gestatten, ohne die Überwachung ihrer traditionellen, vormodernen Aufpasser (wie Religion) zu arbeiten. Die erstaunlichen Ergebnisse der Physik des 20. Jahrhunderts, die bei den Physikern selbst so viel Bestürzung verursacht haben, haben also daher trotzdem philosophische Reaktionen erfordert, die den Versuchsergebnissen und deren Implikationen treu geblieben sind. Die Autorität der Physik über ihren eigenen Bereich hat intensive *interne* Debatten über die philosophische *Bedeutung* der durch die experimentellen Resultate hervorgerufene implizite Weltsicht ausgelöst, aber weder die Philosophen, noch die Physiker mit realistischen Neigungen konnten es wagen, die Wissenschaft bei dem Versuch, eine ältere Beschreibung ontologischer Ordnung wiederherzustellen, zu *verleugnen*. Deshalb leuchtet es ein, zu sagen, die moderne Gesellschaftsstruktur – die Form funktionaler Differenzierung, deren Beschreibung Luhmann zufiel – ist die *Möglichkeitsbedingung* (um diese überbeanspruchte Sofort-Hilfe zu benützen) sowohl für die Entwicklung der modernen Wissenschaft als auch für die nicht-realistische Philosophie, mit der man ihre Ergebnisse beschreibt. In gewisser Weise wäre es auch nicht unplausibel zu sagen: Ja, die funktionale Differenzierung hat Sprünge in der älteren, vormodernen ontologischen Weltsicht „ausgelöst", Sprünge, die letztendlich so groß geworden sind, dass die realistische Ontologie von einst zusammenbrach und durch eine Vielzahl fortlaufender „konstruktivistischen" Bestrebungen ersetzt wurde, welche die zurückgebliebene Leere zu beschreiben versuchen.

---

9   Obwohl einige haben ähnliche Ansichten vorgeschlagen (siehe Forman 1971).

Literatur

Davies, Paul C.W. / Brown, J. R. (eds.) (1986): The Ghost in the Machine: A Discussion of the Mysteries of Quantum Physics. Cambridge: Cambridge UP.

Espagnat d', Bernard (2006): On Physics and Philosophy. Princeton: Princeton UP.

Forman, Paul (1971): Weimar Culture, Causality, and Quantum Theory, 1918-1927: Adaptation by German Physicists and Mathematicians to a Hostile Intellectual Environment. In: Historical Studies in the Physical Sciences 3. 1971. 1-115.

Horkheimer, Max / Adorno, Theodor W. (1988): Dialektik der Aufklärung. Frankfurt/M: Fischer.

Günther, Gotthard (1991): Idee und Grundriß einer nicht-Aristotelischen Logik. 3. Auflage. Hamburg: Felix Meiner.

Günther, Gotthard (2000): Die Amerikanische Apokalypse. Hg. v. Kurt Klagenfurt. München: Profil.

Kumar, Manjit (2008): Quantum: Einstein, Bohr, and the Great Debate about the Nature of Reality. New York: Norton.

Luhmann, Niklas (1983): Legitimität durch Verfahren. Frankfurt/M: Suhrkamp.

Luhmann, Niklas (1988): Erkenntnis als Konstruktion. Bern: Benteli Verlag.

Luhmann, Niklas (1990): Soziologische Aufklärung 5: Konstruktivistische Perspektiven. Opladen: Westdeutscher Verlag.

Luhmann, Niklas (1992): Beobachtungen der Moderne. Opladen: Westdeutscher Verlag.

Luhmann, Niklas (1997): Die Gesellschaft der Gesellschaft. Frankfurt/M: Suhrkamp.

Wittgenstein, Ludwig (1981): Tractatus Logico-Philosophicus. London: Routledge.

Vom Unkraut zum Epistem – Wie Sprache Wirklichkeit schafft

Sylvia Bendel-Larcher

1 Einleitung

Natur-, Geistes- und Sozialwissenschaften haben bei aller Unterschiedlichkeit ihrer Forschungsgebiete eines gemeinsam: Sie benützen für die Beschreibung ihrer Gegenstände natürliche Sprachen. Das wirft die Frage auf, ob die Beschaffenheit dieser Sprachen einen Einfluss hat auf die wissenschaftliche Gegenstandskonstitution und Theoriebildung. Dieser Aufsatz ist dem komplexen Verhältnis von Sprache und Wirklichkeit gewidmet. In Form von vier Thesen werden schlaglichtartig vier Eigenschaften von Sprache beleuchtet und auf ihre wirklichkeitskonstituierende Kraft befragt. Angesprochen sind die Eigenschaften der Sprache, aus diskreten Zeichen zu bestehen, über weite Strecken metaphorisch zu sein, eine vorgegebene grammatische Struktur zu haben und einem gesellschaftlichen Diskurs anzugehören. Anschließend wird anhand von Beispielen beleuchtet, wie sich diese Eigenschaften auf die Sprache der Wissenschaft und die wissenschaftliche Theoriebildung auswirken. Dabei geht es um Begriffsdefinitionen, metaphorische Konzepte, das Verhältnis von erkennendem Subjekt und beobachtetem Objekt und schließlich um diskursive Praktiken der Kategorisierung, Argumentation, Textsorten und Interpretationsschemata. Der Beitrag versteht sich als Anstoß zu einem reflexiven Sprachgebrauch in den Wissenschaften.[1]

---

[1]   Für ihre kritischen Anmerkungen danke ich Jacqueline Holzer und Hermann Bendel.

2   Sprache und Wirklichkeit: Vier Zugänge zum Thema

Ein Spitzwegerich, der auf einer Gartenterrasse wächst, wird von verschiedenen Personen unterschiedlich bezeichnet und in der Folge unterschiedlich behandelt. Ein Hausbewohner mag an der „Pflanze" achtlos vorübergehen. Für den Gärtner stellt dieselbe Pflanze ein „Unkraut" dar, welches er ausreißt und auf den Komposthaufen wirft. Der Apothekerin präsentiert sich der Spitzwegerich als „Heilpflanze", aus welcher sie Saft gegen Husten und Schnittwunden gewinnt. Der Botaniker schließlich bezeichnet das gleiche Kraut als „plantago lanceolata" und präpariert es für sein Herbarium. Spitzwegerich, Unkraut, Heilpflanze, plantago lanceolata – vier Bezeichnungen für ein Ding, die bewirken, dass das Ding auf vier verschiedene Weisen wahrgenommen und behandelt wird.

Das Beispiel macht deutlich, worum es in diesem Aufsatz geht: Um das Verhältnis von Sprache und Wirklichkeit. Damit wird eines der komplexesten Themen der Sprachphilosophie angeschnitten, welches viele bis heute nicht beantwortete Fragen aufgeworfen hat, zum Beispiel die Frage, ob es ein Denken ohne Sprache gibt. Das Thema im Rahmen eines Aufsatzes abschließend behandeln zu wollen, wäre vermessen, darum beschränkt sich der Text darauf, vier Thesen zu präsentieren, die, einem Scheinwerfer gleichend, je eine Eigenschaft der Sprache beleuchten, die etwas über das Verhältnis von Sprache und Wirklichkeit aussagt. Die vier Thesen sind in aufsteigender Reihenfolge den sprachlichen Größen Wort – Phrase – Satz – Text / Diskurs zugeordnet und sie stützen sich auf vier verschiedene linguistische Disziplinen, die Semiotik, die Semantik, die Grammatik und die Diskurslinguistik. Diese vier Disziplinen entspringen nicht demselben Epistem; die ersten drei sind dem Strukturalismus zuzuordnen und somit positivistisch, die letzte gehört zur Diskurstheorie und ist somit konstruktivistisch. Es wird allerdings zu zeigen sein, dass sich die grundsätzlich positivistischen Modelle der Semiotik, Semantik und Grammatik unter einer diskurstheoretischen Perspektive in neuem Lichte zeigen und für die Diskurslinguistik fruchtbar gemacht werden können.

Das Verhältnis von Sprache und Wirklichkeit ist nicht nur für den Bereich der Alltagssprache von Interesse, sondern in besonderem Maße auch für die Wissenschaft. Denn die Wissenschaft hat zur Beschreibung ihrer Objekte – von den formallogischen Zeichen der Mathematik sowie Grafiken einmal abgesehen – kein anderes Zeichensystem zur Verfügung als die Sprache. Sie muss daher besonders daran interessiert sein zu wissen, welchen Einfluss Struktur und Gebrauch der Sprache auf die Konstitution ihrer Gegenstände, Modelle und Theorien haben. Ziel des vorliegenden Aufsatzes ist es, vier zentrale Eigenschaften der Sprache auszuleuchten und anhand von Beispielen aus den Natur- und Sozialwissenschaften nachzuzeichnen, wie sich diese Eigenschaften auf die Sprache der Wissenschaft und damit das wissenschaftliche Tun auswirken. Das Nachzeichnen von Konstruktionsleistungen verschiedener Wissenschaften versteht sich dabei als eine Form der De-Konstruktion in der Tradition der Kritischen Diskursanalyse.

2.1 These 1: Sprache ist ihrem Wesen nach anders beschaffen als unsere Wahrnehmungen und Gedanken, über die wir uns aber primär mittels Sprache verständigen.

„Wie Melodien zieht es
mir leise durch den Sinn,
wie Frühlingsblumen blüht es
und schwebt wie Duft dahin.
Doch kommt das Wort und fasst es
und führt es vor das Aug,
wie Nebelgrau erblasst es
und schwindet wie ein Hauch.
Und dennoch ruht im Reime
verborgen wohl ein Duft,
der mild aus stillem Keime
ein feuchtes Auge ruft."
(Klaus Groth)

Menschliche Wahrnehmungen verarbeiten simultan optische, akustische, olfaktorische und haptische Reize, sie sind räumlich und zeitlich geordnet, sie sind analog und kontinuierlich. Wenn ich eine Rose in der Hand halte und drehe, so kann ich sie gleichzeitig sehen, riechen und fühlen; das Drehen nehme ich räumlich und zeitlich wahr; der Druck des Stängels wirkt direkt auf meine Hautzellen ein und kann stufenlos verstärkt werden; und meine Wahrnehmung reißt keinen Moment ab.

Diese Erfahrungen lassen sich nicht eins zu eins in Worte fassen, denn Sprache ist ihrem Wesen nach linear, hat nur eine zeitliche Dimension[2], sie ist digital und besteht aus diskreten Zeichen. So kann ich die gleichzeitig alle Sinne erfassende Betrachtung der Rose nur nacheinander verbalisieren: „Ich sehe, rieche und spüre die Rose, während ich sie in meiner Hand drehe." Die sprachlichen Zeichen sind digital, entweder ich sage „Rose" oder „Riese", zwischen dem lange „O" und dem langen „I" gibt es keine fließenden Übergänge.

---

2   Die Linearität und rein zeitliche Dimension des gesprochenen Wortes können bei der geschriebenen Sprache durch typografische Maßnahmen teilweise kompensiert werden, indem zum Beispiel in Comics Lautstärke nicht durch die Ankündigung: „Sie schrie" ausgedrückt wird, sondern durch die Verwendung großer Lettern. Das sind jedoch Randerscheinungen, die an der grundsätzlich linearen und zeitlichen Struktur der Sprache nichts ändern.

Schließlich bilden Worte und Sätze kein Kontinuum, sondern – mindestens aus strukturalistischer Sicht – klar abgrenzbare Einheiten der Langue mit Anfang und Ende.

Das bedeutet: Wahrnehmungen und Gedanken in Worte zu fassen, heißt, sie in ihrem Wesen zu transformieren und der Logik der Sprache zu unterwerfen. Wohl gibt es andere Modalitäten der Kommunikation, wie Mimik, Gestik, Grafiken oder Bilder, die teilweise das Räumliche und Analoge der Wahrnehmung wiedergeben, die Sprache ist jedoch ein Zeichensystem, das der Natur unserer Wahrnehmungen und Gedanken nicht entspricht.

Das Verhältnis von Wort und Gegenstand versucht, die Semiotik in ihren Zeichenmodellen abzubilden. Felder (2006) unterscheidet drei grundlegende Typen von Zeichenmodellen: referenzielle, repräsentationistische und instrumentelle. Bei ersteren fungiert das Zeichen als Stellvertreter für ein als real (oder transzendental) gedachtes Referenzobjekt, bei letzteren gewinnt das Zeichen seine Bedeutung durch die Verwendung. Der bekannteste Vertreter der repräsentationistischen Zeichenmodelle ist Saussures duales Zeichenmodell. Gemäß Saussure (1931/1967) bestehen sprachliche Zeichen aus der Verbindung eines Gedankens (das Bezeichnete, signifié) mit einer Lautfolge (das Bezeichnende, signifiant). Die Beziehung zwischen signifié und signifiant ist arbiträr, das heißt, es besteht kein logischer Zusammenhang zwischen Wort und Sache. Entscheidend ist, dass in Saussures Modell das Referenzobjekt nicht vorkommt. Das Wort „Rose" steht demnach nicht für irgendeine (konkrete) Rose, sondern lediglich für unsere Vorstellung einer Rose. Erst der Verzicht auf Referenzobjekte im Zeichenmodell kann erklären, warum der Wortschatz aller Sprachen neben Wörtern für konkret erfahrbare Dinge auch solche für abstrakte Vorstellungen, wie „Gerechtigkeit" oder „Charakter", enthält.

Der Verzicht auf ein wie immer geartetes Referenzobjekt bildet die Grundlage dafür, Saussure nicht nur als Wegbereiter des Strukturalismus zu sehen, sondern sein Modell in einen diskurstheoretischen Rahmen zu betten. Aus diskurstheoretischer Perspektive gewinnt das einzelne Wort seine Bedeutung nicht durch den Bezug auf eine außersprachliche oder transzendentale Welt, sondern aus der Differenz zu den anderen Wörtern. „Die Zeichen, gemeinhin definiert als stabile Einheit von Bedeutungsträger und Bezeichnetem, werden so zu Signifikanten, deren Signifikate nicht mehr fixiert sind" (Sarasin 2003: 166). Die alltägliche Sicht auf Sprache als Mittel der Verständigung über die Welt kehrt sich um: „Die Sprache hört auf, die Repräsentantin einer außer ihr liegenden Gegebenheit zu sein und wird selbst zum Konstituens des Sozialen" (ebd.: 167).

Was bedeutet dies nun für die Wissenschaft? Es bedeutet, dass sich Naturwissenschaftlerinnen, Psychologen, Mediziner oder Soziologinnen mit Sprache über Dinge zu verständigen suchen, die nicht-sprachlicher Natur sind und somit Wesen-haft anders. Die Kluft zwischen der Sprache und der Welt, wie wir sie mit unseren Sinnen erfahren, ist nicht zu überbrücken. Wissenschaftler diskutieren über eine Welt, die letztlich nur in ihren Texten über die Welt existiert, von vielen – Laien wie Wissenschaftlern – aber immer noch als (die) reale Welt aufgefasst wird. So räumt Kanitscheider in Bezug auf die Mathematik zwar ein, dass der Status ihrer Gegenstände keineswegs geklärt sei, betont aber in Bezug auf die Physik, jede empirische Erfahrung könne physiologisch-ursächlich rekonstruiert werden, „weil wir ebenso wie das Ereignis Teil der materiellen Welt sind und unsere Wahrnehmung mit dem Ereignis kausal verknüpft ist" (Kanitschneider 2009: 77). Er kommt zum Schluss: „Es wirkt albern, wenn man von den Gegenständen seiner Wissenschaft immer nur so sprechen darf, ‚als ob' sie existierten" (ebd.).

Aus radikalkonstruktivistischer Sicht bringen Wörter die Gegenstände, die sie bezeichnen, überhaupt erst hervor. Eine real existierende Welt wird damit nicht negiert: „Das heißt natürlich nicht, dass die Welt nicht voller Dinge wäre, die tatsächlich geschehen – aber die Rede vom niemals außerhalb eines Systems von differenziellen Zeichen präsenten Signifikats (sic!) bedeutet primär, dass es nicht möglich ist, sich in der Wahrnehmung von Wirklichkeit jenseits von Sprache beziehungsweise jenseits von Diskursen zu bewegen" (Sarasin 2003: 32).

In der Wissenschaft ist diese gegenstandskonstituierende Kraft der Sprache besonders ausgeprägt, nehmen doch Wissenschaftler Begriffsdefinitionen bewusst und explizit vor. Was wir im Alltag nebenbei bewerkstelligen, nämlich Grenzen zwischen den Dingen zu ziehen, wird in der Wissenschaft in Form von Definitionen gezielt getan: Definieren (vom lateinischen finis = Grenze) bedeutet nichts anderes, als Grenzen zu ziehen: Das ist eine Rose, alles darum herum ist Nicht-Rose. Im Alltag sind diese Grenzziehungen unscharf und verhandelbar. Niemand fragt, ob der Duft der Rose zur Rose gehört oder zu der sie umgebenden Luft. Wenn es um die Wahrnehmung von Farben geht, wird kaum jemand darüber streiten, ob ein bestimmtes Leintuch gelb oder orange sei.[3]

Die Wissenschaft will genauere Grenzziehungen. So definiert Wenzel (1957) gelb folgendermaßen: „Gelb ist die Farbe, die wahrgenommen wird, wenn Licht mit einer spektralen Verteilung ins Auge fällt, bei der das Maximum im Wellenlängenintervall bei 565 bis 575 nm liegt."[4] Dadurch, dass die Wissenschaftler ihre Gegenstände genau definieren, werfen sie ein – je nach Disziplin

---

3   Wie genau wir es mit den Farben nehmen, hängt vom unmittelbaren Zweck der Kommunikation ab. So sind Versandhäuser mit den Farben schon genauer und unterscheiden hellgelb, maisgelb, orange und ziegel – aus Gründen des Marketings, aber auch zur Unterscheidbarkeit der zu bestellenden Ware.

4   Franz Wenzel: AGFA-Lichtfilter. fotokino-verlag, Halle 1957. Zitiert in Wikipedia, Artikel „Gelb". Online (5.4.2011): http://de.wikipedia.org/wiki/Gelb.

anders aussehendes – Kategoriensystem über die Welt, welches viel rigider ist
als das semantische Netz, das die Alltagssprachen über die Welt werfen. Die
Sprache der Wissenschaft ist dadurch immer schon reifizierend, verdinglichend,
noch bevor wir zu Fragen der Konstruktion und De-Konstruktion einer spezifischen Wirklichkeit vorgestoßen sind.

Bei Rosen und Farben mag der Prozess der Verdinglichung durch Sprache
harmlos sein, bei vielen wissenschaftlichen Definitionen ist er es nicht, wie zwei
Beispiele zeigen. Die Medizin hat in den letzten Jahren die Grenzwerte des noch
gesunden Blutdrucks immer enger gezogen. Dadurch werden immer mehr Menschen per definitionem (!) krank und dazu motiviert, teure, Blutdruck senkende
oder hebende Medikamente zu konsumieren. In der Ökonomie wird das BIP
(Bruttoinlandprodukt) dergestalt definiert, das der größte Teil der von Frauen
geleisteten Arbeit darin gar nicht als Arbeit erscheint.[5] Solche Definitionen sind
bei aller vordergründigen Wissenschaftlichkeit pure Ideologie.

Fazit: Wahrnehmungen und Sprache sind von unterschiedlicher Wesensart.
Sprachen haben die Eigenschaft, aus diskreten, arbiträren Zeichen zu bestehen,
die eine gegenstandskonstituierende Kraft haben. Wörter werfen ein semanti-
sches Netz über die Welt, welches eine bestimmte Art der Wahrnehmung der
Welt begünstigt. Die Sprache der Wissenschaft mit ihren genauen Begriffsdefinitionen wirkt in besonderem Masse reifizierend.

2.2 These 2: Sprachen sind über weite Strecken metaphorisch und diese Metaphern sind im Wesentlichen an unsere Körpererfahrung in der Welt gebunden.

„Was ist unsere Rede anders als eine unsichtbare Hand,
wunderbar und vielfach gefingert,
mit welcher wir fahren über unserer Mitmenschen Gemüter!"
(Jeremias Gotthelf: Anne Bäbi Jowäger)

In der Experten-Laien Kommunikation sind Metaphern ein beliebtes Mittel des
Wissenstransfers (Brünner 1999). So wird zum Beispiel in der Medizin die
Funktion des Blutkreislaufs mit den sanitären Installationen eines Hauses ver-
glichen: Das Herz ist die Pumpe, Blut fließt durch Röhren, die verkalken können, es gibt Klappen, Ventile. Die Funktion der Metapher besteht darin, Wissen

---

5   Nach Berechnungen des Bundesamtes für Statistik beträgt in der Schweiz die Menge der un-
     bezahlt geleisteten Arbeit 70 Prozent des BIP; davon tragen 64 Prozent die Frauen (Müller /
     Sander 2009: 27).

von bekannten, konkret erfahrbaren Dingen mittels Analogie auf noch nicht bekannte, abstrakte Konzepte zu übertragen und diese so begreiflich zu machen. In der Wissenschaft ist der Gebrauch von Metaphern seit jeher umstritten. Die Befürworter der Metapher, die selbige aufgrund ihrer unmittelbaren Anschaulichkeit als Mittel der Erkenntnisgewinnung preisen, sind in der klaren Minderheit. Die Mehrheit der Wissenschaftstheoretiker lehnt die Metapher ab, da sie gegen das Prinzip der „perspicuitas", das heißt, des klaren Ausdrucks verstößt: „Metaphern gelten seit Aristoteles als das, was die wissenschaftliche Sprache verunreinigt, ihren eigentlichen Sinn kontaminiert und die, wie Thomas von Aquin sagt, adaequatio rei et intellectus zerstört" (Sarasin 2003: 195). Kretzenbacher (1995) bezeichnet das „Metapherntabu" neben dem „Ich-Tabu" und dem „Erzähltabu" als eines der drei entscheidenden Merkmale der Wissenschaftssprache.

Die Wissenssoziologen und Sprachwissenschaftlerinnen, die sich mit der Wissenschaftssprache und der Experten-Laien Kommunikation beschäftigen, stützen sich auf ein literaturwissenschaftliches Verständnis der Metapher. Danach besteht eine Metapher in einer Bedeutungsübertragung. Ein Wort oder eine Wortgruppe werden aus dem eigentlichen Zusammenhang in einen fremden übertragen, der mit ersterem in einem entscheidenden Punkt vergleichbar ist. Das Kamel als „Schiff der Wüste" hebt hervor, dass das Kamel in der Wüste das Transportmittel der Wahl ist (Wilpert 1979: 506). Im literaturwissenschaftlichen Verständnis ist die Metapher somit eine Form des uneigentlichen Sprechens, die Metapher wäre jederzeit durch den „ursprünglichen", „eigentlichen" Ausdruck ersetzbar.

Aus sprachphilosophischer Sicht präsentiert sich die Metapher anders. Sprachen sind durchdrungen von einer grundlegenden Metaphorik, bei welcher keine „eigentlichen" Wörter durch andere „ersetzt" werden, sondern bei welcher der „wörtliche" Gebrauch der Wörter bereits metaphorisch ist. So gibt es beispielsweise im Deutschen wie im Englischen viele Ausdrücke, in denen Zeit mit Geld gleichgesetzt wird: Man kann Zeit sparen, verschwenden, gewinnen, investieren und anderes mehr. Lakoff und Johnson bezeichnen diese Ausdrücke als konzeptuelle Metaphern, als Metaphern, die wiedergeben, wie wir die Welt unmittelbar erfahren (Lakoff and Johnson 1980/2003). In diesem Ansatz ist Geld nicht eine poetische Umschreibung für Zeit, sondern Zeit IST Geld. Konzeptuelle Metaphern verraten, wie Angehörige einer bestimmten Kultur die Welt sehen, ob sie zum Beispiel eine Straße als Fläche (deutsch: „auf" der Straße) oder als Behälter (britisch/englisch: „in" the street) betrachten. Deswegen nennen Lakoff und Johnson ihr bekanntes Buch „Metaphors we live by".

Die Autoren unterscheiden drei Kategorien von Metaphern: räumliche, ontologische und strukturelle. Was die räumlichen Metaphern angeht, tendieren wir zum Beispiel dazu, alles, was „oben" ist, mit „gut" zu verbinden, alles, was

„unten" ist, mit „schlecht": Wir sind hoch erfreut oder niedergeschlagen, er-
klimmen die Karriereleiter oder stürzen ab, schwingen oben aus oder müssen
unten durch, haben einen hohen oder tiefen IQ. Räumliche Metaphern leiten
sich aus unserer unmittelbaren physischen Welterfahrung ab, in der unser Ge-
sicht den Fixpunkt für die Orientierung bildet, um den herum wir die erfahrbare
Welt ordnen. So sagen wir: „Der Rucksack liegt vor dem Stein" und meinen
damit die uns zugewandte Seite, obwohl ein Stein eigentlich keine Vorderseite
hat; analog dazu steht ein Ereignis unmittelbar „vor" uns oder liegt bereits „hinter" uns. Es gibt nur ganz wenige Sprachen, wie zum Beispiel Guugu-Yimidhirr
(Australien), in welchen die Sprechenden Gegenstände in einem absoluten
Raum, eingeteilt in vier Himmelsrichtungen, platzieren (Foley 1997: 216 f.):
Der Rucksack liegt auf der östlichen Seite des Steins – unabhängig davon, wo
ich stehe.

Körperliche Erfahrung verleitet uns auch zur Bildung ontologischer Metaphern, „that is viewing events, activities, emotions, ideas, etc., as entities and
substances." (ebd.: 25). So werden zum Beispiel Gefühle zu quantifizierbaren
Objekten, wenn man von jemandem sagt, er habe viel oder wenig Geduld oder
er habe die Geduld verloren. Ein Beispiel für eine strukturelle Metapher schließlich ist die Rede von Ideen als Essen: Man kann jemandem unausgegorene
Ideen auftischen oder alte Ideen aufwärmen, die dann einen schalen Geschmack
hinterlassen.

Diese konzeptuellen Metaphern bewegen sich in der Regel auf der Ebene
der Phrase, nicht des Einzelwortes. Sie durchziehen unsere ganze Sprache. Lakoff und Johnson begründen die Omnipräsenz der Metaphern so: „They have a
basis in our physical and cultural experience" (Lakoff and Johnson 1980/2003:
14). Diese Begründung stellt sich aus diskurstheoretischer Sicht allerdings als
Vertauschung von Ursache und Wirkung dar. Nicht unsere Erfahrung der Wirklichkeit prägt unsere Sprache, sondern der Diskurs verleitet uns dazu, die Wirklichkeit auf eine bestimmte Art und Weise zu erfahren, zum Beispiel als ein
Oben und Unten.

Das gilt auch für die Wissenschaft. So sehr literarische Metaphern in der
Wissenschaft vermieden werden, so sehr durchziehen konzeptuelle Metaphern
deren Sprache und Modelle, wie sich am Beispiel der Wirtschaftswissenschaft
plastisch zeigen lässt. Die sprachlich angelegte Tendenz, die eigene Person zum
räumlichen Ausgangspunkt aller Betrachtungen zu machen – was forschungs-
programmatisch als methodologischer Individualismus bezeichnet wird –,
schlägt sich in vielen ethnozentristischen wirtschaftswissenschaftlichen Konzep-
ten nieder; so im Ausdruck „Volkswirtschaft" und in der Tradition, Warenströ-
me in Form von „Importen" und „Exporten" zu erfassen, ohne zu fragen, ob das
der Beschreibung einer globalen Wirtschaft noch gerecht wird. Das eigene Land

ist und bleibt der Referenzpunkt aller wirtschaftswissenschaftlichen und -politischen Diskurse.

Ebenso verbreitet ist das Denken in (positiv besetztem) Oben und (negativ besetztem) Unten. Sowohl in den Lehrbüchern als auch in den Unternehmen werden die Mitglieder einer Organisation in Organigrammen platziert und in diesen sind die Führungspersonen immer oben und die einfachen Angestellten immer unten abgebildet. Die Funktion zu wechseln, bedeutet, grafisch sichtbar „aufzusteigen", was mit einem „höheren" Einkommen und einem „höheren" Status verbunden ist. Würde man ein Organigramm einmal anders darstellen, zum Beispiel die Schalterangestellten einer Bank „vorne" (bzw. rechts auf dem Papier) und die Linien- und Stabsangestellten „hinten" (bzw. links), um ihre Unterstützungsfunktion für die Leute „an der Front" sichtbar zu machen, so wäre das keine grafische Spielerei, sondern eine kulturelle Revolution.[6]

Auch soziologische Schichtmodelle, bei welchen Menschen in Einkommensklassen und Bildungsschichten eingeteilt werden, zementieren, was die Soziologie als Wissenschaft eigentlich infrage stellen könnte: Das alltägliche Denken in Klassen und Schichten, in Oben und Unten.

Ein Beispiel für eine ontologische Metapher, die in den Wissenschaften Karriere gemacht hat, ist die bekannte Conduit-Metapher: Kommunizieren wird als das Transportieren von Behältern konzeptualisiert, in welchen die Botschaft eingepackt ist (Antos 1999). Im klassischen Nachrichtenmodell von Shannon und Weaver, welches für viele spätere Kommunikationsmodelle Pate gestanden hat, wird eine Nachricht vom „Sender" „encodiert", über einen Kanal „geschickt" und vom „Empfänger" „decodiert". Auch im Alltag fassen wir Kommunikation als ein Hantieren mit Gegenständen auf, wenn wir eine Botschaft überbringen, etwas mitteilen, E-Mails speichern oder jemandem eine Beleidigung an den Kopf werfen.

Dass das technische Modell der Nachrichtenübertragung für die Modellierung zwischenmenschlicher Kommunikation nicht geeignet ist (und dafür auch nicht geschaffen wurde), ist hinlänglich bekannt. Trotzdem bildet es nach wie vor die Basis für eine unabsehbare Menge von wissenschaftlichen und populären Texten zur Unternehmenskommunikation, in denen detailliert beschrieben wird, wie Informationen zwischen den Hierarchieebenen aufwärts und abwärts „transportiert" werden (z. B. Mast 2006). Dem modernen Verständnis zwischenmenschlicher Kommunikation, nach dem verbale Interaktion primär der gemeinsamen Sinnkonstitution dient (z. B. Deppermann 2001), wird der größte Teil der betriebswirtschaftlichen Literatur nicht gerecht. Warum aber der durch-

---

6   Die Idee stammt von Werner Käch, einem ehemaligen Bankdirektor.

schlagende Erfolg der Conduit-Metapher? Ein Grund dürfte in der Einfachheit des Modells der technischen Nachrichtenübertragung liegen, ein anderer darin, dass die deutsche und die englische Sprache mit ihren konzeptuellen Metaphern die Conduit-Metapher nahelegen, während sie für andere Konzeptualisierungen von Kommunikation – zum Beispiel als gemeinsamer Tanz – viel weniger Ausdrücke bereitstellen.

Fazit: Über weite Strecken metaphorisch zu sein, ist eine Eigenschaft der Sprache, die uns nicht nur im Alltag, die Welt auf bestimmte Weise zu sehen, nahelegt, sondern auch in den Wissenschaften zur Präferenz von – teilweise unangemessenen – Modellen führt, welche die alltägliche Sicht auf die Dinge zementieren und den Blick für Alternativen versperren. Aufgabe einer kritischen Wissenschaft ist es, solche Alltagsmetaphern zu durchschauen und die damit verbundenen Konzeptualisierungen der Welt zu hinterfragen.

2.3 These 3: Durch ihre Subjekt – Verb – Objekt Struktur schaffen Sprachen Subjekte und Objekte, die wir als außersprachliche Entitäten wahrnehmen.

„Sich mit Grammatik zu befassen, das bedeutet, die Sprache zu enthülsen,
zu schauen, wie sie gemacht ist, sie gewissermassen ganz nackt zu sehen. (…)
Es gibt (…) nichts Schöneres als den Grundgedanken der Sprache,
dass es Substantive und Verben gibt. Wenn man das hat,
hat man schon den Kern aller Aussagen."
(Muriel Barbery: Die Eleganz des Igels)

Alle Sprachen verfügen über eine Struktur, eine Grammatik, die vorgibt, wie korrekte Sätze gebildet werden und damit, wie Aussagen über die Welt gemacht werden können und wie nicht. So verfügt zum Beispiel das Deutsche über drei Genera (männlich, weiblich, sächlich), das Französische über zwei (männlich, weiblich), das Ungarische kennt keine Genera. Darum ist es möglich, auf Ungarisch zu sagen: „(dritte Person) kommt" und dabei offen zu lassen, ob eine männliche oder weibliche Person erwartet wird, während man sich auf Französisch zwischen „il vient" und „elle vient" entscheiden muss; das Geschlecht der Person muss bekannt sein, um einen grammatikalisch korrekten Satz bilden zu können. Umgekehrt ist es nur im Deutschen möglich, mit „es" auf ein unbestimmtes Drittes zu verweisen, zum Beispiel im Satz: „Es ist mir kalt". Daher ist es wohl kein Zufall, dass das Freudsche „Es" von einem deutschsprachigen Psychiater entwickelt wurde und dass die Franzosen „le Es" nicht übersetzen – weil es sich nicht übersetzen lässt.

Alle Sprachen benützen Sätze als Aussageeinheiten. Darüber hinaus hat man kaum universale Gemeinsamkeiten gefunden. Die meisten Sprachen verwenden zwar Sätze mit einem nominalen Kern und einem verbalen Kern und damit die Grundstruktur „ein Ding" plus „etwas geschehen", aber schon das ist nicht universell. So kann man im Chinesischen Sätze ohne Verb bilden, wie etwa „Morgen Montag" (= Morgen ist Montag).[7] Die verschiedenen Sprachen bieten somit einen je unterschiedlichen Zugriff auf die Welt, indem sie ein bestimmtes Vokabular zur Verfügung stellen und bestimmte Aussagen grammatikalisch möglich machen, andere hingegen nicht (Foley 1997).[8]

Die indoeuropäischen und finno-ugrischen Sprachen verfügen alle über die Struktur Subjekt – Verb – Objekt. Die Wortstellung kann variieren (S – V – O oder S – O – V), außerdem gibt es Sprachen, wie das Italienische und Ungarische, in denen das Subjekt nur genannt wird, wenn es betont werden soll; die Grundstruktur bleibt aber dieselbe:

Subjekt	Verb	Objekt	
Ich	sehe	die Rose	Deutsch
Je	vois	la rose	Französisch
(Én)	látom	a rózsát	Ungarisch
(Io)	vedo	la rosa	Italienisch

Subjekt	Objekt	Verb	
(Ego)	rosam	video	Lateinisch

Das Subjekt ist in der Regel der Handlungsträger: „Die Personalchefin unterzeichnet den Arbeitsvertrag". Ausnahme sind die Passivsätze, die geeignet sind, die Handelnden sprachlich unsichtbar zu machen: „200 Angestellte wurden entlassen". Im Deutschen entscheidet das Verb darüber, aus wie vielen Satzgliedern der Satz besteht. Verben mit einer Valenz verlangen lediglich ein weiteres Satzglied, nämlich ein Subjekt im Nominativ: „Die Sonne scheint". Verben mit zwei Valenzen verlangen ein Subjekt und ein Objekt im Akkusativ: „Werner betrachtet die Wolken". Verben mit drei Valenzen schließlich verlangen zusätzlich ein Dativobjekt: „Ich schenke meiner Mutter eine Rose".

Subjekte und Objekte sind somit in erster Linie grammatische Positionen, abhängig vom Verb. Sie sind keine Entitäten, werden aber offenbar häufig als solche aufgefasst. So bauen sowohl die Philosophie als auch die Wissenssoziologie ihre Überlegungen auf der Trennung zwischen Subjekt und Objekt auf. Die abendländische Philosophie geht seit Aristoteles von einer fundamentalen Trennung zwischen erkennendem Subjekt und erkanntem Objekt aus. Die Erkenntnistheorie widmete sich der Frage, wie der menschliche Geist beschaffen

---

7 Mitteilung von Barbara Buri.
8 Das ist mit ein Grund, warum sich Linguisten dafür stark machen, a) Minderheitensprachen zu erhalten und b) in den Wissenschaften nicht nur Englisch zu kommunizieren.

und was sein Einfluss auf unsere Wahrnehmung ist. So ging zum Beispiel Kant davon aus, dass all unser Erkennen durch die Dimensionen von Zeit und Raum vorbestimmt ist. Aufgabe der empirischen Wissenschaft war es, die dingliche Welt zu beschreiben. Hier galt und gilt bis heute das Ideal, dass das zu beschreibende Objekt „objektiv" erfasst werden soll, unabhängig vom beobachtenden Subjekt. Der Anspruch, den Beobachter außen vor zu lassen, zeigt sich in wissenschaftlichen Texten in der Tilgung der Person des Forschenden, dem sogenannten Ich-Tabu (Kretzenbacher 1995).[9]

Die strikte Trennung zwischen Subjekt und Objekt kam in den letzten Jahren von verschiedenen Seiten unter Beschuss. In der Physik musste man feststellen, dass es keine Messung ohne Einfluss des Messvorgangs gibt und somit keine Beobachtung ohne Einfluss des Beobachters – ein Phänomen, das in den Sozialwissenschaften als Beobachterparadoxon bekannt ist. Die feministische Theorie kritisierte das Ideal der Objektivität als männliche Konstruktion, die der Etablierung spezifischer Machtstrukturen in der Wissenschaft und der Unterwerfung der Natur diente. Sie versprach sich von der Vereinigung von erkennendem Subjekt und erkanntem Objekt neuartige Erkenntnisse (Fox Keller 1986). Die Diskurstheorie schließlich lehnt die Existenz von Subjekten und Objekten als reale Entitäten ganz ab und betrachtet sowohl Subjekte als auch Objekte als Epiphänomene des Diskurses (Foucault 1974/1991, Bublitz et al. 1999). Interessanterweise verzichtet die Diskurstheorie aber nicht auf die Unterscheidung zwischen Subjekt und Objekt. Aus radikalkonstruktivistischer Perspektive wäre es konsequenter, nur noch von Objekten zu sprechen, die vom Diskurs hervorgebracht werden, und den Subjektbegriff aufzugeben. Doch offenbar wirkt die Tradition stärker. Aber auch die Grammatik der indoeuropäischen Sprachen, die ein Subjekt im Satz verlangen, unterstützt das nicht zu überwindende Denken in Subjekten und Objekten.

Fazit: Die Eigenschaft der indoeuropäischen Sprachen, das Reden und Schreiben in der Einheit des Satzes und innerhalb dieser Sätze die grammatische Struktur Subjekt – Verb – Objekt vorzugeben, hat der abendländischen Tradition, Subjekte und Objekte als Entitäten wahrzunehmen, Vorschub geleistet. Mit der Aufteilung der Welt in erkennende Subjekte und erkannte Objekte war bis in die jüngste Zeit hinein ein spezifisches Verständnis von Wissenschaft verbunden, welches selbst von der Diskurstheorie nicht vollständig aufgehoben wurde.

---

9   Steiner weist allerdings darauf hin, dass die Figur des Autors in wissenschaftlichen Texten auch ohne dessen explizite Benennung präsent ist (Steiner 2009: 68 f.).

2.4 These 4: Sprache tritt in Form von macht- und interessegeleiteten Diskursen auf.

Seit der pragmatischen Wende in der Sprachwissenschaft richtet sich das Auge vieler Linguisten nicht mehr auf das Sprachsystem (langue), sondern auf die Sprachverwendung (parole). Sprache begegnet uns immer in Form konkreter mündlicher und schriftlicher Texte und nur diese können von einer empirischen Wissenschaft untersucht werden. Während sich die Gesprächs- und Textlinguistik einzelnen Texten bzw. Textsorten zuwenden, beschäftigt sich die Diskurslinguistik mit textübergreifenden sprachlichen Phänomenen. Unter einem Diskurs versteht sie ein Ensemble von Texten, die thematisch miteinander verbunden sind, zum Beispiel der Diskurs über die Klimaerwärmung oder die Jugendkriminalität. In Anlehnung an Foucault steht die Frage im Zentrum, wie mittels Diskursen gesellschaftliche Wahrheiten produziert und welche Machtstrukturen damit etabliert werden (Bublitz et al. 1999). So trägt zum Beispiel in England die Anforderung, in gehobenen Positionen Oxford-Englisch zu sprechen, dazu bei, der britischen Elite ihre angestammten Positionen zu erhalten und den Unterschichten und Immigranten den gesellschaftlichen Aufstieg zu verwehren (Fairclough 2001: 47 f.).

Jeder Text gehört zu einem Diskurs und das Eingangsbeispiel mit dem Spitzwegerich hat gezeigt, dass bereits ein einzelnes Wort einen spezifischen Diskurs und damit einen bestimmten kognitiven Zugriff auf die Welt aufrufen kann: Das Wort „Unkraut" den utilitaristischen Diskurs, der Pflanzen nach ihrer Nützlichkeit beurteilt, das Wort „Heilpflanze" den Gesundheitsdiskurs, der Pflanzen nach ihrer pharmakologischen Wirkung einteilt, und der Fachbegriff „plantago lanceolata" den biologischen Diskurs, der Pflanzen nach ihrer Zugehörigkeit zu botanischen Familien ordnet. Mit jedem dieser Diskurse sind spezifische Interessen verbunden, die gegenläufig sein können. So hat der Landwirt ein Interesse daran, mittels Dünger und Pestiziden seinen Ertrag zu steigern, während die Pharmazeutin für die Herstellung ihrer Medikamente nur ungespritzte Pflanzen gebrauchen kann. In der diskursiven Auseinandersetzung wird um die Durchsetzung der eigenen Interessen gerungen.

Im Folgenden sollen vier Facetten des Diskursbegriffs erläutert werden, die noch einmal die wirklichkeitskonstituierende Kraft der Sprache veranschaulichen. Es sind dies Kategoriensysteme, Argumentationslinien, Textsorten und Interpretationsschemata.[10]

---

10   Für eine vollständige Darstellung der Methode der Diskurslinguistik siehe Warnke und Spitzmüller (2008).

2.4.1   Kategoriensysteme

Die Aussage: „Ich bin Schweizerin" ruft ein bestimmtes System auf den Plan,
Menschen zu kategorisieren, nämlich nach ihrer Nationalität. Die meisten Wörter einer Sprache stehen nicht allein für sich, sondern sind Elemente eines Wort-
feldes, die ihre Bedeutung mindestens teilweise aus dem Kontrast zu den anderen Elementen desselben Feldes gewinnen. „Orange" gehört zum Wortfeld der
Farbbezeichnungen und ist eben „nicht gelb" und „nicht rot"; „Schweizerin"
gehört zu den Nationalitäten und macht nur im Kontrast zu Bezeichnungen, wie
„Österreicherin" oder „Ausländerin", Sinn. Neben diesen Einteilungen der Welt,
die bereits im Vokabular der Sprachen angelegt sind, benützen wir im Alltag
zahlreiche Kategorien, die explizit den Zweck haben, Menschen, Tiere, Pflanzen, Wolken oder Organisationsformen in Gruppen mit gleichen Eigenschaften
einzuteilen, Menschen zum Beispiel nach den Sternzeichen oder dem Zivilstand.
Kategorien haben primär den Zweck, die Komplexität der Welt zu reduzieren
und die Menge der Einzelerscheinungen handhabbar zu machen, Menschen auf
die zwölf Typen „Wassermann", „Stier" usw. zu reduzieren oder Bürger nach
dem Merkmal „verheiratet" oder „alleinstehend" in Steuerklassen einzuteilen.

Auch die Wissenschaft benützt zahlreiche Kategoriensysteme, wie die Pe-
riodentafel in der Chemie oder die Erdzeitalter in der Geologie. Es kann geradezu als wissenschaftliche Kernaufgabe bezeichnet werden, die eigenen For-
schungsgegenstände zu definieren (vgl. These 1) und zu kategorisieren. Eine
neue Taxonomie kann einen eigentlichen Paradigmenwechsel auslösen bzw.
signalisieren, wie er zurzeit in der Biologie zu beobachten ist. Stützten sich die
bisherigen Kategorien in Botanik und Zoologie vor allem auf die äußere Er-
scheinung der Pflanzen und Tiere, sind neuerdings Vorschläge im Umlauf, die
Lebewesen aufgrund ihrer genetischen Abstammung zu klassieren. Keine der
beiden Taxonomien ist per se „besser" oder „richtiger"; sollte sich jedoch die
genetische durchsetzen, wäre dies ein Indiz für die aktuelle Macht der Genetiker
im wissenschaftlichen Diskurs.

Kategoriensysteme ergeben sich nicht aus der Natur der Sache, sondern
bringen eine Typisierung der Wirklichkeit erst hervor (Keller 2007, Abschnitt
3.2), und sie sind in ihrer Wirkung nicht neutral. Menschen, die einer bestimmten Einkommensklasse, Konsumentengruppe oder Ethnie zugeordnet wurden,
bezahlen nicht gleich viel Steuern, bekommen nicht dieselbe Werbung und werden nicht für die gleichen Forschungsprojekte ausgesucht wie andere Menschen.
Das Bildungswesen und die gesamte Sozialpolitik des Staates ebenso wie die
Personalpolitik der Unternehmen und das Heiratsverhalten der Individuen bauen
auf Kategoriensystemen auf, die in hohem Maße willkürlich sind. Aufgabe einer
kritischen Wissenschaft ist es, die verwendeten Kategorien immer wieder zur
Diskussion zu stellen und auf ihre Auswirkungen hin zu überprüfen.

Argumentationslinien

Im Alltag benützen wir zahllose Formen des Argumentierens, das heißt, des Begründens von ungesicherten Aussagen durch ihr Zurückführen auf gesicherte Aussagen. Wir argumentieren mit der Mehrheit („Das Volk will es so"), mit Autoritäten („Auch Churchill war ein notorischer Raucher"), mit Beispielen („In Finnland hat das funktioniert"), mit der Erfahrung („Das habe ich selbst erlebt") und anderem. Die Wissenschaft ist in diesem Punkt weniger großzügig, sie lässt in jeder Disziplin jeweils nur eine Argumentationslinie gelten. Unter einer Argumentationslinie sollen jene Regeln verstanden werden, nach denen in einer Disziplin Aussagen gemacht werden dürfen (Foucault 1974/1991). Diese Regeln entspringen normalerweise einem einzigen Epistem. So ist es unmöglich, in einem schulmedizinischen Text eine Krankheit als Strafe Gottes zu bezeichnen und als Gegenmaßnahme das Beten zu empfehlen. Das wäre eine Vermischung des medizinischen Diskurses mit dem religiösen, die nicht zugelassen wird. Zur Argumentationslinie gehören auch jene Regeln, nach welchen neues Wissen in eine Disziplin eingebracht werden darf. Ein Pharmazeut darf nicht sagen, mit dieser oder jener Kräutermixtur hätte er „gute Erfahrungen gemacht". Er muss stattdessen eine klinische Doppelblindstudie mit einer minimalen Zahl von Patienten vorweisen können, in welcher eine Substanz getestet wurde, deren chemische Zusammensetzung er kennt. Seine Erkenntnis wird sonst nicht in den wissenschaftlichen Diskurs aufgenommen, mehr noch, sie gilt gar nicht als Erkenntnis. Eigene Erlebnisse, persönliche Erfahrung, Träume oder Intuition sind Formen der Erkenntnisgewinnung, die zu anderen Zeiten und in anderen Kulturen anerkannt wurden, bei uns jedoch in den meisten Wissenschaften keinen Platz haben. Aus einer kritischen Sicht ist zu fragen, wie viel vorhandenes Wissen und wie viel potenzielles Wissen unserer Gesellschaft verloren gehen, weil es mit den geltenden Argumentationslinien weder gedacht noch vorgetragen werden kann.

2.4.2   Textsorten

Diskurse bestehen aus Diskursfragmenten, die zumeist identisch sind mit der linguistischen Einheit des Textes. Die Texte, mit denen wir im Alltag kommunizieren, folgen meistens einem typischen Muster, für welches auch eine Textsortenbezeichnung existiert: etwa Kochrezept, Stellenanzeige oder Mietvertrag. Textsorten lassen sich definieren als konventionell geltende Muster kommunikativen Handelns, als Typen von Texten, die in Form, Funktion, Inhalt und Stil übereinstimmen. Sie sind ein kognitives Hilfsmittel, welches die Produktion und Rezeption von Texten steuert. So legt bereits eine Textüberschrift, wie „Kommentar", fest, was für ein Typ Text unter dieser Überschrift erwartet werden darf. Die Spielräume, die einer Textproduzentin zur Verfügung stehen, variieren je nach Textsorte, sie sind beim Kommentar zum Beispiel wesentlich größer als bei einem Arbeitszeugnis oder einem Trauschein.

Besonders strikt normiert sind viele wissenschaftliche Textsorten, darunter der Handbuchartikel, das Abstract oder der Zeitschriftenaufsatz. Letzterer hat in den empirischen Wissenschaften meistens den Aufbau: Theoretische Grundlagen – Fragestellung – Hypothesen – Versuchsanordnung – Resultate – Schlussfolgerungen; ein Aufbau, der von Disziplin zu Disziplin nur geringfügig variiert. Diese Vorgabe hat weitreichende Konsequenzen.

Erstens gibt der Zeitschriftenaufsatz nicht den Forschungsprozess wieder, wie er tatsächlich stattgefunden hat. Prozesse des Suchens, Ausprobierens, Diskutierens, Verwerfens sind darin getilgt und haben einem scheinbar von Anfang an strukturierten, logischen und linearen Vorgehen Platz gemacht. Das weckt in der Öffentlichkeit und bei den politischen Entscheidungsträgern den irrigen Eindruck, Forschung sei zur Gänze steuer- und planbar. Nur selten dringen die tatsächlichen diskursiven Prozesse, die zu einer wichtigen Erkenntnis geführt haben, an die Öffentlichkeit, namentlich dann, wenn um das Recht der Erstentdeckung gestritten wird. Es wäre wesentlich ehrlicher, über die Irrungen und Wirrungen der Forschungsarbeit offen zu berichten, aber nur wenigen Meistern, wie dem Soziologen Goffman, ist es vergönnt, von Wissenschaft zu erzählen. Für alle andern gelten das Erzähltabu (Kretzenbacher 1995) und die Norm der Textsorte.

Zweitens führt der Zwang, zuerst die theoretischen Grundlagen darzulegen und daran die eigene Fragestellung zu knüpfen, dazu, dass man nur Forschungsresultate präsentieren kann, die „anschlussfähig" sind, das heißt, mit bestehenden Theorien erklärbar oder mindestens vereinbar sind. Wer Erkenntnisse präsentieren möchte, die nicht anschlussfähig sind oder die sonst nicht in das Textmuster passen, hat es in vielen Disziplinen schwer, einen Herausgeber zur Publikation seiner Resultate zu bewegen.[11] Das bedeutet, dass die strikten Textsortennormen in der Wissenschaft die Innovations- und Spekulationsfreude der Forschenden einschränken.

---

11   Die Vorstellungen davon, welche Textmuster für die Weitergabe von Wissen geeignet sind, haben sich im Verlaufe der Zeit deutlich gewandelt. Sowohl in der römischen Antike als auch im 18. Jahrhundert war das gesellige Gespräch der prototypische Ort der Wissensvermittlung (Linke 2009).

2.4.3   Interpretationsschemata

Kinder sind von klein auf vor die Aufgabe gestellt, Zusammenhänge zwischen Ereignissen in ihrer Umgebung zu erkennen und ihr Verhalten danach auszurichten. Nach zahlreichen Versuchen begreifen sie, dass Gegenstände, die sie über die Tischkante hinausschieben, immer zu Boden fallen, und dass sie immer gelobt werden, wenn sie aufs Töpfchen gehen. Sie verstehen irgendwann die Funktionsweise der Schwerkraft und den Zusammenhang „Wohlverhalten führt zu Lob" und haben damit zwei neue Interpretationsschemata erworben. Ein Interpretationsschema ist eine verfestigte Form des Deutens von Ereignissen und des Formulierens von – meist kausalen – Zusammenhängen.[12] Wie Textsorten sind Interpretationsschemata im kollektiven Wissen einer Gesellschaft verankert und wirken handlungsleitend in Bezug auf das eigene Verhalten und die Deutung und Bewertung des Verhaltens anderer. Das Interpretationsschema der „Mutterliebe" zum Beispiel führt dazu, bestimmte Verhaltensweisen, aber auch Gefühle von Müttern zu erwarten und selbst an den Tag zu legen (Keller 2007, Abschnitt 3.1). Nicht selten sind Interpretationsschemata popularisierte Versionen wissenschaftlicher Erkenntnisse, so zum Beispiel der Befund, dass Straftäter häufig aus prekären sozialen Verhältnissen stammen, was im Umkehrschluss das kriminelle Verhalten eines Täters scheinbar einfach erklärt.

Gewisse Interpretationsschemata können zu einem historischen Zeitpunkt den Diskurs dominieren. So werden Politik und Wirtschaft gegenwärtig vom Interpretationsschema des Konkurrenzprinzips beherrscht, wonach Konkurrenz bessere Ergebnisse in der Forschung generiert und billigere Produkte auf die Märkte bringt als Kooperation. Entsprechend werden Hochschul- und Kartellgesetze ausgearbeitet. Die Frage, ob zum Beispiel in der Pharmaindustrie Kooperation nicht bessere Ergebnisse und billigere Medikamente generieren würde als Konkurrenz, ist nach diesem Interpretationsschema offenbar so abwegig, dass sie kaum gestellt wird.

Interpretationsschemata sind notwendig, um die Welt verstehen zu können, geben uns im Alltag Sicherheit, dienen aber auch der Typisierung von Ereignissen und der Vereinfachung komplexer Zusammenhänge. Auch die Wissenschaftler wollen die Welt verstehen und benutzen dazu Interpretationsschemata. Ein zurzeit sehr wirkmächtiges Interpretationsschema ist die Evolutionslehre, nach der sich im natürlichen Prozess von Variation und Selektion jene Arten durchsetzen, die am besten an ihre Umgebung angepasst sind. Das Verhalten der Individuen ist darauf ausgerichtet, möglichst viele Nachkommen in die Welt zu

---

12   Keller (2007) spricht von Deutungsmustern.

setzen und durchzubringen. Gegenwärtig wird jede Beobachtung im Verhalten von Tieren oder in der Zusammensetzung ihres Genoms daraufhin befragt, welchen Selektionsvorteil die Art davon hat. Das Darwinsche Interpretationsschema ist so wirkmächtig, dass selbst Verhaltensweisen, die dem „egoistischen Gen" offensichtlich widersprechen, wie Altruismus oder Unterordnung unter einen Gruppenführer, in dieses Interpretationsschema eingefügt werden. Solche Verhaltensweisen werden seit Neuestem mit dem Konzept der Gruppenselektion erklärt, die angeblich neben der Individualselektion existiert (zum Beispiel Vugt 2009). Dass alternative Erklärungen zum vorhandenen tierischen Altruismus in der biologischen Fachliteratur kaum erwogen werden, zeigt, wie wirkmächtig das Interpretationsschema der Evolutionslehre zurzeit ist.

Wer es dennoch wagt, Thesen zu vertreten, die dem wissenschaftlichen Mainstream widersprechen, hat dies mit schweren Anfeindungen und dem Verlust von Forschungsgeldern zu bezahlen.[13] So sind auch Interpretationsschemata sowohl eine Hilfe beim Verstehen neuer Beobachtungen als auch eine Denkbarriere auf dem Weg zu neuen Erkenntnissen.

Fazit: Diskurse im Alltag leiten uns dazu an, die Welt der Erscheinungen zu kategorisieren und nach bestimmten Interpretationsschemata zu deuten sowie in wiederkehrenden Mustern kommunikativ zu handeln. In der Sprache der Wissenschaft sind die etablierten Argumentationslinien, Textsorten und Interpretationsschemata über gewisse Zeiträume rigide und können zu Barrieren werden bei der Suche nach und Kommunikation von neuen Erkenntnissen.

3   Schlussfolgerungen

Sprachen haben Eigenschaften, die bestimmte Konstruktionen der Wirklichkeit nahelegen. Sie zwingen die Sprechenden, bei der Verbalisierung ihrer Wahrnehmungen und Gedanken die Welt in diskrete Einheiten zu zerlegen und mit jenen Begriffen zu versehen, die das Vokabular der gewählten Sprache zur Verfügung stellt. Sie verleiten uns dazu, die Welt metaphorisch zu be-„greifen". Sie schaffen durch ihre Grammatik eine vorgegebene Ordnung in unseren Aussagen über die Welt. Die Sprachen geben somit bis zu einem gewissen Grad vor, was sich in einer Sprache über die Welt überhaupt sagen lässt, und bestimmen dadurch unsere Wahrnehmung derselben. Sprache wirkt immer schon ontologi-

---

13   So ergeht es der Geowissenschaftlerin Gerta Keller, die entgegen der Theorie vom Meteoriteneinschlag die These vertritt, dass die Dinosaurier über einen längeren Zeitraum von 2 Millionen Jahren zunehmendem Vulkanismus und Meteoritenschauern zum Opfer fielen (Schaefer 2010).

sierend. Diskurse bestimmen darüber hinaus, was zu einer bestimmten historischen Zeit über gewisse Gegenstände legitimerweise gesagt werden darf und schränken damit unser Aussagen- und Denkspektrum weiter ein.

Die Sprache der Wissenschaft teilt die vier diskutierten Charakteristika mit der Alltagssprache. Sie nimmt die ontologisierenden Prozeduren der Sprache meistens explizit und regelgeleitet vor. Damit ist die Wissenschaftssprache im Endeffekt allerdings noch stärker reifizierend als die Alltagssprache, ihre Ontologisierungen sind noch schwerer aufzulösen.

Zu ergänzen ist, dass es zu jedem Diskurs Alternativen gäbe oder gibt. Neben der Astronomie lebt die Astrologie weiter, der Schulmedizin stehen die traditionelle chinesische Medizin sowie verschiedene alternative Heilmethoden gegenüber, der Evolutionslehre die Theorie des Intelligent Design, dem rechten Glauben der Aberglaube. Die Vertreter dieser Diskurse leben nicht im Frieden nebeneinander, sondern bekämpfen sich teilweise erbittert. Das sind nicht lediglich Glaubenskriege, sondern Kämpfe, in denen es um Macht, Arbeitsplätze und vor allem um viel Geld geht. Wenn Priester es schaffen, alles außerhalb ihrer Lehre Stehende als Aberglaube und Ketzerei abzutun, sichern sie sich ihren Einfluss auf die Gläubigen – und die Kirchensteuern dazu. Wenn Schulmediziner es durchsetzen können, dass alternative Heilmethoden von den Krankenkassen nicht anerkannt werden, bleibt mehr Geld für sie. Wenn Astronomen wahrlich astronomische Summen für ihre Weltraumforschung fordern, müssen sie dafür sorgen, dass die Öffentlichkeit an ihre Theorie vom Urknall glaubt und auf Leben auf anderen Planeten hofft.

Das, was wir als wahre Wissenschaft gelten lassen, ist, bei Licht betrachtet, nicht mehr als jener Diskurs, der sich, historisch betrachtet, für eine bestimmte Zeit durchsetzen konnte und meist eine wirksame Verbindung mit der Geld beschaffenden Politik und Wirtschaft eingegangen ist. Aufgabe einer kritischen Wissenschaft ist es, neben dem Bemühen um stimmige Theorien immer wieder einen reflexiven Prozess der De-Ontologisierung einzuleiten.

Literatur

Antos, Gerd (1999): Mythen, Metaphern, Modelle. Konzeptualisierung von Kommunikation aus dem Blickwinkel der Angewandten Diskursforschung. In: Brünner, Gisela / Fiehler, Reinhard / Kindt, Walther (Hrsg.): Angewandte Diskursforschung. Band 1: Grundlagen und Beispielanalysen. (pp. 93-117). Opladen: Westdeutscher Verlag.

Brünner, Gisela (1999): Medientypische Aspekte der Kommunikation in medizinischen Fernsehsendungen. In: Bührig, Kristin / Matras, Yaron (Hrsg.). Sprachtheorie und sprachliches Handeln. Festschrift für Jochen Rehbein zum 60. Geburtstag (pp. 23-42). Tübingen: Stauffenberg.

Bublitz, Hannelore / Bührmann, Andrea / Hanke, Christine / Seier, Andrea (Hrsg.) (1999): Das Wuchern der Diskurse. Perspektiven der Diskursanalyse Foucaults. Frankfurt am Main: Campus.

Deppermann, Arnulf (2001): Gespräche analysieren. (= Qualitative Sozialforschung 3). Opladen: Leske + Budrich.

Fairclough, Norman (2001): Language and Power. Language in social life series. London: Longman.

Felder, Ekkehard (2006): Semantische Kämpfe in Wissensdomänen. Eine Einführung in Benennungs-, Bedeutungs- und Sachverhaltsfixierungen. In: Ders. (Hrsg.): Semantische Kämpfe. Macht und Sprache in den Wissenschaften. (pp. 13-46). Berlin: de Gruyter.

Foley, William A. (1997): Anthropological linguistics: an introduction. Oxford: Blackwell. = Language in Society 24.

Foucault, Michel (1974/1991): Die Ordnung des Diskurses. München: Hanser.

Fox Keller, Evelyn (1986): Liebe, Macht, Erkenntnis. Männliche oder weibliche Wissenschaft? München: Hanser.

Kanitschneider, Bernulf (2009): Was ist Mathematik? Spektrum der Wissenschaft, Juni, 72-78.

Keller, Reiner (2007): Diskurse und Dispositive analysieren. Die Wissenssoziologische Diskursanalyse als Beitrag zu einer wissensanalytischen Profilierung der Diskursforschung [46 Absätze]. Forum Qualitative Sozialforschung 8 (2), Art. 19. Online (März 2008) unter http://nbn-resolving.de/urn:nbn:de:0114-fqs0702198.

Kretzenbacher, Heinz L. (1995): Wie durchsichtig ist die Sprache der Wissenschaften? In: Heinz L. Kretzenbacher & Harald Weinrich (Hrsg.). Linguistik der Wissenschaftssprache (= Akademie der Wissenschaften zu Berlin. Forschungsbericht 10). (pp. 15-40). Berlin: de Gruyter.

Lakoff, George / Johnson, Mark (1980/2003). Metaphors we live by. Chicago: University Press.

Linke, Angelika (2009): Wie man Wissen teilt – oder: Vom Glück der Kommunikation. In: Rüegger, Hans-Ulrich / Arioli, Martina / Murer, Heini (Hrsg.), Universitäres Wissen teilen. (pp. 33-46). Zürich: vdf Hochschulverlag.

Mast, Claudia (2006): Unternehmenskommunikation. 2, neu bearbeitete und erweiterte Auflage. Stuttgart: Lucius & Lucius.

Müller, Catherine, Sander, Gudrun (2009): Innovativ führen mit Diversity-Kompetenz. Vielfalt als Chance. Bern: Haupt.

Sarasin, Philipp (2003): Geschichtswissenschaft und Diskursanalyse. Frankfurt am Main: Suhrkamp.

Saussure, Ferdinand de (1931/1967) : Grundfragen der allgemeinen Sprachwissenschaft. Dt. Übersetzung. Berlin: de Gruyter.

Schaefer, Jürgen (2010): Querdenker. GEO, Februar, 52-69.

Steiner, Felix (2009). Dargestellte Autorschaft. Autorkonzept und Autorsubjekt. In: Wissenschaftlichen Texte. Diss. Tübingen: Niemeyer. = Reihe Germanistische Linguistik 282.

Vugt, Mark van (2009): Führen und Folgen. Spektrum der Wissenschaft, Dezember, 74-78.

Warnke, Ingo / Spitzmüller, Jürgen (Hrsg.) (2008): Methoden der Diskurslinguistik. Sprachwissenschaftliche Zugänge zur transtextuellen Ebene. Berlin (= Linguistik. Impulse und Tendenzen 31).

Wilpert, Gero von (1979): Sachwörterbuch der Literatur. 6., verb. u. erw. Aufl. Stuttgart: Kröner.

Universale Grundwerte oder Differenz der Kulturen: Eine unergiebige Frage

Hans-Georg Moeller

1 Einleitung

Als „Orientalist" oder als *comparative philosopher* wird man ständig mit der Frage konfrontiert, ob sich verschiedene Kulturen oder Traditionen grundsätzlich voneinander unterscheiden oder ob im Grunde doch alle Menschen gleich sind. „Denken die Chinesen anders" (Trauzettel 1990) oder gilt die universale Vernunft? Der politisch-ideologische Hintergrund solcher Alternativen ist offensichtlich und daher handelt es sich dabei weniger um eine wissenschaftliche als um eine moralische Fragestellung. Anders gesagt, wenn man diese Frage in den Augen mancher Zuhörer falsch beantwortet, dann kann dies nicht allein die fachliche Reputation schädigen, sondern auch, und das oft primär, den Grad der Sympathie, die man als Person erfährt, negativ beeinflussen. Es handelt sich also einerseits um eine gefährliche Frage, aber andererseits auch um eine „sachlich" wenig ergiebige. Ich möchte deshalb versuchen, die Frage als solche infrage zu stellen, indem ich die ihr zugrundeliegenden ontologisierenden Konstruktionen dekonstruiere.

Im Kontext der Universalismus-Relativismus-Kontroverse in den Kultur- und Sozialwissenschaften ist der Begriff der „Selbstbehauptungsdiskurse" geprägt worden (Amelung 2002). Damit sind die mehr als ein Jahrhundert andauernden Versuche nicht-westlicher Intellektueller gemeint, die substanzielle Besonderheit ihrer jeweiligen Traditionen herauszuarbeiten angesichts der Expansion westlicher Imperialmächte mitsamt deren militärischen, wirtschaftlichen, politischen und eben auch semantisch-ideologischen Universalismusansprüchen. Die Problematik solcher Selbstbehauptungsdiskurse ist nach wie vor aktuell, auch wenn sich das Hauptaugenmerk derzeit weniger auf das Insistieren auf „asiatische Werte" als auf die nahöstlichen und islamischen Selbstbehauptungsdiskurse und deren Konfrontation mit westlichen Universalismen richtet.

Ich spreche von beiden Seiten dieses Antagonismus bewusst im Plural. Das ist in Bezug auf die Selbstbehauptungsdiskurse selbstverständlich, denn diese geben sich ja explizit als jeweils etwas Besonderes zu erkennen – obwohl sie, aus größerem Abstand betrachtet, dann doch wieder ziemlich ähnlich aussehen. In Bezug auf die Universalismen aber ist der Plural etwas merkwürdig, denn diese treten ja mit dem Anspruch der Allgemeinheit auf und von Allgemeinheit spricht man normalerweise im Singular. Sowohl diachron als auch synchron betrachtet, lässt sich jedoch auf der Seite der Universalismen eine bunte Vielfalt erkennen. Im 19. und 20. Jahrhundert waren zunächst noch religiöse – oder, genauer gesagt, christliche – Universalismen en vogue, aber selbst die waren schon konfessionell gespalten. Heutzutage sind die christlichen Universalismen eher verpönt und westliche Politiker sind bemüht, in dieser Hinsicht Toleranz zu demonstrieren. An die Stelle religiöser Universalismen sind heute andere Semantiken getreten; vor allem die der Menschenrechte und der Demokratie. Dabei ist erneut eine Vielfalt von Schattierungen anzutreffen. Jürgen Habermas etwa setzt auf Diskursethik und John Rawls auf Gerechtigkeit.

Ihre bloße Mehrzahl spricht schon gegen die Universalismen – welcher Universalismus genau ist denn nun der richtige? Es spricht aber häufig auch noch etwas anderes gegen sie, nämlich ihr Stil (Mishima 2001). Die Universalismen geben sich zwar einerseits gerne als rein formal argumentierend aus, schrecken aber andererseits nicht vor normativen Forderungen und Verurteilungen zurück. In dieser Hinsicht wird dann oft das Schlagwort „Fundamentalismus" gebraucht. Während die Universalismen dazu neigen, sich als weltanschaulich neutral darzustellen, unterstellen sie gleichzeitig oft den regionalen Selbstbehauptungsdiskursen, genau dies nicht zu sein. Ironischerweise ist dabei der Begriff des Fundamentalismus westlichen Ursprungs und war zunächst eine keineswegs abwertend gemeinte Selbstbezeichnung nordamerikanischer Christen. Es waren also zuerst die Universalisten, die sich Fundamentalisten nannten. Insofern drängt sich die Frage auf: Sind die Universalismen nicht genauso fundamentalistisch wie die kulturell „anders" denkenden Selbstbehauptungsdiskurse? Kann man nicht ebenso gut, wie man von islamischem Fundamentalismus spricht, von Menschenrechtsfundamentalismus sprechen, wie dies Niklas Luhmann (1997: 1022) getan hat?

2

Damit bin ich bei meinem eigentlichen Thema, nämlich der Luhmannianischen Dekonstruktion der Universalismus-Relativismus-Kontroverse. Aus der Perspektive der Theorie sozialer Systeme sind die Universalismen und regionalen Relativismen gar nicht so verschieden und erscheinen vielmehr als zwei komplementäre Arten semantischer Kurzschlussreaktionen auf gesellschaftliche Veränderungen der Moderne. Um dies zu erläutern, will ich zunächst kurz darstellen, wie sich nach Luhmann der Begriff der Moderne definieren lässt. Dabei konzentriere ich mich auf drei Charakteristika: 1) Die Umstellung auf funktionale Differenz, 2) Die Entstehung einer Weltgesellschaft und 3) Die Herausbildung der Unterscheidung Inklusion/Exklusion als soziale Leitdifferenz.

Zu 1) Der Übergang von stratifizierter zu funktionaler Differenzierung, der sich nach Luhmann in Europa zwischen dem 16. und dem 18. Jahrhundert vollzogen hat, bedeutete die Ablösung von der Schichtenzugehörigkeit als wichtigster sozialer Trennlinie. In der stratifizierten Gesellschaft stellten die Schichten die primäre Struktur sozialer Ordnung dar. Das heißt nicht, dass nicht auch andere Differenzierungsformen, etwa Zentrum/Peripherie (Europa-Afrika), oder segmentärer Art (Franken-Angelsachsen) existierten, sondern nur, dass eben die schichtenspezifischen Unterscheidungen, wie die zwischen Adligen und Nicht-Adligen, die Gesellschaft strukturell bestimmten. Gesellschaftlich war man in erster Linie durch die Schichtenzugehörigkeit bestimmt und erst in zweiter oder dritter Linie durch andere Merkmale, wie Stammeszugehörigkeit oder geografische Herkunft.

In der Moderne löst die funktionale Differenzierung die Stratifikation als wichtigste soziale Strukturdeterminante ab. Autopoietische Kommunikationssysteme bilden sich heraus: das Recht, die Wirtschaft, die Politik oder auch die Kunst, die Religion und die Massenmedien differenzieren sich mit ihren jeweils eigenen Codes, Funktionen und Leistungen. Heutzutage müssen wir uns permanent innerhalb solcher Kommunikationssysteme bewegen. Zum Beispiel sprechen Wissenschaftler bei einer Tagung die Sprache des Wissenschaftssystems, während diese zuvor noch etwa im Wirtschaftssystem operierten und zahlende Kunden waren und später vielleicht im Intimsystem mit Familienangehörigen telefonieren werden.

Zu 2) Die Funktionssysteme sind nicht regional oder geografisch verankert. Das ist in Bezug auf die Wirtschaft und die Massenmedien offensichtlich. Auch wenn man immer noch in fremden Ländern andere Banknoten benutzt, ist doch die wirtschaftliche Kommunikation die gleiche. Man braucht nicht Japanisch zu können, um in Japan eine Postkarte zu kaufen. Unterschiedliche Währungen bedeuten nicht unterschiedliche Wirtschaften, sondern ermöglichen Transaktionen innerhalb der Weltwirtschaft. Die Massenmedien machen dieselben Informationen überall bekannt. Wir alle teilen Wissen darüber, wer amerikanischer Präsident ist, und wir alle wissen auch, dass Michael Jackson nicht mehr unter uns weilt. Darüber können wir prinzipiell mit jedem sprechen, der im Flugzeug neben uns sitzt.

Auch für das Recht und die Politik sind nationale Grenzen sekundär. Der politische Code wechselt normalerweise nicht, wenn man eine Grenze überschreitet. Das bedeutet nicht, dass es keine regionalen Unterschiede gibt. Das Recht oder die Politik in den USA sind nicht identisch mit Recht und Politik in Deutschland oder Japan. Jede sich ereignende politische und juristische Kommunikation ist, für sich genommen, einzigartig, genau wie jeder Satz, den wir sprechen. Aber es gibt eine in ständiger Evolution befindliche systemische Grammatik, die den jeweiligen Systemen eigen ist, sodass man normalerweise sofort versteht, ob eine Kommunikation rechtlich oder politisch ist, egal wo man sich befindet. Auch wenn ich in Japan für etwas bestraft werde, was in Deutschland legal gewesen wäre, so verstehe ich doch sofort, was die Bestrafung bedeutet. Regionale Besonderheiten stehen überhaupt nicht im Widerspruch zu systemischer Identität – das Gegenteil ist der Fall: Es gehört gerade zur *Welt*wirtschaft, dass man mit verschiedenen Währungen spekulieren kann, und es gehört zum universalen Wissenschaftsbetrieb, dass man über Regionalismen diskutieren kann.

Zu 3) Zum nicht-regionalen Charakter der modernen funktionalen Kommunikationssysteme gehört ihre Ausrichtung auf All-Inklusion. Systeme, wie die Wirtschaft oder die Politik, die Erziehung und die Massenmedien, richten sich an alle. Jeder, der Geld hat, kann etwas kaufen. Jeder, der ein Radio hat, kann es einschalten. Zur Politik gehört nicht nur die Regierung, sondern auch die Opposition. Im Wahlergebnis kommen alle Stimmen gleichermaßen vor, auch wenn das Ergebnis 99:1 lautet.

Die Gleichgültigkeit – oder, euphemistisch gesprochen, die universale Toleranz – der Kommunikationssysteme gegenüber den Personen, denen die Teilnahme am sozialen Funktionieren zugeschrieben wird, geht allerdings mit einer faktischen Paradoxie einher: Während prinzipiell jedem die Teilnahme am Wirtschaftsleben oder an den Massenmedien offensteht, ist dies de facto nicht der Fall. Nicht jeder hat Geld, um etwas zu kaufen, und nicht jede(r) hat ein Radio, das er oder sie einschalten kann. In der Tat bedeutet der rücksichtslose All-Einschluss der Funktionssysteme gleichzeitig rücksichtslosen Massenausschluss. Masseneinschluss und Massenausschluss sind die gleichzeitige Realität der Systeme und beide zeigen deren Nicht-Regionalität. Der globale Kapitalismus bedeutet eben gerade nicht immer weiter zunehmende wirtschaftliche „Demokratisierung". Je mehr Personen eingeschlossen werden, desto mehr werden ausgeschlossen und zwar nicht nur in Bagdad oder Kinshasa, sondern auch in Chicago oder London.[1]

---

1 Niklas Luhmann (1999: 147) schreibt: „Zur Überraschung aller Wohlgesinnten muss man feststellen, dass es doch Exklusion gibt, und zwar massenhaft und in der Art von Elend, das sich jeder Beschreibung entzieht. Jeder, der einen Besuch in den Favelas südamerikanischer Großstädte wagt und lebend wieder herauskommt, kann davon berichten. Aber schon ein Be-

3

Das Problem, das die Systemtheorie mit den Universalismen hat, ist daher nicht eigentlich deren ontologischer Universalismus, nicht deren Anspruch, über etwas zu reden, was es überall gibt, sondern vielmehr deren *Simplizität*. Die Universalismen machen es sich buchstäblich zu einfach: Sie gehen davon aus, dass *eines* überall gilt, während es tatsächlich den Anschein hat, dass die Wirklichkeit wesentlich komplexer und vielfacher – oder vielleicht auch kontingenter und paradoxer – ist. Drei mögliche Kritikpunkte am Simplizismus universalistischer Positionen sind: 1) Das Beharren auf Prinzipien (wie das der Menschenrechte), 2) Die zu einfache Theorie der Einheit der Gesellschaft (als Summe von Individuen), und 3) Die Tendenz, All-Inklusion als erreichbar darzustellen.

Zu 1) Universalismen, insbesondere solcher Kantianisch-Habermasianischer Art, neigen dazu, die Einheit der Weltgesellschaft auf ein singuläres Prinzip zu gründen, zum Beispiel das der Vernunft. An diese können dann auch konkrete universalistische Vernunftgebote geknüpft werden, wie beispielsweise das *der* (Kollektivsingular!) Menschenrechte. *Die* Vernunft oder *die* Menschenrechte werden, mit Luhmann gesprochen, gerne als „Monokultur" angeboten (Luhmann 1999: 138). Angesichts der Pluralität der Systeme und ihrer Funktionen lässt sich eine solche Monokultur kaum als realistische Grundlage gesellschaftlicher Ordnung ernstnehmen. In der entwickelten Moderne ist die Gesellschaft nicht durch ein Prinzip, sondern vielmehr durch eine strukturelle Pluralität gekennzeichnet. Wenn die Menschenrechte einen Platz in der Gesellschaft einnehmen sollen, dann werden sie diesen nur im Rechtssystem finden können und damit gerade nicht in allen anderen Systemen. Aus systemtheoretischer Sicht gibt es keine hierarchische Anordnung der Systeme, innerhalb derer eines alle anderen dominieren könnte. Die Theorie komplexer Systeme steht in direktem Widerspruch zum Gedanken einer transzendentalen Steuerung der Gesellschaft, zum Beispiel durch Vernunft.

Zu 2) Auch neuere Universalismen gehen oft davon aus, dass die Weltgesellschaft letztlich von den einzelnen Individuen gebildet wird. Dementsprechend wird die Weltgesellschaft als eine Art Versammlung vorgestellt, in der idealerweise alle die gleichen Stimmrechte haben, sodass globaler Konsens angestrebt werden kann. Vertreter der Systemtheorie halten das für eine Illusion. Zunächst geht die Systemtheorie davon aus, dass die Gesellschaft nicht aus In-

---

such in den Siedlungen, die die Stilllegung des Kohlenbergbaus in Wales hinterlassen hat, kann davon überzeugen. Es bedarf dazu keiner empirischen Untersuchungen. Wer seinen Augen traut, kann es sehen, und zwar in einer Eindrücklichkeit, an der die verfügbaren Erklärungen scheitern."

dividuen, sondern aus Kommunikation besteht. Und zweitens nimmt sie an, dass nicht Konsens, sondern Differenzierung den Motor gesellschaftlichen Funktionierens bildet. Die Weltgesellschaft ist nicht erklärbar durch den Rückgriff auf etwas, worauf sich alle Menschen einigen können. Sie erklärt sich vielmehr aus dem, was in allen Systemen, also in Politik, Recht, Massenmedien, Wirtschaft und anderen geschieht.

Zu 3) Der sozialen Systemtheorie fällt es schwer, das Prinzip der All-Inklusion als empirisch verwirklichbar anzuerkennen. Die soziale Wirklichkeit widerspricht auf frappierende Weise einem solchen Idealbild. Globale Systeme gehen nicht nur mit wachsender Inklusion, sondern auch mit wachsender Exklusion einher. Die Weltgesellschaft steuert nicht auf immer mehr Integration zu, sondern sie steuert auf gar nichts zu – außer auf ihre weiterlaufende Selbstkonstruktion mit Mitteln der Differenzierung. Die Weltgesellschaft ist eine Tatsache, aber es ist nicht zu sehen, inwiefern universale Rationalität, universale Menschenrechte oder universale Demokratie zu dieser Tatsache gehören oder auch nur theoretisch gehören könnten. Anders ausgedrückt: Universalistische Beschreibungen der Einheit der Weltgesellschaft verdanken sich mehr dem semantischen Erbe der europäischen Aufklärung als der real existierenden Wirklichkeit.

4

Auch die relativistischen Regionalismen und ihre Selbstbehauptungsdiskurse können aus systemtheoretischer Sicht nicht als adäquate Beschreibungen der Weltgesellschaft gelten. Wie gesagt, bedeutet globale funktionale Differenzierung zwar nicht das Verschwinden regionaler Differenzen. Man kann hier sogar soweit gehen, paradoxerweise das Gegenteil zu behaupten und ein Aufblühen regionalistischer Identifizierungen zu konstatieren, wie es sich in Separatismen oder Nationalismen zeigt. Die regionalen Besonderheiten spielen aber innerhalb der Mechanik der Funktionssysteme allenfalls eine attraktive Begleitrolle: Es hat auch einen ästhetischen Reiz, dass es noch unterschiedliche Geldscheine gibt, und auch die Euromünzen hat man, diesen nostalgischen Bedürfnissen Rechnung tragend, mit regionalistischen Emblemen versehen. Dasselbe geschieht in den USA, wo jeder Staat seine eigene regionalistische Vierteldollarmünze kreieren darf. Die systemische Realität, dies ist nicht zu bestreiten, sieht an anderen Orten immer verschieden aus. Gleichzeitig ist es aber eben doch dieselbe Wirtschaft, an der die Fabrikarbeiter in China und Mexiko und die Konsumenten in Nordamerika und Europa teilhaben.

Der Regionalismus der Selbstbehauptungsdiskurse tritt historisch als unmittelbarer Reflex auf die Globalisierung der Funktionssysteme auf, kann ihnen aber nicht funktionalistisch entgegenwirken, sondern nur rhetorisch. Wenn die Selbstbehauptungsdiskurse wissenschaftlich oder massenmedial auftreten, zum Beispiel auf Konferenzen oder im Fernsehen, dann können sie dies nur unter den Bedingungen globaler Kommunikationssysteme, wie denjenigen der Wissenschaft oder der Massenmedien – sie könnten sonst überhaupt kein Gehör in der Weltgesellschaft finden. Die regionalen Selbstbehauptungsdiskurse sind nur im Rahmen der global funktionierenden Systeme wahrnehmbar. Sie müssen erst einmal zum *Diskurs* werden, bevor sie *Selbstbehauptung* sein können. Somit stehen sie gewissermaßen von vornherein im performativen Selbstwiderspruch. Sie behaupten sich selbst, aber um sich selbst zu behaupten, müssen sie sich schon einmal diskursiv von sich selbst entfernt haben. Indem die Diskurse erfolgreich sind, haben sie schon ihr eigentliches Ansinnen verfehlt.

Diese tragische Rolle kann, wie im Theater, anziehend wirken und so will ich denn auch eine klammheimliche Sympathie für sie nicht verhehlen. Wichtig ist aber: Es findet keine völlige Amalgamation statt. Der Gegner wird als Gegner weiterhin gebraucht. Die Selbstbehauptungsdiskurse erfüllen selbst eine Rolle im Funktionieren der Globalisierung und es ist, empirisch-historisch betrachtet, eher mit ihrem weiteren Verbleiben als mit ihrer Auflösung zu rechnen. Es entspricht allein den vorhin dekonstruierten Universalismen, davon auszugehen, dass die Globalisierung sich auf der Basis von Konsens vollzieht. Aus systemischer Sicht ist Differenz dem sozialen Geschäft eher förderlich. Die Selbstbehauptungsdiskurse erfüllen die wichtige Funktion im Rahmen der Globalisierung wissenschaftlicher, massenmedialer und politischer Diskurse, Positionen beizusteuern, die für die Autopoiesis der Kommunikation notwendig sind. Worüber sollten sich die Leitartikel der *Frankfurter Allgemeinen Zeitung* oder der *Tagesthemen* aufregen, wenn nicht über diejenigen, die immer noch „asiatische Werte" oder eine „islamische Identität" verteidigen. Mit wem sollten sich die Universalisten streiten, wenn nicht mit relativistischen Regionalisten und Selbstbehauptlern?

5

Vor dem Hintergrund der gerade skizzierten systemtheoretischen Kritik erscheinen sowohl die Universalismen als auch die Relativismen als semantische Spielarten einer um sich greifenden Globalisierung autopoietischer Kommunikationssysteme. Beide sind eher semantische Übungen der Fortführung traditioneller Diskurse als annehmbare theoretische Versuche der Auseinandersetzung mit der Weltgesellschaft. Die heutigen Vernunfts-, Menschenrechts- oder Demokratie-Universalismen, die beispielsweise die Massenmedien und Teile der Geistes- und Sozialwissenschaften dominieren, sind perpetuierte Diskurse der frühen europäischen Moderne, mit denen man auf den Zusammenbruch der Stratifikation und deren Ersetzung durch funktionale Differenzierung reagierte. Im 18. und 19. Jahrhundert entwarf man mehr oder weniger utopische Bilder einer im Entstehen begriffenen Weltgesellschaft, die auf Vernunft und vernünftigen Gesellschaftsverträgen beruhen sollte. Insbesondere in den USA hält man nachdrücklich an diesen Bildern, an ihren Symbolen und vor allem an der mit dieser verbundenen Rhetorik von Freiheit und Individualität fest. Dieser semantische Vorrat wird dort nach wie vor zur gesellschaftlichen Selbstbeschreibung innenpolitisch wie außenpolitisch benutzt. Selbst die nordamerikanischen Gegner der Globalisierung benutzen dieselbe Semantik und beklagen, dass die Globalisierung der wahren Freiheit und Demokratie ermangele, während sie im Prinzip eben doch wirklich demokratisch und freiheitlich sein könne und müsse. Im Grunde ist der Diskurs von Freiheit und Demokratie, von Vernunft und Menschenrecht nichts anderes als der auf der Gewinnerseite stehende Selbstbehauptungsdiskurs, oder in den Worten von Kenichi Mishima ausgedrückt, der „spiegelverkehrte Selbstbestätigungsdiskurs" (Mishima 2001: 81) der frühen europäischen Moderne.

Auf der anderen Seite werden sich die nicht-westlichen Selbstbehauptungsdiskurse, insbesondere diejenigen arabisch-islamischer Art, ihrem Dilemma scheinbar immer deutlicher bewusst und gehen zu anderen Taktiken des Widerstands gegen die Universalismen über. Die sogenannten Fundamentalisten sind zunehmend zu Terroristen geworden. Die älteren Selbstbehauptungsdiskurse redeten zwar oft militant, hatten aber kaum die Mittel dazu, tatsächlich militant aufzutreten. Sie waren somit einfach nur freundliche und gern gesehene (aber oft nicht wirklich ernst genommene) Diskussionspartner der Universalisten (Lackner 2003). Es ist vielleicht auch die Einsicht in die Tragik der eigenen Rolle, die manche Selbstbehaupter zu Selbstmordattentätern werden lässt. Wenn man sich schon durch die Auseinandersetzung mit dem universalen Funktionalismus notwendig selbst zerstört, indem man sich selbst behauptet, warum soll man dies nicht physisch tun und wenigstens bei der eigenen Selbstbehauptungszerstörung auch noch ein paar andere mit zerstören?

Die radikalisierte Form des Selbstbehauptungsdiskurses und seiner inhärenten Paradoxie und Tragik ist der terroristische Akt. Dabei gibt es wohl nichts, das die Weltgesellschaft so sehr erschüttert hat wie das Monumentalattentat vom 11. September 2001. Tatsächlich hat dieser Akt der Selbstbehauptungszerstörung immense Perturbationen der Funktionssysteme hervorgebracht: die Wirtschaft, das Recht, die Politik und die Massenmedien, aber auch die Religion und die Erziehung sind davon maßgeblich beeinträchtigt worden. Durch die Irritationen, die der Terror in den Systemen erzeugt, entgeht er selbst nicht der Funktionalität. Auch die Demonstration des unbedingten Willens zur Exklusion wird systemisch mit Inklusion beantwortet und kann auch gar nicht anders beantwortet werden. Indem der Terror die Systeme irritiert, wird er systemisch verwertbar. Die öffentliche Darstellung des Terrors übernehmen die Massenmedien und das politische System kann damit seine Autopoiesis ebenso vorantreiben wie das Recht, das Militär oder die Wirtschaft. So entgeht auch der Terror nicht der Wirkungslosigkeit, welche die Selbstbehauptungsdiskurse erfahren mussten. Ebenso wenig wie diese kann der Terror anders wahrgenommen werden als innerhalb der globalen Kommunikationssysteme und ebenso wenig kann er dem Schicksal entgehen, dadurch zum Fortgang des systemischen Geschehens beizutragen, demgegenüber er sich doch eigentlich hatte selbstbehaupten wollen.

Zusammenfassend gesagt, kann die Frage, ob sich verschiedene Kulturen oder Traditionen grundsätzlich voneinander unterscheiden oder ob im Grunde doch alle Menschen gleich sind, als eine unergiebige Kontroverse verstanden werden, die auf letztlich nicht haltbaren „ontologisierenden Konstruktionen" beruht. Universalismen behaupten die Existenz universaler „Wesensgründe", wie z. B. einer essenziellen Menschenwürde oder prinzipieller Menschenrechte. Solche Postulate sind aber einerseits empirisch nicht zu rechtfertigen und haben sich andererseits weder theoretisch noch praktisch als konsensfähig erwiesen. Sie sind damit ihrem Wesen nach utopisch, aber nicht real. Nicht besser steht es mit kulturrelativistischen „Selbstbehauptungen", die eine wesenhafte und einzigartige Identität spezifischer Regionen, Ethnien oder Religionsgemeinschaften verkünden. Auch solche Behauptungen sind nicht auf konkret feststellbare Seinsmerkmale gegründet, sondern entpuppen sich oft als soziale und kommunikative Gegenreaktionen auf universalistische Vereinnahmungsversuche. Statt zu versuchen, solchen Fragen ohne Aussicht auf Erfolg – aber mit der Aussicht, Konflikte zu verursachen – auf den Grund zu gehen, empfiehlt es sich daher eher, sie einfach unbeantwortet zu lassen.

Literatur

Amelung, Iwo et al. (Hrsg.) (2003): Selbstbehauptungsdiskurse in Asien: China-Japan-Korea. München: Iudicium.

Lackner, Michael (2003): Philosophie, Theologie oder Kulturwissenschaft? Legitimationen des Modernen Neokonfuzianismus. In: Amelung: 2003. 275–290.

Luhmann, Nilklas (1997): Die Gesellschaft der Gesellschaft. Frankfurt a. M.: Suhrkamp.

Luhmann, Niklas (1999): Jenseits von Barbarei. In Luhmann, Niklas, Gesellschaftsstruktur und Semantik. Studien zur modernen Wissenssoziologie. Band 4. Frankfurt a. M.: Suhrkamp. 138-150.

Mishima, Kenichi (2001): Menschenrechte und kulturelles Selbstverständnis. In: Paul, G. et al. (Hrsg.), Humanität, Interkulturalität und Menschenrecht. Frankfurt a. M.: Peter Lang. 50-81.

Trauzettel, Rolf (1990): Denken die Chinesen anders? In: Saeculum 41:2, 79-99.

Plurality of Ontologies
How to understand the diversity of reality?

Karol Chrobak

1   Introduction

In the following article the question I try to find an answer to is: how can one reasonably speak about the plurality of ontologies? Roughly speaking: is everyone who busies oneself with the plurality of ontologies a philosophical risk-taker? Moreover, is there any way of understanding their theory in a convincing manner? Anticipating further considerations, the aim of the following reflections is to defend the rationality of the concept of the plurality of ontologies. With this end in view I discuss two philosophical theories that – each in its own way – are concerned with this issue: 1.) the theory of multiplicity of realities by Leon Chwistek and 2.) the philosophy of symbolic forms of Ernst Cassirer. Both illustrate very well the need of the epistemological understanding of the afore-mentioned plurality. However, at the same time 3.) these theories are criticized because of falling into obviously teleological explanations of the dynamism of the postulated ontologies. I propose to explain their inconsistencies with the help of 4.) the late Wittgensteinian theory of language games. This interpretation will bring us closer to 5.) a constructivist understanding of the discussed conception that we can find for example in writings of symbolic interactionists. Ultimately the result should be a list of the conditions that any "reasonable" theory of the plurality of ontologies should fulfil. There are three such conditions: a.) the epistemological and b.) dynamic understanding of realities, and c.) the institutional interpretation of their dynamism.

At the beginning we should clarify what the thesis of the plurality of ontologies really means. It is important, since it can be easily mistaken for the conception of the plurality of worlds. The latter idea, popular already amid the ancient philosophers, claims that the universe we live in is only one among many other worlds. For example Democritus, deducing on the ground of his atomistic conception of matter, came to the conclusion that the universe contains many worlds. These worlds are situated at different stages of development, some of them are inhabited, others devoid of any living creatures. But the most fabulous story of the multitude of worlds comes from Epicurus. According to him, we have to consider that many worlds have arisen out of the infinity of atoms and space. The spaces between them, so called *intermundia*, are actually the realm of gods, of whom a blissful and eternal being is not troubled in itself and brings no trouble to any other being. So, the conception of the eternal punishment or a fear of the Final Judgment was considered by Epicurean as highly unreasonable. This belief let them to lead life consistent with the ideal of *ataraxia*, a state of the highest calmness.

Both theories postulate the existence of multitude of worlds on the ground of the same atomistic conception of matter. Simple calculation, based on the assumptions about the existence of the infinite amount of atoms and the limitedness of a world, let them claim that there must exist an infinite amount of worlds. If we take into consideration only the ontological aspect of these worlds all of them are identical. They consist of different kinds of atoms moving in a vacuum and colliding to form various animated and unanimated bodies. So, in the case of both theories we can speak about the plurality of worlds but not about the plurality of ontologies. Both Democritus and Epicurus consider only the atomistic ontology that they then multiply into myriads of worlds. Just as the plurality of worlds doesn't imply the plurality of ontologies, speaking about the plurality of ontologies doesn't compel us to assume the existence of many worlds. Metaphorically speaking, multiple ontologies can inhabit the same world. This is possible if we presuppose that there is more than just one sense of the term "existence". Based on such an assumption, it becomes clear how it is possible that different ontologies can be rooted in the same world. If this existence with its different meanings can be ascribed to various kinds of things or even to the same thing but to its different aspects, then ontology becomes a kind of existential description. Moreover, because of its dependence on a particular perspective an ontology can be almost freely multiplied. The crucial assumption of the ambiguousness of the term "existence" became the cornerstone of the philosophy of Leon Chwistek (1961: 19).

2   Leon Chwistek's theory of multiplicity of realities

What is the most significant characteristic of Chwistek's philosophy is its interdisciplinary attributes. The theory of the multiplicity of realities, the central point of his thoughts, draws inspiration from his psychological research. The consequences of this theory reach theory of art, social philosophy and philosophy of culture. It is no wonder if we take into consideration that Chwistek's interests were extremely varied. He was a philosopher, a logician as well as an avant-garde painter. Indeed, Chwistek introduced two original doctrines of painting, he was a theoretician of modern art, a literary critic and a novelist. Henryk Skolimowski wrote that: "There were many outstanding and original minds among Polish philosophers in the period between the wars (...). None of them, however, can be compared with Leon Chwistek, as far as the wide and unusual scope of his interests is concerned" (Skolimowski 1962: 122 f.).

All these aspects of his creative personality join together into essentially one belief: that with reference to the same thing there can be more than just one well justified opinion, because each of them is formulated from a different perspective. It explains his vivid opposition against each manifestation of dogmatism, which tries to treat itself as the only possible point of view. In Chwistek's opinion such an attitude leads to every kind of injustice in the field of human rights, social order as well as of culture dynamism. Propagated by him stance of openness to various opinions, and the postulate of being guided during discussion on them only by logical presuppositions was called by Chwistek "critical rationalism". The theory of multiplicity of realities is somehow a foundation of this methodological standpoint.

Chwistek's theory can be traced back to his psychological research. He discovered that the same shape, if it is at least a little bit ambiguous, is interchangeably viewed in both possible interpretations. The duration of vision of each of these interpretations depends on the degree of ambiguousness of the presented picture. Chwistek used for his research the shape (see figure I) that resembles an eagle with risen wings as well as a monk with folded hands. The more details suggesting one of these interpretations, the longer the duration of its vision. However, the most important result of this examination was that even in the case of a quite clear-cut picture (see figure VI or VII) there still appeared, albeit briefly, visions of an alternative interpretation.

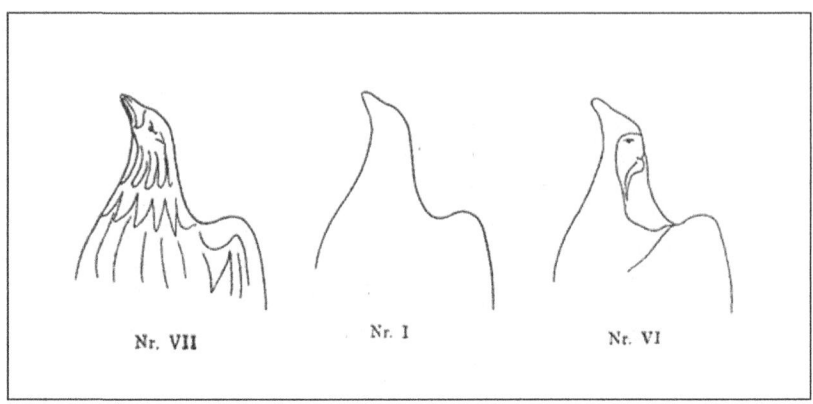

Nr. VII   Nr. I   Nr. VI

Figure 1

The described phenomenon was called by Chwistek "the periodical oscillation of image". This discovery disclosed a very important aspect of human cognition, namely not only its receptiveness but its hermeneutical character as well. It means that as we perceive sensual data we simultaneously organise them in an integral and cohesive picture. Therefore, the object we perceive is in a sense the product of the co-operation of the objective data and subjective structures of understanding by means of which we ascribe to the former a particular sense. Such a two-step process of cognition requires of us to fundamentally rethink the concept of reality. In the light of this theory the reality becomes the outcome of compound cognitive operations. The key part of these operations is the interpretation of sensory impressions that compose these data into particular objects. Such an interpretation can be accomplished only on the basis of a particular conceptual scheme that describes the way of ordering of sensory data. It is namely logically impossible to order anything without possessing any principle of ordering. Taking into consideration that the only requirement such a scheme should meet is its logical cohesion, we have to draw the conclusion that there can be a multiplicity of such versions of reality.

The conception of multiplicity of realities seems to be Chwistek's original idea. He developed it based on his philosophical, psychological, as well as artistic reflections. This does not mean, however, that the idea was entirely novel. Taking into consideration the individualistic and pluralistic character of the European culture of the beginning of the 20th century, the theory turns out to be just a theoretical expression of the same tendency. "I think (…) – writes Jan Woleński – that Chwistek's conception of multiplicity of realities is the best theoretical scheme to express the cultural pluralism of the Austrian Monarchy at the turn of the 19th and 20th century" (Woleński 2005: 30 f.). This conception to a great extent was inspired and influenced by the ideas formulated within this cultural, intellectual and political climate (Cf. Janik, Toulmin 1973). It was conceived either in the very heart of the Monarchy, in Vienna (first outline of the theory came into being during Chwistek's convalescence stay in Vienna in 1916) or in the "small Vienna", in Krakow. Therefore, when analysing Chwistek's various writings, the motifs of Gestalt psychology, Brentano's philosophy and Husserl's phenomenology are clearly visible. Chwistek wasn't the only philosopher (but surely one of the first), who was pushed by these and similar ideas into assuming the pluralistic character of reality. He wasn't, however, the most outstanding and famous of them. Ernst Cassirer, whose theory I will discuss later, contributed much more to the understanding of this idea.

The complete version of Chwistek's theory was presented in the article *The Multiplicity of Realities* (*Wielość rzeczywistości*, 1921). The author introduces four kinds of reality: reality of impressions, reality of images, reality of things and physical reality (reality of science). The reality of impressions is the reality that we know from everyday experience, but considered only in the phenomenological, i. e. sensory dimension, which means it is devoid of any existential determination. The reality of images is the reality that appears in our dreams or hallucinations. This reality is entirely the product of our own imagination and therefore totally subjective. The reality of things is the popular reality as perceived and understood by everyone. As a result of its scientific examination, the physical reality is the last of Chwistek's four realities. This reality, as a kind of theoretical construction of science, can be also called the reality of science.

Each of these realities has been characterized by means of separate axiom systems. The logical form of presentation should have made it possible to replace vague and imprecise concepts of reality by exact logical description. This formalization makes it possible to trace the order of the emergence of the following realities, and to grasp their actual character. Reality of impressions and reality of images are rooted in the more general phenomenal reality that considers only subjective contents to exist. According to its logic only that which is perceived exists. The reality of impressions and reality of images differentiate this space of subjective contents into the contents that are effects of sensual perception and that are products of free subjective imagination. The two next realities of things and of science are based at the more primary naturalistic reality, according to which that what exists does not necessarily have to be perceived. Since perception can be understood either as a purely sensory contact with the perceived object or scientifically as a cognition based on empirical data, the naturalistic reality falls apart into two aforementioned realities. The two source realities: phenomenal reality and naturalistic reality are two completely opposing interpretations of the original set of sensory data. The former one treats them as the only reality that exists, the latter one as merely the mediator between the perceiver and the outer reality. The analysis of this contradiction, considered by Chwistek as paradoxical and irreplaceable, was the starting point of his theory. The above-presented internal structure of Chwistek's realities can be depicted as follows.[1]

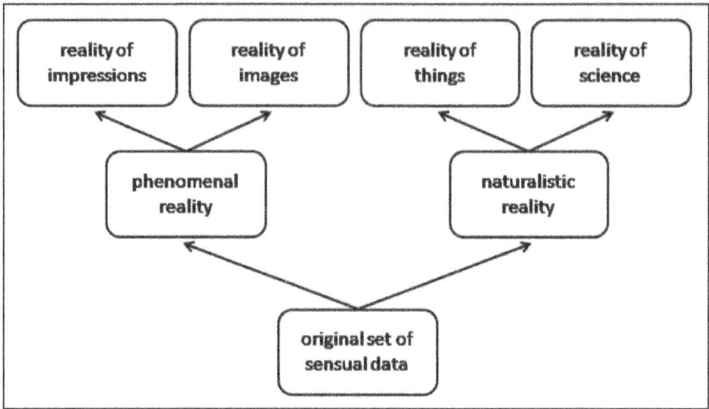

Figure 2

This rough outline of the theory of the multiplicity of realities gives a general idea of Chwistek's undertaking. Realities are multiplied by more and more precise determination of what one deems as an existing object. So, the mechanism of building up of new realities is not based on the discovery of new ontological realms (after all, what should such a discovery consist of?) but on a logical analysis of different understandings of sensory contents. This fact supports the epistemological, rather than the ontological interpretation of Chwistek's theory. For this reason we cannot become acquainted with new spheres of being but only better understand the multiple sides of our cognition. Another important argument for the epistemological interpretation of the discussed theory is that Chwistek's realities are not independent of each other. For example, in the diagram above depicts how all these realities converge in the realm of pure sensory data. However it can be showed in another way. Chwistek himself emphasises

---

1   Detailed analysis of the mechanism of emerging of Chwistek's realities in: Chrobak (2004: 93-100).

that a real cognising person may stay in each of the four realities. The moment of awakening is the everyday example of such a curious state of passing between realities, precisely between the reality of images and the reality of things. But this interesting kind of getting around the realities demands to treat this strange traveller as a common element of all realities. So, "(...) the conclusion is" – writes Kazimierz Pasenkiewicz – "that these realities are not different, but are at most different domains or aspects of one and the same reality" (Pasenkiewicz 1964: 183).

Pasenkiewicz is of the opinion, that the fundamental reality is the popular reality of things (Cf. Pasenkiewicz 1964: 183). He describes it even as *the* reality in contrast to the remaining three pseudo-realities. But such an argument is very vulnerable because of the fact that in light of Chwistek's theory each reality is a result of an application of a specific interpretation key to a portion of sensory data. If we assume that the reality of things is the fundamental reality based upon which the next realities emerge, the question will be: what reality is the base for the reality of things? So, finally we arrive at the aforementioned original set of sensory data that represents a kind of raw material for all types of realities. This starting point of all of our existential interpretations is by its nature unreachable for human cognition. Such a presentation of the theory of multiplicity of realities resembles in general the model of cognition proposed by Kant's transcendental idealism. I'm very far from rating Chwistek among perpetuators of the philosopher of Königsberg. Indeed, Chwistek alone would have strongly protested against such an attribution. Nonetheless, in my opinion the general structure of both of these concepts of human cognition is very similar. They both emphasize an active participation of a subject in the process of cognition, assume the existence of a particular categorical scheme by means of which a subject orders perceived sensory data, and at the last point, a sphere of beings in itself, which are pre-perceptual and therefore don't bear any conceptual determination. Yet Chwistek, unlike Kant who assumes only one cognitive model based on the pattern of strict sciences, sets this whole kaleidoscope of realities in motion and inscribes them in the course of history.

Specifically, Chwistek set together the multiplicity of realities and different schools of painting. Chwistek was convinced that "differences among various types of painting coincide with different types of realities" (Chwistek 1960: 24). Primitivism with its lack of interest in perspective, anatomy and any closer technical analysis of the depicted reality corresponds with popular, everyday reality. Realism came into being alongside the growth of such sciences as physics and optics and tried to depict the reality from this scientific perspective. So, the reality this painting captured was the physical reality that was an outcome of a theoretical reflection of the popular reality. This type of painting dominated the European art until the middle of the 19th century. It was then that a new science appeared, the psychology of perception, that changed the way of viewing reality. Impressionism took over its theoretical model and proposed the new technique of painting called pointillism (Cf. Chwistek 2004: 15). According to this technique, the image comes into being only in the process of perception after combing all impressions of primary colours into one picture. Impressionism tried to show the world not as it is in itself but as it is perceived by the subject. This was the first case in the history of painting when the active participation of the perceiver has been taken into consideration. But this participation was still very strictly limited by the particular psychological theory. Only postimpressionism, cubism, futurism emphasised at the beginning of the 20th century the presence and importance of pure subjective impulses. These new artistic streams posed the imagination above the principle of realistic accuracy of the presentation. They chose the reality of images (of sensory impressions) and of imaginations (of "reproduced impressions" as Chwistek called them) for the fundamental point of reference of art (Cf. Chwistek 2004: 14–17).

Excluding the historical value of this interpretation and concentrating only on its philosophical dimension, the dynamical aspect of Chwistek's realities should be pointed out. On the one hand he suggests that described realities are totally equal to each other and mutually autonomous. But on the other hand he presents them as historically interdependent. They have been located in the historical process that very clearly suggests that they develop from the more primitive forms into more sophisticated and self-conscious forms. The primitive art stems from the attempt to depict the outer reality but still without any theoretical background. Modern art entirely abandoned this ambition, considering it as totally alien to the mission of art. Modern art then concentrated on the reality as it has been transposed by the individuality of an artist. The shift between these two "schools" of art consists in the discovery of the right character of the human cognition that is subjectively determined as well as influenced by the objective world. Considered from this historical perspective Chwistek's theory takes shape as the theory of human self-cognition. Man alongside his long history has been recognizing the nature of the world he lives in as well as his own nature. In this process of cognition, several stages can be distinguished. Each of them is the direct outcome of a previous one and the condition of a next one. The last of them should be a realisation of the end of this whole process: the highest stage of all human self-understanding. It seems that regarding the theory of multiplicity of realities, such a historical point has been reached when the imaginative character of reality has been recognised. Thus, the dynamism of Chwistek's realities is anchored to the final end that consists in the full understanding of the nature of the relationship between a man and the world. Therefore it must be admitted that presented here dynamism has a teleological character. Taking into consideration that Chwistek's philosophical orientation was similar to the analytical one, it can be supposed that such a conclusion, like the above one concerning his borrowings from Kant, would be rejected by him. To Chwistek, teleology bore too much resemblance to Hegel's philosophy which he criticized. Furthermore, Chwistek considered the sin of irrationalism as the downfall of philosophy. There is, however, a philosopher who thinks very similarly to Chwistek, who openly admits Kantian provenience of his thought and who takes Hegel's teleological conception of history Ernst Cassirer.

3   Ernst Cassirer's Philosophy of symbolic forms

The Concept of Reality – such title bears the sixth chapter of Cassirer's first systematic book *Substance and Function* (1910). It seems to be a good starting point to compare his philosophy of symbolic forms with Chwistek's theory of multiplicity of realities and to characterise a mutual point of view.

The main focus of the book *Substance and Function* where Cassirer presented crucial concepts of algebra, geometry and physics was to show how they have changed during the long history of these disciplines. A very important observation that appears in this historical presentation is that the understanding of these concepts has developed from the purely objectual to subjectual[2]. At the beginning they were still closely connected with the world of sensory perception. In the past, a number or substance could be demonstrated just by pointing for example, at a set of pebbles or at an object like a piece of stone. But today the understanding of these objects has changed beyond recognition. Now they are purely theoretical constructs that can be comprehended only by means of mathematical or physical formulae. Cassirer does not treat this process as any kind of human alienation from the real world. Just on the contrary, for him it is the process of liberation from the material, sensory world and the discovery of the inner potential of subjectiveness. As Cassirer stated: "With reference to this liberation of the elements [numbers] from every other content (abstraction), we can correctly call numbers the free creation of the human mind" (Cassirer 1910: 50; 1953: 38).

Cassirer's analyses are based on searching for the universal structure of concept. He claims that it does not consist in any kind of abstraction of a feature common to a set of objects ("triangularity" as the common element of every case of a triangle). Rather it is characterised in the context of a whole objectual field by means of relations which link a given concept with others (in case of the

---

2   "Objectual", "subjectual" are here not synonyms of "objective", "subjective". They do not concern the quality of a sentence but its source.

concept of "triangle" it would be mathematical laws that describe features of this figure). What is of great importance here is that the discovery of the rela- tionist and functionalist nature of concepts allows Cassirer to widen Kant's con- clusion of conceptual structure of reality to other than only the scientific forms of its ordering. Thus, in the aforementioned chapter about the concept of reality Cassirer begins to speak about different "lines of direction" that by ordering our perception give it a particular shape (as Cassirer expresses it: "...according to which thought can gradually expand the particular phase into the whole sys- tem"; Cassirer 1910: 379; 1953: 286). This shape must not necessarily be scien- tific, but may draw its content from various fields of culture. Besides science, Cassirer also mentions art, myth, religion, language etc. Because he considers that the potential of human cognition has yet to be exhausted, Cassirer does not finalize the list. As a result, he was later willing to add other forms of organiza- tion such as technology and law.

Though this idea of expressly combining Cassirer's epistemology with is- sues of philosophy of culture appeared only in his great work Philosophy of Symbolic Forms (three volumes published between 1923 and 1929), its first an- nouncements can be traced back to the last part of Substance and Function. The pattern of ordering that in the latter work was labelled "line of direction", in the former was called "symbolic form". Cassirer comprehends it as an energy of the human spirit by means of which a spiritual meaning is combined with a sensory sign. "By symbolic form – explains Cassirer – "is meant that energy of the spirit through which a mental meaning-content is attached to a sensory sign and in- wardly dedicated to this sign" (Cassirer 1956: 175). With regard to this explana- tion, it is important to draw attention to two things: first, to an active character of the process of application of symbolic forms and second, to the mechanism of combining a meaning with a given sensory data.

Cassirer comprehends symbolic form not as a theoretical scheme that is applied during the process of cognition but as a form of the process itself. Therefore, symbolic form should not be regarded as a passive creation (ergon) like a tool that can be used merely when and as needed. Instead, it should be un- derstood as an act (energeia) of ordering of sensory data in a particular way; an act that is still changing and developing. Cassirer borrowed this conviction about an active and dynamic nature of cognitive forms from Johann Gottfried Herder and Wilhelm von Humboldt. Though their reflections concern mostly the question of language, with time they have been transposed to a broader scope of human cognition. Their most important contribution to the epistemological dis- cussion was that language cannot be considered as a human tool for describing the outer reality as it is in itself. This thesis is very closely related to Kant's ide- alism. But Kant still spoke about an abstract Pure Reason that constitutes an in- variable form of human mind. Herder and Humboldt demonstrated the same principle but based on a very different example: namely the language as the historical creation. This new point of reference radically changed the approach to Kant's idealistic perspective. It turned out that human cognitive apparatus has to be relativised to a particular social group and a particular historical moment. Each nation and each historical period constitutes its own language and thus its own way of perceiving the world. Humboldt emphasized this world-creative aspect of language, calling the language Worldview (Weltsicht). "World" thereby ceases to constitute an objective reference to a clearly defined cognition and becomes the most fundamental expression of human collective activity. It leads to the conclusion that there is not only one world, but rather a plurality of worlds. Each of these worlds can be grasped only from a perspective of a particular nation situated in a particular historical circumstance. Cassirer takes up this conviction but develops it further. He reflects namely on the mechanism of this cognitive ordering.

The crucial concept of Cassirer's explanation is "symbolic pregnance" (symbolische Prägnanz). Its roots can be traced back to the observation of Gestalt psychology that a man has the tendency toward closing the perceived shapes. It is impossible for a man to see a particular picture without simultaneously giving a definite interpretation that would make it easier to comprehend. Of great importance in the context of the discussed issue is to mention that many such interpretations are possible. Good examples of this phenomenon, called "multistable perception", are popularly known equivocal drawings, such as the picture shown below:

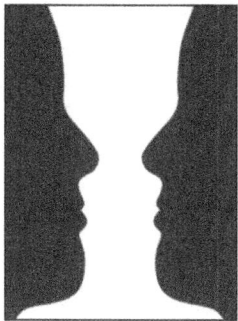

Figure 3

The first interpretation of this picture shows two black faces directed toward each other and the second one a white goblet similar drawings were mentioned above on the occasion of discussing Chwistek's theory. These observations induced Cassirer to ascribe to a man the permanent need of ordering, i. e. of unifying perceived pictures. Analogically, these pictures can be perceived as being charged with a kind of unifying meaning (Cassirer describes it metaphorically as pregnance with a symbolic sense). From separate sensory signals to arrive at a unified picture, it is possible only through application of a particular set of unifying rules: a kind of a recipe for a reality. Cassirer called these recipes "symbolic forms". They work on the grounds of grouping one kind of signals together while differentiating others. Thus, the concept of an object is an effect of such an application of these rules. If we take for example the scientific set of rules we get a precisely defined object of a scientific theory. In contrast, if we take artistic principles at the outset we consequently get an object of an artistic experience. Therefore according to Cassirer, as well as Chwistek, the reality self, similarly to equivocal drawings, is many-sided. Its coherent comprehension requires the assumption that there are as many realities as there are ways of ordering the field of perception.

While Herder and Humboldt pluralised human cognition diachronically, i. e. in the historical perspective of the development of language, Cassirer multiplied it also in synchronical perspective. Supposedly following Wilhelm Dilthey's hermeneutical interpretation of culture, Cassirer posed in addition to science and language, other "worldviews": myth, art, religion etc. They all comprise the abundance of the human world in its entirety. Both Chwistek and Cassirer would agree that a man, biologically living in the same reality, that even when mentally would still travel through various realities.

Besides, both seem to uncover the hidden sense of this travel and of its end. Chwistek presented it in his theory of art. Cassirer – as mentioned above – accomplished this in his analyses of history of science and then in his great interpretations of the history of myth and language. Their interpretations, which in most important points converge, postulate an continual approach to the final discovery of the creative character of human cognition. According to Chwistek, this final goal can be exemplified by modern art. This is because modern art postulates an entire freedom of an artist's creation from the dictates of the external reality (contemporary critique of realism in art). Cassirer finds the realisation of human self-cognition in modern science. Chwistek considers the concepts of modern science as purely abstract principles of ordering experience, depending almost entirely on human arbitrary choice. All historical achievements can be seen as preliminary phases that become meaningful only for the sake of this final goal. This final goal exists in the recognition of the creative nature of the human cognition. Such explanations are not irritating, unless the question about the justification of the final end of the human history appears. Since there are no grounds to prove its legitimacy on the basis of an actual experience, it must be assumed in a totally dogmatic and idealistic manner. Cassirer in his Philosophy of Symbolic Forms very openly confesses to Hegel's borrowings. Therefore, the assumption that in the process of history mankind arrives at the full recognition of its own nature would not seem disturbing for him. The case of Chwistek is diametrically different. Oriented in the tradition of positivist philosophy while clearly distanced from the idealistic one, for Chwistek such an assumption would be unbearable. Namely because it presupposes that a kind of metaphysical essence is inscribed in every human being: an essence, that being realised or discovered during the human history, determines its end. Chwistek's empiricism obviously contradicts such a closed vision of history. I am sure that Chwistek would never suppose that some conclusions drawn from his theory of art could lead in such an undesirable direction. However, their presence demands an explanation of the dynamic of human cognition and the order of development of subsequent realities. Furthermore their presence simultaneously avoids this difficult accusation of metaphysical essentialism.

4   Wittgenstein's theory of language games

The XIth chapter of the second part of Wittgenstein's *Philosophical Investigations* (1953) provides an excellent contribution to the discussed issue of the equivocation of perception. The main focus of these analyses is the question of noticing an aspect of a picture. Wittgenstein understands it as interpreting a visual experience *as something*. He exemplifies this phenomenon with the picture of a duck-rabbit that resembles the cases of multistable perception previously run. The same picture can be seen as a representation of a duck as well as of a rabbit.

Figure 4

It might be assumed that such a perception consists of two moments the first of which is a perception of a pure visual stimulus and the second one is an interpretation that joins the former one. Yet according to Wittgenstein this is not the case. He claims that both elements constitute a unity that is a puzzling connection of seeing and understanding. "Hence – as Wittgenstein writes – the flashing of an aspect on us seems half visual experience, half thought" (Wittgenstein 1958: 197^e. Part II, XI). One could think human perception is a strange combination, an amalgam of two opposite poles of cognition: of an objectual and subjectual one. However Wittgenstein rejects such a dualistic conception. He states that an act of perception is an ideal unity of vision. We just see something as something and do not make an effort to interpret something as something. "Do I really see something different each time – Wittgenstein questions – or do I only interpret what I see in different way? I am inclined to say the former. But why? – To interpret is to think, to do something, seeing is a state" (Wittgenstein 1958: 212^e;Part II, XI).

Cassirer postulated a very similar conception of a complex but monolithic character of a cognitive act. In the article *The Concept of Symbolic Form in the Structure of Human Sciences* (1923) Cassirer emphasized that "our consciousness does not satisfy itself with receiving an impression of something external but (…) it enriches and pervades every impression by a free activity of an expression. On the opposite side of what we call an objective reality of things, emerges the reality of independently created signs and images" (Cassirer 1956: 175). Therefore, for Cassirer every act of cognition is a case of seeing *something as*. But a thought that is responsible for this "as" is not somehow joined afterwards to a visual experience but right from the beginning constitutes a perfect unity. Cassirer described this unity as follows: "[in an act of a spirit] the general meets, as if in a spiritual inside, the particular and becomes interwoven with it in a true concrete unity" (Cassirer 1956: 177). In another place he called this unity an "inward dedication" of a mental meaning-content to a sensory sign (Cf. Cassirer 1956: 175).

But this inseparable character of both components of an act of cognition, of a particular sensory experience and of a general meaning, does not exclude the possibility of a theoretical analysis of the latter. Such an analysis of course has to take a form of an indirect research based on a study of such materials as anthropological reports, source documents and cultural artefacts. It is only thanks to the research and spacious collection of Aby Wahrburg[3] that Cassirer could describe all above-mentioned "symbolic forms". Chwistek, thanks to his broad knowledge about his contemporary artistic movements and thanks to his in-

---

3	For further reading about the intriguing collaboration between Cassirer and Warburg see: Petzold 1995: 68-85 (Chapter: Ernst Cassirer und die „Kulturwissenschaftliche Bibliothek Warburg")

volvement with them, could discover a deeper sense and a universal logic of development of art. Of what one could accuse both Cassirer and Chwistek is that they did not offer any explanation of the evolution of culture from within. They both outlined only its absolute goal, which according to them consists of a man discovering creative potential of his cognition. I claim that this deficit of an internal explanation of an evolution of culture has been solved by late Wittgenstein's theory of language.

The aforementioned critique proposed by Herder and Humboldt and directed against the conception of language as an independent tool for describing the external reality closely resembles Wittgenstein's critique presented in *Philosophical Investigations*. The criticized point of view was characterized by means of Augustine's theory of meaning. According to this theory, individual words just label external objects. Consequntly, on the one hand we have various language expressions at our disposal, while on the other hand we have an undisturbed access to the reality in itself. The only challenge for a language user is to construct their expressions so that they correctly mirror the external reality. An accurate example of how such a simple language functions was given by Wittgenstein in the second paragraph of *Philosophical Investigations*. To reject such an understanding of language and to replace it with the dynamic view of language as tightly connected with our ways of handling the world and other people, is the main focus of late Wittgenstein's treatise.

Wittgenstein rejects such theory of meaning, claiming that it restricts the scope of language functions only to the descriptive one. But, our everyday language experience instructs us that by means of speaking we can do much more: promise, excuse, ask for something. Therefore – Wittgenstein continues – if we want to understand the phenomenon of meaning in relation to the full-blown language, we should not reduce it to something else. For example, to objects we describe or to the various mental states we experience. Such explanations – he claims – lead to a very bizarre conception of language and to irresolvable complications. Instead, Wittgenstein proposes to understand meaning within the scope of language usage itself.

Searching for a new conception of language, Wittgenstein proposes to rotate the axis of reference of our examination about the fixed point of our real need[4]. This postulate is a clear rejection of the picture theory of meaning presented in *Tractatus logico-philosophicus* (1921). This theory treats the structure of a sentence as strictly corresponding with the structure of the world and it considers the correspondence as an explanation of possessing by a sentence a par-

---

4   Travesty of: Wittgenstein 1958: 46e; § 108.

ticular meaning. Now, instead of this stable picture Wittgenstein gives the dynamic conception of language. According to it, language becomes meaningful thanks to continuously taking part in changing life practices. Thus, the right place where a meaning of an expression can be disclosed is not in any theory or logical interpretation of its structure, but rather in correct usage in a practical situation. Coming back to the practice of life is an identification mark of late Wittgenstein's philosophy. Such shifting of focus to the practical roots of meaning brings Wittgenstein nearer to such philosophical streams as *Lebensphilosophie* and phenomenology.

If the meaning emerges during a usage of a particular expression in the course of everyday activity, then the language becomes a mirror of our practical life. And like the latter, it constitutes a multilayer system of practices, just as the former consists of many different fields of language usage. These fields that correspond with particular social forms of life Wittgenstein calls "language games". But this name is not clear-cut; he gives it three different meanings. First as a form of language learning by a child, second as a kind of fictional presentation of a word meaning to a person who does not know it yet and third as "the whole, consisting of language and the actions into which it is woven" (Wittgenstein 1958: 5, § 7). The most interesting is the third meaning that very clearly connects language and action into one "game". Language and action determine each other at the same time: we act according to our understanding of a situation. Likewise, we understand and also describe a situation adequately to our needs, habits and customs.

And here appears a very important question regarding this close connection of life and language. Is our language in any way determined by the world or is it totally independent of it? Could the world we live in be freely shaped by the language we speak? If we considered grammatical structures as forms of world presentation, then it would seem convincible that a world picture is at the mercy of language structures. At the very least – to tone it down a little bit – some truths or realities are created by our linguistic practices (Cf. Bloor 1996: 356). Such a stance is called "linguistic idealism". Since it sounds really radical and seems to close a man in the cage of language, it can provoke a reaction of rejection of the Wittgenstein's entire conception. Yet here the practical aspect of this theory comes to the rescue by stating that language is not merely suspended in air, but rather is deeply rooted in our social practices.

Wittgenstein does not state that language constitutes any kind of a world creating device. He claims only that language is closely connected with things we do in this world and thereby also the way we perceive it. If so, then the direction of determination is not one-sided but – as I have mentioned already earlier – mutual. The language influences our way of world understanding but at the same time it is under the continuous influence of our way of acting and interacting. If we really want to discover the engine that drives language development as well as our outlook on the world we should concentrate on the practical dimension of life, on its forms that becoming stable define the way we understand the surrounding reality. Such kind of stabilised ways of acting Wittgenstein calls "institutions". "To obey a rule – he writes – to make a report, to give an order, to play a game of chess, are *customs* (uses, institutions)" (Wittgenstein 1958: 81, § 199). These are sets of rules that determine not only how we may act but also what we can think. Therefore it would be perhaps more adequate to call Wittgenstein's stance "institutional idealism" instead of "linguistic idealism". The meaning and world creating factor is not located in the language itself but in the matrix of social interactions from which the former emerges. David Bloor expresses the same thought but more forcibly: "For what is (...) 'linguistic idealism' other than a way of acknowledging the operation of convention? (...) The truth and realities created by 'linguistic practices' are clearly social institutions" (Bloor 1996: 375).

In the context of our considerations the crucial contribution of late Wittgenstein's philosophy was the overcoming of the dualism of the subject and the world. Cassirer and Chwistek still operated within the scope of this juxtaposition. As a result, they were not able to give satisfactory answers to some important questions. The most momentous of them I find is the problem of the dynamism of forms of human cognition. Cassirer tried to solve it by using this pair of concepts. However, because he was not able to place the laws of this dynamism within the world of nature, he decided to locate them in the sphere of human subjectivity. Thus, they took form of the universal laws of the development of human spirit. It is clear that Cassirer looked for an element that would be subjective as well as objective. The only solution he found was borrowed from Hegel's idealism that the logic of the development of Spirit inscribes in its dialectical nature. Yet what does not smite in the case of description of the evolution of Absolute Spirit (*Absoluter Geist*) becomes unbearable in the case of analysis of the dynamism of human culture. The appearance of new forms of culture is not the result of any absolute logic rooted in the human nature but significantly depends on changing social and historical conditions.

The solution proposed by Wittgenstein transgresses a particular subjectivity and is situated in the space between interacting subjects. This space is organised by a very special kind of entity that perfectly fulfils this difficult subjective as well as objective characteristic. These are institutions that have been very accurately described by John Searle (1995: 7-9). He considers them as on the one hand epistemologically objective but on the other hand ontologically subjective. Epistemologically they are not dependent on any particular subjectiveness. What counts for money does not depend on my private decision but is based on our collective commitment. Yet on the other hand, there could be no money if there were no consciousness that would consider something (e. g. this piece of metal or of paper) as a legal tender. The institutions – though they may sometimes seem as independent and even hostile entities – are closely related to our everyday way of acting. If new conditions appear and our ways of dealing with everyday situations change, then institutions change as well. This is a very tight chain of interactions that if torn apart leads to insurmountable problems. The main focus of Wittgenstein's *Philosophical Investigations* is to make sensitive to these problems and to indicate a way of their removal.

At this point it becomes clear that the concept of institution is a bridge term that enables to connect the sphere of subjectivity with the realm of objectivity and to show their dynamic interrelations. Everything that is involved in culture, though it operates on the collective level of state, society and art, is still rooted in simple everyday interactions. This conception restores human interaction to its rightful meaning as a foundation of creation of institutions and of their reproduction. It also provides the key to the explanation of the dynamism of institutions and of their complicated systems that cultures are. Thereby we enter slowly into the field of interests of sociology and of symbolic interactionism in particular.

5   Symbolic Interactionism

As indicated in the previous paragraph, Wittgenstein managed to explain the origin and the dynamism of human reality – parcelled out into the diversity of language games – without resorting to any idealistic vision of human development. It was possible because Wittgenstein located the source of language dynamism in everyday practice of social life. According to him, action and meaning constitute a self-defining unity that does not require any outer justification. The same assumption lies at the foundation of the philosophy of George Herbert Mead. Because Mead tried to provide a scientific explanation of mind and self and thereby to break with idealistic tradition, he called his philosophy "social behaviourism". This behaviourism is especially visible in his conception of meaning. The universal character of meaning corresponds with and results from the schematic nature of our responses. As Mead put it: "The organised sets of responses answer to the meanings of things, answer to them in their universality, that is, in the habitual response that is called out by a great variety of stimuli" (Mead 1972: 126). And some lines further: "We have, then, in the behavioristic statement, a place for that which is supposed to be the peculiar content of mind, that is, the meanings of things" (Mead 1972: 126-7). Therefore, the findings of Mead as well as of Wittgenstein are based on the discovery that one could think mental constructs as meanings have their mirror image in the external world in the form of human behaviour. Meaning ceases to be opaque, some sources of which are hidden from our view and becomes one of the most familiar things. But in this familiarity lies also the difficulty of the discovery of the everyday dimension of meaning. Wittgenstein emphasizes this peculiar aspect of his theory as follows: "The aspects of things that are most important for us are hidden because of their simplicity and familiarity. (One is unable to notice something because it is always before one's eyes.)" (Wittgenstein 1958: 50, § 129). This turn toward the practicality of life characterises both Mead's and Wittgenstein's conceptions. But both seem to arrive at the social reality from two different directions: Wittgenstein from the position of language and Mead from the position of the individual self.

While Wittgenstein would say it is practice that meaning is founded on, Mead would say the same about the self. According to the latter, the self is not something given right from the beginning but shapes itself continuously in the course of social interactions. This clearly anti-Cartesian stance assumes that the human self is derivative in reference to the external relations to other subjects and physical objects. The process of education and of later learning is just a process of constituting the self. It consists in acquiring a possible rich collection of social roles and behaviours. According to Mead such learning is involved in each human interaction and actually never ends. The crucial ability that enables establishing of complicated systems of interactions is the specific human capability of anticipatory representation of the other. Through the behaviour of others, we can imagine her behavioural expectations toward ourselves and hence we can react correctly on them. Such a complex mesh of expectations and reactions is called a "role". An important part of the self, described by Mead as "Me", consists entirely of such roles we play in everyday interactions. This concept "refers to my mental representation of the image that the other has of me, or, on a more primitive level, to my internalisation of his expectations of me" (Honneth and Joas 1988: 64). Of course the social roles do not exhaust the whole content of the self. Beside "Me" Mead talks also about "I" that is, however, considered only as the principle of creativity and spontaneity, as kind of basis on which social roles can be founded and can develop. Mead's characteristic of the self can be compared with Wittgenstein's statement that "the meaning of a [chess] piece is its role in the game" (Wittgenstein 1958: 150, § 563). What is a particular chess piece can be explained only on the ground of its usage during a play, and not its material features. Its identity is decided solely by a particular function, so what it is made of becomes totally unimportant. It does not mean, however, that a chess piece can be totally independent of any kind of a physical foundation (even blindfolded chess has to be founded on the mental processes occurring in the brain of a player). Therefore, it seems that Mead's concept of role corresponds with Wittgenstein's concept of usage. Both are closely connected with the concept of meaning: the former with the meaning of the self and the latter with the meaning of a language expression. Mead, by analysing the significant impact of the forms of social interaction upon the human self, somehow complements Wittgenstein's reflections on language.

The umbrella concept that connects both theories into one coherent conception of action and meaning is the concept of institution. According to Wittgenstein, as I have mentioned before, institution is a stabilised way of acting. First of all, this stabilisation finds reflection in language. Without foundation in the form of stabilised forms of human behaviour there would not be possible any language. Such a "language" would be at most an amorphous arrangement of sounds totally devoid of any meaning. Meaning presupposes some rules of meaning and these in turn has to be realised in a particular way of conduct. Since "no course of action – as Wittgenstein emphasises – could be determined by a rule" (Wittgenstein 1958: 81, § 201), the final justification of every rule and meaning must be a particular custom or habit, that is an institution. This conclusion has been metaphorically formulated by Wittgenstein in the following way: "If I have exhausted the justifications, I have reached bedrock, and my spade is turned. Then I am inclined to say: 'This is simply what I do'" (Wittgenstein 1958: 85, § 217).

The other form of manifestation of institutions is everyday interactions. If institutions suddenly disappeared then no communication would be possible. Namely, there would not be any broader context that could "envelop" a particular, single action in a universal sense. This sense is necessary because it constitutes a basis for mutual expectations of both persons that participate in an interpersonal relation. Because it is independent of any accidental conditions it has to be ascribed to a higher order of "generalised other". That's why Mead uses interchangeably the terms "institution" and "generalised social attitudes". The term "attitude" plays also crucial role in his definition of institution that reads as follows: "institutions (...) are organised forms of group or social activity-forms so organised that the individual members of society can act adequately and socially by taking the attitudes of others toward these activities" (Mead 1972: 261-2).

But neither language nor interaction covers the whole space of rules that govern our social life. It could be that some rules that are unconsciously realised in our behaviour do not possess any expression in language. Likewise the reverse could be true: there are obsolete expressions that no longer find any reflection in our everyday activity. Thus, in order to uncover the universal sense of social life it is sometimes necessary to read somehow between the lines and between the actions. It was exactly the aim of Michel Foucault's research that led him to the discovery of such hidden rules of social conduct that lie at the foundation of Western culture. The plexus of such rules Foucault calls "discourse" and defines it as "the general domain of all statements, sometimes as an individualisable group of statements, and sometimes as a regulated practice that accounts for a number of statements" (Foucault 1972: 80).

Foucault's reflections show that discourse as well as institution should be located at the more original level than the level at which language can be distinguished from action. Both discourse and institution can be characterized by a set of rules which lead to the emergence and circulation of certain ways of communication and action. Such a deepened and broadened analysis discloses a conceptual space that is common to Wittgenstein as well as to Mead. I do not want to suggest that according to the discussed authors beyond the scope of language and practice there is any autonomous realm of rules. Such an interpretation brings the threat of falling into idealism. This is because the dynamism of such a realm could not be explained differently other than only by referring to an absolute law of development. Neither Mead nor Wittgenstein would agree with it. Referring to Foucault, I would like only to stress that language as a kind of action have to be considered in the context of a common body of rules that once can manifest in the form of language expression and some other time can be realised in someone's way of conduct.

Both Mead and Wittgenstein consider interaction and communication as the final foundation of every meaning. For Mead, the factor that is responsible for reproducing a particular activity-form is the course of action of each of us. For Wittgenstein the foundation of language is its practical usage in everyday communication. Therefore, the only way to go beyond a definite space of meanings is to modify it patiently day by day. Such a slow evolution occurs before our eyes in every situation that we find bizarre. Our surprise shows that in such a situation some rule has been violated, changed or omitted. An accumulation of such cases leads gradually to the emergence of a new tradition, custom or habit.

6 Conclusion

The analyses presented in this article demonstrate the close connection between the concept of plurality of realities and the concept of institution. This conclusion is based on three assumptions. Firstly, the diversity of human reality can be cohesively understood only in the epistemological manner. Secondly, if the theory of diversity of human reality is to embrace its historical nature it has to account for its dynamism. Thirdly, the only explanation of this dynamism that doesn't fall into idealism can be formulated by referring to human actions and their institutional patterns.

Bibliography

Bloor, David (1996): The question of linguistic idealism revisited. In: Sluga, Hans D. / Stern, David
    G. (eds.): The Cambridge Companion to Wittgenstein, Cambridge: University Press.
Cassirer, Ernst (1953): Substanzbegriff und Funktionsbegriff. Untersuchungen über die Grundfragen
    der Erkenntniskritik, Verlag von Bruno Cassirer, Berlin 1910. English translation:
    Substance and Function and Einstein's Theory of Relativity, transl. by William Curtis
    Swabey, Marie Collins Swabey. New York: Dover Publications.
Cassirer, Ernst (1956): Wesen und Wirkung des Symbolbegriffs. Darmstadt: Wissenschaftliche
    Buchgesellschaft.
Chrobak, Karol (2004): Niejedna rzeczywistość. Racjonalizm krytyczny Leona Chwistka, Wyd.
    inter-esse, Kraków.
Chwistek, Leon (1960): Wielość rzeczywistości w sztuce i inne szkice literackie, Karol Estreicher
    (ed.), Czytelnik, Warszawa.
Chwistek Leon (1961): Pisma filozoficzne i logiczne, Kazimierz Pasenkiewicz (ed.), Vol. I, PWN,
    Warszawa.
Chwistek, Leon (2004): Wybór pism estetycznych, Teresa Kostyrko (ed.), Universitas, Kraków.
Foucault, Michel (1972): The Archaeology of Knowledge. London: Routlage.
Janik, Allan / Toulmin, Stephen (1973): Wittgenstein's Vienna, Simon and Schuster, New York.
Honneth, Alex / Joas, Hans (1988): Social Action and Human Nature. Cambridge: University Press.
Mead, George Herbert (1972): Mind, Self, and Society. From the Standpoint of A Social
    Behaviorist. Charles W. Morris (ed.), Chicago and London: The University of Chicago
    Press.
Paetzold, Heinz / Cassirer, Ernst (1995): Von Marburg nach New York. Eine philosophische
    Biographie. Darmstadt: Wissenschaftliche Buchgesellschaft.
Pasenkiewicz, Kazimierz (1964): Leon Chwistek's Theory of Manifold Reality, Studia Filozoficzne,
    2/1964.
Searle, John (1995): The Construction of Social Reality. New York: The Free Press.
Skolimowski, Henryk (1962): Colorful Philosopher, Polish Perspectives, 8-9/1962.
Wittgenstein, Ludwig (1958): Philosophical Investigations, transl. by G.E.M.Anscombe, Blackwell
    Publishers, 2. edition.
Woleński, Jan (2005): Wielość rzeczywistości Chwistka i kultura przełomu XIX i XX w., Dekada
    Literacka, 1/2005.

Teil II

Ewigkeit – Augenblicke

Tradition und Innovation – Aufschluss und Abschluss der Zeithorizonte

René John

1 Einleitung

Die Zukunft der Moderne ist offen und gestaltbar. Das ist bekannt und verwundert niemanden, sondern wird als Aufgabe begriffen. Ebenso aber ist Vergangenheit verfügbar. Das mag nicht gleich einleuchten, wird jedoch im Alltag recht unproblematisch praktiziert. Allerdings erscheint uns zeitliche Ordnung doch anders: Kein schon vergangenes Ereignis kann erst jetzt geschehen oder revidiert werden. Ebenso geschieht auch jetzt nichts schon in der Zukunft. Sondern alle Ereignisse, die überhaupt stattfinden, finden gegenwärtig statt. Und diese Gegenwart ist eingefasst in einer temporalen Ontologie, bei der Vergangenheit war, Gegenwart ist und Zukunft sein wird.

Damit Ereignisse aber gesellschaftlich relevant sind, müssen sie registriert werden. Vergangene und zukünftige Ereignisse werden immer dann gesellschaftlich relevant, wenn sie gegenwärtig Thema von Kommunikation sind. Ob Ereignisse als Tatsachen behandelt werden, hängt also immer von der jeweiligen Bedeutung ab, die ihnen gegenwärtig beigemessen wird. Vergangene Ereignisse ohne gegenwärtige Bedeutung werden genauso vergessen wie gegenwärtig bedeutungslose Vorhaben. Ebenso kann man sich zu einer späteren Gegenwart an diese wie an jene erinnern. Und dann kann geprüft werden, ob es sich lohnt, Zeit darauf zu verwenden. Schon durch die Selektion von Ereignissen kann offensichtlich über Vergangenheit und Zukunft verfügt werden, weil damit ein gestaltender Zugriff einhergeht, nämlich die Be-Deutung dieser Ereignisse. An dieser Verfügbarkeit über Zeit aber bricht sich die ontologische Zeitstruktur, die in ihrer Fassung von abgeschlossener Vergangenheit, stattfindender Gegenwart und beschlossener Zukunft als gegeben angenommen werden muss. Hinterrücks aber wird sie durch konstruierende Interpretationen vergangener und zukünftiger Ereignisse in der Gegenwart ständig verrückt.

Die Flexibilität der Vergangenheit nahm noch in Orwells Roman „1984"
allein diktatorische Dimension an, wenn die Kriegsberichte aus gestrigen Alli-
ierten die ewigen Feinde von heute machten oder umgekehrt, was bekanntlich in
die Gleichung 2+2=5 mündet. Doch inzwischen ist es viel selbstverständlicher
geworden, dass vergangene Ereignisse immer eine gewisse Unschärfe der Inter-
pretationsmöglichkeiten umgibt – und zwar nicht wegen der allfällig unterstellten Manipulation, sondern weil sie generell bloß Selektionen aus einer Vielzahl
von Möglichkeiten darstellen. Insofern sind diese – letztlich – willkürlichen
Phänomene, die ihre Gründe im Jetzt finden und also Interpretationen darstellen.[1] Es drückt sich dann nicht Beliebigkeit in der Registratur der Ereignisse
aus, sondern Kontingenz. Diese Eigenschaft wird seit der frühen Neuzeit immer
zwingender thematisiert, um ihr mit Eindämmung zu begegnen. Seitdem ist die
Moderne immer auffälliger von der De- und Re-Ontologisierung der Zeitverhältnisse durch Re- und De-Konstruktionen von Ereignissen gekennzeichnet.

Die kontingente Verfügbarkeit von Ereignissen in Vergangenheit und Zukunft ist Ausweis der modernistischen Offenheit der Zeithorizonte. Darin unterscheidet sich die Moderne von den vorherigen Gesellschaftsordnungen. Koselleck (1989) identifizierte anhand des Wandels der zeitlichen Struktur der Gesellschaft die Epochenschwelle zur Moderne. Dem Gewinn an temporalen Freiheitsgraden aber wird im Anschluss an Koselleck auch das Unbehagen an der
Moderne in zeitlicher Hinsicht als Beschleunigung und Leerlauf, als Ungleichzeitigkeit und Desynchronisation entgegengestellt, was den Individuen zusätzlich Lasten aufbürdet, die sie auf Dauer nicht tragen können, und die Gesellschaft überlastet (Rosa 2005). Wie bei jedem Krisenszenario entschärft sich die
Diagnose mit Blick auf den Alltag. Die offenen Zeithorizonte, die Gestaltbarkeit
von Vergangenheit und Zukunft werden alltäglich bewältigt, wenn zum Beispiel
Biografien entworfen werden oder Organisationen sich beschreiben und Projekte entwickeln. Entgegen diverser Krisenszenarien[2] bildet dieser empirisch erleb-
bare, überwiegend erfolgreiche Umgang mit der Offenheit der Zeithorizonte und
dem damit forcierten Problem der Desynchronisation den Ausgangspunkt fol-
gender Diskussion. Wenn Vergangenheit und Zukunft in der Moderne kontingent sind und auch so erlebt werden, worauf richten sich dann die Fragen nach
Herkommen und Werden, nach Rückschau und planender Voraussicht? Wie ist
es angesichts der unsicheren zeitlichen Rahmung und der damit einhergehenden

---

1   Das diktatorische Element kommt zum Tragen, wenn alternative Interpretationen bedingungs-
     los unterbunden und selbst die Mittel zur Alternierung entschärft werden, wie Orwell de-
     monstriert.
2   In unterschiedlicher Dringlichkeit etwa Sennett (1998), Taylor (1995) oder Rosa (2005) und
     Ehrenberg (2008).

sachlichen Variabilität möglich, soziale Verbindlichkeit in zeitlicher Hinsicht zu erreichen? Diese Fragen berühren unmittelbar die notwendige Möglichkeit zeitlicher Ontologie bei gleichzeitiger Flexibilisierung der daraus entstehenden zeitlichen Ordnung. Zeitliche Verhältnisse befinden sich darum in einem paradoxen Verhältnis: Die zur Sicherung sozialer Ordnung notwendige ontologische Feststellung, was war, ist und sein wird, wird durch den Vollzug der Ordnung andauernd de- und rekonstruiert. Dieses paradoxe Verhältnis wird täglich mehr oder weniger gut gelöst, aber in den meisten Fällen doch hinreichend, um daraufhin Orientierungen im Jetzt zu finden und gegenwärtig Entscheidungen für die Zukunft zu fällen. Die Bedingungen dieser Möglichkeit werden im Folgenden anhand der Einrichtung von Innovation und Tradition diskutiert, indem zunächst in einem historisch-semantischen Durchgang die Veränderungen der jeweiligen Bedeutungsräume präsentiert werden. Von hier werden dann die aktuelle Bedeutung der Rede von Innovation und Tradition und deren Rolle bei der Herstellung und Auflösung zeitlicher Ordnung als Grundlage der Synchronisation von Handlungen herausgearbeitet.

2   De-Synchronisation und Verbindlichkeitsprobleme sozialer Ordnung

Die Bewältigung alltäglicher Aufgaben setzt voraus, dass man sich auf ein Mindestmaß an Beziehungen einlässt, Dinge unterscheiden und zuordnen kann, mithin sich an räumlichen Koordinaten orientiert und dabei vor allem nicht die Zeit aus den Augen verliert. Im Selbsterleben lernt man die Anderen, die Dinge und die Zeit als äußere, unbeeinflussbare Phänomene kennen. Sie rahmen das Erleben und markieren von daher die Dimensionen, mit denen diesem Leben Sinn in sozialer, sachlicher und zeitlicher Hinsicht beizumessen ist. Der zuerst immer individuell angestrebte Sinn ist dabei Rechtfertigungserfordernissen ausgesetzt: Er wird nach seiner Geltung befragt, das heißt, nach Anerkennung, Angemessenheit und Stabilität. Und so ist Sinn letztlich nur in Gesellschaft herstellbar. Solange hier eher einfache, an Naturkreisläufen orientierte Verhältnisse herrschten, konnten Sinnbestimmungen langfristig stabil gehalten werden. Mit zunehmender Komplexität der Gesellschaft wurden aber auch umfangreichere stabilisierende Versicherungen notwendig. Religion und Metaphysik boten lange Zeit letzte Gründe an, mit denen das gesellschaftliche Leben einzufrieden war. Der Sinn der vorgefundenen Hierarchien, der beherrschenden Stratifikation hinsichtlich Herkunft, Familie und Stand wurde letztlich durch eine Ordnung göttlichen Ursprungs begründet; sie war somit unbezweifelbar. Hierin hatten alles und je-

der seinen Ort und seine Zeit.[3] Auf diese Weise stabilisiert, widerstanden Sinnbestimmungen den wechselhaften Herausforderungen, Missgeschicken und
Glücksfällen des Alltags. Diese Friktionen wurden so vor den letzten Horizonten des eigenen und des gesellschaftlichen Lebens neutralisiert.[4]

Solche letzten Gewissheiten verloren trotz aller Verwerfungen erst während der frühen Neuzeit, der ersten Epochenschwelle zur Moderne, an Überzeu-
gungskraft. Während dieser historisch kurzen Periode wurde aus der kontinuie-
renden Besinnung auf die Antike eine Abkehr, die einer Haltung Platz machte,
sich aufgrund eigener Anschauungen die Welt anzueignen.[5] Zugleich setzte die
radikale Veränderung der sozialen Konstitution ein. Als die Wissenschaften sich
in Opposition zu den Autoritäten neu begründeten und begannen, sich diszipli-
när zu vervielfältigen, kulminierten Reformation und europäische Religions-
kriege im Verlust kirchlicher Deutungshoheit. Kunst machte sich nicht nur frei
von den überkommenen ästhetischen Vorbildern, sondern mehr und mehr auch
vom realistischen Abbildungsdiktat; statt Illustration von Weltbedeutungen
wurde Kunst zu einer eigenen Art Weltdeutung. Mit der Neubegründung und
Verselbstständigung gesellschaftlicher Praxen zu gesellschaftlichen Teilbereichen ging die Ausweitung ökonomischer Geschäfte mittels Organisationen einher, die maßgeblich die europäische Expansion nicht als Ausweitung einer politischen Macht, sondern in neuer Qualität als polyvalentes Geschehen global vo-
ranbrachte (Stichweh 2004). Anstelle erneuerter Stratifikation trat sukzessive
ein neues Ordnungsprinzip nach funktionalen Bezügen als maßgebliche Differenzierungsform hervor.[6]

Doch damit änderte sich auch in radikaler Weise das Zeitregime der Gesellschaft. Zuvor fand die Gegenwart anhand einer durch die Horizonte von
Vergangenheit und Zukunft markierten unveränderlichen Ordnung der Dinge

---

3   Der antiken Metaphysik bieten sich in jedem Ordnungselement in einer Art Verdoppelung der
     Ordnung der Welt selbst nochmals Gründe dafür. So begründet Aristoteles (1994: 43-75) im
     ersten Buch der „Politik" beispielsweise die Qualität der Körper von Frauen und Männern mit
     ihrer komplementären Stellung zueinander, wobei der Sinn dieser verschiedenen Qualitäten
     wiederum in der Weltordnung gründet, die sie als basale Elemente konstituieren. Die kom-
     plementäre Verschiedenheit ist notwendig zum Erhalt eben dieser hierarchischen Ordnung.
     Das Argument ist also durchaus zirkulär und damit ontologisch sicher, wird aber letztlich
     nochmals versichert durch den göttlichen Beobachter.
4   Markropoulos (2011: 486) bringt das antike Zeitbewusstsein auf den Punkt, dass die Ereignis-
     se zwar kontingent waren, nicht aber der Ereignishorizont.
5   Bacon (1990) argumentierte als Erster nachhaltig, das heißt, wirkungsvoll und dauerhaft, für
     diese Abwendung von den antiken Vorbildern. Ohne sie gering zu schätzen, ist der Mensch
     doch aufgerufen, sich die Welt selbst zu erobern und damit seine Zukunft zu bestimmen.
6   Obwohl dieser Befund im Wesentlichen akzeptiert ist, sei hier trotzdem auf Luhmann (1997:
     707 ff.) verwiesen.

die Gewissheit ewiger Wahrheiten. Diese Ontologien des Anfangs und des Endes der Zeit waren zwar jenseits des Alltags verankert, doch konnten sie gerade deshalb als gewiss gelten. Als das Vergangene aber seinen Status als Maßstab der Gegenwart verlor, wurden Fragen nach der Zukunft und auch der Zukunft der Gegenwart virulent. Denn der Verlust der Vergangenheit als Orientierung war auch eine Befreiung von den überkommenen Autoritäten, wodurch sich der Blick der Zukunft zuwenden konnte (Marquard 2003: 236). Und auch diese erschien nun weit weniger gewiss als zuvor. Nicht die Vergangenheit und auch nicht die Zukunft waren länger als fixierende Rahmung der Gegenwart zu behandeln. Dieser Verlust der ontologischen Verbindlichkeiten verschärfte sich anschließend durch die Vervielfältigung der Zeit, welche durch die nun mögliche Ausbildung gesellschaftlicher Teilbereiche vorangetrieben wurde. Daraus folgte allmählich bis heute die fortschreitende Unverbindlichkeit aller Zeithorizonte.

Die Zeit der Gesellschaft ereignet sich in der Reproduktion ihrer Ordnung (Luhmann 2005: 107, Nassehi 1993). Mittels Gedächtnis ergibt sich aus der Folge der Reproduktionsereignisse eine nach vorher und nachher geordnete Chronologie. Diese Differenz wird beobachtbar als gegenwärtig bestimmte Periode zwischen den zeitlichen Horizonten Vergangenheit und Zukunft. Das ist solange unproblematisch, als eine Klammer die Gegenwart fallweise vollzogener Reproduktionen durch Kommunikation gleichartig orientieren kann. Multiplizieren sich die Chronologien aber durch funktional differenzierte Ereignisketten, wird Gegenwart vielfältig. Damit multiplizieren sich auch die Zeithorizonte. Es gibt dann viele Gegenwarten und insofern auch viele Vergangenheiten und Zukünfte. Unter diesen Umständen wird die Synchronisation zum gesellschaftlichen Problem (Luhmann 2005: 119). Denn welcher Zeithorizont als verbindlicher Fixpunkt gilt, muss immer erst noch entschieden werden. Die verschiedenen Gegenwarten und die von dort entworfenen Vergangenheiten und Zukünfte sind so zu koordinieren, dass trotz divergenter Ereignishorizonte Leistungsbezüge über strukturelle Kopplungen organisiert werden können. Doch wie ist das zu gewährleisten, wenn die Verbindlichkeit von Vergangenheit und Zukunft nicht mehr unproblematisch gegeben ist, sondern diese – erfahrbar immer gegenwärtig – im Werden begriffen sind?

Können Vergangenheit und Zukunft nicht mehr als festgelegt gelten, werden die Horizonte nicht nur frei für Gestaltung, sondern fordern dazu heraus, sie immer wieder neu zu erfinden. Doch kann die Gesellschaft in ihrer funktionaldifferenzierten Konstitution für die jeweiligen Entwürfe keine umfassend verbindlichen Gründe angeben. Die gegenwärtigen Formen der Vergangenheit und der Zukunft sind darum immer nur kontingente Re-Konstruktionen. Dabei behindern die Kontingenzen die notwendige Synchronisation als koordinierende Einschränkung von Möglichkeiten. Damit aber Handlungen verbindlich auf

Dinge und Personen zu beziehen sind, müssen diese terminiert werden können, das heißt, auf Zeit als Faktum referieren. Es muss für die Synchronisation der Leistungsbezüge eine gemeinsame Chronologie entworfen werden, denn „Zukunft braucht Herkunft" (Marquard 2003: 239). Das heißt, Gesellschaft ist auf eine ontologische Form der Zeitverhältnisse angewiesen, obwohl und weil sie diese andauernd aufhebt.

Die Möglichkeit verbindlicher zeitlicher Orientierung lässt sich nur oberflächlich mit der monochronen Zeit der Uhren herstellen. Unpünktlichkeit, falsche Zeit, Verzögerungen und Beschleunigungen sind durch das Diktat der gleichförmigen Diskriminierung der Zeit und der darauf aufsetzenden Kommunikation nicht zu verhindern.[7] Die Absicherung durch gemeinsame Orientierung an Vergangenheit und Zukunft kann Toleranzen gegenüber der wahrscheinlichen De-Synchronisation herstellen und so die Verbindlichkeiten absichern. Auf diese Weise wird eine wie auch immer punktuelle Synchronisation von Handlungen trotzdem möglich. Bei der Beobachtung von Vergangenheit und Zukunft hinsichtlich verbindlicher Orientierungen fallen dann Tradition und Innovation an. Beide Phänomene stellen sowohl Anlässe für als auch Antworten auf den Verlust der Verbindlichkeiten dar. Die Begriffe werden virulent mit den neuzeitlichen Umbrüchen, die zum Aufschluss der Zeithorizonte führen, weil sie als Abschlussformeln fungieren können. Jedoch gerieten auch sie mit der weiteren Durchsetzung der Moderne und der dadurch möglichen Selbstreflexion in einen sogartigen Zweifel von Enttraditionalisierung[8] und Retraditionalisierung, die sich beide als Ausdruck der Beschleunigung der Innovationsraten, des Ersetzens einer Innovation durch andere, erweisen. Das durch Tradition und Innovation versprochene Telos, das ja auch die ontologische Zeitfixierung aufsitzt und es reproduziert, ist nicht tragfähig und doch notwendig. Und so sind Tradition und Innovation heute weiter unverzichtbar für die Synchronisation von Handlungen,

---

7   Im Gegenteil kann man sagen, dass erst die gleichförmige Uhrzeit Abweichungen als solche markierbar macht.
8   Der als Enttraditionalisierung beschriebene Prozess zielt auf den Verlust der unbezweifelbaren Geltung des Vertrauten durch Kommodifizierung oder Politisierung und andere sogenannte Rationalisierungen. Bei Weber (1972) findet sich dieser Ausdruck und kulminiert im Wort „Entzauberung", Habermas (1988) fasst diesen Prozess als Rationalisierung der Lebenswelt und bei Taylor (1995) läuft dies auf das Unbehagen an der Moderne hinaus. Giddens (1991, 1996) aber weist darauf hin, dass neben der Enttraditionalisierung auch die Retraditionalisierung zum Kennzeichen der Moderne gehört. Schon Halbwachs (1985) argumentierte in dieser Hinsicht. Anthropologische und ethnologische Studien zeigen darüber hinaus, dass Tradition kein Ausweis einer vorrationalen, naturwüchsigen und konsensualen Lebenswelt ist, sondern schon immer Ausdruck gestaltbarer Partikularismen war (Cohen 1985: 99 f.), die heute unter dem Sammelbegriff der Kultur subsummiert werden.

für die Herstellung von Verbindlichkeiten. Wie sind dann beide Formen trotz des permanenten Widerspruchs durch Gesellschaft möglich?

Eine Antwort auf die Frage nach der kommunikativen Leistungsfähigkeit der Begriffe Tradition und Innovation ist umfassend nur im Zusammenhang der Verwendungsweisen und Problembezüge sowie deren historischen Wandels zu geben. Mit einem historischen Überblick zu beiden Begriffen werden die historischen Marken festgestellt, an denen sich ein Bedeutungswandel ablesen lässt, der die heutige Bedeutung und Verwendung beider Begriffe begründen kann.

Tradition und mehr noch Innovation weisen eine Omnipräsenz auf, bei der beide Begriffe fortlaufend entleert werden. Die begriffliche Leere korrespondiert mit ihrer inhaltlichen Universalität: Nichts, was nicht als Innovation bezeichnet werden könnte; nichts, was nicht unter dem Titel Tradition Rituale formieren würde. Sollen die Begriffe nach ihrer Sinnhaftigkeit bestimmt werden, so entziehen sie sich der Beobachtung.[9] Die Untersuchungen von Traditionen und Innovationen bekommen zwar bestimmte Phänomene in den Blick, doch bleiben diese eigentümlich unspezifisch. Erst dann, wenn man einsieht, dass es sich bei Tradition und Innovation um Bezeichnungspraxen handelt, die sich grundsätzlich für alle Gegenstände eignen, eröffnen sich Fragemöglichkeiten, die über die gegenständliche Ontik hinausgehen können. Diese führt nämlich immer nur zur tautologischen Bezeichnungspraxis zurück: Tradition und Innovation heißen Gegenstände, die als solche bezeichnet werden. Statt also nach der Essenz der bezeichneten Phänomene zu fragen, ist es fruchtbarer, sich auf den von der Praxis produzierten Gewinn zu konzentrieren. Das heißt, es ist danach zu fragen, wie durch Tradition und Innovation trotz ihrer prekären Gültigkeit Synchronisation gewährleistet wird. Sinn können die Bezeichnungspraxen nur dann erzeugen, wenn sie über den Gegenstand hinausweisen und Unterschiede markieren, die informativ und insofern nicht beliebig sind. Hieran knüpft die These an, dass vor dem Hintergrund der offenen Zeithorizonte Innovation und Tradition Mittel zur Synchronisation von Handlungsabsichten sind, indem sie die Zeithorizonte ontologisierend schließen.

Einstweilen stellen die Begriffe aber selbst keine satisfaktionsfähigen Unterscheidungen bereit. Die scheinbare Beliebigkeit des Gegenstandsbezugs, welche die Bedeutungsentleerung beider Begriffe forciert, wird durch die argumentative Legitimation der vagen Unterscheidungen noch verstärkt. Die Unterscheidungen, die anhand dieser Begriffe vorgenommen werden, brauchen nämlich immer Referenzen auf weitere Begriffe, mit denen dann die eigentlichen Unter-

---

9   Exemplarisch führt das Reichert (1994) vor, dem Innovation zur Neuheit gerinnt. Die Verfügbarkeit von Tradition lässt sich an Travor-Ropers Schilderung der Erfindung des Kilts (1983) nachvollziehen.

scheidungen vollzogen werden können, bis hin zum Kurzschluss der gegenseitigen Negation – und bis auch diese wieder mittels weiterer Referenzen aufgelöst werden.[10]

Pörksen (1988) bezeichnete die von den Massenmedien ungedeckt verbreiteten Begriffe als Plastikwörter. Sie zeichnen sich unter anderem durch ihre Kontextfreiheit aus, die sie ihrer scheinbaren Wissenschaftlichkeit verdanken. Die damit assoziierte Exaktheit verbirgt eine Bedeutungsleere, die durch alles gefüllt werden kann. Als „Rückwanderer aus der Wissenschaft" (Pörksen 1988: 118) sind diese Wörter ihre vom massenmedialen Wind davon getriebenen Schiffe, die vom gesellschaftlichen Diskurs geentert wurden (John/Aderhold 2008). Weil diese Wörter entleert sind, passt nicht nur alles hinein, die Wörter passen auch in alle Kontexte. Plastikwörter sind gegenstandslos und ohne Zeitlichkeit. Auf diese Weise suggerieren sie Distinktionen, die aber immer bloß Versprechen bleiben.

Auf Tradition wie auf Innovation treffen diese Merkmale gleichermaßen zu. Längst sind beide Begriffe aus ihren Ursprungskontexten soweit herausgelöst, dass jede funktionsspezifische Interpretation möglich ist. Ebenso verhält es sich mit der Zeitlichkeit beider Begriffe. Erscheinen die Begriffe für sich wegen des fehlenden Kontextes ohne Alter, versorgen sie die mit ihnen gekennzeichneten Phänomene mit zeitlicher Fixierung, nämlich Vergangenheit und Zukunft. Auf diese fixierende Weise aber verliert das Bezeichnete an historischer Dimension. Die Artefakte und Praxen werden von der Geschichte abgelöst, denn sie sind nun nicht weniger als unveränderliche Zeichen des Vergangenen und des Zukünftigen.

Die sachliche Leere und temporale Haltlosigkeit von Innovation und Tradition beschränken jedoch nicht ihren kommunikativen Gebrauchswert. Durch den Dreischritt von Entkontextualisierung, Entleerung und Inflation kommt es nämlich zu einer Steigerung der kommunikativen Konnektivität, also zur Anschlussfähigkeit. Das macht Tradition und Innovation zu sozial wirkmächtigen Begriffen, mit denen Aufmerksamkeit und Erwartungen gebunden werden. Dafür fand Pörksen (1988: 109 ff.) keine andere Erklärung als die Spekulation über eine Mathematisierung der Sprache, was vor allem die Schematisierung der Sprache mittels austauschbarer Versatzstücke meint. Statt mit solch einer fatalen Diagnose zu enden, wird hier der Frage nachgegangen, vor welchem strukturellen Hintergrund sich die universale Wirkmächtigkeit der lauten und omnipräsenten Innovation und der eher stillen, aber nicht weniger präsenten Tradition entfaltete.

---

10 Die paradoxe Verkettung von Legitimationsverweisen, wie sie sich der Beobachtung von Innovationsprozessen darstellt, hat vor allem Simonis (1999) hervorgehoben.

3 Aufschluss der Zeithorizonte: Verlust der Verbindlichkeit und synchrone Rekonstruktion

Analysen der dynamischen Beziehung von Bedeutungsgehalten und strukturellen Bezugsproblemen beziehen sich unter dem Titel historische Semantik auf die Sozialgeschichte (Fritz 2006: 6), die vor allem mit Koselleck, in der Soziologie aber auch mit Luhmann verknüpft ist. Methodisch daran angelehnt, sollen Anhaltspunkte für die heutigen Verwendungsweisen von Tradition und Innovation gewonnen werden. Tradition und Innovation lassen sich aufgrund ihrer temporal gegensätzlichen Orientierungen zur Vergangenheit beziehungsweise zur Zukunft hin leicht als Gegenbegriffe konzipieren. Doch zeigt sich, dass Tradition und Innovation als Resultate gegenwärtiger Bedeutungspraxen immer beide Seiten mitführen, aber dabei nur eine explizit bezeichnen. Von daher ist der Bezug beider Begriffe aufeinander nicht immer zwingend ein gegensätzlicher, sondern eher ein ergänzender, wobei – wie sich später noch zeigen wird – die Verwendung beider Begriffe sogar konvergierende Tendenzen aufweist.

Im vormodernen Gebrauch hatten sowohl Tradition als auch Innovation nur im Ansatz die heutige Bedeutung. Wiedenhofer (1990) folgend, kann man den antiken Gebrauch vor allem im Recht, der Wirtschaft und Politik im Zusammenhang mit den Verpflichtungen gegenüber überkommenem Eigentum ausmachen. Seine historische Konnotation erfährt der Begriff erst durch seinen Bezug auf die spezifische Geschichtlichkeit des jüdisch-christlichen Glaubens. Diese Bedeutungsmöglichkeit wurde für die weitere Entfaltung des Traditionsbegriffs maßgeblich. Innovation war kein gebräuchlicher Begriff im klassischen Latein. Erst im Anschluss an Augustinus wurde „innovātio" im Sinne von Erneuerung oder Veränderung (Georges 1998, Bd. 2: 286) bekannt. Diese Bedeutung blieb in den folgenden Jahrhunderten stabil. Anders als Tradition hatte Innovation keine Bedeutung bei der Etablierung einer kirchlichen Dogmatik – und so auch keine darüber hinaus. Tradition hingegen wurde zu einem Kampfbegriff in den Auseinandersetzungen um die Autorität der Heiligen Schrift gegenüber der apostolischen Praxis. Kennzeichnete Tradition bis zum 13. Jahrhundert die Auctoritas der Heiligen Schrift als Maßgabe des Glaubens gegenüber einer amtlichen Vernunft, geriet diese im weiteren Fortgang der überlieferten apostolischen Praxis der Amtskirche zur Tradition. Der Bezug auf die Heilige Schrift wurde damit zur Grundlage rationaler Argumentation gegen die divergierende Praxis. Darauf berief sich auch der reformatorische Protest gegenüber der überlieferten Amtspraxis, wie sich deutlich an Luthers Beschwerden gegen die römische Kirchenpraxis zeigt.[11] Der protestantische Bezug auf die Tradition fiel darum vor allem polemisch aus, zielte er doch gegen die römische Amtskirche. Die apostolische Glaubensüberlieferung und damit die Tradition erschienen als von Menschen gemacht, weil sie keine Gründe in den heiligen Schriften finden konnten. Mit der Reformation aber war mitnichten die Bewahrung oder Rückbesinnung auf wahre, doch vergessene Grundsätze gelungen. Sie erwies sich im Gegensatz als Moment der Auflösung der starren ständischen Ordnung am Ausgang des Mittelalters. Denn die Delegitimation der amtskirchlichen Tradition ging mit der Befreiung von den antiken Autoritäten einher. Im Bereich der Religion kam es durch den Protestantismus aber nicht nur zum Schisma, sondern zur Desychronisation. Das wird am Beispiel des Reformbegriffs deutlich. Vor der protestantisch radikalisierten Forderung danach wurde Reform noch als Herrschaftsbegriff gebraucht.[12]

Bacon (1990) stellte mit dieser Haltung die Wissenschaften in seinem „Neuen Organon" auf ein zukunftsgewandtes Fundament. Dafür gilt es, Neues aufzudecken, was Bacon Innovation nannte. Jedoch meinte er damit nicht wie Augustinus Erneuerung, sondern den Gegensatz zum Überkommenen. Das Neue muss nämlich im Einklang mit der Zeit sein, denn diese ist selbst „the greatest innouator", wie er in seinen Essays ausführte (Bacon 1625: 139). Auch wenn die Zeit die Dinge altern lässt, sind sie neu im Sinne von Innovationen, nämlich als das Unerwartete. Ob dies jedoch abgelehnt oder aber begrüßt wird, hängt vom erwiesenen Nutzen ab. Nur dann, wenn man mit der Zeit geht, das Neue dazu passt, kann dies glücken. Bei Bacon tritt damit deutlich das Problem der Synchronisation hervor, deren Gelingen ihm letztlich vom Glück abhängig schien, wohingegen das desynchrone Phänomen als Störung der unzeitgemäßen Intention eines Autors zugeschrieben wird. Für Bacon ergibt sich auch aus diesem Umstand, dass die gegenwärtige Suche nach Lösungen besser ist als die Orientierung an überkommenen Wegen, auf denen man sich nur entgegen der Zeit bewegt.

Innovation wie auch das Problem der Desychnronisation waren jedoch keine auf Wissenschaft allein bezogenen Phänomene. Neben Hamlets Ausruf „The time is out of joint" taucht auch Innovation bei Shakespeare in einem poli-

---

11   So wenn er 1520 in seiner Schrift an den deutschen Adel gegen die römischen „Wallefahrten" Stellung bezieht, die auf den „verfuhrischen Glauben der einfältigen Christen" zielen, den es „auszurotten" gilt, um „wiederum einen rechten Verstand guter Werk" aufzurichten (Luther 1970: 57).

12   Bis Mitte des 20. Jahrhunderts sprach die katholische Kirche nun nicht mehr von Reformen, war „Reform" doch aus ihrer Sicht zu einem Herrschaft gefährdenden Begriff geworden (Melloni 2005).

tischen Kontext auf.[13] Schlegel übersetzte die entsprechende Passage mit „Neuerung". Der zum Beginn des 19. Jahrhunderts im Deutschen offensichtlich ungebräuchliche Innovationsbegriff blieb in diesem Sprachkontext weiterhin unbekannt. Neuerung war stattdessen die Triebkraft der Entwicklung, die trotz aller Shakespeareschen Ironie noch als Fortschritt begriffen wurde, wie ihn die Aufklärung bis dahin ausformulierte. Nach Koselleck (2010a) wurde dabei aus der immerwährenden Aufgabe des Christenmenschen zur seelischen Vervollkommnung für das Jenseits (profectus) durch die Abwendung von der Vergangenheit etwa wie die Baconsche Neuausrichtung der Wissenschaft ein säkulares Bestreben nach Fortschritt (progressus), der sich zunächst auf die Erkenntnis der Natur, dann aber mehr und mehr auf ihre bessere Beherrschung und schließlich auch ihre Verbesserung richtete. Bessere Lebensumstände wollte schon Bacon durch die gegenwärtige Erkundung der Natur erreichen, doch veränderte sich auch das soziale Gefüge im Zuge der Aufklärung zusehends, was sich auch in politischen Forderungen nach gesellschaftlichem Fortschritt niederschlug und nun zunehmend als Richtung der historischen Bewegungen, schließlich von Geschichte überhaupt verstanden wurde (Koselleck 2010b: 78).

Indem die antiken Autoren für die Wissenschaft nicht mehr als Garanten unumstößlicher Wahrheit galten, die Kirche den wahren Glauben nicht mehr einheitlich organisieren konnte, Kunst sich von Vorgaben und schließlich auch vom Maßstab der Natur begann zu emanzipieren, Politik sich zunehmend selbst mit Legitimation ausstatten musste, dehnt sich die gegenwärtige Kontingenz auf die ehemals fixen Handlungshorizonte der Vergangenheit und Zukunft aus. Während dieser Periode, die im Anschluss an Koselleck als „Sattelzeit" den Übergang von der frühen Neuzeit zur Moderne markiert[14], traten Erfahrungsraum und Erwartungshorizont auseinander (Koselleck 1989). Erfahrungen, die sich immer auf Vergangenes beziehen, können in der aufkommenden Moderne immer weniger Erwartungen des Zukünftigen orientieren. Das Neue lässt sich nicht mehr anhand des Alten einhegen, was zuerst während des Barocks zum Thema wurde. Das Alte wurde noch nicht gleich zugunsten des Neuen verdrängt. Stattdessen wurde versucht, es über Regeln ins etablierte Regelwerk zu integrieren. Das führte jedoch zu dessen auflösender Ausweitung. Der Neuheitsdruck und die misslingende Integration des Neuen in die etablierte Ordnung im Barock machten diese Epoche zu einer Zeit der Verunsicherung (Esposito 2004: 64 f.). Die soziale Ordnung lief vielfältig aus dem Ruder und ließ sich

---

13 Nämlich wenn Rosenkranz gegenüber Hamlet bemerkt, dass das Unbehaustsein der eben eingetroffenen Schauspielertruppe seine Ursache in der „late innovation" – wohl deren politisch motivierte Vertreibung – habe.

14 Zur Problematik dieser Epocheneinteilung siehe Osterhammel (2009: 102 ff.).

trotz aller – vor allem rhetorischer – Mühen nicht mehr synchronisieren. Dabei löste sich die Zeitdimension von der Sachdimension, wie Esposito (ebd.: 98) zeigt, wenn nur noch der Wandel als das Beständige aufgefasst werden konnte, was seither im Phänomen der Mode als vorläufige Verbindlichkeit Ausdruck findet. Die Antike war als selbstverständlicher Maßstab der Gegenwart mindestens in Wissenschaft und Kunst verabschiedet. Da schied auch die philosophische Aufklärung Vernunft und Erfahrung von der ungeprüften Tradition. Sie hatte vorerst keinen Platz mehr in der Wissenschaft zwischen Rationalität und Empirie.

In dieser Situation wurde Geschichte als Möglichkeit der Vorbereitung auf die unbekannte Zukunft konzipiert. Im Anschluss an die Kirchenkontroverse wurde Tradition im 18. Jahrhundert noch als mündliche und darum unzuverlässige Überlieferung gegenüber der schriftlichen aufgefasst.[15] Doch gewannen volkssprachliche Bedeutungen für Tradition, wie Herkommen, Gedächtnis, Autorität, die Alten und Nachahmung, gleichzeitig an Bedeutung, was als eine Antwort auf die damaligen Verunsicherungstendenzen zu begreifen ist. Tradition als Ausweis der Herkunft wird von der Historiographie aufgegriffen, vor allem deshalb, um dem ebenfalls verunsicherten Adel sein Herkommen nachzuweisen. Tradition wurde in diesem Gebrauch zum wertvollen Erinnern an legitimierende Ursprünge. Die beginnende Historisierung setzte die Aufwertung von Tradition und Überlieferung in Gang. Mit dem Kriterium der Relevanz ließ sich Tradition als Vernünftiges und mit dem Kriterium der Authentizität als Zuverlässiges bewerten. Derart markierte Überlieferungen wurden zu Bestandteilen der „Geschichte", zu der die zahlreichen Historien nach und nach kondensierten (Koselleck 2010b: 80). Die spezifische Form der Überlieferung historischer Ereignisse, in der sich deren jeweils aktuelle Bedeutung spiegelte, wurde nun Tradition genannt. Da jedoch alle Überlieferungen historischer Ereignisse Bedeutungen transportieren, erschien Tradition jetzt als Überlieferungsform schlechthin. Dadurch aber wurde Tradition zum übergeordneten Begriff für Historie (Wiedenhofer 1990: 632).[16] Erst wegen der Tradition konnte das darin enthaltene, legitimierend wirkende Vorurteil der Historie erkannt und im Gedächtnis bewahrt werden.

Dieser Traditionsbegriff aber taugte nicht zum Gegenbegriff gegen den zukunftszugewandten Fortschritt, wie dieser von der philosophischen Aufklärung

---

15   Die noch vorhandene juristische Bedeutung als verpflichtende Übergabe von Gütern oder auch im Zusammenhang mit dem Heimatrecht (dazu Hartung 1991) tritt demgegenüber weiter zurück.

16   So hieß es noch bei Schiller (1969: 288) in umfassender Manier, dass erst auf Grundlage sprachvermittelter Tradition Geschichte überhaupt entstehen kann.

des 18. Jahrhunderts propagiert wurde. Im Zuge der Aufklärung wird Fortschritt zu einem offenen Projekt der Verbesserung, wobei gegenwärtige Zustände eben nie genügen können.[17] Das Neue als das Unerwartete, aber gleichwohl Mögliche, treibt den Fortschritt an. Jedoch kann das Neue als Vernünftiges nur im Rahmen des Überlieferten wahrgenommen und vom Rückschritt unterschieden werden. Tradition wird so zur Voraussetzung des Fortschritts und also zu dessen Komplementärbegriff. In diesem Sinne galt sie Herder (1982: 193) als ein Prinzip der Philosophie der Geschichte, ohne dass er jedoch die Janusköpfigkeit der Tradition ignorierte: Tradition konnte sowohl Synonym für Kultur, Bildung, Humanität als auch ein Fundus für Verblendung und Vorurteil sein. Hegel überführte Tradition dann in den dialektischen Entwicklungsprozess. Sie wird unerlässlich und vorläufig zugleich. So bemerkt er, dass die Tradition zum einen das Alte verwahrt und weitergibt, aber nicht bloß als „Haushälterin" (Hegel 1982: 10) zu verstehen ist, sondern das Überkommene in der aktuellen Zeit „vom Geiste metamorphosiert [...]. Das Empfangene ist auf diese Weise verändert und der verarbeitete Stoff damit bereichert worden und zugleich erhalten" (ebd.: 11). Das von der Tradition bewahrte und übertragene Alte erscheint im dialektischen Prozess des tätigen Geistes der ständigen Revision und Erneuerung unterworfen. Und so ist auch hier Vernunft traditionsabhängig und gegen die Überlieferung zu prüfen, ebenso wie Tradition gegen die Vernunft zu prüfen ist. Tradition erlangt ihr Recht aus dem Bezug zum Fortschritt, wie dieser sich nur auf jene gründen kann. Tradition und Fortschritt wurden aufgrund des möglichen Widerspruchs gegen ihren behaupteten Vernunftgehalt reflexiv.[18] Diese Reflexivität aber verdoppelte sich im gegenseitigen Bezug von Tradition und Fortschritt, wodurch sowohl der offene Zeithorizont der Vergangenheit als auch der der Zukunft zu schließen sind.[19] Diese Schließung wird nicht in vormoderner Manier als Endpunkt verstanden, auch muss nicht auf die frühmoderne Kreismetaphorik der Zeit zurückgegriffen werden. Indem der gegenseitig legitimierende Bezug von Tradition und Fortschritt ein aufwärtsorientiertes Telos

---

17   Kant (z. B. 1983a: 169) formuliert wiederholt Fortschritt in diesem Sinne. Gleichsam wie eine Reaktion auf den schon aufsteigenden Zweifel an der Möglichkeit des Fortschritts als Verbesserung (dazu Koselleck 2010a: 176) findet Kant (1983b: 184) aber in der Überwindung des Ungenügenden noch ein Motiv für den Fortschritt.

18   Für Tradition siehe Wiedenhofer (1990: 636).

19   Selbst wenn Tradition als untragbar dargestellt wird, fungiert sie noch als Grund für Fortschritt durch unvermeidbare revolutionäre Umwälzung: „Die Tradition aller toten Geschlechter lastet wie ein Alp auf dem Gehirne der Lebenden", heißt es gleich zu Beginn des „18. Brumaire" (Marx 1969: 115). Jedoch bemühte sich Engels (1969), etwa im „Bauernkrieg", zugleich um eine revolutionäre Tradition, auf die sich der Kampf der Arbeiterklasse im positiven Sinne berufen konnte.

der Geschichte motiviert, entstehen die temporalen Ankerpunkte der Gegenwart in Vergangenheit und Zukunft. Anstelle der fixen Zeithorizonte, welche die alltägliche Kontingenz eingrenzen und so das soziale Geschehen synchronisieren konnten, tritt nun die Ausrichtung des geschichtlichen Prozesses als Fortschritt, der die Kontingenz der vielfältigen Handlungen in der Gesellschaft auf eine Richtung konzentrieren und orientieren kann. Der seit der Romantik aufkommende Zweifel an der Möglichkeit eines aufstrebenden Fortschritts, an der teleologischen Vernunft der Tradition sowie an der teleologischen Vernunft des Neuen wurde jedoch lauter. Das Versprechen einer synchronisierten Eindämmung der Kontingenz zugunsten klarer Eindeutigkeit verfing nicht durchgängig.

4   Anschluss der Zeithorizonte: Kontingenz der Verbindlichkeit

Trotz der immer wieder aufflammenden Zweifel am Wert der Tradition, mehr aber noch an der Möglichkeit eines qualitativen Fortschritts hielt sich der Glaube daran das ganze 19. Jahrhundert hindurch (Hahn 1985). Erst die umwälzenden Ereignisse des folgenden Jahrhunderts zerrütteten viele der am Fortschrittsglauben anschließenden, modernen Gewissheiten. Bis dahin wurden die Zweifel an der Möglichkeit des Fortschritts immer wieder eingeholt und durch das konstatierte geschichtliche Telos überboten.[20] Die Evolutionstheorie, wie sie schließlich durch Darwin am einflussreichsten am Gegenstand der Biologie formuliert wurde, konnte keine Gründe für einen aufsteigenden Fortschritt liefern. Die Propagierung der Evolutionstheorie aber, wie sie im deutschen Sprachraum zum Beispiel wirkmächtig durch Haeckel betrieben wurde, orientierte sich weiterhin am von der Aufklärung entwickelten Fortschrittsbegriff. So stellt Haeckel (1924: 273) in den „Welträtseln" fest, dass die „Entwicklung [...] als eine fortschreitende Umbildung, als ein historischer Fortschritt vom Einfachen zum Zusammengesetzten, vom Niederen zum Höheren, vom Unvollkommenen zum Vollkommeneren" anzusehen sei. Wenngleich diese Entwicklung keinen letzten Zweck erfüllt, hat sie doch eine Richtung, die aus ihr selbst resultiert.

Die Überbietung des Neuen durch Neueres bei gleichzeitiger Historisierung eines kulturellen Kerns der Nationalstaaten konnte dem gegenwärtigen

---

20   Die Industrialisierung im 19. Jahrhundert mit ihrer maschinellen Grundlage hat maßgeblich die Veränderungen der Lebensbedingungen beeinflusst (Osterhammel 2009: 909), wobei Fortschritt sich in einer Lebensspanne anhand von Wachstum erleben ließ (Bauer 2010: 78 f.). Den US-amerikanisch erlebten Fortschritt in der zweiten Hälfte des 19. Jahrhunderts schildert Hughes (1991). Nicht zuletzt die heute noch populären, von technischen Utopien beherrschten Romane Jules Vernes sind Ausweis eines ungebrochenen Zukunftsoptimismus, der die aktuellen Widrigkeiten zu überwinden weiß.

Handeln immer weniger Orientierung geben. Die technisch und maschinell induzierten Verheerungen des Ersten Weltkrieges, die globalisierte Unterhaltungsindustrie, die Weltwirtschaftskrise und – vor allem in Europa – die politischen Blockierungen unterminierten die vorhandenen Gewissheiten einer aufstrebenden Modernisierung. Die Differenzierung der Gesellschaft fand ihren künstlerischen Ausdruck in den sich immer schneller abwechselnden Avantgardeströmungen, die Fragmentierung, Vereinzelung und ein soziales Unbehaustsein zum Ausdruck brachten. Die Offenheit der Zukunft wurde ab den 1920er Jahren immer mehr als Gefährdung wahrgenommen und kulminierte in sich bestätigenden Krisenerwartungen (Makropolous 2011: 501 f., Linse 1996). Zugleich konnte die Gegenwart auch in ihrem durch Traditionen vermittelten Bezug auf Vergangenheit keine Sicherheit mehr erlangen. Inzwischen war der Traditionsbegriff auf alle Kulturelemente anwendbar. Dabei ging es nur noch um die Auseinandersetzung zwischen zwei Begriffstendenzen. Zum einen wurde ein negativ besetzter „Traditionalismus" unterschieden, der als Verhaftetsein in und Überschätzung von Vergangenem verstanden wurde. Demgegenüber wurde zum anderen die aktuelle Bewahrung im eher dialektischen Sinne als „lebendige Tradition" betont.[21] In diesem Kontext nahm sich auch die frühe Soziologie der Tradition an. Vor allem bei Weber spielte sie als analytischer Begriff eine große Rolle, bezeichnet Tradition bei ihm doch einen der drei idealen Herrschaftstypen. Von Tradition als ein Grundtyp der Geltung und Legitimation von Ordnung lässt sich für Weber sprechen, wenn sich „die Konvention der Regelmäßigkeit des Handelns bemächtigt hat" (Weber 1985: 192). In dieser Bestimmung Webers deutet sich eine Tendenz zur einengenden – doch darum erst recht kontingenten – Sachbezogenheit von Tradition an, was mit zunehmender inhaltlicher Unbestimmtheit einhergeht.

Ungebrochen galt das Neue als erstrebenswert. Doch konnte für den dadurch vorangetriebenen Wandel nicht mehr überzeugend eine klare Richtung behauptet werden. Die von Evolutionstheorie und einflussreich von der Nationalökonomie postulierte Selbststeuerung der Gesellschaft in Richtung verbesserter Umweltbewältigung und Wohlstandszunahme schien etwa durch die seit der zweiten Hälfte des 19. Jahrhunderts eingeführten Gesetze zur breiten rechtlichen, politischen und ökonomischen Partizipation konterkariert. Der Wandlungsprozess der Gesellschaft verlangte nach politischer Steuerung sozialer Auseinandersetzungen. Im Grunde bezeichnen die sozialen Spannungen und Kriege schon De-Synchronisationstendenzen, die noch mittels verschiedener Einheitssemantiken mindestens im nationalstaatlichen Rahmen beherrschbar

---

21   Das zeigt sich schon in den Lexika des 19. Jahrhunderts wie etwa im Pierer (1863: 740 f).

gemacht werden konnten. Doch konnten die für die Welt generalisierten Ent-
wicklungsszenarien keine empirische Evidenz erlangen. Lediglich in Vergleichen, die Partikularitäten augenscheinlich machten, konnte man sich im Westen
der eigenen, vorgeblich höheren Entwicklung gegenüber den sogenannten Pri-
mitiven vergewissern. Solche Erfahrungen aber relativierten sich mit jedem
neuerlichen Vergleich; jedoch allein partikulare Erwartungen binden noch Engagement.[22] Vorstellungen gleichmäßiger Qualitätszunahme aber überzeugten
auch nicht mehr in Bezug auf gesellschaftliche Teilbereiche.

Schon die biologische Evolutionstheorie bemerkte Ungleichzeitigkeiten
und auch mangelnde Rationalität der natürlichen Selektion von Entwicklungen,
die durch das ergänzende Prinzip der sexuellen Selektion nur teilweise Erklärung fanden. Der klassischen Überzeugung, dass der Markt sich entlang von
Gleichgewichten gleichmäßig entwickelt, widersprachen die ökonomiehistori-
schen Untersuchungen, wie sie vor allem Kondratjeff anstellte. Mindestens der
Ökonomie stellte sich der Wandlungsprozess als Abfolge von Zyklen ökonomisch verwertbarer, technischer Entwicklung dar. Das führte zur Irritation der
klassischen ökonomischen Theorie und zur Frage, worin der Auslöser der kon-
junkturellen Entwicklung auszumachen ist. Schumpeter gab darauf seine berühmte Antwort, dass die beobachteten Zyklen durch „neue Kombinationen von
Produktionsmitteln" (1987a: 100) angetrieben werden, die sich auf dem Markt
durchsetzen oder einen solchen veranlassen. Sie nehmen Formen als ökonomisch bedeutsame Produkte, Verfahren, Märkte, Rohstoffe an oder können sich
auch in Marktstellungen ausdrücken. Die konjunkturtreibenden Neukombinationen, die für Schumpeter zunächst einfach Neuerungen waren, sind sachlich
nicht festgelegt. Weder waren sie für ihn ausschließlich ökonomische Phänomene, noch nahmen sie bestimmte Formen an. Sie bewirkten jedoch eine Umgestaltung der materiellen, vor allem aber der sozialen Verhältnisse, die er in Anlehnung an Sombart[23] als „schöpferische Zerstörung" (Schumpeter 1987b) bezeichnete. Von daher können Neuerungen keinen allgemeinen Anspruch auf
Verbesserung erfüllen, wiewohl dieser Anspruch fortwährend unterstellt wird.
Neuerungen erscheinen als Moment der De-Synchronisation, was vor allem Ogburn einerseits in seiner sozialen Wandlungstheorie mit dem Phänomen des
„cultural gap" (Ogburn 1922) beschrieb, andererseits mit seinen Untersuchungen zu sozialen Erfindungen illustrierte (Ogburn 1933). Deutlich tritt dabei die

---

22 Koselleck (2010c: 322) verweist hier insbesondere auf die Ausbildung von temporalen Bin-
    nendifferenzen der Bewegungsbegriffe, die nun als Ideologie kritisierbar und überbietbar
    wurden: Vielfältige Aufspaltungen ideologischer Strömungen, insbesondere im politischen
    Feld besonders nach dem Ersten Weltkrieg illustrieren dies deutlich.
23 Darauf weist Reinert (2003: 265) hin.

Partikularität der Bewertungen neuer sozialer Phänomene hervor, wenn zum Beispiel der Ku-Klux-Klan nur als sehr spezielle Lösung für ein Problem einer speziellen Bevölkerungsgruppe angesehen werden kann. Diese De-Synchronisation der sozialen Verhältnisse findet ihre Entsprechung in der De-Synchronisation der sachlichen Bezüge bei Orburn, wenn seiner Meinung nach die technische Entwicklung eine soziale Anpassung erforderlich macht. Wurden von hier aus die Maschinenartefakte zum Treiber sozialen Wandels stilisiert, entsprach das doch den alltäglichen Erfahrungen der Zeit, von neuer Technik tendenziell überfordert zu sein. Damit ging aber nun die Überhöhung der neuen Maschine als sachlicher Kristallisationspunkt der Stabilisierung von Vergangenheit und Zukunft einher.

Als ein entscheidender Moment für die Semantik des Neuen muss die begriffliche Transformation der Neukombination zur Innovation verstanden werden. Handelte es sich hier offensichtlich zunächst um eine Übersetzung von Schumpeters Theorie für den angelsächsischen Sprachraum, etablierte sich der Begriff nachhaltig durch seine Verwendung in den „Business-Cycles" (Schumpeter 2010). Begünstigt durch die späte europäische Rezeption, die erst wirklich mit der sogenannten Schumpeter-Renaissance ab den 1980er Jahren einsetzte (Böhm 1987: 13), fand der Innovationsbegriff nicht nur umfassende Verbreitung, sondern auch einen Bedeutungszuwachs, mit dem Innovation nun über Neuheit hinausgeht. Schumpeters Renaissance ging mit einem politökonomischen Paradigmenwechsel einher, bei dem die vor allem an keynesianistischen Ideen orientierte Wirtschafts- und Sozialpolitik von einer an liberalen Ideen orientierten abgelöst wurde.[24] Begleitet wurde dieser Wechsel von der Betonung der Rolle des Unternehmers beim Management (McCraw 2008: 590). Innovationen im Sinne etablierter Neukombinationen galten schon Schumpeter als abhängig vom Unternehmer, der, anders als der Betriebswirt, sich statt auf den Normalbetrieb auf Veränderungen konzentriert. Mit der damit einhergehenden neoliberalen Umstellung von der Nachfrage- zur Angebotsorientierung der Wirtschaftsteilnehmer wurde die Bereitstellung von Neukombinationen, bevorzugt als Produkte, zum maßgeblichen Managementproblem. Der nun durchgesetzte globalisierte Wettbewerb wurde gleichzeitig durch eine Diskussion der nationalstaatlichen Bedingungen unter dem Label der Triple Helix (Leydesdorff 2000) diskutiert. Das auf Technik reduzierte Neue weitete sich über die Einbettung im Dreiecksverhältnis von Politik, Wissenschaft und Wirtschaft von einer Herausforderung nun zu einer gesellschaftlichen Aufgabe eines totalisierten Wettbewerbs aus, der einer ökonomischen Beschreibungssemantik der Gesell-

---

24 Harvey (1990) kritisierte diese Wirtschaftspolitik, deren Beginn er mit der Präsidentschaft Reagans verknüpft, als „voodoo-economics".

schaft zuarbeitet. Unterdessen ist das Neue in der erweiterten Form der Innovation sachlich nicht mehr einzuschränken. Die aktuelle Debatte um die Ergänzung oder Überbietung der maschinell-technischen durch soziale Innovationen ist dafür ein Anzeiger (Howaldt/Schwarz 2010). Jedoch erweist sich Innovation heute mehr denn je als ein entleertes Konzept, das keinen Anlass mehr für sachlich oder temporär differenzierte Beobachtungen bieten kann. Allein die mit Innovation vollzogenen Bezeichnungspraxen geben Hinweise darauf, dass es sich bei Innovationen um soziale Phänomene handelt, die immer nur partikular und durch andauernde Wiederholung bei variablen sachlichen und zeitlichen Relationierungen soziale Stabilität simulieren.[25] Die Paradoxie der Innovation läuft bis hin zur darauf aufsetzenden Bezeichnungspraxis im Grunde nur mit den diversifizierenden Beschleunigungstendenzen konform. In der Logik der Überbietung des Neuen durch das Neuere wird jedoch zunächst die Desynchronisation der Gesellschaft befeuert.[26]

Wie Innovation, so hat auch Tradition keinen konkreten sachlichen Bezug, sondern verweist primär auf den Zeithorizont der Vergangenheit. Für philosophische Diskussion merkt Wiederhofer (1990: 647) an, dass hier alle Aspekte des Traditionsbegriffs lebendig sind, aber gegenüber einer Rationalisierungstendenz und einer der Transzendierung die Vermittlungsposition im Hinblick auf die Sozialität beziehungsweise Historizität von Tradition betont wird. In den Geschichtswissenschaften schließlich erscheint Tradition ein entleerter Begriff zu sein, der bloß noch zur Deskription eines Zusammenhangs geschichtlicher Zeugnisse dient „und zwar geradezu inflationär" (648), im Sinne einer Negation von Neuerungen. In soziologischer Sicht aber wird Tradition heute überwiegend als selektive Vermittlung von Vergangenheit und Zukunft in der Gegenwart betrachtet. Die gesellschaftliche Bedeutung dieses temporalen Bezugs wurde von Eisenstadt (1979) in Anknüpfung an Webers Herrschaftstypologie als Legitimationsmittel diskutiert. Indem die Geltung überkommener Werte unter Bezug auf Tradition aufrechterhalten wird, lässt sich Ordnung gegenüber Veränderungsdruck bewahren. In Hinsicht auf Modernisierung wird diese Bewahrungsstrategie aber nicht obsolet, sondern nimmt die Form der Werteauswahl im politischen Prozess an. Das schon ältere Motiv der Tradition als Reservoire wird so primär politisch gedeutet.

---

25 Insofern ist der Eigenwert des Begriffs Innovation als „Erfolg" zu reduzieren, der als Behauptung andauernd erneuert werden kann und muss (John 2012). Zur Erzeugung des Neuen durch Be-Deutung siehe Groys (1992) und, auf Wirtschaft bezogen, beispielsweise Svetlova (2008).

26 Die Ideen Kosellecks zur Beschleunigung und Desynchronisation aufnehmend und weiterführend, beschreibt Rosa (2005) die gegenwärtige Gesellschaft. In seiner Diskussion der postmodernen Gesellschaftsdiagnosen schließt er diese an subjektzentrierte Fragestellungen an, was am Ende dann aber doch auf eine krisenhafte Zeitdiagnose hinausläuft.

Auch Giddens (1993) stellt zunächst heraus, das die Berufung auf Tradition die frühe Modernisierung ermöglichte. Doch unterminiert die Moderne während ihrer Entfaltung, deren heutige Form Giddens als Globalisierung diskutiert, ihre traditionale Basis. Tradition erfährt nach Giddens eine „Entleerung" (476)[27]. Jedoch wird sie dabei nicht einfach nur vernichtet, sondern transformiert und neu gebildet. Auf diese Weise wird sie ihres Wahrheitsanspruchs enthoben und zur Grundlage von Rechtfertigung. Das schließt an Luhmanns (1978: 416) früheren Verwurf der Reservoire-These an. Ihm reicht die Darstellung des traditionalistischen Handelns als machtpolitische Reaktualisierung, wie etwa bei Eisenstadt, nicht aus. Denn Gesellschaft bedient sich bei ihrem Zeitarrangement nicht einfach der unverrückbaren Vergangenheit, sondern entwirft ihre Zeithorizonte immer gegenwärtig nach ihren Maßgaben.

Hinsichtlich vergangener Zeit lassen sich dafür zahlreiche empirische Befunde anführen, die seit Hobsbawm (1983a) zu einer historischen Grundannahme geworden sind. Hobsbawm sind die Traditionen in der Moderne nun nur noch Erfindungen, die durch Rituale ihre symbolischen Funktionen absichern. Diese andauernde Traditionsrevision aber wird nach Giddens unternommen, weil sie als Versicherung gegenüber einem kontingenten Dasein fungiert (Giddens 1993: 483).[28] Die Unterscheidungen hinsichtlich Traditionen als authentisch, echt oder verbindlich sind inzwischen allerdings obsolet geworden. Hobsbawm (1983b: 303) spitzte seine These soweit zu, dass die „invented traditions" letztlich selbst „innovations" sind. Vor dem Hintergrund dieser Konvergenzthese liegt es nahe, den von Giddens benannten Sinn von Tradition als Kontingenzbewältigung auch auf Innovation zu beziehen. Wie kann es aber möglich sein, dass mit Tradition und Innovation angesichts ihrer inhaltlichen Dauerrevision und der damit forcierten begrifflichen Instabilisierung Stabilität gegenüber der Kontingenz der Gesellschaft zu sichern ist?

5   Temporäre Synchronisation durch kontingente Fixierung

Das Problem der Synchronisation von Intentionen in Handlungen stellt sich alltäglich ein und meistens ist dies befriedigend zu lösen. Erst die Reflexion der

---

27   Abgesehen davon, dass sich diese These mit der oben dargestellten Diagnose Pörksens (1988) deckt, erinnert dies auch an Habermas' Schilderung (1988) der Rationalisierung der Lebenswelt, wenngleich Tradition hier nur als endliche Ressource des Sozialen jenseits der Rationalität erscheint.

28   Ähnlich argumentiert Langenohl (2007: 76), dass Tradition für Kontinuität hinsichtlich einer kontingenten Gesellschaft sorgt, indem die Geltungsansprüche des Überkommenen dauernd überprüft werden.

gesellschaftlichen Bedingungen, unter denen dies geschieht, lässt die Frage nach den Chancen der Synchronisation aufkommen. Zunächst fällt dann auf, dass die Zeithorizonte keine ewigen Verankerungen mehr haben, sondern bloß noch Zeichen für die Richtungen der Endlosigkeit sind. Zeigt das Ewige auf das unveränderliche Sein eines Zustands, bezeichnet die Endlosigkeit das immerwährende Werden von Zuständen. Grundsätzlich können sich diese in der unbekannten Zukunft verbessern, aber auch verschlechtern. Verstellen darum nicht mehr Annahmen von Ewigkeit die Horizonte mit Endgültigkeiten, werden sie zu Gestaltungsaufgaben.

Zuerst und ausdrücklich galt dies für die Zukunft, später wurde klar, dass auch die Vergangenheit der Gestaltungsmacht der Gegenwart unterworfen ist. Das Aufbrechen der Verankerungen der Zeithorizonte war gleichzeitig ein Aufbruch in die Zukunft, dem sich niemand und nichts verweigern konnten. Selbst die sich auf das wahrhaftig Überkommene berufende Reformation beschleunigte die Öffnung der Zukunft, anstatt ewige Sicherheiten wiederzubringen. Und so wurde das Neue zum Fixpunkt zukunftszugewandter Orientierungen, die das Überkommene nicht nur verwarfen, sondern es gleichsam als Neues einzukleiden vermochten. Bis ins 19. Jahrhundert hinein befeuerte der damit etablierte Fortschrittsgedanke das gesellschaftliche Geschehen. Fortschritt war der Name der Zukunft, wie Tradition die Vergangenheit bezeichnete. Doch gestaltete sich das Verhältnis sowohl zum Fortschritt als auch zur Tradition ambivalent. Fortschritt und Tradition wurden beide zu Bewegungsbegriffen, wie sich im Anschluss an Kosseleck einsehen lässt. Seit Ende des 19. Jahrhunderts bis zum Ende des Ersten Weltkrieges setzte sich der Zweifel durch, ob mit Fortschritt noch eine bestimmte Zukunft, mit Tradition noch eine bestimmte Vergangenheit bezeichnet werden konnte oder ob es sich nicht nur noch um deren mögliche, letztlich beliebige Manifestationen handelte. Seit den 1920er Jahren wurde die kategorische Offenheit der Zeithorizonte zum Bestandteil des Zeitgeistes, der sich als ein Bewusstsein über die krisenhafte Situation niederschlug (Markropoulos 2011: 502). Der Ambivalenz von Offenheit und Unsicherheit wurde zugleich mit der Konstruktion definitiver Ordnung zur Aufhebung oder wenigstens funktionalen Kontrolle der evidenten Kontingenz zu begegnen versucht. Die Etablierung solcher Ordnung ist aber nicht als Rücknahme moderner Errungenschaften zu verstehen, wie man heute weiß, sondern auch als eine moderne Reaktion auf ein modernes Problem. Darum lässt sich in dieser Hinsicht das Fortschreiten der Moderne als ihre eigene Reduktion beschreiben. Die anfängliche Offenheit eines andauernden Übergangszustands zum Neuen wird dabei zu einer homogenen und totalen Wirklichkeit verengt. Die Aufhebung des durch die Modernisierung erst radikalisierten Kontingenzproblems lief darum schon auf den Versuch hinaus, die Geschichte enden zu lassen – mit den bekannten Folgen, etwa maschinellen Vernichtungstechniken.

Die ewigen und universalen Ordnungsvorstellungen, die das 20. Jahrhundert radikalisierten[29], stellten sich historisch als (glücklicherweise) kurzfristig und partikular heraus. Doch lässt sich die Geschichte der Moderne anhand einer Vielzahl subtilerer, aber wesentlich wirksamerer Etablierungen von Ordnungstechniken erzählen.[30] Darum scheint es folgerichtig, dass sich die Kritiker der kontingenzeinschränkenden, auf Selbstkontrolle hinauslaufenden Ordnungsabsichten als postmodern beschreiben, sich selbst schon jenseits des Endes dieser Epoche wähnen. Gründet man hingegen die Beobachterposition der Moderne auf deren treibende Prinzipien, kann man kaum von einem Ende der Moderne ausgehen. Differenzierung und Individualisierung entfalten sich ja gerade trotz totalisierender und kollektivierender Eindämmungsversuche. Doch mündet diese Entwicklung nicht in eine umfassend krisenhafte Fragmentierung der Welt, sondern in die Pluralisierung der sich längst herausgebildeten Weltgesellschaft. Die vielfältigen und nicht mehr zentral koordinierbaren Leistungen und Leistungsbezüge lassen die Kontingenz zum beherrschenden Moment der Selbstreflexion werden.

Die Kontingenz der pluralen, funktional differenzierten und individualisierten Weltgesellschaft ist nur mit Gewalt auf einen Ordnung garantierenden Universalismus reduzierbar. Doch ist solche ein globaler Universalismus nicht in Sicht, was zur Ausgangsfrage zurückführt, wie nämlich angesichts ungebändigter Kontingenz gesellschaftliche Stabilität zu erreichen ist. Denn tatsächlich realisiert sich diese Stabilität in weiten Teilen der Welt trotz aller Ereignisse, die das Gegenteil nahelegen.

Synchronisation und Beschleunigung sind hier in temporaler Hinsicht die Formen sowohl des Problems als auch der Lösungen dafür. Zunächst ist jede Synchronisation auf Referenzen angewiesen, die eine Abstimmung ermöglichen. Weil diese Referenzen variablen Intentionen Anhalt geben sollen, müssen sie selbst schon stabil sein. Erst dann, wenn solche stabilen Referenzen in der Vergangenheit und in der Zukunft vorhanden sind, kann Synchronisation überhaupt stattfinden. Mindestens jede planvolle Entscheidung nimmt auf solche temporalen Fixierungen Bezug, um Intentionen und Ressourcen, um Kommunikation synchronisierend zu koordinieren. Damit lassen sich dann auch Dauer und Verfügbarkeit über Zeit erfassen. In diesem Sinne ist dann auch der Be-

---

29 Hobsbawm (1996) etwa beschrieb das 20. Jahrhundert als das kurze Zeitalter der Extreme, das aber auch für ihn vor allem die Diskontinuität von Vergangenheit und Zukunft offensichtlich machte.

30 Nicht nur Foucault steht für diese Art Geschichtsschreibung, sondern schon Elias' Zivilisationsprozess gibt davon Zeugnis. Die funktionale Differenzierung ist auf die Implizierung der ausdifferenzierten Ordnungsprinzipien geradezu angewiesen. Konflikte entstehen dann, weil diese Prinzipien nun nicht mehr unter einem Prinzip vereinigt werden können.

schleunigung zu begegnen. Existieren Fixpunkte, ist Beschleunigung nämlich abzubremsen, weil Zeitkontingente eingrenzbar werden – man hat eine bestimmte Zeit.

Jedoch fallen Fixpunkte als Referenzen aus, wie gezeigt wurde, weil die Ewigkeit ihrer Fixierung unmöglich geworden ist. Statt an einem ewigen Firmament sind die Fixpunkte in der aus individueller und sozialer Perspektive erscheinenden Endlosigkeit der Zeit in Vergangenheit und Zukunft zu suchen. Im Sinne der Endlosigkeit kann man solche Fixpunkte nicht als vorhanden, als seiend vorstellen, sondern als werdend. Dieses Paradox unabgeschlossener, werdender Fixpunkte ist wiederum zeitlich zu lösen, indem Fixpunkte selbst temporalisiert werden. Sie sind immer wieder neu zu bestimmen, weil ihre Geltung prinzipiell begrenzt ist. Traditionen und Innovationen fungieren nun in zeitlicher Hinsicht als solche Fixpunkte. Sie sind sozial konstituierte Festlegungen, die immer nur vorläufig gelten. Ihre Geltung wird in den daran anschließenden Synchronisationsprozessen konfirmiert, sodass weiterhin damit zu rechnen ist oder aber an ihrer Stelle etwas Anderes tritt. Doch dieses Andere erhält dann wiederum den Titel Innovation oder Tradition. In diesem Sinne sind Traditionen und Innovationen durch Bezeichnungspraxen konstituierte Übergangsobjekte. Deren sachlicher Inhalt bleibt kontingent, die Gültigkeit als behauptete Fixierung ist temporal begrenzt. Doch solange keine anderen Traditionen oder Innovationen an ihre Stelle treten, sind sie als Synchronisationsreferenz ein Mittel, der Kontingenz soziale Verbindlichkeit zu verleihen. Dies geschieht, indem Innovation und Tradition gleichermaßen soziale Verhältnisse mit dem Versprechen stabilisieren, dass ihr sachlicher Inhalt zeitlichen Bestand haben wird. Angesichts einer polykontexturalen Welt, deren Komplexität durch ihre enorme Veränderungsdynamik immer umgeformt und gesteigert wird, entwickeln diese Bestandsversprechen ihre semantische Kraft. In sachlicher, sozialer und zeitlicher Hinsicht geht es bei Tradition leicht ersichtlich, ebenso aber auch bei Innovation, um Fortführung und damit letztlich um Erfolg (John 2012). Mit dieser Aussicht ausgestattet, lassen sich in kontingenten Situationen Entscheidungssicherheit gewinnen und damit Synchronisation bewerkstelligen.

Allerdings handelt es sich dabei lediglich um vorläufige Sicherheiten, um vorläufige Synchronisationen, die zudem stark fokussiert nur in partikularer Hinsicht für die jeweilige Aktualität gelten. Diese Vorläufigkeit erbt die synchronisiert hergestellte Ordnung von ihren temporal begrenzten Fixierungen. Darum ist mit einer Abbremsung der Zeitverhältnisse auch immer nur in bestimmten Hinsichten zu rechnen. Jedoch genügt diese partikulare Synchronisation, um Binnenverhältnisse zu stabilisieren und gegenüber den Irritationen der Umwelt aufrechtzuerhalten (Luhmann 2000: 160 ff.). Ihre dann nicht mehr völlig kontingenten Folgen stoßen eine strukturelle Drift der Binnenstrukturen an. Von daher sind Traditionen und mehr noch Innovationen nicht zuletzt ein Anliegen von Organisationen oder Netzwerken. Statt fixer Horizonte werden für die jeweils gegenwärtigen Projektionen fallweise Horizonte aufgespannt, welche den sachlichen und sozialen Ressourcen endliche Orientierung und damit Zeit geben. Die gilt aber immer nur vorläufig und ist darum überbietbar. Gesamtgesellschaftlich betrachtet, können diese Fixpunkte die Synchronisation weder umfassend noch auf Dauer gewährleisten. Stattdessen werden andauernd neue und andere Fixpunkte konstituiert und konfirmiert. Dabei verschaffen diese vorläufigen Fixierungen zwar partikular stabile Zeitverhältnisse, insgesamt aber leisten sie der Beschleunigung der Zeitverhältnisse Vorschub, denn der Bedarf an Fixierungen in der Art von Tradition und Innovation ist unendlich.[31] Die Synchronisation mittels Tradition und Innovation als kontingente Fixierung des Kontingenten forciert so die Beschleunigung des gesellschaftlichen Wandels: Die vielfältigen Binnenstrukturen der Gesellschaft brauchen immer schneller immer mehr Traditionen und Innovationen, weil gesamtgesellschaftlich solche Fixpunkte nicht mehr möglich sind.

Weitere Innovationen sind immer besser als die nicht bewährten Neuerungen, weitere Traditionen sind immer ursprünglicher als die falschen, vorherigen Vergangenheitsbezüge. Ihre inhaltliche Beliebigkeit ist letztlich kein Problem der Begriffsbildung, sondern ein konstitutionelles Erfordernis.[32] Die Zeit wird andauernd vermittels des Horizonteffekts von Tradition und Innovation ontologisierend fixiert. Aber schon ihre inzwischen offen liegende multiple Quantität und Qualität lösen diese Fixierungen wieder auf, um andere Anforderungen Platz zu machen. Auf diese Weise nur können Innovation und Tradition zu Lösungen des Synchronisationsproblems unter den Bedingungen der beobachteten Beschleunigung gesellschaftlicher Prozesse werden. Sie sind dann das kontingente Mittel zur Einfriedung der Kontingenz.[33] Insofern sind sie der kontingenten Konstitution der Moderne angemessene Lösungen, was sich darin bestätigt, als sie alltäglich realisiert werden.

Tradition und Innovation erweisen sich so als Phänomene, welche die kontingente Konstruktion zeitlicher Ontologien ermöglichen, anhand der die Syn-

---

31 Spätestens hier erinnern Innovation und Tradition an das Phänomen der Mode, die, indem sie eine Verbindlichkeit des Vorläufigen bewirkt (Esposito 2004), ebenfalls als moderner Synchronisationsmechanismus ist.

32 Sie werden es erst dann, wenn hinter den Bezeichnungspraxen zum Zweck der Synchronisation nach vermeintlichen Tatsächlichkeiten, Verbesserungen oder Vorteilen gesucht wird, wenn man dem damit gegebenen Versprechen auf seinen essentialistischen Leim geht.

33 Für die Mode bestimmte Esposito (2004: 153) den Dandy zu einer ersten Figur „koningenter Kontrolle der Kontingenz". Ähnlich wie dieser, sind Tradition und Innovation nicht in ihrer Form nach mit dem Begriff der Kohärenz zu fassen, sondern allein in ihrer Funktion, wie sie bei ihrer Reproduktion ausfällt (für Innovation siehe John 2012).

chronisation gesellschaftlicher Verhältnisse erfolgen kann. Doch sind die Gerüste der konstruierten Ontologien nicht auf Dauer zu verbergen. Es werden dann eben weitere Traditionen, weitere Innovationen notwendig, die der Gesellschaft anhand der so bezeichneten Dinge den sozialen Beziehungen einen bestimmten – und darum eben vorläufigen – Halt in der Zeit geben.

Literatur

Aristoteles (1994): Politik. Reinbek: Rowohlt.

Bacon, Francis (1990): Neues Organon. Hrsg. von Wolfgang Krohn. Band 1 und 2. Hamburg: Meiner.

Bacon, Francis (1625): The essayes or counsels, civill and morall / of Francis Lo. Verulam - Newly written. London, Printed by Iohn Haviland for Hanna Barret (London: Barret).

Bauer, Franz J. (2010): Das ‚lange‘ 19. Jahrhundert. Stuttgart: Reclam.

Böhm, Stephan (1987): Einleitung. In: Schumpeter, Joseph A.: Beiträge zur Sozialökonomik. Wien, Köln, Graz: Böhlau: 13-28.

Cohen, Anthony P. (1985): The Symbolic Construction of Community. London, New York: Routledge.

McCraw, Thomas K. (2008): Joseph A. Schumpeter. Einen Biographie. Hamburg: Murmann.

Ehrenberg, Alain (2004): Das erschöpfte Selbst. Frankfurt a. M.: Suhrkamp.

Eisenstadt, Samuel N. (1979): Tradition, Wandel und Modernität. Frankfurt a. M.: Suhrkamp.

Engels, Friedrich (1969): Der deutsche Bauernkrieg. Marx Engels Werke Bd. 7. Berlin: Dietz.

Esposito, Elena (2004): Die Verbindlichkeit des Vorübergehenden: Paradoxien der Mode. Frankfurt a. M.: Suhrkamp.

Fritz, Gerd (2006): Historische Semantik. Stuttgart, Weimar: Metzler.

Georges, Karl Ernst (1998): Ausführliches lateinisch-deutsches Handwörterbuch. Darmstadt: Wissenschaftliche Buchgesellschaft (Reprint der Ausgabe Hannover: Hahnsche Buchhandlung, 1913–1918).

Giddens, Anthony (1991): Modernity and Self-Identity. Cambridge: Polity Press.

Giddens, Anthony (1993): Tradition in der posttraditionalen Gesellschaft. In: Soziale Welt 44: 445-485.

Giddens, Anthony (1996): Leben in einer posttradionalen Gesellschaft. In: Beck, Ulrich / Giddens, Anthony / Lash, Scott: Reflexive Modernisierung. Eine Kontroverse. Frankfurt a. M.: Suhrkamp: 113-194.

Groys, Boris (1992): Über das Neue. München: Hanser.

Habermas, Jürgen (1988): Theorie kommunikativen Handelns. Frankfurt a. M.: Suhrkamp.

Haeckel, Ernst (1924): Gemeinverständliche Werke. Band. 3: Die Welträtsel – Gott und Natur. Leipzig: Kröner.

Hahn, Alois (1985): Soziologische Aspekte des Forschrittsglaubens. In: Gubrecht, Hans Ulrich / Link-Heer, Ursula (Hrsg.): Epochenschwellen und Epochenstrukturen im Diskurs der Literatur- und Sprachhistorie. Frankfurt a. M.: Suhrkamp: 53–72.

Halbwachs, Maurice (1985): Das Gedächtnis und seine sozialen Bedingungen. Frankfurt a. M.: Suhrkamp.

Hartung, Barbara / Hartung Werner (1991): Heimat als „Rechtsort" und Gemütswert. Anmerkungen zu einer Wechselbeziehung. In: Klueting, Edeltraut (Hrsg.): Antimodernismus und Reform. Beiträge zur Geschichte der deutschen Heimatbewegung. Darmstadt: Wissenschaftliche Buchgesellschaft: 157-170.

Harvey, David (1990): The Condition of Postmodernity. Malden, Oxford, Carlton: Blackwell.

Hegel, Georg Wilhelm Friedrich (1982): Vorlesung über die Geschichte der Philosophie. Erster Band. Leipzig: Reclam.

Herder, Johann Gottfried (1982): Ideen zur Philosophie der Geschichte der Menschheit. Herders Werke in fünf Bänden, Bd. 4. Berlin, Weimar: Aufbau.

Hobsbawm, Eric (1983a): Introduction: Inventing Tradtions. In: Hobsbawm, Eric / Ranger, Terence (Hrsg.): The Invention of Tradition. Cambridge: Cambridge University Press: 1-14.

Hobsbawm, Eric (1983b): Mass-Producing Traditions: Europe, 1870–1914. In: Hobsbawm, Eric / Ranger, Terence (Hrsg.): The Invention of Tradition. Cambridge: Cambridge University Press: 263-307.

Hobsbawm, Eric (1996): The Age of Extrems. A History of the World, 1914-1991. New York u.a.: Vintage.

Howaldt, Jürgen / Schwarz, Michael (2010): „Soziale Innovation" im Fokus. Skizze eines gesellschaftstheoretisch inspirierten Forschungskonzepts. Bielefeld: transcript.

Hughes, Thomas P. (1991): Die Erfindung Amerikas. München: Beck.

John, René (2012): Erfolg als Eigenwert der Innovation. In: Bormann, Inka / John, René / Aderhold, Jens (Hrsg.): Indikatoren der Innovation zwischen Sozialtechnologie und Sozialmethodologie. Wiesbaden: VS-Verlag für Sozialwissenschaften: 75-94.

John, René / Aderhold, Jens (2008): Neuheit als Problem der Gesellschaft. Zur Bedeutung eines problematisierenden Selbstverständnisses einer Wissenschaft. Berlin (Beiträge zur Sozialinnovation   4)   [Internet: http://www.isinova.org/download/wdokumente/BzS4.pdf, 30.6.11].

Kant, Immanuel (1983a): Über den Gemeinspruch: Das mag in der Theorie richtig sein, taugt aber nicht für die Praxis. In: Kant, Immanuel: Werke in zehn Bänden, Bd. 9. Darmstadt: Wissenschaftliche Buchgesellschaft: 127-172.

Kant, Immanuel (1983b): Das Ende aller Dinge. In: Kant, Immanuel: Werke in zehn Bänden, Bd. 9. Darmstadt: Wissenschaftliche Buchgesellschaft: 175-190.

Koselleck, Reinhart (1989): ,Erfahrungsraum' und ,Erwartungshorizont' – zwei historische Kategorien. In: Ders.: Vergangene Zukunft. Frankfurt a. M.: Suhrkamp: 349-375.

Koselleck, Reinhart (2010a): Fortschritt und ,Niedergang' – Nachtrag zur Geschichte zweier Begriffe. In: Ders.: Begriffsgeschichten. Frankfurt a. M.: Suhrkamp: 159-181.

Koselleck, Reinhart (2010b): Die Verzeitlichung der Begriffe. In: Ders.: Begriffsgeschichten. Frankfurt a. M.: Suhrkamp: 77-85.

Koselleck, Reinhart (2010c): Begriffliche Innovationen der Aufklärungssprache. In: Ders.: Begriffsgeschichten. Frankfurt a. M.: Suhrkamp: 309-339.

Langenohl, Andreas (2007): Tradition und Gesellschaftskritik. Eine Rekonstruktion der Modernisierungstheorie. Frankfurt a. M.: Campus.

Leydesdorff, Loet (2000): The triple helix: an evolutionary model of innovation. In: Research Policy 29: 243-255.

Linse, Ulrich (1996): Geisterseher und Wunderwirker: Heilssuche im Industriezeitalter. Frankfurt a. M.: Fischer.

Luhmann, Niklas (1978): Geschichte als Prozess und die Theorie sozio-kultureller Evolution. In: Faber, Karl-Georg / Meier, Christian (Hrsg.): Historische Prozesse. München: Dt. Taschenbuch-Verlag: 413–440.

Luhmann, Niklas (1997): Gesellschaft der Gesellschaft. Frankfurt a. M.: Suhrkamp.

Luhmann, Niklas (2000): Organisation und Entscheidung. Opladen, Wiesbaden: Westdeutscher Verlag.

Luhmann, Niklas (2005): Gleichzeitigkeit und Synchronisation. In: Ders.: Soziologische Aufklärung 5. Wiesbaden: VS-Verlag für Sozialwissenschaften: 92-125.

Luther, Martin (1970): An den christlichen Adel deutscher Nation von des christlichen Standes Besserung. In: Hutter, Müntzer, Luther: Werke in zwei Bände, Band 2: Luther. Berlin, Weimar: Aufbau: 15-99.

Markropoulos, Michael (2011): Historische Semantik und Positivität der Kontingenz. Modernisierungstheoretische Motive bei Reinhart Koselleck. In: Joas, Hans / Vogt, Peter (Hrsg.): Begriffene Geschichte. Frankfurt a. M.: Suhrkamp: 481-513.

Marquard, Odo (2003): Zukunft braucht Herkunft. Philosophische Betrachtungen über Modernität und Menschlichkeit. In: Ders.: Zukunft braucht Herkunft. Philosophische Essays. Stuttgart: Reclam: 234-246.

Marx, Karl (1969): Der achtzehnte Brumair des Louis Bonaparte. Marx Engels Werke Bd. 8. Berlin: Dietz.

Melloni, Alberto (2005): Kontinuität contra Geschichte. Das Thema Reform und Aggiornamento im Römischen Katholizismus des 20. Jahrhunderts. In: Corsi, Giancarlo / Esposito, Elena (Hrsg.): Reform und Innovation in einer unstabilen Gesellschaft. Stuttgart: Lucius&Lucius: 41-49.

Nassehi, Armin (1993): Die Zeit der Gesellschaft. Auf dem Weg zu einer soziologischen Theorie der Zeit. Opladen: Westdeutscher Verlag.

Ogburn, William Fielding (1922): Social Change. New York: Viking.

Ogburn, William F., with the Assistance of S. C. Gilfillan (1933): The Influence of Invention and Discovery. In: Hoover, Herbert (Hg.): Recent Social Trends in the United States. Report of the President's Research Committee on Social Trends. New York/London: 122-166.

Osterhammel, Jürgen (2009): Die Verwandlung der Welt. Eine Geschichte des 19. Jahrhunderts. München: Beck.

Pörksen, Uwe (1988): Plastikwörter. Die Sprache einer internationalen Diktatur. Stuttgart: Klett-Cotta.

Pierer (1863): Pierer's Universal-Lexikon der Vergangenheit und Gegenwart oder Neuestes encyclopädisches Wörterbuch der Wissenschaften, Künste und Gewerbe. Vierte, umgearbeitete und stark vermehrte Auflage, Siebzehnter Band: Stückgießerei – Türkische Regenkugel, Altenburg: Verlagsbuchhandlung von H.A. Pierer.

Reichert, Ludwig (1994): Evolution und Innovation. Prolegomenon einer interdisziplinären Theorie betriebswirtschaftlicher Innovation. Berlin: Dunker&Humblot.

Reinert, Erik S. (2003): Steeped in Two Mind-Sets: Schumpeter in the Context of Two Canons of Economics. In: Backhaus, Jürgen (Hrsg.): Joseph Alois Schumpeter. Entrepreneurship. Style and Vision. Bosten, Dordrecht, London: Kluwer Academic Publishers: 261-292.

Rosa, Hartmut (2005): Beschleunigung. Frankfurt a. M.: Suhrkamp.

Schumpeter, Joseph A. (1987a): Theorie der wirtschaftlichen Entwicklung. Berlin: Dunker&Humblot.

Schumpeter, Joseph A. (1987b): Kapitalismus, Sozialismus und Demokratie. Tübingen: Mohr-Siebeck.

Schumpeter, Joseph A. (2010): Konjunkturzyklen. Göttingen: Vandenhoeck & Ruprecht.

Sennet, Richard (1998): Der flexible Mensch. Berlin: Berlin Verlag.

Simonis, Georg (1999): Die Zukunftsfähigkeit von Innovationen: das Z-Paradox, In: Sauer, Dieter / Lang, Christa (Hrsg.): Paradoxien der Innovationen. Frankfurt a. M./New York: Campus: 149-174.

Stichweh, Rudolf (2004): On the Genesis of World Society: Innovations and Mechanisms. (Working paper des Instituts für Weltgesellschaft) Luzern.

Svetlova, Ekatarina (2008): Innovation als soziale Sinnstiftung. In: Seele, Peter (Hrsg.): Philosophie des Neuen. Darmstadt: Wissenschaftliche Buchgesellschaft: 166-179.

Taylor, Charles (1995): Das Unbehagen an der Moderne. Frankfurt a. M.: Suhrkamp.

Trevor-Roper, Hugh (1983): The Invention of Tradition: The Highland Tradition of Scotland. In: Hobsbawm, Eric / Ranger, Terence (Hrsg.): The Invention of Tradition. Cambridge: Cambridge University Press: 15-41.

Weber, Max (1972): Wirtschaft und Gesellschaft. Tübingen: Mohr-Siebeck.

Wiedenhofer, Siegfried (1990): Tradition, Traditionalismus. In: Brunner, Otto / Conze, Werner / Koselleck, Reinhart (Hrsg.): Geschichtliche Grundbegriffe. Bd. 6. Stuttgart: Klett-Cotta: 607-649.

Die Ontologie des Finanzwesens

Elena Esposito

1   Eine Ontologie oder mehrere Ontologien?

Nach einigen Jahrzehnten der De-Ontologisierung ist es sicher an der Zeit, ein Resümee zu ziehen – auch in Anbetracht der zahlreichen Tendenzen, die aus unterschiedlichen Richtungen und mit verschiedenen Gründen dazu neigen, diesen Prozess infrage zu stellen und seine Kosten zu signalisieren. Zur Debatte stehen sehr bekannte Etiketten: Dekonstruktivismus, Post-Strukturalismus, Konstruktivismus oder selbst die „post-moderne Lage". Im Grunde aber kann die Problematisierung der Ontologie als ein Merkmal des gesamten 20. Jahrhunderts angesehen werden, von den Debatten zu den Voraussetzungen der Physik bis hin zu den Diskussionen um Referenz und Grenzen der Sprache, von der Phänomenologie bis hin zu den Reflexionen über Natur und die Methoden der Wissenschaft. Auf verschiedene Weisen und mit Bezug auf unterschiedliche Disziplinen werden in all diesen Fällen Existenz und Angemessenheit einer eindeutigen Bezugswelt bezweifelt, zusammen mit ihrer Unabhängigkeit vom Beobachter und von seinen Mitteln. Das ist es letztlich, was Autoren wie Heisenberg und Wittgenstein, Gödel, Popper oder Husserl gemeinsam ist. Und das ist es, was heute infrage gestellt wird – nicht nur die angeblich radikalisierenden Tendenzen der letzten Jahrzehnte: Die Rolle der Realität wird wieder betont, sie scheint sich ihrer Neutralisierung im Spiel der Verweisungen und der Bezüge nicht beugen zu wollen. Scheinbar reichen Konstruktionen und Beobachtungen nicht aus: Die Realität, sagt man, kommt wieder zu Wort, sodass man sogar die Notwendigkeit einer „neuen Metaphysik" behauptet, die ihre Existenz und Relevanz berücksichtigen könne[1].

Ist das aber wirklich das Problem? Muss die aktuelle Diskussion zur Ontologie als Debatte um den Verzicht auf Realität oder deren Marginalisierung ver-

---

1   Vgl. zum Beispiel Krämer (2008) und Ferraris (2009).

standen werden und zwar im Sinne einer Neuauflage des Nominalismus und des Idealismus? Hier scheint mir ein Missverständnis vorzuliegen, das die Reichweite und das Interesse der Debatte verzerrt und banalisiert. Das ist nach mehreren Jahrzehnten der Diskussion und Gegenüberstellung durchaus verständlich, bedarf aber dennoch einer Klärung. Bedeutet De-Ontologisierung bloß Verzicht auf Realitätsbezug, der mit anderen Bezügen, etwa auf den Beobachter, auf die Sprache, die Gesellschaft oder die Kultur, zu ersetzen wäre? Dann wäre die begriffliche Lage der Debatte relativ einfach, aber gleichwohl fragwürdig. Die Komplexität und das Interesse der Debatte zeigen jedoch, dass hier in einer tatsächlich neuen Weise eine Frage gestellt wird, die nicht so sehr den Verzicht auf Realität, sondern eher ihre Vervielfältigung und Operationalisierung betrifft. Es wird nämlich nicht behauptet, dass es *keine* Realität gibt, sondern dass es *mehrere* Realitäten gibt.

Man kann auch in diesem Fall von einer Bemerkung Heinz von Foersters (1973)[2] ausgehen, der gerade in Bezug auf das Realitätsverständnis das „die"-Denken dem „eine"-Denken gegenüberstellt, also zwei Einstellungen, die von *der* Realität (mit bestimmtem Artikel) bzw. von *einer* Realität (mit unbestimmtem Artikel) reden. Im ersten Fall wird vorausgesetzt, dass es eine einzige Realität gibt und dass es nur von dieser Einmaligkeit und Alternativlosigkeit her Sinn macht, sich auf Realität zu beziehen. Im zweiten Fall wird nicht negiert, dass es die Realität gibt, wohl aber für möglich gehalten, dass es mehrere Realitäten geben kann – und dann muss man die Bedingungen und Folgen jeder dieser Realitäten erforschen. Mit einer gewissen Zuspitzung könnte man sagen, dass der Konstruktivismus (der zum „eine"-Denken gehört) nicht nur die Realität nicht negiert, sondern sie sogar multipliziert, indem die Existenz vieler Realitäten behauptet wird – jede real in vollem Sinn. So gibt es mehr Realität, die aber nicht mehr eindeutig ist.

In dieser Perspektive lautet die Frage natürlich ganz anders: Es geht nicht mehr darum, die korrekte Weise der Annäherung an die gegebene und unabhängige Realität zu erforschen, sondern viele Realitäten voneinander zu unterscheiden und sie mit den entsprechenden Bedingungen und Bindungen zu verbinden. In Bezug auf unser Problem der Ontologie fragt man sich, was von der Ontologie übrig bleibt, wenn man es mit einer Mehrheit unterschiedlicher Ontologien zu tun hat, die nicht zufällig sind und als Bezug gelten sollen. Dann geht es aber nicht um die Existenz oder Nicht-Existenz der Realität, sondern um ihre Kontingenz: die Möglichkeit und den Sinn, sich über die verschiedenen Weisen der Realität der Realität zu befragen – das ist nun ein ganz anderes Problem.

---

2   Hier nach der deutschen Übersetzung in Foerster (1993: 33).

2   Die ontologische Metaphysik und die Frage nach dem Beobachter

Auch diese Frage ist eigentlich nicht neu, wurde sie doch parallel zur Debatte über Ontologie und De-Ontologisierung behandelt. Man kann sich zum Beispiel auf die analytische Philosophie und auf das Problem der Existenz der Entitäten der Sprache berufen: Wenn man von etwas redet, inwieweit setzt man seine Existenz voraus im Sinne eines „ontological committment"? Wenn ich etwas über den Papst oder über Napoleon sage, inwieweit verpflichte ich mich dazu, zu glauben, dass der Papst oder Napoleon existieren bzw. existiert haben? Die Frage kann operationalisiert werden und man kommt dann zur bekannten Lösung Quines (1952): „To be is to be the value of a variable". Demnach nimmt man an, dass etwas existiert, wenn es als Referenz gilt. Dann kommt man aber auch zu den entsprechenden Problemen, wie Quine sie diskutiert: Was passiert, wenn man von Entitäten, wie Pegasus, redet, und welchen Sinn hat eine Äußerung, wie „Pegasus existiert nicht"?

Auf ihrem bis dahin eingeschlagenen Weg verzichtet die analytische Philosophie auf diese Frage, indem sie über den Umweg der Sprache zur klassischen Annahme einer eindeutigen und autonomen Ontologie (eines „Seins") zurückkehrt: Solche Sätze, wie der über die Nichtexistenz des Pegasus, sind einfach falsch und sollten aus einer streng formalisierten Sprache verbannt werden. Ausgeschlossen wird jedoch gerade die interessanteste Frage überhaupt: Warum werden diese und viele andere gleichermaßen „unkorrekte" Behauptungen produziert, warum zirkulieren sie und haben Sinn? Was für ein Sein setzen ihre „Variabeln" voraus, die in der Tat funktionieren und „Werte" zu haben scheinen?

Gotthard Günther nimmt einen radikal anderen Weg und kehrt das Problem um: Das Sein und seine Eigenschaften sind kein Ausgangsdatum, sondern hängen von den Fähigkeiten und von der Stärke der begrifflichen Mittel ab, mit denen man sie betrachtet – insbesondere von der verfügbaren Logik.[3] Das Sein ist keine Voraussetzung (ein Sein überhaupt, von dem nur im Singular geredet werden kann), sondern das Korrelat einer bestimmten Logik. Das heißt, die klassische Metaphysik, an die wir gebunden bleiben, ist das Korrelat der klassischen zweiwertigen Logik. Wenn die logische Kraft zunimmt – laut Günther mit dem Übergang zu mehrwertigen Logiken und zur Stellenwerttheorie – verändern sich auch die Eigenschaften und die Formen des Seins, verändert sich also die Ontologie.

---

3   Vgl. Günther (1959, 1976, 1979, 1980).

Was bedeutet es aber praktisch, mehrere Ontologien zur Verfügung zu haben, und wie verhalten sie sich zueinander? Wie können sie als Ontologie fungieren, wenn es mehrere davon gibt, und wie kann man – wenn überhaupt – von der einen zu den anderen übergehen? Welche Ontologie schließt die verschiedenen Ontologien ein? Diese Probleme sind schon operativer und nicht zufällig bietet die Soziologie eine Antwort. Laut Luhmann (1997: 895 ff.) entspricht die Ontologie in der westlichen Tradition der ontologischen Metaphysik, also einer Beobachtungsweise, die von der Unterscheidung Sein/Nichtsein ausgeht und sie als Voraussetzung jeder anderen Unterscheidung nimmt. Solange man im Rahmen dieser Unterscheidung bleibt und nur zwischen Sein und Nichtsein unterscheidet, kann man nur annehmen, dass das Sein ist und das Nichtsein nicht ist. Dadurch wird aber sowohl ausgeschlossen, dass das Sein nicht sein, als auch, dass das Nichtsein sein kann. Diese Zuschreibungen sind eindeutig und können nicht infrage gestellt werden: die Ontologie ist einzig und gegeben. Das ganze Sein ist, „nur das Nichts wird ausgeschlossen, aber damit geht ‚nichts' verloren" (ebd.: 896).

Man muss aber nicht zwingend von dieser Unterscheidung ausgehen. Vor allem Soziologen wissen sehr gut und erfahren täglich, dass Zuschreibungen nicht eindeutig sind und es die Dinge aus verschiedenen Perspektiven unterschiedlich gibt beziehungsweise nicht gibt. Es stimmt auch nicht, dass nichts verloren geht. Wenn man ausschließt, dass das Nichts sein kann, verliert man die Möglichkeit, ein relevantes und folgenreiches soziales Phänomen zu betrachten sowie auch die Realität des Konflikts, der Andersartigkeit und des Widerspruchs, aber vor allem verliert man die Möglichkeit, die Herkunft der Unterscheidung von Sein und Nichtsein selbst zu betrachten, nämlich den Beobachter, der seine Gegenstände von dem unterscheidet, was es für ihn und aus seiner Perspektive nicht gibt. In der Unterscheidung Sein/Nichtsein ist der Beobachter der ausgeschlossene Dritte, weil seine Perspektive kein Objekt in der Welt ist, das heißt, es gibt sie nicht. Doch muss sie zugleich berücksichtigt werden, denn es gibt sie ja. Eine Ontologie, die der Beobachter – oder sogar eine Mehrheit von Beobachtern, jeder mit seiner eigenen Ontologie – einschließt, muss, wie Günther behauptet, einen höheren logischen Reichtum als die einfache Zweiwertigkeit von Affirmation und Negation, das heißt Sein und Nichtsein, besitzen, die als lokale und begrenzte Möglichkeit erhalten bleibt.

Es geht dann um eine von einer flexibleren und mächtigeren Unterscheidung geleiteten Ontologie, wie zum Beispiel um die Unterscheidung von Selbstreferenz und Fremdreferenz, die einen Beobachter identifiziert: Zur Welt dieser Ontologie gehören zuerst die Beobachter, jeder mit seiner eigenen Perspektive zum „inneren" (Selbst-) und „äußeren" (Fremd-), und dann eine Mehrheit unterschiedlicher Bereiche des „Seins", welche der Welt jeder dieser Beobachter entsprechen. In jeder dieser Welten erscheint die Beobachterperspektive selbst nicht als Objekt, weshalb es sie „nicht gibt", obgleich sie in der allgemeinen Ontologie existiert, die Beobachter und Welt einschließt. Es handelt sich aber nicht bloß um eine umfassendere Ontologie, in der mehr Stoff Platz findet, sondern um eine andersartige Form der Ontologie, die auch sich selbst und alle Notwendigkeiten infrage stellen kann. Es handelt sich eben um die Ontologie einer kontingenten Welt. Mit Gotthard Günthers Theorie würde man sagen, dass es sich um die Ontologie einer mehrwertigen Logik handelt – je komplexer, umso artikulierter sind die Verhältnisse und Umtausche zwischen den Zweiwertigkeiten. Aber das würde uns zu einem Bereich der logischen Formalisierung führen, der jenseits der Grenze dieses Beitrags liegt.

3   Die Nicht-Arbitrarität der Kontingenz

Was uns hier interessiert, sind aber die Folgen für die sich radikal verändernde Frage des Verhältnisses der Ontologie und der De-Ontologisierung. Es geht nicht darum, zu fragen, ob die Realität existiert und wie wir sie erreichen können, weil es nicht mehr oder nicht primär um die Unterscheidung von Sein und Nichtsein geht. Das würde bloß zu Fragen führen, die nicht beantwortet werden können. Inzwischen ist wohl klar, dass die Antwort auch nicht interessant wäre, wie etwa auf die Frage, welche unter den vielen Ontologien die richtige sei, während es gar nicht feststeht, ob es eine „richtige" Perspektive geben kann.

Die Frage der Ontologie ist nicht mehr die klassische „Was gibt es?". Es geht eher darum, festzustellen, wie eine Realität aus einer gegebenen Perspektive geschaffen wird – die Perspektive eines Beobachters nämlich, für den etwas objektiv oder subjektiv ist: Etwas gibt es als äußeres Datum oder es existiert nur als Imagination oder Fantasie, etwas ist verfügbar oder aber nicht. Es geht also darum, festzustellen, wie etwas Nicht-Arbiträres in einer Welt entsteht, die nunmehr unvermeidlich kontingent ist.

Das Schlüsselwort ist Kontingenz, die aber nicht das Fehlen von Kriterien und Festpunkten bedeutet und auch als Freiheit und Offenheit verstanden werden kann. Die Zweiwertigkeit Sein/Nichtsein gründete schließlich die Welt auf Notwendigkeit: Etwas ist, wie es ist, ist real und hängt nicht von uns ab und alles andere (auch die Kontingenz) ist eine unvollkommene und sekundäre Folge dessen.[4] Wenn die Zweiwertigkeit zu einer lokalen Bedingung wird, ist das Grunddatum die Kontingenz, wobei jede Behauptung zum Sein den Alternativen und dem Vergleich mit andersartigen Seinsweisen ausgesetzt wird. Mit

---

4   Hier sehen wir von den theologischen Implikationen dieser Konstruktion ab.

Gotthard Günthers (1975: 63) Worten: „Warum gerade dies? Darauf gibt es keine Antwort. Diese Antwortlosigkeit ist Kontingenz". Denn „dies" kann immer anders sein und die Notwendigkeit eines Datums nicht endgültig festgestellt werden.

Das bedeutet jedoch nicht, dass das Datum nicht real oder weniger real ist, sondern dass Realität und Ontologie nicht mehr einfach auf dem Sein, sondern auf dem Sein in einem Kontext beruhen [5]: Was erklärt werden soll, ist, warum und wie in einer gegebenen Perspektive etwas, was anders sein könnte, nicht verändert werden kann und als Realitätsbezug gilt – nicht weil man sich täuscht oder weil die Mittel nicht angemessen sind, sondern weil unter diesen Bedingungen diese Realität *eine* Realität ist. Dass etwas anders sein kann, bedeutet jedoch keineswegs, dass es beliebig verändert werden kann. Die echte Herausforderung ist, Kontingenz und Nicht-Arbitrarität zu kombinieren, nämlich als eine Welt, in der nichts notwendig ist, die aber trotzdem kaum verändert werden kann [6] und als Objektivität fungiert, eine Welt, die nicht weniger objektiv und nicht weniger real ist, nur weil sie kontingent ist. Neu ist nur, dass man jetzt eine Perspektive hat, die logisch und begrifflich reich genug ist, um diese Welt (in ihrer nicht-arbiträren Kontingenz) zu berücksichtigen. Der Realitätsbegriff dehnt sich aus und schließt bewegliche und nicht eindeutige Objekte ein, die zum einwertigen Sein der klassischen Realität nicht gehören konnten: die Zeit, die Bewegung, die Andersartigkeit der Perspektiven, eben alle Objekte, die existieren und im vollen Sinne real sind, obwohl sie anders sein könnten – zu anderen Zeitpunkten oder unter anderen Gesichtspunkten.

In diesem Sinne können die De-Ontologisierungsvorschläge der letzten Jahre gelesen werden, nimmt man sie entsprechend ernst. Der post-moderne Verzicht auf „grand recits" bedeutet zum Beispiel nicht, dass jede Erzählung jeder anderen gleicht und es keine Kriterien gibt, die das Korrekte vom Nicht-Korrekten diskriminieren, sondern dass es keine Super-Erzählung gibt und auch nicht benötigt wird, um alle anderen zu rechtfertigen und zusammenhalten, und schließlich zu sagen, welche richtig und welche falsch sind, je nachdem, ob sie einer eindeutigen Bezugsrealität entsprechen. Selbst der Konstruktivismus (abgesehen von eventuellen Banalisierungen) negiert die Existenz der Realität nicht, sondern lädt dazu ein, sie auf einen Aufbauprozess zurückzuführen, der sie so und nicht anders produzierte, was aber auch anders hätte ablaufen können. Auf keinen Fall wird bestritten, dass die Realität als Bezug gilt und sich melden soll – in der Form empirischer Prüfung wissenschaftlicher Behauptungen, der

---

5   Günther würde von „Kontextur" reden.
6   Laut Luhmanns (1971: 44) „klassischer" Formel, die als Programm seiner ganzen Theorie genommen werden kann: „Alles könnte anders sein – und fast nichts kann ich ändern".

(möglicherweise „geschlechtlichen") Körperlichkeit kommunizierender Subjekte, des Lokalismus der globalisierten Gesellschaft oder auch (wie wir später ausführlicher sehen werden) des „realen" Bezugs der hoch abstrakten Finanzbewe-
gungen. Nimmt man jedoch eine de- oder post-ontologische Einstellung ein, ändert sich die Rolle dieser Realität – man muss das berücksichtigen können.

4 De-Ontologisierung und Gesellschaftsbezug

Was ist neu an dieser Perspektive, was gegenüber der aktuellen Kritik und Besinnung auf De-Ontologisierung betont und hervorgehoben werden soll? Woran
soll man in Bezug auf die Forschung festhalten?

Klar ist, die De-Ontologisierung ist nur dann nützlich, wenn sie zu einer
überzeugenden und operativen Haltung wird, während sie oft bloß als akademi-
sches Spiel mit geringen praktischen Folgen erscheint. Dazu bräuchte man zuerst ein korrektes Verständnis der Beobachtung zweiter Ordnung.[7] Die Theorie
ist wohlbekannt und in ihrer scheinbaren Einfachheit auch ziemlich verbreitet.
Manchmal wird sie jedoch nur als einfacher Referenzwechsel interpretiert: Statt
Objekte zu beobachten, wie es der Beobachter erster Ordnung tut, geht man dazu über, Beobachter zu beobachten. Man befindet sich dann in einer kontingenten und beweglichen Welt, weil jeder Beobachter seine eigene, andersartige und
oft mit derjenigen anderer Beobachter unvergleichbare Perspektive hat. Dies ist
eine Welt, die aus Beobachtern und nicht aus Objekten besteht, in der alles
flüchtig und veränderlich scheint. Beobachter zu beobachten, bedeutet aber keineswegs aufzuhören, Objekte zu beobachten – und in diesem Sinne ist De-
Ontologisierung weder eine Verwerfung der Realität noch der Ontologie –, sondern dasselbe komplexer zu beobachten. Die Beobachtung erster Ordnung wird
nicht verlassen: Jeder Beobachter zweiter Ordnung ist auch ein Beobachter erster Ordnung mit seiner unbezweifelten Welt von Objekten und mit seinem blinden Fleck.[8] Die beobachteten Beobachter werden außerdem in Bezug auf die
jeweilige Welt beobachtet, die erhalten und berücksichtigt wird. Aber vor allem
sind Beobachtungen – welcher Ordnung auch immer – Operationen, die sich real ereignen und eine eigene Welt schaffen. Diese Welt gilt als Bezug für alle anderen Operationen (Beobachtungen), obwohl sie kontingent ist, das heißt, obwohl sie anders hätte sein können und von anderen Beobachtern anders realisiert

---

7   Standardreferenz ist immer noch Heinz von Foerster (1981).
8   Zum Begriff des blinden Flecks vgl. von Foerster (1981) und Luhmann (1990).

wird.[9] Die Bindungen und „Widerstände" der Welt regulieren und leiten alle
Beobachtungen, die keineswegs indifferent gegenüber der Welt (in der Form
von Fremdbeobachtung) und ihren Bedingungen sind: Die Realität bleibt das
Maß der Beobachtungen, wird aber komplexer und artikulierter. Es handelt sich
um eine Realität, die auch aus Beobachtungen und Beobachter besteht, die kontingent und beweglich, aber nicht beliebig ist.

Die De-Ontologisierung wird aber erst dann wirklich operativ, wenn der
Bezug auf Gesellschaft ins Spiel kommt, der die Mehrheit der Ontologien und
ihre gegenseitigen Verhältnisse organisiert und koordiniert. Solange die Beobachter als einzelne Individuen (oder als psychische Systeme) verstanden werden, hat man es heute nämlich mit mehreren Milliarden Perspektiven und ihren
entsprechenden Ontologien zu tun. Dann wird es recht problematisch, allgemeine Äußerungen zu formulieren, es sei denn, man stützt sich auf sehr zweifelhaf-
te Voraussetzungen, wie anthropologische Konstanten oder Ähnliches. Die
Kontingenz kann in der Tat nicht gesteuert werden. Verfügt man aber über eine
Gesellschaftstheorie und einen Systembezug, kann man die mit verschiedenen
Gesellschaftsstrukturen verbundenen Ontologien und die jeweiligen Logiken,
Möglichkeitsprojektionen und Komplexitätsniveaus erforschen. Die Beobach-
tungsbedingungen können auf die jeweiligen Operationen zurückgeführt werden
und damit auf die Bindungen und den Aufbau der Bezugsrealität. Deshalb kann
man sagen, dass eine echte De-Ontologisierung, welche die Kontingenz und ihre
„Antwortlosigkeit" erkennt, eine Gesellschaftstheorie verlangt. Nur so kann
man sich vom Bezug auf das Subjekt abkoppeln, das Idiosynkrasie und Unbe-
ständigkeit bedeutet und nicht erlaubt, die grundlegende Nicht-Arbitrarität zu
erkennen. Nicht zufällig schließen die verschiedenen de- oder post-
ontologischen Einstellungen (auch wenn sie aus der Philosophie oder aus anderen Disziplinen stammen) immer einen sozialen Bezug ein, etwa in der Form der
Sprache, des „Netzwerks", der Andersartigkeit oder Ähnliches.

Auf Gesellschaft bezogen, gewinnt die Überlegung zur Ontologie jene Per-
spektivenbreite zurück, die sie anfangs in der Antike hatte, als sie mit der „allgemeinen Metaphysik" übereinstimmte und die verschiedensten Bereiche des
Denkens und der Kommunikation einschloss. Im gängigen Verständnis betrifft
Ontologie dagegen vor allem die Wissenschaft mit den epistemologischen Fragen des Verhältnisses von Referent und Realitätsbedingungen. Aber die Realität
der Gesellschaft ist nicht nur die Realität der Wissenschaft und eine Studie der
Ontologie soll auch die Ontologie anderer autonomer, aber interdependenter Bereiche betrachten, wie das Recht, die Kunst, die Erziehung, die Politik oder auch

---

9   Zur Differenz Operation/Beobachtung, also zur Kombination von Autopoiesistheorie und Be-
     obachtungstheorie aufgrund des Konstruktivismus vgl. ausführlicher Esposito (1992).

die Wirtschaft. Diese sind zum Teil ähnlich, weil sie zur selben Gesellschaft gehören, sie sind zum Teil aber auch anders, weil sie auf verschiedene Operationen, wie Zahlungen, Klassenunterricht, Kunstbeobachtung oder Rechtsprechung, verweisen.

Im Bereich der Wissenschaft ist die Ontologiekritik weit verbreitet und hoch entwickelt, aber eine analoge Haltung kann in allen Bereichen der zeitgenössischen Gesellschaft gefunden werden: die Entdeckung einer nicht arbiträren Kontingenz, die Feststellung, dass Referenzen gebaut und befolgt werden, welche auch dann gelten, wenn sie kontingent sind, und auch und gerade dann funktionieren, wenn sie nicht unabhängig sind. Jeder Bereich der Gesellschaft hat gelernt, Referenzen als gültig zu betrachten, obwohl sie nicht absolut sind und nicht für andere Bereiche oder zu anderen Zeiten gelten. Sie reichen trotzdem aus, entsprechende Operationen weder zufällig noch arbiträr zu leiten. Es ist das System, das sich selbst bindet, und nicht die Welt, die ihm Inhalte gibt. Gerade deshalb funktioniert die Bindung in Bezug auf die Lage und auf die spezifischen Probleme des jeweiligen Bereichs: Die Fragen der Politik sind nicht die Fragen des Rechts, noch der Wissenschaft, der Kunst oder der Erziehung – sie verlangen jeweils spezifische Antworten. Der Ausschluss der Beliebigkeit hängt von den inneren Operationen des betreffenden Systems und nicht von einer unabhängigen Referenz ab.

Besonders einsichtig ist der Fall des Rechtssystems, in dem sich der Übergang von einem, seinem Wesen nach „richtigen" und jederzeit und in jeder Situation in gleichem Maße gültigen Naturrecht zum positiven, das heißt per Entscheidung gesetztem und aufgrund eben dieser Entscheidung gültigem Recht bereits vor einigen Jahrhunderten vollzogen hat. Dasselbe geschieht in der Kunst, die längst schon die Nachahmung der äußeren Welt oder idealer Vorbilder – doch macht dies hier keinen großen Unterschied – als Begründung ihrer Adäquatheit und ihrer Kriterien aufgegeben hat. Die Kunst ahmt nicht mehr ewig gültige Vorbilder (*die* Realität) nach, sondern erzeugt eigene Formen, die auf der Grundlage des Spiels und der Koordination der Unterscheidungen überzeugen müssen, die sie selbst erzeugen und wahrnehmbar machen.

Man könnte hier noch unzählige Beispiele anfügen, etwa das der Erziehung, die nicht länger darauf zielt, Inhalte (ebenfalls *die* Realität) zu übermitteln, sondern eher die Absicht verfolgt, das Lernen zu lehren – mit allen Problemen, die sich daraus ergeben. Wir können auch an Familien denken, die inzwischen auf keine objektiven Daten, nämlich die beobachtbare und zum großen Teil unumstrittene „Qualität" der Menschen, sondern auf etwas hoch Kontingentem gründen, auf der Beobachtung der idiosynkratischen und unwiederholbaren Beobachtung jedes Mitglieds durch jedes andere Mitglied. Liebe schließt die Bereitschaft ein, eben diese kontingente und an sich unmotivierte Perspektive als Bezugspunkt zu nehmen. Um die praktische Reichweite der Diskussionen

über Ontologie zu überprüfen, wollen wir uns hier jedoch der Wirtschaft zuwenden, einem Bereich, der von der Forschung zur Ontologie und zu ihren
Formen meist vernachlässigt wird. Die Dynamik der Wirtschaft und besonders
des Finanzwesens lässt uns dagegen überprüfen, ob und wie dieselben Ausrichtungen wirksam sind, ob und wie dabei eine Art De-Ontologisierung stattfindet,
die dazu führt, bei der Erklärung dessen, „was es gibt", zur Beobachtung zweiter
Ordnung überzugehen.

5   Zur „Positivierung "des Finanzwesens?

Um beschreiben zu können, was gerade vor sich geht, muss auch im Fall der
Wirtschaft rekonstruiert werden, wie sich die Operationen selbst binden und zu
nicht willkürlichen Anhaltspunkten kondensieren, die weitere Operationen steuern. Haben wir es mit einer „positiven Wirtschaft" zu tun, so wie wir auch ein
positives Recht haben?[10] Dann aber gilt für die Wirtschaft, was auch für die anderen Bereiche der Gesellschaft gesagt wurde, nämlich, dass es keinen Sinn hat,
weiterhin nach außerhalb ihrer selbst liegenden Anhaltspunkten zu suchen, etwa
nach dem Produktionsstand, nach der Verfügbarkeit von Gütern oder nach anderen „Fundamentaldaten" der Wirtschaft. Eher wird man versuchen müssen, zu
erklären, wie wirtschaftliche Dynamiken jenseits all dessen funktionieren.
Die Frage ist heute besonders aktuell, weil ganz unabhängig von der theoretischen Reflexion in letzter Zeit im Bereich der Wirtschaft und vor allem des Finanzwesens die Probleme der Ontologie sehr dringend geworden sind – insbesondere infolge der Krise, welche die Unangemessenheit der gängigen Modelle
gezeigt hat. Wie erklärt man das Verhältnis von „Papierwirtschaft" und „Realökonomie"? Wie wirken sich Finanzspekulationen auf die konkrete Produktion (und Destruktion) des Reichtums aus? Sind es nun die Finanzmärkte, die auf
die Realökonomie reagieren oder verhält es sich umgekehrt? Sind es die „realen" Erwartungen, welche die Bewegungen des „Papiergeldes" steuern, oder
sind es die Orientierungen der Finanzwelt, die den konkreten Erwartungen ihre
Form verleihen?

---

10   Milton Friedman (1953) hat bereits in den 1950er Jahren von einer „positive economics" ge-
      sprochen, die auf jede realistische Annahme verzichtet und nicht den Zweck hat, adäquate
      Beschreibungen außenstehender Begebenheiten zu liefern, sondern dann adäquat ist, wenn sie
      „funktioniert", d. h. wenn sie Auswirkungen auf die wirtschaftliche Dynamik selbst hat. Wie
      das positive Recht, so ist die positive Wirtschaft Teil des eigenen Gegenstands und funktio-
      niert dann, wenn sie es schafft, Bindungen zu kondensieren, die ihre weiteren Operationen
      steuern.

In den letzten Jahrzehnten haben sich Entwicklungen abgezeichnet, die folgerichtig von der Ablehnung der Trennung zwischen der „wirtschaftlichen" und der Welt in ihrer Gesamtheit ausgehen und den Versuch unternehmen, die Vielzahl der Übereinstimmungen, die sie miteinander verbinden, in den Augenschein zu nehmen.[11] Die De-Ontologisierung impliziert hier die Loslösung von jeglichem Verweis auf eine gegebene äußere Welt, womit auch die noch verbreiteten Diskurse über die Differenz zwischen Investitionen – die in der Realökonomie vorgenommen würden – und Spekulationen – als rein auf die Finanzwelt bezogenen Operationen – gemeint sind. Dabei müsste die Spekulation früher oder später auf die Investition hinauslaufen, ansonsten hätte man es mit einer pathologischen Entwicklung zu tun, mit einer verrückt gewordenen Wirtschaft, mit Glücksspiel und einem vollkommenen Fehlen an Kontrolle. Die Finanzmärkte stellen hingegen eine Finanzwelt vor, die durchaus nicht verrückt spielt und nicht nur auf dem Papier besteht. Sie können aber nicht verstanden werden, solange man weiterhin externe Verweisungen zum Kriterium macht. Und in der Tat herrscht die allgemeine Meinung vor, dass man nichts versteht. Daraus wird dann voreilig geschlossen, dass man auch nichts verstehen könne und dass deswegen wohl etwas falsch laufen müsse. Was ändert sich nun, wenn sich die Form der Ontologie verändert?

Ich werde im Folgenden versuchen, einige Aspekte anzudeuten, die natürlich mit spezifischeren Verweisen auf die Finanzdynamiken vertieft und ergänzt sein sollten. Hier beschränke ich mich darauf, die direkter auf die ontologische Frage bezogenen Punkte zu betrachten – eine Art Andeutung einer „Ontologie des Finanzwesens".

Zuerst sollte man (wie in allen anderen Fällen) radikal zur Beobachtung zweiter Ordnung übergehen und die Folgen daraus ziehen. Die gegenseitige Beobachtung der Beobachter ist gerade im Finanzbereich ein sehr bekanntes Phänomen[12], welches aber meistens als Herkunft der Irrationalität und Unvoraussehbarkeit der Märkte kritisiert wird. Die Beobachtung der Beobachter seitens anderer Beobachter wird gewöhnlich als Quelle von „Marktanomalien" und des tadelnswerten Gruppenverhaltens der Individuen interpretiert. Diese konzentrierten sich nicht auf die akkurate Bewertung der verfügbaren Informationen, sondern lassen sich durch das Verhalten der Anderen in die Irre führen.

11 Vgl. die Studien, die von Granovetter (1985), Abolafia (1998) und Callon (1998) ausgehen und die auf „Performanz" gerichtete Forschung bilden: MacKenzie/Millo (2003), MacKenzie (2006 und 2007), MacKenzie/Mouniesa/Siu (2007) und Callon/Millo/Muniesa (2007).

12 Man denke nur an Keynes (1936: 156) „beauty contest", wo der Bezug der Entscheidungen der Händler weder die Welt noch das ist, was die andere Händler davon denken, sondern das, wovon jeder glaubt, dass es die vorwiegende Meinung sei, also jenes, was man denkt, dass die Anderen denken.

Dadurch werden Zyklen positiven Feedbacks und anderer Formen von auf Nachahmung basierenden Korrelationen in Gang gesetzt, die das vermeintlich „effiziente" Funktionieren der Märkte verhindern. Die Beobachtung der Beobachter wäre dann nur eine Pathologie und eine Störung, die unterschiedlichen Gründen zugeschrieben wird, etwa den kognitiven oder affektiven Schranken der Individuen, dem durch die Intervention der Medien oder Politik erzeugten „Lärm" oder der begrenzten Zirkulation von Informationen sowie der Intransparenz oder weiteren „Unvollkommenheiten" der Märkte.

Verlässt man die „klassische" ontologische Referenz, ist dagegen die Beobachtung zweiter Ordnung die strukturelle Bedingung der modernen Gesellschaft und die Basis der einzig noch verfügbaren Form von Realität. Die Beobachter tun sehr gut daran, sich gegenseitig zu beobachten, weil die Welt keine primäre Gegebenheit ist und zwar auch nicht für die Wirtschaft, sondern erst dann ins Spiel kommt, wenn man beobachtet, was und wie andere Beobachter beobachten. Die Wirklichkeit der modernen Wirtschaft ist eine Wirklichkeit zweiter Ordnung. Die Welt existiert über die Vermittlung der Beobachtung der Anderen, die sich offenbar ihrerseits an anderen Beobachter orientieren. Nur auf dieser Ebene kommen solche Faktoren wieder ins Spiel, wie die Rückbesinnung auf ökonomische Fundamentaldaten, das Wettrennen um Rohstoffe zu Krisenzeiten oder andere Tendenzen, und zwar nicht, weil man sich wieder einer unabhängig bestehenden Realität zukehrt, sondern weil man Markttendenzen beobachtet, weil man beobachtet, wie die Beobachtung der Anderen im Gleichgewicht zwischen Fremdreferenz und Selbstreferenz ausgerichtet ist. Man beobachtet, was die Anderen beobachten, das heißt, die Beobachtung der Außenwelt und nicht die Außenwelt an sich, und in genau diesem Sinne ist Gruppenverhalten durchaus nicht pathologisch, sondern „gesund" und unverzichtbar.

Das bedeutet nicht, dass man nicht auch Fehler begehen kann, wie dies die immer wiederkehrenden Krisen, die Bankrotts oder das Platzen spekulativer Blasen auf dramatische Weise zeigen. Der Fehler besteht aber nicht darin, dass die Bezugswelt aufgegeben wurde, sondern in der Art und Weise der Bewertung und des Umgangs mit den internen Bindungen der Wirtschaft. Auch in der Wissenschaft sind nicht alle Aussagen gleichwertig, doch ist es nicht die Angepasstheit an die Welt, die zwischen annehmbaren und damit wahren und falschen, also unwahren Aussagen entscheidet. Der Forschungsblick muss sich deshalb auf die Art und Weise richten, wie die Wirtschaft sich selbst und die eigenen Operationen bindet, und nicht auf die Entsprechung mit einer vermeintlich gegebenen Welt.

6   Die Zeit der Finanzwirtschaft

Es gibt noch einen weiteren Punkt, an dem die Revision der Ontologie den Problemen und Rätseln der Finanzwirtschaft direkt zu entsprechen scheint: die geheimnisvolle Frage der Zeit. Wie gesehen, kann eine auf eine zweiwertige Logik beruhende Begrifflichkeit die Zeit nicht als spezifisches „Objekt" verstehen, weil sie in der Alternative Sein/Nichtsein nicht angemessen lokalisiert werden kann: Die Zeit gibt es in dem Moment, in dem er verschwindet (Gegenwart), also gibt es die Zeit nicht, oder doch nur in der Form ihrer Abwesenheit (als Vergangenheit oder Zukunft). In Bezug auf eine zweiwertige Unterscheidung kann also nicht verstanden werden, wie diese Abwesenheit in der Gegenwart verwaltet und vorbereitet wird, wie die Zeit, die es nicht gibt, von derjenigen abhängt, die es jeweils gibt, indem Erstere sich auf Letztere ausrichtet. Um das zu tun, braucht man wiederum mächtigere logische Mittel.

Auf den Finanzmärkten wird dieses Problem sehr konkret, weil im Finanzwesen vor allem Zeitverhältnisse behandelt werden, das heißt, es wird Zeit verhandelt: Man kauft und verkauft (künftige) Zeit.[13] Das Geld ist ein „Medium der Vertagung" (Shackle 1990); sein Wert besteht nicht in der direkten Befriedigung von Bedürfnissen – dann gäbe es Tauschhandel –, sondern im Verweis auf eine unbestimmte Unendlichkeit künftiger Bedürfnisse, die man mit Geld befriedigen kann. Auf Finanzmärkten wird diese Leistung des Geldes enorm gesteigert, weil man beim Handel den Aufbau und die Verwaltung der Zukunft bewirkt. Was auf den Finanzmärkten verkauft wird, ist die Möglichkeit, Bindungen über die Zeit zu schaffen, diese miteinander zu kombinieren und dabei Profitgelegenheiten zu gewinnen, die oft auf dem gegenwärtigen Gebrauch der Zukunft beruhen – auch und gerade, wenn die Zukunft unbekannt bleibt.

Die berüchtigten Derivate (Futures, Optionen, Swaps und ähnliche Mittel) sind zum Kern (und zum geheimnisvolleren Aspekt) der Dynamik der Finanzmärkte geworden, gerade deshalb, weil sie Eigenschaften haben, die erlauben, sich von den konkreten Weltgegebenheiten und von der Bezugsgegenwart zu befreien und sich direkt auf die Zeit und ihre Verwaltung zu beziehen. Es sind immer Verträge, die sich mit breiteren oder niedrigeren Freiheitsgraden auf die Zukunft beziehen. Bei den Futures handelt es sich zum Beispiel um Abkommen zwischen zwei Parteien, um etwas zu einem künftigen Datum zu einem gegebenen Preis zu kaufen oder zu verkaufen; der Preis wird schon in der Gegenwart festgestellt und ist meistens anders als der aktuelle Marktpreis (*Spot Price*) des

---

13   Die primäre Rolle der Zeit in der wirtschaftlichen Kommunikation, die schon Keynes und weitere Autoren, wie Hicks, Shackle, Robinson, und andere betont haben, wird im Derivatemarkt deutlich und absolut unabdingbar. Vgl. spezifischer dazu Esposito (2010).

betreffenden Gutes oder der Leistung und auch anders als der künftige Preis. Mit Optionen dagegen gewinnt der Halter das Recht, aber nicht die Pflicht, die im Vertrag vorgesehene Handlung zu vollziehen: Er kann in der Zukunft entscheiden, ob er kaufen/verkaufen will oder nicht, das heißt, ob er die Option ausüben oder darauf verzichten will. Wer eine Option kauft, kauft damit die Möglichkeit, künftig eine Entscheidung zu treffen. Er legt aber noch nicht fest, wie er entscheiden wird: Er beeinflusst die Zukunft, bindet aber das eigene Verhalten nicht.

Mit diesen Mitteln produzieren die Finanzmärkte die Zukunft mit denselben Operationen, die sie zu antizipieren versuchen – indem sie Derivate verkaufen, welche in der Gegenwart die Zukunft binden, und dann sehen, was der Fall ist, wenn die Zukunft kommt. Denn die Zukunft ereignet sich normalerweise anders als vorgesehen, auch weil sie auf Erwartungen reagiert. Das aber wissen die Händler normalerweise und planen es mit ein. Wer eine Option kauft, generiert eine Bindung, die den Lauf der Zeit beeinflusst und dazu beiträgt, die künftige Realität zu schaffen. Wenn aber diese Zukunft gegenwärtig wird, kann der Käufer immer noch anders entscheiden. Die Zukunft ist gebunden und offen zugleich und die Märkte handeln gerade mit diesen Bindungen und mit ihren Umwandlungen: Sie handeln nämlich mit dem Risiko und mit seiner Verwaltung.

In Bezug auf Ontologie haben wir hier offensichtlich mit etwas Neuem zu tun: Die konkret auf dem Markt verhandelten Objekte beziehen sich in der Gegenwart auf etwas, was es noch nicht gibt, das aber trotzdem eine unbezweifelte ontologische Festigkeit hat. Es schafft Reichtum, kann zirkulieren und hat sehr genaue Folgen auf das, was es in der Zukunft geben oder nicht geben wird. Dies geschieht nicht in dem Sinne, dass die Zukunft antizipiert wird, die dann nicht mehr künftig wäre, sondern indem, dass Bedingungen geschaffen werden, welche die Zukunft auf ihre Weise und in ihren Formen später berücksichtigen muss. Deshalb handelt es sich nicht um eine bloße Erweiterung der Ontologie, die auch die künftigen Objekte einschlösse, die jedoch immer noch nicht existierten. Sie brauchen aber auch nicht da zu sein, um als kontingente und unbestimmte Objekte in der Ontologie der Finanzwirtschaft vorhanden zu sein. Die Finanzwirtschaft bezieht sich in der Tat nicht auf Güter oder andere, bestimmte Entitäten, sondern auf neue Variablen, wie die Volatilität, die zum Schlüsselfaktor der Verhandlungen wird und faktisch für Zeitverhältnisse steht.

Berücksichtigt man diese „Objekte" und ihre Eigenschaften nicht, erscheint die Bewegung der Finanz absolut irrational und schließlich unverständlich, wie eine Art Glückspiel, unvermeidlich dem Zufall ausgesetzt.[14] Das Fi-

---

14   Eine sehr verbreitete These: vgl. zum Beispiel Strange (1986 und 1998) und Taleb (2001), welche gerade die Rolle des Zufalls betonen.

nanzwesen folgt aber einer eigenen Rationalität, welche die Rationalität des Risikos ist, welche der geläufigen Logik des rationalen Kalküls widerspricht. In risikoreichen Situationen (und auf Finanzmärkten hat man es nur mit solchen zu tun, man sucht sie und stellt sie aktiv her) ist es nicht rational, sich rational zu verhalten. Eher muss man sich solche Situationen zunutze machen, um davon abzuweichen und daraus Gewinnchancen zu erzielen: Eine riskante Strategie ist dann richtig, „wenn die Strategie des anderen falsch ist, und falsch, wenn die Strategie des anderen richtig ist" (Luhmann 1988: 120). Die Risikorationalität erfordert die Fähigkeit, sich auf die Zukunft und auf die Anderen zu beziehen, also auf kontingente und mehrdeutige „Objekte", die nicht ein für allemal beobachtet werden können: man weiß nämlich weder, was die Anderen denken, noch, was die Zukunft bringen mag. Man muss aber in der Lage sein, es zu berücksichtigen.

Noch einmal ist eine komplexere Ontologie nötig, was keineswegs die Verwerfung der Realität bedeutet: Ein Finanzhändler muss sehr genau wissen, auf welche Objekte er sich bezieht und welche Bindungen sie einführen, obwohl diese Objekte nicht im eindeutigen Sinne der zweiwertigen Ontologie da sind. Die Aufgabe einer Ontologieforschung ist heute, diese Verflechtung von sehr konkreten, sich gegenseitig beeinflussenden Realitäten zu untersuchen und nicht, sich in der Abstraktion zu verlieren oder etwa bloß zu behaupten, dass ein Realitätsbezug nötig sei – denn den hat in der Tat auch niemand bestritten.

Literatur

Abolafia, Mitcher Y. (1998): Markets as cultures: an ethnographic approach. In: Callon, M. (ed.), The Laws of the Market, Oxford: Blackwell: S.1-57.

Callon, Michel (ed.) (1998): The Laws of the Market, Oxford: Blackwell.

Callon, Michel / Millo, Yuval / Muniesa, Fabian (eds.) (2007): Market Devices, Oxford: Blackwell.

Esposito, Elena (1992): L'operazione di osservazione. Costruttivismo e teoria dei sistemi sociali, Milano: Angeli.

Esposito, Elena (2010): Die Zukunft der futures. Die Zeit des Geldes im Finanzwesen und in der Gesellschaft, Heidelberg: Carl Auer.

Ferrarsi, Maurizio (2009): Documentalità. Perché è necessario lasciar tracce, Roma, Bari: Laterza.

Foerster, Heinz von (1973): On Constructing a Reality. In: Preiser, W.F.E. (ed.), Environmental Design Research, Vol. 2, Stroudsburg: Dodwen, Hutchinson & Ross: S.35-46.

Foerster, Heinz von (1981): Observing Systems, Seaside (Cal.): Intersystems Publications.

Foerster, Heinz von (1993): Wissen und Gewissen. Frankfurt am Main: Suhrkamp Taschenbuch Verlag.

Friedman, Milton (1953): The Methodology of Positive Economics. In: Ders., Essays in Positive Economics, University of Chicago Press, S.3-43.

Granovetter, Mark (1985): Economic Action and Social Structure: The Problem of Embeddedness. In: American Journal of Sociology, 9:13, S.481-510

Günther, Gotthard (1959 [1978[2]]): Idee und Grundriß einer nicht-Aristotelischen Logik, Hamburg: Meiner.

Günther, Gotthard (1975): Selbstdarstellung im Spiegel Amerikas. In: Pongratz, Ludwig J. (Hrsg.), Philosophie in Selbstdarstellungen, Hamburg: Meiner: S.1-76.

Günther, Gotthard (1976-1979-1980): Beiträge zur Grundlegung einer operationsfähigen Dialektik, 3 Bände, Hamburg: Meiner.

MacKenzie, Donald (2006): An Engine, Not a Camera. How Financial Models Shape Markets, Cambridge (Mass.): The MIT Press.

MacKenzie, Donald (2007): The material production of virtuality: innovation, cultural geography and facticity in derivative markets. In: Economy and Society, 36:3, S.355-376.

MacKenzie, Donald / Millo, Yuval (2003): Constructing a Market, Performing Theory: The Historical Sociology of a Financial Derivatives Exchange. In: American Journal of Sociology, 109:1, S.107-145.

MacKenzie, Donald / Muniesa, Fabian / Siu, Lucia (2007) (eds.): Do Economists make Markets? Princeton: Princeton U.P.

Keynes, John Maynard (1936): The General Theory of Employment, Interest and Money, London: Macmillan.

Krämer, Sybille (2008): Medium, Bote, Übertragung: Kleine Metaphysik der Medialität, Frankfurt a.M.: Suhrkamp.

Luhmann, Niklas (1971): Politische Planung, Opladen: Westdeutscher Verlag.

Luhmann, Niklas (1988): Die Wirtschaft der Gesellschaft, Frankfurt a.M.: Suhrkamp.

Luhmann, Niklas (1990): Die Wissenschaft der Gesellschaft, Frankfurt a.M.: Suhrkamp.

Luhmann, Niklas (1997): Die Gesellschaft der Gesellschaft, Frankfurt a.M.: Suhrkamp.

Quine, Willard van Orman (1952): On What There Is. In: Leonard Linsky (ed.), Semantics and the Philosophy of Language, Urbana: University of Illinois Press: S.189-206

Shackle, George Lennox Sherman (1990): Time, Expectations and Uncertainty in Economics, edited by James Lorne Ford, Aldershot (England): Edward Elgar.

Strange, Susan (1986): Casino Capitalism, Oxford: Basil Blackwell.

Strange, Susan (1998): Mad Money, Manchester: Manchester U.P.

Taleb, Nassim Nicholas (2001): Fooled by Randomness. The Hidden Role of Chance in the Markets and in Life, New York, London: Texere LLC.

Versicherung statt Verantwortung
Das Problem der Vorsorge in der modernen Gesellschaft

Alberto Cevolini

1 Einleitung

Wenn die Wissenschaft reflexiv operiert und die Möglichkeitsbedingungen der wissenschaftlichen Forschung erforscht, zielt sie dann überhaupt auf eine Rationalisierung des erkennenden Prozesses? Das Erledigen dieser Aufgabe ist in der Neuzeit als Epistemologie oder als Erkenntnistheorie etikettiert worden. Es scheint trotzdem, dass die Wissenschaft sich selbst nur widerstrebend rationalisieren lässt, obgleich man mit Überlegungen über die Grundlagen des Erkennens nie aufgehört hat. Versuchte man, sich eine umfangreiche Übersicht über die abendländische Wissenschaft von diesem Standpunkt aus zu verschaffen, könnte man sich auf nur zwei theoretische Formen beschränken: Metaphysik und Systemtheorie. Beide erheben Ansprüche auf Universalität und beide streben danach, ihre entsprechenden Möglichkeitsbedingungen mit zu berücksichtigen. Von der Erkenntnistheorie aus gesehen, stimmen der Realismus einerseits und der Konstruktivismus andererseits mit diesen zwei Formen überein. Sie unterscheiden sich voneinander im Wesentlichen durch die Art und Weise, wie die operative Beziehung zwischen dem Erkennenden und dem Erkannten begriffen wird.

Dem Konstruktivismus liegt die Annahme zugrunde, dass alle erkennenden Systeme (Organismen, Bewusstsein, Gesellschaften) operativ geschlossen sind und keinen unmittelbaren Kontakt mit der Umwelt haben können. Würden sie übrigens in die Umwelt durchgreifen, könnten sie einfach auf das Erkennen selbst verzichten, oder anders gesagt: Erkenntnis ist eben deshalb möglich, weil die Umwelt kognitiv unzugänglich ist und bleibt (Luhmann 2005a: 39). In Bezug auf soziale Systeme heißt das, dass sie zustande kommen, nicht obwohl, sondern weil psychische Systeme miteinander nicht kommunizieren können.

Solche Aufhebung der operativen Schließung psychischer Systeme bringt keine Umwandlung von Undurchsichtigkeit in Durchsichtigkeit mit sich. Man ersetzt vielmehr eine eigenartige Undurchsichtigkeit (die des Bewusstseins) durch die Teilnahme und Reproduktion einer andersartigen Undurchsichtigkeit (die der Kommunikation).

Das hat damit zu tun, dass die Umwelt in keiner Weise zur Reproduktion der systemeigenen Operationen beiträgt, während das System seine Grenze operativ nicht überschreiten kann, um sich mit der entsprechenden Umwelt in Verbindung zu setzen. Wenn man zum Beispiel feststellen würde, dass die Natur ihre Empörung über die menschliche Umweltverschmutzung nie zum Ausdruck gebracht hat, verstünde man sofort, dass die ökologische Frage eine soziale Konstruktion ist; aus ähnlichen Gründen muss der Körper bestimmte Reize – wie etwa Schmerzen – ausüben, um die Aufmerksamkeit des Bewusstseins auf sich zu lenken.

Die Realität an sich bleibt das ausgeschlossene Dritte aller Unterscheidungen, die das System zieht, um die Welt zu beobachten, nämlich der blinde Fleck der erkennenden Operation.[1] Jede Unterscheidung ist ihrerseits eine von einem System-in-einer-Umwelt getroffene Unterscheidung. Sie kann sich auf keine realen Übereinstimmungen in der Außenwelt des betroffenen Systems stützen. Die Unterscheidung nass/trocken etwa ist weder nass noch trocken, sie dient dem System lediglich dazu, sich in der Welt zurechtzufinden und eigene Operationen beziehungsweise Entscheidungen zu reproduzieren. Für einen Autofahrer macht der Unterschied nass/trocken sehr wohl einen Unterschied, das heißt, dieser hat für ihn einen bestimmten Informationswert. Denn auf der kognitiven Ebene seiner Operationen begegnet das System der Realität nicht in der Form der Korrespondenz oder der Repräsentation. Vielmehr reagiert das System in der Form der Irritation, ausgehend von der Differenz zwischen seinen inneren Zuständen und den äußeren Störungen. Die rekursive Verarbeitung solcher Irritationen innerhalb des Systems trägt dazu bei, dieselbe Unterscheidung System/Umwelt zu bewahren, mit der das System umgeht, wenn sie ins System wiedereingeführt wird. Das erfordert eine entsprechende systemische Komplexität – aber darauf kommen wir später zurück.

Ist die Grundvoraussetzung der operativen Geschlossenheit radikal aufgegriffen, kommt die Aporie des Realismus, der den Anspruch erhebt, eine beobachtungsunabhängige Realität zu beschreiben, sofort an den Tag. Die Aporie besteht nach wie vor darin, von der Unterscheidung Realität/Erkenntnis auszugehen, indem die unbeantwortete Frage in den Hintergrund rückt, wer der Be-

---

1   „Die Realität ist das, was man nicht erkennt, wenn man sie erkennt" (Luhmann 2005a: 47).

obachter der Realität eigentlich ist, die der Erkenntnis gegenübergestellt sein sollte, um die Wahrhaftigkeit des Erkennens nachzuweisen. Die Aporie löst sich nur dann, wenn die Unterscheidung Realität/Erkenntnis durch die Handhabung der Differenz von Selbst- und Fremdreferenz ersetzt wird (vgl. Cevolini 2007). Diese Differenz stellt jene operationale Doppelseitigkeit beobachtender Systeme dar, die es ihnen ermöglicht, unterschiedliche Formen der Selbstreferentialität anzunehmen, je nachdem, wie hoch die Komplexität der reproduzierten Operationen ist.

Die Fremdreferenz ist auf jeden Fall stets innerhalb des Systems zu finden und erweist sich als die einzige Wirklichkeit, mit der sich das System in der Tat auseinandersetzt[2] – eben in diesem Sinne ist Wirklichkeit eine Konstruktion. Geht man von der scheinbaren Paradoxie einer systeminternen externen Realität aus, betrifft die erkenntnistheoretische Grundfrage nicht mehr, *was* die bekannte Realität eigentlich ist, sondern *wie* das Erkennen des Realen überhaupt möglich ist. Ein solches Programm führt bekanntlich zu reflexiven (aus Sicht Kants „transzendentalen") Erkenntnistheorien, wobei die Ontologie als Phänomenologie praktiziert werden kann.[3] Das Entweder/Oder besteht also in der Entscheidung, ob die beobachtete Realität oder der Beobachter der Realität eingeklammert werden müssen und welchen Gewinn an Komplexität im Hinblick auf die wissenschaftliche Forschung ein solches Erkenntnisverfahren hervorbringt. Wir stellen zunächst fest, dass der Vorrang der Wie-Fragen vor den Was-Fragen eine Steigerung der Komplexität einschließt, die dieselbe Gesellschaft den sozialen Systemen zur Verfügung stellt, um sich selbst beobachten zu können.

2

Das Forschungsprogramm des Konstruktivismus lautet: Beobachtungstheorie der beobachtenden Systeme – was von Anfang an einen autologischen Ansatz voraussetzt, aufgrund dessen die Beschreibung des Systems sich als eine Operation des beschriebenen Systems erweist, denn die Beschreibung des Systems ist eine Selbstbeschreibung. Die Umwelt fungiert ihrerseits als Negativkorrelat der Unterscheidung System/Umwelt: Damit ein System zustande kommt, ist die mitlaufende Anwesenheit einer entsprechenden Umwelt erforderlich, doch die

---

2   Die Physik hat das seit Langem festgestellt: „Die Quantentheorie setzt sich ausschließlich mit beobachtbaren Phänomenen (mit der beobachteten Lage des Zeigers), nicht mit irgendeinem physischen realen Zustand (mit der realen Lage des Elektrons) auseinander" (D'Espagnat 1980: 52 dt. Übers. A. C.).

3   So Luhmann (1997: 93) aufgrund der Unterscheidung Beobachtung erster/zweiter Ordnung.

Umwelt bleibt unausweichlich auf der Außenseite der Unterscheidung, deren Innenseite das System ist.

Die Theorie der sich selbst rekursiv reproduzierenden Systeme hat bereits nachgewiesen, dass solche Systeme den Mangel an einem operativen Kontakt mit der externen Umwelt durch interne Einrichtungen kompensieren können, die das System in die Lage versetzen, sich von der jeweiligen Umgebung zu distanzieren und eine eigene Selbstständigkeit zu gewinnen. Das System koppelt sich, anders gesagt, von seiner Umwelt ab, je nachdem, wie es auf Redundanzen (Eigenwerte) zurückgreifen und auf diese Weise Schlussfolgerungen ziehen kann, die im Hinblick auf die Fortsetzung der systemeigenen Operationen berechnet werden.[4] Wir möchten die These vertreten, dass die Soziologie die moderne Gesellschaft in angemessener Weise aufklären könnte, wenn sie ihre Aufmerksamkeit auf die Zeitdimension solcher Abkopplungsvorgänge von System und Umwelt richten würde.

Geht man davon aus, dass Kommunikation die entscheidende Operation sozialer Systeme ist, stellt man fest, dass jedes kommunikative Ereignis nicht nur im Laufe der Zeit vorkommt. Es stattet das soziale System darüber hinaus auch mit einer aus Erinnerungen beziehungsweise Erwartungen bestehenden Eigenzeit aus. Das hat zur Folge, dass sich das System bei der Reproduktion weiterer gleichartiger Operationen mit einer dafür unentbehrlichen inneren Komplexität auseinanderzusetzen hat. Das System kombiniert interne und externe Zeitbindungen beziehungsweise -einschränkungen miteinander und hält sie zugleich voneinander getrennt. Solche zeitliche Abkopplung von System und Umwelt bringt einen wichtigen Effekt hervor, den man kurz als „Zeitgewinnung" beschreiben kann. Einerseits kann das System Ereignisse antizipieren beziehungsweise diesen zuvorkommen, indem es zum Beispiel die Chance des Verstehens oder der Annahme der Kommunikation im Laufe desselben Kommunikationsprozesses kontrolliert; andererseits kann das System Reaktionen verzögern oder verschieben, indem es die Zwischenzeit ausnutzt, um Entscheidungen zu treffen (Luhmann 1997: 84).

Nach George H. Mead zeichnet sich ein „intelligentes" Verhalten eben durch die Fähigkeit aus, Reaktionen zu verzögern und infolgedessen die zeitliche Augenblicklichkeit des Schemas Reiz/Reaktion zu überwinden.[5] Der Redende antizipiert die Reaktionen des Zuhörers, indem er laufend die von sinnhaften Gesten beziehungsweise Symbolen hervorgebrachten Wirkungen auf sich selbst hin kontrolliert. Dies setzt die Fähigkeit des Systems voraus, selbstrefe-

---

4   Diesen Grundvoraussetzungen liegen die berühmten erkenntnistheoretischen Forschungsarbeiten von Heinz von Foerster (1984) zugrunde.

5   Siehe dazu Mead (1966: insb. 119 und 135 ff.).

rentiell zu operieren. Die Außenwelt bleibt in der Tat unzugänglich, denn das System kontrolliert sich und seine Reaktionsweise auf Umweltstörungen, aber nicht die Umwelt. Da jede ereignisförmige Tatsache jedoch nur einmal vorkommt, könnte das System unter verschiedenen Umständen anwendbare Schemen nicht kondensieren, wenn es nicht auch abstrahieren würde. Die Reflexivität ist eben aus diesem Grund durch Symbole vollzogen, deren wesentliche Leistung darin besteht, bestimmte Umstände und dafür geeignete Reaktionen sowohl auf der Zeit- als auch auf der Sozialebene zu generalisieren.

Eine Generalisierung dieser Art ist das Warnsignal: Das Heulen der Sirene warnt vor einer drohenden Gefahr und projiziert infolgedessen eine Differenz in die Zukunft, von der ausgehend, die aktuelle Gegenwart sich als Möglichkeitsspielraum (als operationalisierende Kontingenz) eröffnet. Das Treffen einer Entscheidung im Bereich der zur Verfügung stehenden Alternativen erweist sich in diesem Fall als ein Synchronisationsproblem: Es geht grundsätzlich darum, Ereignisse in Vergangenheit und Zukunft miteinander zu koordinieren, um eine zu dem erreichbaren Ziel passende Handlungsabfolge aufgrund des Schemas Vorher/Nachher zu bilden. Man erreicht zuvor das Feuerlöschgerät und man löscht dann das Feuer – nicht umgekehrt. Die vom Warnzeichen selbst in die Zukunft hineinprojizierte Gegenfolge wäre das Niederbrennen des Gebäudes – und wie jeder Unterschied besitzt auch die Differenz Niederbrennen/Nichtniederbrennen für den betroffenen Beobachter einen bestimmten Informationswert.

Die Zeitspanne zwischen der Alarmierung und dem Geschehen der gefürchteten Gefahr muss außerdem weder zu weit noch zu kurz sein: Im ersten Fall hätte man nicht einmal die Zeit, um in entsprechender Weise zu reagieren, im zweiten Fall würde sich die Aufmerksamkeit – eine knappe Ressource jedes sozialen Systems – des Betroffenen mit der Folge ablenken, dass der Alarm umsonst geschlagen worden wäre (vgl. Clausen/Dombrowsky 1984). Das gilt sowohl im Falle von Nahsynchronisationen, bei denen man sich vor allem der Wahrnehmung bedient, als auch im Falle von Fernsynchronisationen, wie beispielsweise im Vollzug von Entscheidungsbetrieben innerhalb der formalen Organisationen oder des funktional differenzierten Teilsystems der Politik.[6] Das Inbetriebsetzen erfolgreicher Vorsorgestrategien ist nur aufgrund von Synchronisationen solcher Art möglich.

Wenn aus einer konstruktivistischen Perspektive von Vorsorge die Rede ist, dann ist damit immer die Fähigkeit sozialer Systeme gemeint, unsicher erwartete Ereignisse mit sicheren Erwartungen zu kompensieren. Ausgangspunkt des Phänomens ist nach wie vor das Komplexitätsgefälle zwischen System und

---

6   Die Unterscheidung stammt aus Luhmann (2005c: 109 ff.).

Umwelt. Greift man die Umwelt als Information auf, dann wird das Gefälle als Unsicherheit oder Angst vom System erlebt. Die operative Schließung ermöglicht dem System eigentlich nicht, solche Unsicherheit durch die unmittelbare Kontrolle der Umwelt zu bewältigen, vor allem dann, wenn die Umwelt zeitlich als unbekannte Zukunft begriffen wird; dennoch versetzt die Rekursivität der Operationen das System in die Lage, den Mangel an Kontrolle in eine selbst erzeugte Unsicherheit umzuwandeln, mit der sich das System in vielfältiger Weise auseinandersetzen kann.

Die moderne Gesellschaft zeichnet sich dadurch aus, dass sie mit zahlreichen Antizipationsformen dieser Art in einer im Vergleich mit früheren Gesellschaften unüblichen Weise experimentiert. Das ist unter anderem der zunehmenden Reflexivierung der zeitlichen Strukturen der Gesellschaft zwischen dem 17. und dem 18. Jahrhundert zu verdanken: Die Unterscheidung Vergangenheit/Zukunft tritt in die Zeit mit der Folge wieder ein, dass Gegenwarten in die Vergangenheit beziehungsweise in die Zukunft projiziert werden können, je mit einem entsprechenden Vergangenheits- und Zukunftshorizont ausgestattet (vgl. Luhmann 1991: 48 ff.; 2005b: 148). Es handelt sich, anders gesagt, darum, dass man Erwartungen erinnern oder Erinnerungen erwarten kann, wobei die daraus folgenden Differenzen (die aktuelle Gegenwart stimmt mit der Zukunft nicht überein, die ich mir in der vergangenen Gegenwart vorgestellt hatte) als Informationen benutzt werden können. Es geht nicht lediglich darum, sich selbst korrigierende Prognosemodelle zu schaffen.[7] Das System antizipiert, wie wir gesehen haben, nicht die Realität an sich, sondern vielmehr sich selbst und seine Reaktionen auf die Umweltstörungen. Eben dazu dienen typisch moderne Organisationen, wie zum Beispiel die Rettungsdienstorganisationen, die darauf zielen, nicht das Unvorhersehbare, sondern die Unvorhersehbarkeit bestimmter Ereignisse vorauszusehen, indem man zur Bewältigung der entsprechenden Probleme geeignete Strukturen einrichtet.

Ein solcher Vorgang muss selbstverständlich mit einigen Paradoxien rechnen: Ist der Alarm (die Prognose) erfolgreich, dann vernichtet er auch die Gefahr (das Prognostizierte), vor der man gewarnt hatte. Das hat zur Folge, dass sich der Alarm als unfundiert erweist, wie im Fall terroristischer Anschläge: Man ergreift größere Sicherheitsmaßnahmen, die Gesellschaft wird alarmiert und Terroristen ziehen es schließlich vor, vom Versuch abzulassen (Clausen/Dombrowsky 1984: 302). Das ist in einem bestimmten Sinne das Gegenteil dessen, was im Laufe der sich selbst erfüllenden Prophezeiung stattfindet, wegen derer eben das Warnen vorm Eintreten des Prophezeiten zu seiner Verwirk-

---

7   So begreift Rosen (1985: 7 ff. und 339 ff.) ein „anticipatory system".

lichung führt. Dass all dies mit einer zunehmenden Neigung der Gesellschaft, mit Risiken und Gefahren umzugehen, viel zu tun hat, leuchtet ein. Davon ausgehend, kann man jedoch weiter feststellen, dass die gesellschaftliche Bevorzugung, Risiken anstatt Gefahren einzugehen, zur Reflexivierung der Differenz und zu der folgenden Generalisierung von Risiken beiträgt. Das besagt nicht zuletzt, dass auch die Vorsorge riskant ist.

3

Jede Vorsorge hat mit dem Risiko die Sorge um die Zukunft gemeinsam. Einerseits versucht man, die Wahrscheinlichkeit des Eintretens des Schadenfalls zu verringern, andererseits versucht man, die Höhe des Schadens selbst einzuschränken. Das gilt sowohl in Hinsicht auf Gefahren, indem man zum Beispiel Geld erspart, als auch in Hinsicht auf Risiken, indem man zum Beispiel einen Versicherungsvertrag abschließt. Im zweiten Fall löst die Reflexivität des Risikos unerwartete gegenteilige Wirkungen aus: Man ist vorsichtig und schließt deshalb einen Versicherungsvertrag ab. Dadurch aber verringert sich die Vorsichtigkeit des Betroffenen, anstatt sich zu erhöhen, weil die Erwartung, dass die Versicherung all die Schadenskosten decken wird, den Versicherten veranlasst, leichtsinnigerweise Risiken einzugehen. Es handelt sich dabei um das bekannte Problem des moral hazard. Oder aber man ergreift Sicherheitsmaßnahmen, die dazu dienen, die Verantwortung von Entscheidern, von denen die Bewältigung der Risiken und die Behandlung ihrer Folgen abhängen, für das Eintreten des Schadenfalles abzuschwächen oder sogar aufzulösen. Solche auf Vorsorge angewiesenen Verteilungs- oder Auffangstrategien ermöglichen es dem Entscheider zu behaupten, vorher alles Mögliches getan zu haben, um das Risiko zu vermeiden.[8]

Die Vorsorge ist auf jeden Fall ein Risiko in dem Maße, wie sich die Entscheidung, sie zu treffen, einschließlich der Nebenkosten der Warn- und Vorsorgeinvestitionen als überflüssig erweist. Dabei kann der Entscheider seine Entscheidung bereuen, denn er hat umsonst bezahlt. Von dieser Möglichkeit gingen die italienischen Kauf- und Seehandelsleute bereits im Spätmittelalter bewusst aus. Jedes Mal, bevor die Ware, aufs Schiff geladen, den Hafen verließ, mussten die Händler entscheiden, ob sie sich versichern lassen wollten oder nicht. Im Zweifelsfall konnte eine Versicherung nachträglich abgeschlossen werden, wenn das Unternehmen bereits gestartet war. Damit war das neue Risi-

---

8   Luhmann (1991: 39) spricht auch von „Alibirisiko". Vgl. außerdem Luhmann (2005b: insb. 149).

ko verbunden, dass sich der Versicherungsvertrag in eine Wette um die Wahrhaftigkeit der vorher verbreiteten Nachrichten über einen bereits eingetretenen
Schiffbruch wandelte.

Wie jede Entscheidung schließt aber auch das Nichttreffen der Vorsorge
ein Risiko ein. Zwar ist die Vorsorge in jedem Fall riskant, doch wer sie nicht
treffen will, muss mit der Zurechnung von Leichtsinnigkeit oder, wie man heute
in der Öffentlichkeit lieber sagt, von „Unverantwortlichkeit" rechnen, was wiederum auf der Ebene der Politik bestimmte Kosten mit sich bringt. Die gegenwärtige Gesellschaft reagiert auf das Problem der antizipierenden Vorsorge in
zweifacher Weise: Einerseits behauptet man mit stets größer werdender Angst,
die Gesellschaft hinge von ihren Entscheidungen über die Zukunft ab; andererseits stellt man fest, dass die Gesellschaft eher auf die Zukunft ihrer Entscheidungen angewiesen ist. Daraus folgen zwei entsprechende Paradigmen: Das auf
ausdrücklich ontologische Voraussetzungen gegründete Paradigma der *Verantwortung* und das auf einen konstruktivistischen Ansatz beruhende Paradigma
der *Versicherung*. Die soziologische Forschung sollte nachweisen können, dass
das zweite Paradigma als funktionales Korrelat der Umgestaltung der primären
Differenzierungsform der modernen Gesellschaft hervorgegangen ist und sich
als eine, wenn man so sagen darf, symbolhafte Institution der Neuzeit durchge-
setzt hat.

Verantwortung stellt eine Art Vorsorge dar, die dadurch gekennzeichnet
ist, dass sich der Beobachter mit der gegenwärtigen Zukunft auseinandersetzt.
Die von Hans Jonas vertretene These ist bekannt: Während die herkömmliche
Ethik sich auf den Nahbereich des Umgangs mit Zeitgenossen beschränkt, woraus die Maxime der Nächstenliebe folgt, sollte die moderne Ethik die Zukunft
einschließen und infolgedessen die Maxime der Fernliebe praktisch aktualisie-
ren, indem man sowohl die noch nicht Geborenen als auch die nicht-
menschliche Natur berücksichtigt (Jonas 1984: 23 ff.). Die kumulativen Wirkungen neuer Technologien bringen dennoch eine Zukunft hervor, die ganz anders als die aktuelle Gegenwart sein könnte. So geraten das Da- und das Sosein
zukünftiger Generationen in Gefahr. Deren Recht auf eine echte Existenz
stimmt mit der Pflicht gegenwärtiger Generationen überein, die als Urheber
fungieren und die Verantwortung dafür übernehmen. Daraus folgt der berühmte
ethische Imperativ: „Handle so, dass die Wirkungen deiner Handlung verträg-
lich sind mit der Permanenz echten menschlichen Lebens auf Erden" – oder
aber: „Schließe in deine gegenwärtige Wahl die zukünftige Integrität des Menschen als Mit-Gegenstand deines Wollens ein" (Jonas 1984: 36).

Da aber mit dem Wissen auch das Nichtwissen und das Unwissen zugleich zunehmen, während die Zukunft unbekannt bleibt, muss man „Denkexperimente" vollziehen und sich miteinander vergleichbare wahrscheinliche Zukunftsaussichten vorstellen – Jonas redet auch von einer „imaginativen Kasuistik".[9] Es geht mit anderen Worten darum, aufgrund von hypothetischen Vorhersagen eine „vergleichende Futurologie" zu bearbeiten, in der die übrig bleibende Unsicherheit vom ethischen Kriterium des Vorrangs der schlechten vor der guten Prognose absorbiert werden muss, wobei der Unheilprognose mehr Gehör als der Heilsprophezeiung geschenkt wird. Daraus geht jene „Heuristik der Furcht" hervor, durch welche die ganze Moral der Verantwortung gekennzeichnet ist. Diese ist in den letzten zwanzig Jahren innerhalb der juristischen Auseinandersetzung über das Vorsorgeprinzip im Bereich des Versicherungsrechts wieder verstärkt berücksichtigt worden.[10]

Im Gegensatz zur Verantwortung gründet das Versicherungswesen jedoch auf der Abhängigkeit der sozialen Systeme von der Zukunft ihrer Entscheidungen. Hier entfaltet sich eine Alternative, die das System zum Oszillieren drängt und eine entsprechende Paradoxie erzeugt. Wenn das System auf die von den eigenen Entscheidungen verursachte Zukunft angewiesen ist, während die Entscheidungen ihrerseits von der Zukunft des Systems abhängen, wie trifft das System dann für eine Entscheidung? Die Prognose löscht das Problem nicht aus, weil sie nicht mit dem rechnen kann, was erst nach der Entscheidung als gewünschte beziehungsweise ungewünschte Auswirkungen, als Folgen oder Nebenfolgen eintritt. Das System operiert nämlich immer nur in der Gegenwart: Kein System kann sich in der Vergangenheit verspäten oder in der Zukunft beeilen. Jedes Verschieben und Antizipieren sowie jedes Erinnern und Vergessen kommen in der jeweils aktuellen Gegenwart zustande und gewinnen an Bedeutung innerhalb der Sinnhorizonte von Zukunft und Vergangenheit des betroffenen Systems. In der Gliederung dieser Zeithorizonte verschafft sich das System eine Orientierung, derer es sich in der Gegenwart operativ bedienen kann; gleichzeitig muss das System im Voraus die Grundbedingungen für die Fortsetzung eigener Operationen in der von den jeweiligen Entscheidungen hervorgebrachten Zukunft besorgen – was wiederum nur durch Symbolisierung des Realen möglich ist.[11]

---

9   Jonas (1984: 67 ff.) selbst dazu: Denkexperimente sind nicht nur hypothetisch „in der Annahme der Prämisse (*wenn* das getan wird, dann folgt solches), sondern auch konjektural im Schlusse vom Wenn zum Dann (...dann *kann* solches folgen)".

10 So ausdrücklich Ewald (2008: 33). Vgl. darüber hinaus die in Comandé (2006) gesammelten Beiträge.

11 In der Systemtheorie spricht man in diesem Zusammenhang von „Anschlussfähigkeit".

Solche Leistung war in früheren Gesellschaften vor allem von der Divination sichergestellt und nahm die Form von Versöhnungs- beziehungsweise Reinigungsriten an, die trotzdem den effektiven Erfolg des Unternehmens nicht gewährleisteten. Die Zukunft war außerdem in der Form einer außerzeitlichen Ewigkeit symbolisch neutralisiert, die kaum einen Möglichkeitsspielraum für das Einprägen von komplexen Handlungsformen vorstellen ließ. Schon aber in der spätmittelalterlichen und dann zunehmend in der modernen Gesellschaft bevorzugt man jedoch den Versicherungsvertrag. Als Ursache lässt sich die damals erneut aufkommende aristotelische Debatte über zukünftige Kontingenzen, vor allem aber die zugleich beginnende funktionale Differenzierung des Wirtschaftssystems ausmachen. Letzteres bewirkte zunächst eine Universalisierung des Geldmechanismus, der beinahe jede Bedürfnisbefriedigung (von den Krankenbehandlungen zur Ausbildung, von der Arbeitslosigkeit zur Erholung nach der Pensionierung) zu einem entsprechenden Preis ermöglicht. Das Geld selbst stellt eine „Konzentration der Vorsorge für die Zukunft" (Luhmann 2005d: 269) dar: Wer Geld besitzt, kann noch nicht wissen, was er damit kaufen wird; er weiß jedoch, dass er über ein Kaufvermögen verfügt, das einen Spielraum zahlreicher Möglichkeiten offen hält – einschließlich der Möglichkeit, das Geld zu sparen, bis die wirtschaftlichen Umstände günstiger geworden sind.

Wer sich versichern lässt, operiert auf einer noch komplizierteren Zeitdimension: Die Versicherung sichert in der Tat das Eintreten oder Nichteintreten des Ereignisses nicht ab, sondern stellt nur sicher, dass der Versicherte, falls der gefürchtete Schadensfall eintritt, über eine Summe Geld verfügen darf, die seine erneute Teilnahme am Wirtschaftssystem ermöglicht. Die Leistung der Versicherung besteht also in einer Art „Futurisierung der Zukunft", dank derer der Zukunftshorizont entgegen seiner Beschränkung erweitert wird.[12] Das heißt, der Versicherungsvertrag setzt zukünftige Möglichkeiten, deren Ziel die Wiederherstellung der ursprünglichen Zustände sein würde (zum Beispiel, dass das Haus gleich wieder aufgebaut wird, falls es niederbrennt), nicht fest, sondern er stellt vom Abschluss des Vertrags an lediglich die Verfügbarkeit über einen zukünftigen Möglichkeitsspielraum bereit und lässt zugleich die Frage offen, wie man sich dieser Möglichkeiten bedienen wird. Diese Absicherung wirkt ihrerseits auf die Gegenwart des Versicherungsnehmers zurück, welcher auf diese Weise aufgefordert ist, Handlungen zu unternehmen, derer Unsicherheit sonst als starke Hemmung erfahren würde.[13]

---

12   Wir setzen hier die Luhmann'sche (1976: 141) Unterscheidung futurization/defuturization ein.

13   Nach Malinowski (1970: 168 ff.) sind divinatorische Verfahren eben durch solche Unsicherheitsabsorption gekennzeichnet.

Auf der Ebene der Gesamtgesellschaft schließt der Übergang von einer Logik der Verantwortung zu einer Logik der Versicherung einen Komplexitätsgewinn ein. Durch die Versicherung verzichtet man auf eine antizipierte Entscheidung über das Sosein (oder das Nichtsosein) der eigenen Zukunft und man zieht es vor, sich mit den gegenwärtigen Möglichkeitsbedingungen zukünftiger Möglichkeiten auseinanderzusetzen. Das Prinzip Verantwortung schließt jede Möglichkeit aus, welche die Menschheit nach der negativen Prognose mit dem Aussterben bedroht. Eine Folge davon ist die bereits weit diskutierte und noch umstrittene Frage nach der politischen Beschränkung wissenschaftlicher Forschung oder der Anwendung neuer Technologien. Das Versicherungswesen richtet sich hingegen auf die Wiederherstellung von Möglichkeiten, die sonst verloren gingen. Man verzichtet dabei, mit anderen Worten, auf die Kontrolle des Unkontrollierbaren und man versucht vielmehr, die Unkontrollierbarkeit des Unkontrollierbaren zu kontrollieren – eine typisch konstruktivistische Form von Vorsorge, wie wir gesehen haben. Die Unsicherheit kann auf diese Weise als Ressource anstatt als Problem behandelt werden, genau so, wie es in formalen Organisationen oder der Finanzwirtschaft geschieht.[14]

Der Erfolg der Versicherungsunternehmen in der Neuzeit ist von diesem Standpunkt aus nicht zu leugnen, auch wenn eine solche Feststellung zahlreiche Fragen offen lässt. Das Geld wird zum Beispiel immer mehr als „symbolisches Äquivalent" für Schmerzen benutzt; denn die Versicherungsunternehmen entschädigen zwar die Opfer oder ihre Familien aufgrund eines Unfalls, sie erstatten jedoch weder das Leben noch die Gesundheit. Gegen das Risiko des Aussterbens der Menschheit auf der Erde hat die Gesamtgesellschaft außerdem gar keine Möglichkeit, sich versichern zu lassen, wie Ulrich Beck (1994: 54) bereits bemerkte. Abgesehen von der Emotionalisierung durch jede katastrophische Äußerung dieser Art, ist die Tatsache hervorzuheben, dass die rechtliche Einrichtung der Versicherung ausschließlich in der Innenwelt der Gesellschaft, aber nicht auf der Ebene der Gesamtgesellschaft operativ in Anspruch genommen werden kann – was wiederum die Spannung zwischen Versicherungsanstalten und (Verantwortungs-)Ethik erläutert.[15] Die Gesamtgesellschaft kann keinen Versicherungsvertrag mit sich selbst abschließen, sie kann einfach nur die Einheit der Differenz zwischen System und Umwelt ins System wiedereinführen und sie als Differenz handhaben, um Informationen für die Fortsetzung der Kommunikation zu gewinnen. Die ökologische Frage wandelt sich dann in eine Frage der Rationalität um, was nicht ausschließt, dass zu den Rationalitätsfor-

---

14 Siehe den Beitrag von Elena Esposito in diesem Buch.
15 In diesem Zusammenhang spricht Ewald (2008: 27) von „écocitoyenneté" (Ökobürgerschaft).

men, auf welche die gegenwärtige wie die zukünftige Gesellschaft nicht verzichten können, auch das Versicherungswesen zu zählen ist.

Literatur

Beck, Ulrich (1994): Dalla società industriale alla società del rischio. Questioni di sopravvivenza, struttura sociale e illuminismo ecologico, "Teoria Sociologica", 4: 49-76.

Cevolini, Alberto (2007): Introduzione. In: Niklas Luhmann, Conoscenza come costruzione. Armando, Roma: 7-50.

Clausen, Lars / Dombrowsky, Wolf (1984): Warnpraxis und Warnlogik. In: Zeitschrift für Soziologie, 4, 293-307.

Comandé, Giovanni (Hrsg.) (2006): Gli strumenti della precauzione: nuovi rischi, assicurazione e responsabilità. Giuffrè, Milano.

D'Espagnat, Bernard (1980): La teoria dei quanti e la realtà. In: Le Scienze: 52-68.

Ewald, François (2008): Philosophie politique du principe de précaution, in: Ders. et al., Le principe de précaution. PUF, Paris: 6-72.

Foerster, Heinz von (1984): Observing Systems. Intersystems Pbl., Seaside (Cal.).

Jonas, Hans (1984): Das Prinzip Verantwortung. Versuch einer Ethik für die technologische Zivilisation [or. Aus. 1979]. Frankfurt a.M.: Suhrkamp.

Luhmann, Niklas (1976): The Future Cannot Begin. Temporal Structures in Modern Society. In: Social Research, 43: 130-152.

Luhmann, Niklas (1991): Soziologie des Risikos. Berlin: Walter de Gruyter.

Luhmann, Niklas (1997): Die Gesellschaft der Gesellschaft. Frankfurt a.M.: Suhrkamp.

Luhmann, Niklas (2005a): Das Erkenntnisprogramm des Konstruktivismus und die unbekannt bleibende Realität. In: Ders., Soziologische Aufklärung 5. Konstruktivistische Perspektiven [or. Aus. 1990]. Wiesbaden: Verlag für Sozialwissenschaften. 31-57.

Luhmann, Niklas (2005b): Risiko und Gefahr. In: Ders., Soziologische Aufklärung 5. Konstruktivistische Perspektiven [or. Aus. 1990]. Wiesbaden: Verlag für Sozialwissenschaften. 126-162.

Luhmann, Niklas (2005c): Gleichzeitigkeit und Synchronisation. In: Ders., Soziologische Aufklärung 5. Konstruktivistische Perspektiven [or. Aus. 1990]. Wiesbaden: Verlag für Sozialwissenschaften. 92-125.

Luhmann, Niklas (2005d): Wirtschaft als soziales System. In: Ders., Soziologische Aufklärung 1. Aufsätze zur Theorie sozialer Systeme [or. Aus. 1970]. Wiesbaden: Verlag für Sozialwissenschaften. 256-290.

Malinowski, Bronislaw (1970): Cultura, [or. Aus. 1931] In: P. Rossi (Hrsg.): Il concetto di cultura. I fondamenti teorici della scienza antropologica. Einaudi, Torino, 131-192.

Mead, George H. (1966): Mente, Sé e Società [or. Aus. 1934]. Editrice Universitaria G. Barbera, Firenze.

Rosen, Robert (1985): Anticipatory Systems. Philosophical, Mathematical and Methodological Foundations. Oxford: Pergamon Press.

Teil III

Substanz – Beobachtungen

Innovative Praktiken, instabile Werte: Zur Ontologie des globalen Klimawandels

Holger Braun-Thürmann

1 „Ich bin eine klimaneutrale Tüte"[1]

Die durch Menschenhand im globalen Maßstab hervorgerufenen Veränderungen des Klimas entziehen sich bis heute der Alltagswahrnehmung. Weder sind die durch den Homo sapiens bedingten klimatischen Reaktionen für diese Spezies selbst mittels der ihr vorbehaltenen fünf Sinnen erfassbar, noch erfahrbar während ihrer durchschnittlich zu erwartenden Lebensspanne. Die Einzelwesen der Großpopulation wandeln lange genug auf diesem Planeten, um den globalklimatischen Wechsel hervorzurufen und gleichzeitig sind Menschen noch viel zu kurzlebig, um diese am eigenen Leib zu spüren. Und doch scheint es bereits heute möglich zu sein, eindrückliche Belege für das meteorologische Desaster der Zivilisation vorzulegen.

Sind denn die Fotomontagen, die den Rückgang der Alpengletscher dokumentieren sollen, nicht Beweis genug (Holzhauser et al. 2005)? Von der das Gebirgstal ausfüllenden wie durchziehenden Eismassenzunge kündet nur noch ein Rinnsal. Als Beweis für die Gletscherschmelze mag das fotografische Abbild noch ausreichend Verlässlichkeit versprechen. Was jedoch macht den Rückzug der alpinen Eismassen zum Zeichen für einen Prozess globalen Maßstabs, der sich, darüber hinausgehend, dadurch auszeichnen soll, durch die Verbrennungstechnologien des Industriezeitalters hervorgerufen worden zu sein? Zum sichtbaren Indikator für den Klimawandel wird auch die Gletscherschmelze erst dann, wenn diese als solche gedeutet wird. Hierfür gibt es gute oder zumindest durch die akademische Wissenschaft dargebotene Gründe. Doch selbst bei Deutungsautoritäten, wie den Wissenschaften, ist kaum auszuklammern, dass auch deren interpretative Leistung von der Klimaforschung selbst in ihrer

---

[1] http://www.newsclick.de/index.jsp/menuid/2162/artid/14791603 [20.12.2011]

Verlässlichkeit bezweifelt werden kann, ohne damit freilich zugleich die „Existenz" des anthropogenen Klimawandels insgesamt hinterfragen oder negieren zu wollen. Im Fall des Rückzugs der Gletscher – für die Alpen gut belegt – kommt eine glaziologische Studie zum lapidaren Ergebnis, dass „Variationen, die für viele Gletscher historisch aufgezeichnet wurden, fälschlicherweise auf den Klimawandel zurückgeführt wurden". „That variations recorded in many glacier histories may have been misattributed to climate change" (Roe/O'Neal 2009: 851).

Unsicheres Wissen liegt nicht nur in Bezug auf die Ursache für den Schwund von Eismassen vor, sondern auch, was die Eintrittswahrscheinlichkeit von Folgephänomenen des Klimawandels, deren Ausmaß und regionale Verteilung anbetrifft. Trotz oder vielleicht sogar wegen all dieser Unsicherheit behandeln die Massenmedien und die politischen Organisationen den globalen Klimawandel als Problem, das nach gesellschaftlichen Maßnahmen verlangt. Auch wenn dieses ökologische Thema auf der politischen Prioritätenliste immer wieder nach unten durchgereicht wird, sind weitreichende Institutionalisierungsprozesse zur „Vermeidung" (mitigation), ja sogar „Anpassung" (adaption) des Klimawandels zu verfolgen, die partiell soweit fortgeschritten sind, dass sie nur noch unter hohen politischen und ökonomischen Kosten rückgängig zu machen wären. Ein Europa integrierendes Emissionshandelssystem wurde über mehrere Erprobungsstufen hinweg entwickelt und etabliert. Dessen Marktvolumen überschreitet die 100-Milliardengrenze. Mehr als 10.000 industrielle und öffentliche Kraftwerks- und Verbrennungsanlagen wurden erfasst und bewertet (Engels 2009: 488). Zur Kontrolle der Emissionsraten zahlreicher Unternehmen und öffentlicher Organisationen wurden in den jeweiligen Ländern nationale Behörden („Emissionshandelsstellen") mit dem entsprechenden Apparat an technischer Infrastruktur, Gebäuden und dafür speziell ausgebildeten Beamten/Beamtinnen und Experten/Expertinnen aufgebaut. Tropische Regenwälder werden kraft internationaler Klimapolitik als Kohlenstoffsenken identifiziert und als solche über komplexe Verrechnungs- und Zertifizierungsprozesse in den entsprechenden Regionen zu einer Quelle nationalstaatlicher Einkünfte (Stephan 2011). Ferner sind als Beispiele für Institutionalisierungsprozesse zu nennen, die sich mit globalem Klimawandel legitimieren: Gesetze und Verordnungen, wie die Energiesparverordnung oder das „Erneuerbare-Energien-Gesetz", die zahlreichen kommunalen „Klimaschutz-Konzepte" oder das von vielen Wirtschaftsunternehmen implementierte betriebliche Kohlendioxid-Berichtwesen oder – um auch dieses elementare Beispiel nicht unerwähnt zu lassen – die Einführung der „klimaneutralen" Brötchentüte einer Berliner Bäckerei.

Der globale Klimawandel ist in den mittel- und nordeuropäischen Regionen der Weltgesellschaft angekommen. Er wird durch die genannten Institutionen zur Wirklichkeit und durch fortlaufende Kommunikationen und Handlungen präsent gehalten. Auch die Kommunikationsbeiträge der sogenannten „Leugner" und „Skeptiker" des Klimawandels ändern insofern nichts an diesem Tatbestand, als deren Einwürfe einzig den Wahrheitsgehalt der klimawissenschaftlichen Studien dementieren. Die in den demokratischen Verfassungen verankerte Meinungsfreiheit berechtigt dazu, die kommerziell auf Massenpublikum ausgelegte Publizistik motiviert diese Außenseiter-Ansichten. Die Resonanz, welche die skeptischen oder leugnenden Kommunikationen bei der Partikularinteressen verfolgenden Politik erzielen mögen, kann jedoch bei heutiger Einschätzung der Lage nicht eine solche Mobilisierungs- und Einflussmacht entfalten, die Entwicklungen bereits auf den Weg gebrachter Klimavermeidungs- und Anpassungspolitik anzuhalten oder gar rückgängig zu machen, auch wenn etliche „dringlich erscheinende" Entscheidungen erst mit größter anzunehmender diplomatischer Verzögerung beschlossen und implementiert werden.

Vor dem Hintergrund einer solchen politischen Konstellation verfolgt dieser Text das Ziel, in einer empirischen Analyse ein Element eines Nachweises beizusteuern, weshalb es – praktisch – äußerst schwierig geworden ist, die Existenz des globalen Klimawandels zu leugnen und zu ignorieren. Abzustreiten, dass es den globalen Klimawandel gibt, ist so lange möglich, wie machtvolle Interessengruppen Think Tanks mit ihren entsprechenden Studien finanzieren (Oreskes/Conway 2010) und Pensionäre ihre Zeit damit verbringen, Leserbriefe zu schreiben. Allerdings zu leugnen, dass es die institutionalisierten Repräsentationen des Klimawandels – das europäische Emissionshandelssystem oder eine klimaneutrale Brötchentüte – „existieren", ist nur um den Preis der unterstellten psychischen Gesundheit möglich. In diesem Sinne „gibt" es den globalen Klimawandel: Heute und hier, zumindest in den wohlhabenden Gegenden Europas. Philosophisch ausgedrückt, heißt das, dass etliche Repräsentanten der Politik, der Massenmedien, der Wissenschaft, der Wirtschaft, des Bildungssystems und der Religion eine „ontologische Verpflichtung" („ontological commitment" nach Quine 1948: 28) bezüglich des Klimawandels eingegangen sind. Repräsentanten der Gesellschaft haben sich in ihren Kommunikationen auf die Existenz von Entitäten (Kohlendioxidkonzentrationen, klimatischen Prozessen etc.) festgelegt, die nicht mehr nach Belieben und möglicherweise nur unter hohem Veränderungsdruck ausgewechselt werden können.

2   Ursachen des globalen Klimawandels

Wie kam es zu dieser ontologischen Verpflichtung in den Kommunikationen und Handlungen? Wie wird diese Verpflichtung fortlaufend erneuert? Mit welchen Selektivitäten ist eine solche Verpflichtung verbunden? Wie es dazu kommen konnte, dass die globale Klimaveränderung mit all ihren gesellschaftlichen

Folgen zu einer Tatsache werden konnte – dieser Frage widmet sich dieser Aufsatz. Bereits an dieser Stelle ganz am Anfang mag sich der Text den Einwurf gefallen lassen, die Antwort auf diese Frage läge doch auf der Hand: Wirklich sei der globale Klimawandel deshalb geworden, weil die Gesellschaft in all den vergangenen Jahren fossile Brennstoffe verfeuert und dies unvermindert in den kommenden Jahrzehnten betreiben wird. So zutreffend diese nahezu zur Selbstverständlichkeit geronnene Antwort sein mag, so sehr – und dies ist eine These dieses Aufsatzes – ist sie gerade Teil, oder anders formuliert, Ausdruck und Realisierung derjenigen Ontologie, die im Folgenden in einer einzigen Facette rekonstruiert werden wird. Hier soll die anthropogene Klimaveränderung als Form einer „neuen Ontologie" untersucht werden (vgl. hierzu Pickering 2008). Damit ist der Anspruch verknüpft, die globale Erderwärmung nicht als ein System von Aussagen, Theorien und Bildern zu betrachten, sondern als eine noch zu spezifizierende Art und Weise der sozio-technischen Hervorbringung von materiellen und symbolisch-kommunikativen Wirklichkeiten.

Als Bestandteil oder Folge dieser Ontologie müssen auch jene Vorstellungen betrachtet werden, nach denen „wir", die „Industriegesellschaft", der „Westen" und die „aufstrebenden Ökonomien Chinas und Indiens" etc. als die bewirkenden „Akteure" wahrgenommen werden, dass das Gasgeben auf der Überholspur oder die Fahrt mit dem Stadtbus plötzlich als soziale Handlungen erlebt werden, weil die dahinterliegenden Absichten, dies oder jenes zu tun, sich sinnhaft auf das Verhalten oder Erleiden Anderer beziehen lassen (die kommenden Generationen, die Flutopfer in Bangladesh etc.). All diese Aussagen werden in der soziologischen Umwelt- und Klimaforschung oftmals nicht nur als Erklärungsvariablen bereits vorausgesetzt, sie sind darüber hinaus auch moralisch codiert. Die eine Handlungsweise ist erwünscht, die andere soll nur noch mit der Last eines schlechten Gewissens ausgeübt werden. So verdienstvoll und ethisch inspiriert diese Sozialforschung sein mag, so wenig wird dabei ergründet, wie dieser „Handlungstyp" und diese „Moral" entstehen konnten. Um darüber etwas zu erfahren, ist es notwendig, vieles, was bereits als Erklärungsmuster zu einer Art *common sense* sedimentierte, als zu Erklärendes zu betrachten. Das bedeutet, dass Sozialforschung nicht erst dann ihre Arbeit beginnt, wenn es um die „Folgen" des Klimawandels geht. Als Folgen können all die politischen Regularien und Maßnahmen zur Verhinderung des ökologischen Desasters oder all die möglicherweise dadurch bedingten Verwüstungen, Migrationsbewegungen und Konflikte betrachtet werden. Diese Studie versucht, nur eine einzige von mehreren Stellen ausfindig zu machen, an welcher der globale Klimawandel als eine Existenzweise entfaltet wurde. Diese Stelle wurde in den 1950er Jahren markiert, als die Forschungen der Geochemie und -physik, wissenschaftspolitische Kampagnen in einer Tauwetterperiode des Kalten Krieges, messtechnische Neuerungen, Infrastruktureinrichtungen des Wetterdienstes und viele andere

Elemente eine solche Verbindung eingingen, die nach und nach jene Kurven hervorbrachte, die bis heute als schwer hintergehbare Belege für die Existenz des globalen Klimawandels gelten dürfen.

Der Ansatz einer solchen Studie mag auf dem ersten Blick als eine umständliche und komplizierte Verrenkung der Argumentation erscheinen. Letztlich geht es jedoch um nichts anderes, als dem Staunen darüber Ausdruck zu verleihen, dass es bisweilen normal ist, aus „klimaneutralen Brötchentüten" zu essen oder mit dem Kaufen und Verkaufen von Lizenzen, Gase auszustoßen, Geld zu verdienen, und dies in eine sozialwissenschaftliche Argumentation zu übersetzen. Der globale Klimawandel als eine wissenschaftliche Tatsache wird hierbei als eine Transformation betrachtet, in deren Verlauf jene Kultur, in die wir (ein-)geboren wurden, zu einer fremden wird, die es verdient, erforscht zu werden.

Als empirischer Gegenstand liegt dieser Studie das Gas CO_2 zugrunde, oder genauer formuliert: Es wird untersucht, wie dieses Molekül durch Praktiken und Objekte in einer Weise sichtbar und zu einem Wirkfaktor nicht nur des Klimas, sondern auch der Gesellschaft werden konnte. Zu diesem Zweck widme ich mich der kurzen historischen Phase, seit Kohlendioxid als ein Bestandteil der Atmosphärenluft mit einer solchen Genauigkeit gemessen werden kann, dass es möglich wurde, die Prozesse in der materialisierten Umwelt („Natur") mit der Theorie und der Hypothese des durch Menschen verursachten Klimawandels zu verbinden.

3 Labor Erde: „Carrying out a large scale geophysical experiment"

In der soziologischen noch mehr als in der historischen Forschung gilt es zu begründen, warum es sinnvoll ist, ausgerechnet diese Episode der Wissenschaftsgeschichte um das Jahr 1957 zu erzählen.[2] Prinzipiell kann jede Begebenheit historiografisch erfasst werden. Nur ein aus der theoretischen Diskussion hergeleiteter selektiver Zugriff auf die Archive kann indes beanspruchen, die immerzu knappe Aufmerksamkeit von Sozialforschung beanspruchen zu wollen. Was trägt es zum Verständnis der gegenwärtigen Gesellschaft bei, Vergangenes durch eine Rekonstruktion präsent zu halten?

Eine Antwort auf diese Frage muss den Hinweis enthalten, inwiefern vergangene Ereignisse und Prozesse „Umstände, Phänomene, Resultate, ja sogar

---

2   Diese Episode in der Geschichte kann unter Umständen in ihren Umrissen bei einigen Lesern sogar als bekannt unterstellt werden (vgl. hierzu Weart 2008).

Dinge" geschaffen haben, die in der Jetztzeit als symbolisch codierte, technologische oder materielle Ressourcen dienen können, um genau diejenige Gegenwart hervorzubringen, deren Zeugen wir werden oder sind. Zwar ist die heutige Gesellschaft in der Hinsicht durch und durch als modern zu begreifen, indem sie die Gegenwart als eine Schnittstelle versteht, an der sie durch ständige Innovationen sich von der Vergangenheit distanziert. Doch diese Neuschöpfungen werden – so zumindest das Selbstverständnis dieses Textes – auf der Basis bereits vorliegender Praktiken, Regeln und materieller Ressourcen geschaffen. In einem solchen Sinne des „history matters" wird das Jahrzehnt 1950 bis 1960 fokussiert, da in diesem Zeitfenster – so die Arbeitsthese und Rechtfertigung für die Anlage der Studie – wurden jene technologischen und theoretischen Grundlagen gelegt, die es ermöglichten, die Industrialisierung als alternativlos wahrgenommenes Gesellschaftsmodell mit der Veränderung des Weltklimas zu koppeln. Mit dieser Festlegung weicht der Text von jenen Darstellungen ab, die den Beginn der gesellschaftlichen Dimension des globalen Klimawandels erst in die 1980er Jahren verorten, also jene Zeit, seit der dieses Thema in der institutionalisierten Politik und der breiten Öffentlichkeit als Problem wahrgenommen wurde (Jobst 2008).

        In den Jahren 1955 bis 1960 schnitten sich mutmaßlich zum ersten Mal die gesellschafts- und naturgeschichtlichen Diskurse. Genau diese Konstellation ist in der aktuellen Gegenwart abermals zu verfolgen, wenn erst in der Geologie (Crutzen 2002) und dann in der Publizistik (Economist 2011) ein neues erdgeschichtliches Zeitalter – das Anthropozän – ausgerufen wurde. War es in den klassischen Naturwissenschaften (Physik, Chemie, Geologie, Biologie) selbstverständlich, die Natur separiert von der Sphäre menschlichen Handelns zu erkennen, so scheint diese Isolierung des naturwissenschaftlichen Untersuchungsgegenstands für Teile der Geografie, Geologie und Ökologie porös zu werden. Menschliche Umwelteingriffe, wie Sedimentablagerungen infolge monumentaler Staudammprojekte, die durch künstlichen Stickstoff forcierte landwirtschaftliche Bodennutzung, die Rodungen und Treibhausgasemissionen sind nun selbst als eine Naturkraft wissenschaftlich wahrnehmbar geworden. Dabei wird die Erde im planetarischen Maßstab in einer Weise verändert, dass es den zitierten Autoren zufolge angebracht sei, von einem neuen Zeitalter zu sprechen. Mit dem Begriff des Anthropozäns soll eine Zäsur in der Erdgeschichte gesetzt werden. Eine neue Epoche habe begonnen, in der menschliches Handeln tiefe Spuren in der geologischen Formation des Planeten hinterlassen hat. Die menschliche Spezies wird nun nicht mehr nur als Population wahrgenommen, die den Globus mehr und mehr bevölkert, sondern menschliches Handeln manifestiert sich auch darin, die Funktionszusammenhänge des Planeten zu verändern.

        Die Vorstellung von der menschengemachten Erde ist nicht in der Weise neu, als dass sich nicht bereits historisch ältere Beispiele hierfür finden ließen.

In den Schriften des mit dem Nobelpreis dekorierten Chemikers und Physikers Svante August Arrhenius tauchten bereits um 1900 Gedankengänge auf, die sich mit den damals diskutierten Ängsten vor „ökologischen Bedrohungen", wie etwa Erdbeben, Vulkanausbrüchen und der Wiederkehr der Eiszeit, befassen. So lautet eine in Arrhenius populärwissenschaftlichem Buch „Werden der Welten" aufzufindende Passage: „Man hört oft Klagen darüber, dass die in der Erde angehäuften Kohlenschätze von der heutigen Menschheit ohne Gedanken an die Zukunft verbraucht werden; und man erschrickt bei den furchtbaren Verwüstungen an Leben und Eigentum, die den heftigen vulkanischen Ausbrüchen in unserer Zeit folgen. Doch kann es vielleicht zum Trost gereichen, dass es hier wie so oft keinen Schaden gibt, der nicht auch sein Gutes hat. Durch Einwirkung des erhöhten Kohlensäuregehaltes der Luft hoffen wir uns allmählich Zeiten mit gleichmäßigeren und besseren klimatischen Verhältnissen zu nähern, besonders in den kälteren Teilen der Erde; Zeiten, da die Erde um das Vielfache erhöhte Ernten zu tragen vermag zum Nutzen des rasch anwachsenden Menschengeschlechtes" (Arrhenius 1906: 73). Auch in Guy Callendars Schlüsselaufsatz von 1938 zur prognostischen Auswirkung des vom Menschen freigesetzten Kohlendioxids findet sich ein in der Tonart ähnlich gestimmter Gedankengang, nach dem eine vom Menschen hervorgerufene Klimaveränderung wünschenswert sei, weil sie für die Menschheit nützlich sein könnte: „In conclusion it may be said that the combustion of fossil fuel, whether it be peat from the surface or oil from 10,000 feet below, is likely to prove beneficial to mankind in several ways, besides the provision of heat and power. For instance the above mentioned small increases of mean temperature would be important at the northern margin of cultivation, and the growth of favourably situated plants is directly proportional to the carbon dioxide pressure" (Callendar 1938: 236). Sowohl Arrhenius als auch Callendar entwickelten ihr Zukunftsszenario im Kontext ihrer Forschungen, deren Verdienst darin lag, die Temperatur verändernden Effekte des Kohlendioxids in der Atemluft in mathematische Formeln zu übersetzen und auf diese Weise berechenbar zu machen.

Wenn die beiden genannten Klimaforscher darüber spekulieren, ob infolge des Anstiegs des Kohlensäuregehalts es möglich wäre, „"gleichmäßigere und bessere klimatische Verhältnisse" zu erreichen, so bringt dies den Fortschrittsglauben des bereits verklungenen 19. Jahrhunderts zum Ausdruck. Eine solche Vorstellung von absichtlich hervorgerufenen oder tolerierten Klimamodifikationen nimmt die heute diskutierten Ideen eines „Smart Planet" vorweg, wie sie im Zusammenhang mit der Möglichkeit von Geoengineering mehr diskutiert als erforscht werden.

Der Tonfall, der bei Arrhenius und Callendar noch kollektive Ängste der Leserschaft besänftigen sollte, hat sich nach wenigen – von Weltkriegen und Völkermord bestimmten – Jahrzehnten verändert. In einer Schlüsselpublikation von 1957 wird jene Metapher des gesellschaftlichen „Experiments" eingeführt, die bis heute insbesondere in den Sozialwissenschaften (Krohn/Weyer 1989, Groß/Krohn 2005, Latour 2001) verwendet wird, um den Zustand der Gesellschaft zu deuten: „Estimates by the UN (1955) indicate that during the first decade of the 21st century fossil fuel combustion could produce an amount of carbon dioxide equal to 20 % of that now in the atmosphere .... Thus human beings are now carrying out a large scale geophysical experiment of a kind that could not have happened in the past nor be reproduced in the future. Within a few centuries we are returning to the atmosphere and oceans the concentrated organic carbon stored in sedimentary rocks over hundreds of millions of years. This experiment, if adequately documented, may yield a far-reaching insight into the processes determining weather and climate. It therefore becomes of prime importance to attempt to determine the way in which carbon dioxide is partitioned between the atmosphere, the oceans, the biosphere and the lithosphere" (Revelle, Suess 1957: 19).

Im Text von Revelle und Suess aus dem „Internationalen Geophysikalischen Jahr" 1957 wird nicht nur auf den Ursache-Wirkungs-Zusammenhang von Kohlendioxidsanstieg und Klimaänderung Bezug genommen. Darüber hinausgehend, wird dieser kausale Nexus, wie die „Industriegesellschaft" das globale Klima beeinflusst – nach meinen Kenntnissen – zum ersten Mal als ein „large scale experiment" bezeichnet, das es zu dokumentieren gilt, weil jenes Experiment weitreichende Einsichten darüber liefern würde, was das Wetter und das Klima bestimmt (Revelle/Suess 1957: 20).

In den Argumenten von Arrhenius und Callendar war eine Idee davon eingeflochten, wie die Eingriffe des Menschen ihn insofern besser an die „natürliche" Umwelt anpassen, als die Freisetzung von Kohlendioxid zu „gleichmäßigeren und besseren klimatischen Verhältnissen" führen könnte. Die Metapher des Experiments jedoch hebt die mit den Klimaänderungen verbundene Ungewissheit hervor, die dadurch gegeben ist, dass deren Verlaufsdynamik weder retrospektiv in der Vergangenheit beobachtet werden konnte, noch in der Zukunft noch einmal reproduziert werden kann. Allein die Unmöglichkeit seiner Reproduzierbarkeit weist darauf hin, wie sehr das „large scale geophysical experiment" von einem den Kontrollbedingungen des Labors unterliegenden naturwissenschaftlichen Versuch abweichen kann.

4   Instabile Werte: „Fuel lines"

Theorien als Aussagesysteme werden erst dadurch zu einer Ressource der Durchsetzung von Veränderungsinteressen und Institutionalisierungsprozessen, wenn es ihnen gelingt, ihren Perspektivismus nach und nach abzustreifen (Daston 2008). Die geschieht, indem sie an empirische – materielle – Referenzen – Dinge und an Praktiken gekoppelt werden. Diese Referenzen können imitieren und diffundieren, um die Gültigkeit der jeweiligen Aussagesysteme zu reproduzieren und auf diese Weise zu stabilisieren. Von der Herbringung eines Dinges – des CO_2-Anteils in der Atmosphärenluft – und damit von der Praktik, dieses zu messen, sollen die nächsten Abschnitte handeln.

In dem hier vorliegenden Fall geht es nicht in erster Linie um die Kontroverse des Tatbestands „globaler Klimawandel". Die Entwicklung von Wissenschaft generell wird üblicherweise als eine Abfolge von Kontroversen dargestellt, in deren Antagonismus sich das künftige Paradigma herausbildet. Aussagen, Hypothesen und Theorien konkurrieren dabei um den Status der Wahrheit. In manchen historisch dokumentierten Fällen können Experimente und Messungen über konkurrierende Wahrheitsansprüche entscheiden. Sobald die Komplexität eines Sachverhalts zunimmt, verfängt sich die Dualität zwischen Experiment beziehungsweise Messung auf der einen Seite und Gültigkeitsbehauptungen und Theorien auf der anderen Seite in einer Paradoxie. Diese entsteht dann, wenn die Messung oder das Experiment selbst zum Gegenstand einer Kontroverse gemacht werden. In einer solchen Situation verliert die Empirisierung ihre Entscheidungsmacht. Über die Beweiskraft der Messung beziehungsweise des Experiments kann nur ein Verweis auf die Richtigkeit der Resultate entscheiden, die jedoch davon abhängt, ob das Experiment oder die Messung gültig sind. Ein solcher, sich in einen Regress aufschaukelnder Disput kann – so Collins (1992: 142 f.) – nur durch Aushandlung im innersten Zirkel der wissenschaftlichen Gemeinschaft (Core set) geschlossen werden. Auch die Geophysik und Meteorologie nach 1900 waren von Kontroversen gekennzeichnet. Doch im vorliegenden Fall ist eine Art Hintergrundkonsens nachzuweisen, nach dem die Haltbarkeit der Theorie von der menschengemachten Klimaveränderung hochgradig von ihrer Messbarkeit abhängen soll. Auf Basis dieses Konsenses konnten vor dem „Internationalen Geophysikalischen Jahr 1957" zwei Positionen identifiziert werden:

Die erste wurde von dem bereits im vorigen Abschnitt erwähnten Guy Callender vertreten, der die bereits von Svante Arrhenius 1896 aufgestellte Hypothese mit prognostischen Zahlenwerten unterfütterte (Callendar 1938: 232), nach denen die weltweite Verbrennung von fossilem Brennstoff zu einem Anstieg des atmosphärischen Kohlendioxids führt. Den empirischen Nachweis seiner Hypothese führte er mit einer Art historischen Methode, indem er in einer Sekundäranalyse die damals vorliegenden Kohlendioxidmesswerte sammelte, kritisch überprüfte und selektierte (Callendar 1940). Im Vergleich der historischen Messwerte stellt er einen „secular increase of carbon dioxide" (Callendar 1940: 399) Anfang des 20. Jahrhunderts fest. Wenn nach diesem historischen Verfahren die zusammengetragenen Messergebnisse grafisch dargestellt wer-

den, so entsteht eine – wie Callendar (1958: 246) es nennt – „fuel line", jenes
Kurvenbild (Abb. 3), das den menschlichen Einfluss auf die Atmosphäre reprä-
sentieren sollte.

Die Gegenposition wurde in einem Aufsatz Gilles Sloccums formuliert,
der die Messwerte, die Callendar für seine „fuel line" ausgewählt hatte, statistisch reexaminierte. Diese Überprüfung sollte den Nachweis liefern, die von
Callendar ge troffene Auswahl unterläge einem Bias, „using only the data he be-
lieved to be of the best quality available, rejecting the rest" (Sloccum 1955:
227). Auf Sloccums Grafik, die auf den von Callendar (1940) aussortierten Werten basiert, ist lediglich eine Dispersion von Punkten auszumachen, ohne jegliche Tendenz.

Doch mit der Falsifikation der Messwerte ist für Sloccum die von Callendar
formulierte „Kohlenstoffdioxid-Theorie" noch keineswegs erledigt:

> „All this does not refute Callendar's thesis. The available data merely fail to confirm it. The
> positive evidence that the CO_2 has increased is inconclusive, but seems strong enough to reward
> further study, and the time seems ripe for new research. It may be hoped that the collection of
> standardized measurements of CO_2 can be made a part of the 1957-58 International Geophysical
> Year program." (Sloccum 1955: 230).

Nachdem nun der damalige theoretische Hintergrund aufbereitet wurde, widmet
sich die Studie der von der wissenschaftlichen Gemeinschaft erwarteten Sammlung von standardisierten Messungen des CO_2. Die Besonderheit der folgenden
Darstellung liegt darin, dass nicht nur dasjenige, mit dem Namen Keeling verbundene Projekt rekonstruiert wird, das sich rückblickend als das „erfolgreiche"
und „richtige" erwiesen hat. Zum Kontrast werden auch jene Forschungen dargestellt, die aus heutiger Sicht fehlschlugen. Die hier vorgelegte Studie richtet
die Aufmerksamkeit nicht auf die Personen, sondern auf die sozio-
technologischen Relationen, die es dem mutmaßlichen Genius des Einzelnen
erst ermöglichten, als ein solcher aufzutreten und in die Wissenschaftsgeschichte einzugehen. In diesem Sinne werden im Folgenden zwei Forschungsprojekte
dargestellt: Zum einen wird ein skandinavisches Projekt vorgestellt, dem bislang
nur wenig Beachtung geschenkt wurde (Bohn 2011). Nach Maßgabe dessen,
was Jahrzehnte später als Erfolg betrachtet wurde, scheiterte es. Zum anderen
wird ein US-amerikanisches Projekt vorgestellt (vgl. hierzu Weart 2008), aus
dem die bis heute immer wieder reproduzierte Keeling-Kurve hervorging. Die
Darstellung beider Forschungsprojekte möchte dabei auch die Annahme hinterfragen, nach der alle Forschung in den folgenden Jahrzehnten allein an Keelings
Arbeiten anschloss. Dabei ist zu beobachten, wie sich die Praktiken beider Forschungsprojekte annäherten und die Akteure voneinander lernten. Eine solche
vergleichende Studie kann dann zeigen, wie die heutige technologische Infra-

struktur des CO_2-Monitorings genau dem Forschungsansatz entspricht, mit dem das skandinavische Projekt ehedem gescheitert war.

5   Messnetze: "Observational data distributed over an extensive region of space and time"

Die von Guy Callendar (1938) formulierte Hypothese, nach der die CO_2-Konzentration in der Atmosphäre zunähme, begründete den Aufwand und die Durchführung des Forschungsprojekts, das überwiegend von Stockholm und vom finnischen Helsingfors aus organisiert wurde (Fonselius/Koroleff 1955: 258; Fonselius/Koroleff/Wärme 1956: 177). Callendar, der hauptberuflich als Ingenieur tätig war, hatte im Rahmen seiner privat durchgeführten Forschungen eine Sammlung von CO_2-Messwerten aus der damals vorliegenden Literatur zusammengetragen. Nachdem er, wie erwähnt, die für ihn invaliden Messdaten aussortiert hatte, kam Callender zum Ergebnis, wonach der CO_2-Gehalt der Luft von 1860 bis zur Mitte der 1930er Jahre um 10 Prozent angestiegen sein müsste. Diese Erhöhung schrieb er der enormen Expansion des industriellen Kohlekonsums zu, den er gleichfalls statistisch zu berechnen und zu bewerten versuchte. Ungeklärt war für die damalige Forschungsgemeinschaft einschließlich der Mitglieder des skandinavischen Projekts, welche Rolle die Ozeane bei der Aufnahme des zusätzlichen Kohlendioxids spielen würden. Dessen ungeachtet, bestand das Forschungsproblem grundsätzlich darin, die Hypothese des industriell erzeugten Kohlendioxidsanstiegs durch präzise Messungen zu überprüfen. So schreiben die Mitinitiatoren des Projekts in Bezugnahme auf dieses Forschungssproblem: „A settlement of this question requires a large volume of observational data distributed over an extensive region of space and time" (Fonselius/Koroleff 1955: 259).

Symbolisiert wird die enge Verknüpfung zwischen der von Callendar formulierten Hypothese auf der einen Seite und den selbst durchgeführten Messungen auf der anderen in einer Grafik, die im historischen Zeitverlauf den Anstieg des CO_2-Gehalts seit dem Jahre 1810 einsehbar machen soll. Die Messwerte, die Callendar zusammengetragen oder selbst produziert hatte, wurden durch die eines skandinavischen Vorläuferprojekts und eigene ergänzt. Bemerkenswerterweise werden die von Callendar stammenden Messwerte in die Grafik übertragen und als passend bezeichnet:

„In the diagram, the values used by Callendar and our mean values are encircled and we can see that our values fit in quite well" (Fonselius/Koroleff/Wärme 1956: 178). Angemerkt wird jedoch, dass bei aller Sorgfalt Guy Callendars dessen Messungen nicht belastbar wären, da sie mit unterschiedlichen Techniken und Methoden in unterschiedlichen Zeiträumen und an

verschiedenen Orten durchgeführt wurden. Um einen Anstieg belegen zu können, fordern die Autoren eine Standardisierung der Messung hinsichtlich der Instrumente, des Ortes und des Zeitpunkts. Ferner wird die Wichtigkeit von kontinuierlichen Messungen betont: „If we are to detect trends, we need samples
taken by the same technique, at the same hour of the day and at same place for
several years, and the analyses have to be carried out with identical techniques"
(Fonselius/Koroleff/Wärme 1956: 178).

Die Aspekte der anvisierten Standardisierung der Forschungspraxis wurden in der ersten Publikation des Projekts ausführlich dokumentiert. Die Dokumentation besteht zu großen Teilen aus Beschreibungen der Messinfrastruktur
und -methode. Dabei wird die Luftentnahme mit der Flasche genauso detailliert
beschrieben wie die chemische Analyse der Titration: Diese beruhte auf dem
Prinzip, eine alkalische Lösung (in diesem Fall Bariumclorid) mit dem sauren
Kohlendioxid reagieren zu lassen. Über eine daran anschließende, Titration ge-
nannte, volumetrische Messung des Verbrauchs an Bariumclorid konnte –mit
zuvor aufgestellten Umrechnungstabellen – der Gehalt von Kohlendioxid in der
Luft festgestellt werden (Fonselius/Koroleff 1955: 261).

Um das Problem der regionalen Schwankungen des Kohlendioxids auszu-
schalten, wählte man die Strategie, Messungen nicht nur an einem Punkt, sondern über ein damals in Skandinavien verteiltes Netzwerk vorzunehmen. Dazu
heißt es: „A permanent net of sampling stations has been established, 6 in Swe-
den, 4 in Finland, 3 in Norway and 2 in Denmark" (Fonselius/Koroleff 1955:
258). Die Messergebnisse sollten nicht nur „lokales Wissen", sondern, den
Standards der Wissenschaft entsprechend, ortsunabhängige Erkenntnisse wiedergeben, die überall Geltung beanspruchen können. Eine solche Universalität
sollte erreicht werden, indem an möglichst vielen Orten global Luftproben entnommen werden. Die Messpunkte wiederum sollten, was die örtliche Begebenheit und die Zeitpunkte anbetraf, Standards unterworfen sein. Offene Plätze an
Meeres- oder Seenküsten wurden genannt, Türme und Felsen. Wälder und
Schornsteine durften nicht in der Nähe sein, da Vegetation oder Emissionen
Messschwankungen verursachen könnten (Fonselius/Koroleff 1955: 259).

Obwohl das von den skandinavischen Forschern anvisierte Netz von Messstationen noch nicht entsprechend ihren Vorstellungen entwickelt worden war,
weisen die eigenen Messungen im Vergleich mit den Messungen des von Kurt
Buch durchgeführten Projekts aus den 1930er Jahren in eine Richtung: „[T]he
difference between Buch's and our values suggest an increase of the CO_2, content in Scandinavia, but it is impossible to say at present whether this increase is
just a fluctuation in the regional CO_2,-climate or if it represents a steady increase
since 1935" (Fonselius/Koroleff/Wärme 1956: 178).

Ebenso wie die Daten aus den 1930er Jahren werden die selbst erhobenen
vorsichtig interpretiert: Obgleich die Messungen nunmehr einer Standardisie-

rung unterworfen worden waren, wiesen die dabei ablesbaren Werte innerhalb des skandinavischen Netzwerks „ziemlich große Variationen" auf (Fonselius/Koroleff/Wärme 1956: 179). Die Autoren zogen daraus den Schluss, dass es wenig sinnvoll sei, diese miteinander zu vergleichen. Ursache für die großen Schwankungen der Kohlendioxidmesswerte seien die jeweiligen geografischen Besonderheiten der Messstationen, die den aus weiter Ferne hinströmenden Luftmassen sowie der umliegenden Vegetation ausgesetzt sind. Die Strategie des skandinavischen Projekts, eine Infrastruktur und eine Standardisierung der Messungen aufzubauen, erwies sich angesichts der auftretenden Schwankungen als einstweiliger Fehlschlag. Um diesen im weiteren Verlauf der Forschung abzuwenden, wurden zwei Vorschläge unterbreitet: Zum einen wurde auf die Möglichkeit verwiesen, speziell das Kohlenstoff-Isotop C14 in Proben zu untersuchen, eine Messmethode, mit der in den USA experimentiert wurde, und zum anderen wurde eine Erweiterung des Messnetzes in Aussicht gestellt, nämlich Spitzbergen im arktischen Ozean einschließen, wo Vegetation und Industrie wenig Einfluss auf den CO_2-Gehalt nehmen können.

Die unterschiedlichen Schaubilder, die in den Publikationen abgedruckt und interpretiert wurden, dokumentieren, wie die Forscher unterschiedliche Zeitrahmen durchprobierten, um in den „Variationen" der Messwerte Muster und Regelmäßigkeiten zu erkennen. Mindestens drei solche Versuche, eine zeitliche Ordnung zu entfalten, können unterschieden werden: a) Zeitskalen, die Zyklen der CO_2-Veränderungen innerhalb eines Tages, eines Monats oder eines Jahres zu erfassen versuchen, b) die bereits erläuterte Zeitskala, welche die historische Phase von Anbeginn der CO_2-Messungen bis zur damaligen Gegenwart umspannt und c) die Zeitskala, welche die jährlichen Mittelwerte über den Zeitraum des Forschungsprojekts (1955-1958) miteinander vergleicht, was dem Versuch gleichkommt, den Callendar-Effekt wenigstens im kleinen Maßstab nachzuweisen. Die in diesem Zeitformat entstandenen Messwerte erwiesen sich als hochgradig an die jeweilige Lokalität gebunden. Nur mit einem hohen interpretativen Aufwand, indem die Werte sämtlicher finnischer Messstationen ausgeklammert wurden, gelang es dem Forschungsprojekt, eine Kurve des jährlichen Verlaufs zu zeichnen. Ein Anstieg des CO_2-Gehalts – also einen Beleg für die Callendar-Hypothese – ist nicht abzulesen.

Die Messreihe endete im Jahre 1959. Eine neue Messmethode wurde zu diesem Zeitpunkt eingeführt. An dieser Stelle pausiert die Darstellung des skandinavischen Projekts. Nach der ersten Phase der Forschung ist eine Zäsur zu beobachten. Verfolgt man das Projekt in seinen Publikationen (Bischoff 1960, Bischof 1962, Fonselius/Wärme 1960), so fallen ein Wechsel, vielleicht sogar ein Bruch auf, was die Fragestellung und auch die instrumentelle Technologie anbetrifft. In der Zwischenzeit hatte das weit entfernte kalifornische Projekt seine Arbeit aufgenommen.

6   Instrumentelle Innovation: „Model 70 Infrared Gas Analyzer"

Zwischen dem skandinavischen Projekt und dem kalifornischen, dessen Leitung dem in San Diego gelegenen Scripps-Institut oblag, gab es von Anbeginn an Verbindungen (vgl. hierzu Bohn 2011: 176 f.). Beiden Projekte nahmen explizit Bezug auf die Kohlendioxid-Hypothese von Callendar (Callendar-Effekt). Der Ozeangraph und Direktor des Scripps-Meeresforschungsinstituts in San Diego, Roger Revelle, hatte sich in Koautorenschaft mit der Kohlendioxid-Theorie Callendars kritisch auseinandergesetzt (Revelle/Suess 1957: 25) und diese dabei auch – unter Verwendung der Ergebnisse der Skandinavier – um einige Facetten weiterentwickelt. Beide Projekte standen in unmittelbarem Zusammenhang mit der Vorbereitung, Gestaltung und Organisation des „Internationalen Geophysikalischen Jahres", das von Juli 1957 bis Dezember 1958 dauerte.

Zu diesem Anlass wurden weltweit Forschungsgelder mit dem offiziell erklärten Zweck ausgewiesen, internationale Kooperationen (insbesondere zwischen den damaligen westlichen und östlichen Machtblöcken) in der Geophysik zu fördern, die durch die sich anbahnende Erschließung des Weltraums einen Schub bekommen sollte. In Rahmen dieser einmaligen Förderperiode konnte das Scripps Institut Charles Keeling eine Anstellung anbieten, der aufgrund seiner Spezialkenntnisse im Bereich der Luftmessung mit dem Leiter des US-Wetterdienstes in Beziehung stand. Das für die damalige Zeit üppige Budget erwies sich für die Messung des Kohlendioxids insofern als von Bedeutung, als mit diesem Etat erst an die Anschaffung eines kostspieligen Analysegeräts zu denken war (die damalige Summe bezifferte sich auf 6000 US$. Insgesamt beschaffte das Scripps-Institut vier Geräte (vgl. Keeling 1998: 37). In den Jahren zwischen 1955 bis 1957, als in Skandinavien bereits die Luftuntersuchungen in vollem Gange waren, führte Charles Keeling entlang der kalifornischen Küste CO_2-Messungen der Außenluft durch, die schon partiell auf jenen Verfahren beruhten, die später auf Hawaii und am Südpol eingesetzt wurden. Eine Schlüsselrolle spielte dabei die infrarotgestützte Gasanalyse. Der in Chemie promovierte Charles Keeling hatte sich bereits im Rahmen eines geologischen Forschungsprojekts, das von der US-Atomenergiebehörde finanziert wurde, auf die Messung von Kohlendioxid in der Luft spezialisiert. Als Angestellter des California Institute of Technology (CalTech) hatte er den Markt für Gasmessgeräte, die überwiegend für militärische Zwecke produziert wurden, sondiert. Jenes Gerät, namens Model 70 Infrared Gas Analyzer, das später den entscheidenden Beitrag bei der Zeichnung der Messkurve leisten konnte, wurde von einer Firma (mit dem heute nicht mehr geführten Namen „Applied Physics Corporation") in der Nähe des CalTech produziert, sodass Keeling es in Pasadena nicht nur testen, sondern mit dem entwickelnden Ingenieur persönlich in Kontakt treten konnte. Durch diesen direkten Austausch war es möglich, den Geräteaufbau so auszulegen, dass es Anforderungen der Messungen unter Extrembedingungen genügen konnte (Keeling 1998).

Im Vergleich mit der skandinavischen Messapparatur beruht das von Keeling vorgeschlagene System auf einem anderen naturwissenschaftlichen Prinzip (Harris 2010). Wie bereits erwähnt, beruht das skandinavische Verfahren auf der in der Chemie seit Langem und bis heute praktizierten Titrimetrie, mit deren Hilfe es möglich ist, einen bekannten Stoff, dessen Konzentration es jedoch zu eruieren gilt, in einer versuchstechnisch kontrollierten chemischen Reaktion mit einer Maßlösung, deren Konzentration im vorhinein festgestellt wurde, zu untersuchen. Anhand des verbrauchten Volumens der Maßlösung kann nach erfolgter Reaktion die zu ermittelnde Konzentration berechnet werden. Es ist nicht ohne Ironie, dass der in Chemie promovierte Keeling ein für die Atmosphärenluft neues Verfahren einführte, das ausgerechnet auf dem physikalischen Effekt beruht, dass Gase ganz unterschiedlich das Licht im Infrarotspektrum brechen. Die Unterschiede der Infrarotabsorption zwischen einem Vakuum und der Testmenge an Luft können durch einen akustischen Frequenzdetektor (sprich: Mikrofon) festgehalten, kalibriert und gemessen werden, sodass der CO_2-Gehalt wesentlich genauer bestimmt werden kann als bei dem chemischen Verfahren (Harris 2010). Nach seiner Aufstellung sollte das Model 70 Infrared Gas Analyzer 48 Jahre Messkurven zeichnen, ehe es 2006 außer Betrieb genommen wurde.

Wie wenig die Messgenauigkeit von Keelings Apparatur umstritten war, zeigt der Umstand, dass das skandinavische Forschungsnetz dieses bereits 1959 imitierte. „In the chemical analysis an accuracy of about +- 3 ppm [parts per million, d. A.] can be expected. Since May 1959 a gas analyser (IRGA) [infrared gas analyser, d. A.] has been used instead of the chemical analysis and has an accuracy of measurement of +-1 ppm" (Bischof 1960: 217).

7   Eine Insel als natürliches Labor: "Reliable as Mauna Loa Observatory"

Anders als das skandinavische Projekt, dessen Ansatz es war, dadurch für den ganzen Globus repräsentative Messwerte zu erreichen, indem ein möglichst großflächiges, geografisch verteiltes Netz von Samples aufgebaut wurde, beschränkte sich das kalifornische Projekt auf wenige – im Grunde 2 – Messstationen. Neben der Antarktis kam das auf dem Berg Mauna Loa gelegene Wetterobservatorium auf Hawaii für die Kohlendioxidmessungen in Betracht, da das US-amerikanische Wetterbüro dort bereits eine Station eingerichtet hatte. Die insulare Lage mitten im pazifischen Ozean, die Distanz zu industriellen Anlagen und verkehrstechnischer Infrastruktur, die Abwesenheit von einer üppigen Vegetation aufgrund des Vulkangesteins, das ausgeglichene Klima und die relative geringe Luftfeuchtigkeit (Price/Pales 1959: 2) schufen auf „natürlichem" Wege jene Bedingungen der Isolation, die es ermöglichten, dass das Mauna Loa Observatorium als eine Art Laboratorium dienen konnte, repräsentative Messungen für den globalen Kohlendioxidanstieg gewinnen zu können. Ein Ort, der einem Landeplatz auf dem Mond gleicht, wurde so zu einem strategischen Punkt, an dem die Veränderung der irdischen Lufthülle gemessen werden konnte.

Während sich das skandinavische Forschungsnetz mit Messwertschwankungen auseinandersetzen musste, wurde Mauna Loa als der ideale Ort betrachtet, die „baseline values" jenseits der saisonalen Schwankungen festzuhalten. „However, it is far from certain that a Scandinavian site as reliable as MLO [Mauno Loa Observatory, d. A.] would have soon been established", bilanziert Keeling (1978: 52) rückblickend, „[t]he Scandinavian investigators lacked the funds to embark on an ambitious continuous sampling program at a remote station".

Doch der Wert dieser Messreihe (Keeling 1960: 200) konnte erst Jahrzehnte später präzise eingeschätzt werden. Im Zeitraum von März 1958 bis März 1960 zeigten die Daten zwar eine saisonbereinigte Erhöhung der CO_2-Messwerte, doch sie entsprachen nicht den theoretisch prognostizierten Werten, die auf der Theorie von Revelle und Suess beruhten. Nur für die Werte von Luftproben, die am Südpol entnommen wurden, traf dies zu. Die saisonalen Variationen, die sich in den Daten von Mauna Loa niederschlugen, wurden den Umweltfaktoren zugerechnet, die man mit der Wahl dieses geografischen Ortes ausschalten wollte, etwa zusätzliches Kohlendioxid als Verbrennungsrückstand, herrührend von landwirtschaftlichen, industriellen und privaten Tätigkeiten (Keeling 1960: 201).

Jenseits des gesteckten Zeitrahmens wurde die Messreihe auf Mauna Loa fortgeführt. Jahr für Jahr konnte die Kurve fortgeschrieben, als „Ikon" für den kontinuierlichen Anstieg des Treibhausgases Kohlendioxid publiziert (Keeling

et al. 1976: 549) und von anderen wissenschaftlichen Laboren und Redaktions-
räumen weltweit reproduziert werden.

8   Am Nullpunkt des globalen Klimawandels

Bereits im 19. Jahrhundert formulierten die Naturwissenschaften eine grundlegende Vorstellung über die räumliche Verbreitung von Gasen. Seit dieser Zeit
ist es Lehrbuchwissen, dass Atome und Moleküle in ihrem gasförmigen Aggregatzustand die Eigenschaft besitzen, sich gleichmäßig im Raum zu verteilen.
Diese zum Naturgesetz geronnene Erkenntnis wird implizit auch den Forschungen des 20. Jahrhunderts zugrunde gelegt. Das Kohlendioxid, das den Schorn-
steinen, Kaminen und Auspuffen der industriellen Ära entwichen ist und ent-
weicht, verbreitet sich in der gesamten Atmosphäre, die jenen Container reprä-
sentiert, in dem der globale Klimawandel sich abspielt. Ein Anstieg des Kohlendioxids ist demnach – entsprechend den physikalischen Gesetzen – überall in
der Atmosphäre zu messen, ungeachtet der Distanz zu den Orten des CO_2-
Ausstoßes. Sämtliche geophysikalischen und -chemischen Forschungen, die historischen wie die gegenwärtigen sind mit dem Problem konfrontiert, dass sich
die Erdatmosphäre keinesfalls wie ein platonischer Raumkörper verhält. Die in
Verbrennungsprozessen freigesetzten Kohlendioxidmoleküle mögen sich bis in
alle Winkel der Erdatmosphäre verteilen, doch die Lufthülle der Erde ist von einer homogenen Beschaffenheit – wie sich in den Messungen der Forschungsprojekte gezeigt hatte – weit entfernt. Von überall her drohen „Verunreinigungen": die im Frühling austreibende Vegetation, Luftströmungen, Industrieemis-
sionen. Aus der Perspektive der historischen Rekonstruktion standen sowohl das
skandinavische als auch das kalifornische Projekt vor dem Problem, jenen Ort
auf dem Planeten zu finden, der es erlaubt, für die gesamte Erdatmosphäre repräsentative Werte zu messen. Das skandinavische Projekt löste dieses Problem
der Repräsentativität, indem es ein metrologisches Netz aus geografisch verteil-
ten Außen-Stationen aufbaute und unter Einbezug der räumlich zusammengetragenen Messungen in einem „Centre of calculation" (Latour 1987: 232) einen
integrierenden Messwert errechnete. Im Vergleich dazu nutzte das kalifornische
Projekt die Laborbedingungen „natürlicher" Orte, wie sie exemplarisch auf Hawaii anzutreffen waren. Die Luftmassen am Mauna Loa auf Hawaii werden zur
repräsentativen Stichprobe für die gesamte Erdatmosphäre mit ihrem unermess-
lichen Volumen an Gas.

   Sowohl das skandinavische als auch das kalifornische Projekt griffen auf
unterschiedliche Temporalitäten zurück, um die Messdaten in eine signifikante
Ordnung zu bringen. Ganz grundsätzlich können zyklische und lineare Zeitfor-
men unterschieden werden (Adam 2006: 144). Entscheidend für den Beweis der

Kohlendioxidtheorie des globalen Klimawandels war das lineare Zeitformat, das aus den jährlichen Mittelwerten eine Steigerung erkennen lässt. Wie brüchig sich dieses Zeitformat erwiesen hat, zeigte der Versuch des skandinavischen Projekts, eine lineare Entwicklung der CO_2-Konzentration unter Zuhilfenahme der historischen Messwerte nachzuweisen. Aufgrund der Unzuverlässigkeit der Methoden früherer Messungen scheiterte der Versuch, eine solche im 19. Jahrhundert beginnende bis zur Gegenwart reichende Zeitlichkeit zu entfalten. Sowohl das skandinavische als auch das kalifornische Projekt mussten aufgrund des vollzogenen Ausschlusses all derjenigen Messungen, die von der wissenschaftlichen Gemeinschaft bis dahin vorgenommen wurden, bei einem Nullpunkt beginnen: Das skandinavische Projekt im Jahre 1959, das kalifornische 1958. Ab diesem Zeitpunkt beginnt die Serie der Messwerte, die in Skandinavien nach dem „Internationalen Geophysikalischen Jahr" auch aus finanziellen Gründen (1957) enden musste. Im Gegensatz dazu gelang es dem kalifornischen Netzwerk, bestehend aus dem ozeanografischen Scripps-Institut, dem Wetterdienst, zu dessen Infrastruktur auf Mauno Loa nun auch Kohlendioxidmessgeräte gehörten, das Fortschreiben der Messkurve auf Dauer zu stellen. Mit jedem Jahr wurde die Kurve länger und trug damit – Jahr für Jahr – zur Evidenz des Kohlendioxidanstiegs und zur Theorie des menschengemachten Klimawandels bei. Jahr für Jahr konnte auf diese Weise die globale Klimaveränderung realer werden, und da sich die Messwerte nur in eine Richtung bewegten, auch irreversibler.

Neben dem Entwurf der Raum- und Zeitlichkeit des globalen Klimawandels spielt der Nachweis der Materialität eine entscheidende Rolle bei dessen ontologischer Entfaltung. Die Kurven des Diagramms sind für die weitere Kommunikation inner- und außerhalb der Wissenschaft von hoher Bedeutung. Ähnlich wie das abgelichtete Objekt einer Fotografie vermitteln diese Linien den Eindruck, das für das menschliche Auge unsichtbare Kohlendioxid würde seinen Abdruck direkt auf dem Papier hinterlassen. Der globale Klimawandel zeichnet damit nicht nur eine Spur, sondern findet im Kohlendioxid-Molekül seine Substantialität. Ein schwer fassbares Phänomen wird damit als raumzeitlich fixierbare Entität im wahrsten Sinne des Wortes verkörpert. Die Wirklichkeit einer Substanz wird nicht nur in der durch wissenschaftliche Instrumente erreichten Beobachtung stabilisiert, sondern auch durch die daraus hervorgehenden Prozesse der Quantifizierung, wie sie am Beispiel der Kohlendioxidmessung entwickelt wurde. Was gemessen und gezählt werden kann, kann als wirklich gelten. Wirklich wird etwas nicht durch ein „Sein" jenseits von sozialen Wahrnehmungs- und Kommunikationsweisen, sondern dadurch, dass dieses „Sein" jenseits der sozialen Wahrnehmungs- und Kommunikationsweisen in Praktiken und Technologien des Messens hervorgebracht wird.

9 Von der lokalen CO_2-Messung zum weltweiten CO_2-Monitoring

CO_2-Monitoring ist in der heutigen Gegenwart eine institutionalisierte Praxis, die in weltweit verzweigten Infrastrukturen durch wissenschaftlich ausgebildete Experten/Expertinnen organisiert, ausgeübt und kontrolliert wird. Das ausgedehnteste Netzwerk betreibt diesbezüglich die National Oceanic and Atmospheric Adminstration, eine Behörde, die dem Wirtschaftsministerium der USA unterstellt ist. Dieses Netzwerk unterhält sechs dauerhaft arbeitende Messstationen und führt darüber hinaus an mindestens 50 Orten wöchentlich Analysen von Luft durch, die von Flaschen eingefangen wurde. Das in Tokyo beheimatete World Data Centre for Greenhouse Gases der World Meteorological Organization führt Daten von 336 Stationen weltweit zusammen. Das Carbon Dioxide Information Analysis Center leistet eine vergleichbare Aufgabe in nationalem Maßstab für die USA.

Man kann zwei Gründe für die Entstehung einer solchen Technostruktur (Rammert 1997) anführen, einen wissenschaftlich legitimatorischen und einen historisch pragmatischen. Der erste lautet: Der Aufbau, Ausbau und die Instandhaltung dieses Kohlendioxid-Monitorings hängen unmittelbar mit der Bedeutung des Gases CO_2 zusammen. Diesem wird die in Zahlen ausdrückbare stärkste Kraft zugeschrieben, den Strahlungshaushalt der Erde so zu verändern, dass der „natürliche" Treibhauseffekt verstärkt wird. Als Verbrennungsrückstand von fossilen Energieträgern gilt Kohlendioxid als das „klimaschädliche" Gas schlechthin. Als pragmatisch-historische Ursache für die Institutionalisierung des heutigen CO_2-Monitorings ist ein Prozess ausfindig zu machen, in dessen Verlauf die Praktik des CO_2-Messens nicht nur erfunden wurde, sondern in einem Jahrhunderte dauernden Entwicklungs- und Standardisierungsprozess eine solche Stabilität erreichen konnte, dass sie sich – mit anderen Praktiken verknüpft – als ein Netzwerk nach und nach zu einer Infrastruktur entwickeln konnte.

Beide Gründe sind nicht zu trennen, sondern haben sich stets wechselseitig verstärkt. Ein historisch nachweisbares Motiv für die Entwicklung der Messapparatur lag darin, die „Kohlendioxid-Hypothese" empirisch zu belegen, die dann auf Basis der Messergebnisse weiter kommuniziert und elaboriert werden konnte, was zu weiteren Messungen ermutigte. Um die Ontologie des globalen Klimawandels zu rekonstruieren, ist es nicht sinnvoll, das Aussagesystem des „Globalen Klimawandels" gegen seine Praktiken der „Hervorbringung" auszuspielen. Diese Studie konzentrierte sich stattdessen allein auf die Praktiken, da es mit dieser Herangehensweise möglich erscheint, den Klimawandel nicht nur als ein „kommunikativ konstruiertes Phänomen", sondern auch als ein „praktisch materialisiertes" verstehbar zu machen.

Literatur

Adam, Barbara (2006): Time. Cambridge, UK: Polity Press (Key concepts).

Arrhenius, Svante (1907): Das Werden der Welten. Leipzig: Akademische Verlagsgesellschaft.

Engels, Anita (2009): The European Emissions Trading Scheme: An exploratory study of how companies learn to account for carbon. In: Accounting, Organizations and Society, Jg. 34, H. 3-4, pp. 488-498.

Bischof, Walter (1960): Periodical Variations of the Atmospheric C0,-content in Scandinavia. In: Tellus, Jg. XII, H. 2, pp. 216-226.

Bischof, Walter (1962): Variations in concentration of carbon dioxide in the free atmosphere. In: Tellus, Jg. XIV, H. 1, pp. 87-90.

Bohn, Maria (2011): Concentrating on CO2: The Scandinavian and Arctic Measurements. In: Osiris, Jg. 26, H. 1, pp. 165-179.

Callendar, G. S. (1938): The artificial production of carbon dioxide and its influence on temperature. In: Q.J.R. Meteorol. Soc., Jg. 64, H. 275, pp. 223-240.

Callendar, G. S. (1940): Variations of the amount of carbon dioxide in different air currents. In: Q.J.R. Meteorol. Soc., Jg. 66, H. 287, pp. 395-400.

Callendar, G. S. (1958): On the Amount of Carbon Dioxide in the Atmosphere. In: Tellus, Jg. X, H. 2, pp. 243-248.

Collins, Harry M. (1992): Changing order. Replication and induction in scientific practice with a new afterword. Chicago: Univ. of Chicago Press.

Crutzen, Paul J. (2002): Geology of mankind. In: Nature, Jg. 415, H. 6867, pp. 23-23.

Daston, Lorraine (2008): On Scientific Observation. In: Isis, Jg. 99, H. 1, pp. 97-110.

Economist (2011): A man-made world. Science is recognising humans as a geological force to be reckoned with. In: The Economist, pp. 73-75.

Fonselius, Stig / Koroleff, Folke / Wärme, Karl-Erik (1956): Carbon Dioxide Variations in the Atmosphere. In: Tellus, Jg. VIII, H. 2, pp. 176-183.

Fonselius, Stig / Koroleff, Folke (1955): Microdetermination of CO2 in the Air, with Current Data for Scandinavia. In: Tellus, Jg. VII, H. 2, pp. 258-265.

Fonselius, Stig / Wärme, Karl-Erik (1960): A Method to Make Standard CO2 Samples for Infrared Gas Analysis and the Operation of an IRGA Analyser for Air Samples from the Scandinavian Network. In: Tellus, Jg. XII, H. 2, pp. 227-230.

Gross, Matthias / Krohn, Wolfgang (2005): Society as experiment: sociological foundations for a self-experimental society. In: History of the Human Sciences, Jg. 18, H. 2, pp. 63–86.

Harris, Daniel C. (2010): Charles David Keeling and the Story of Atmospheric CO2 Measurements. Analytical Chemistry. In: Anal. Chem., Jg. 82, H. 19, pp. 7865–7870.

Holzhauser, H. / Magny, M. / Zumbuhl, H. J. (2005): Glacier and lake-level variations in west-central Europe over the last 3500 years. In: HOLOCENE, Jg. 15, H. 6, pp. 789–801.

Jobst, Conrad (2008): Von Arrhenius zum IPCC. Wissenschaftliche Dynamik und disziplinäre Verankerungen der Klimaforschung. Münster: Monsenstein und Vannerdat.

Keeling, Charles D. (1998): Rewards and Penalties of Monitoring the Earth. In: Annual Review of Energy and Environment, H. 23, pp. 25-82.

Keeling, Charles D. (1960): The Concentration and Isotopic Abundances of Carbon Dioxide in the Atmosphere. In: Tellus, Jg. 12, H. 2, pp. 200–203.

Keeling, Charles D. (1978): The Influence of Mauna Loa Observatory on the Development of Atmospheric CO2 Research. In: Miller, John (Hg.): Mauna Loa Observatory. A 20th Anniversary Report. (National Oceanic and Atmospheric Administration Special Report, September 1978). Boulder, Colo., pp. 36–54.

Keeling, Charles D. / Bacastow, Robert B. / Bainbridge, Arnold E. / Ekdahl, Carl A. / Guenther, Peter R. / Waterman, Lee S. / Chin, John F. S. (1976): Atmospheric carbon dioxide variations at Mauna Loa Observatory, Hawaii. In: Tellus, Jg. 28, H. VI, pp. 538–551.

Krohn, Wolfgang / Weyer, Johannes (1989): Die Gesellschaft als Labor: Die Erzeugung sozialer Risiken durch experimentelle Forschung. In: Soziale Welt, Jg. 40, S. 349–373.

Latour, Bruno (1987): Science in action: how to follow scientists and engineers through society. Cambridge, Mass.: Harvard University Press.

Latour, Bruno (2001): Das Parlament der Dinge. Für eine politische Ökologie. Unter Mitarbeit von übersetzt von Gustav Roßler. Frankfurt, M.: Suhrkamp.

Oreskes, Naomi / Conway, Erik M. (2010): Defeating the merchants of doubt. In: Nature, Jg. 465, H. 7299, pp. 686–687.

Pales, Jack C. / Keeling, Charles D. (1965): The Concentration of Atmospheric Carbon Dioxide in Hawaii. In: Journal Geophysical Research, Jg. 70, H. 24, pp. 6053–6076.

Pickering, Andrew (2008): New Ontologies. In: Pickering, Andrew / Guzik, Keith (eds.): The Mangle in Practice. Science, Society, and Becoming. Durham, London: Duke University Press, pp. 1–14.

Price, Saul / Pales, Jack C. (1959): The Mauna Loa high-altitude observatory. In: Monthly Weather Review, Jg. 87, H. 1, pp. 1–14.

Rammert, Werner (1997): New Rules of Sociological Method: Rethinking Technology Studies. In: The British Journal of Sociology, Jg. 48, H. 2, pp. 171–191.

Revelle, Roger / Suess, Hans E. (1957): Carbon Dioxide Exchange Between Atmosphere and Ocean and the Question of an Increase of Atmospheric CO2 during the Past Decades. In: Tellus, Jg. IX, H. 1, pp. 18–27.

Roe, Gerard H. / O'Neal, Michael A. (2009): The response of glaciers to intrinsic climate variability: observations and models of late-Holocene variations in the Pacific Northwest. In: Journal of Glaciology, Jg. 55, H. 193, pp. 839–854.

Sloccum, Giles (1955): Has the amount of carbon dioxide in the atmosphere changed significantly since the beginning of the twentieth century? In: Monthly Weather Review, Jg. 83, S. 225-231.

Stephan, Benjamin (2011): How to trade not cutting down trees. A governmentality perspective on the commodification of avoided deforestation. Unveröffentlichtes Manuskript, 2011, Universität Hamburg, Klimacampus.

Van Quine, Willard (1948): On What There Is. In: The Review of Metaphysics, Jg. 2, H. 5, pp. 21-38.

Weart, Spencer R. (2008): The discovery of global warming. Rev. and expanded ed. Cambridge, Mass.: Harvard Univ. Press (New histories of science, technology, and medicine).

Reden vom Raum, der ist.
Zur alltäglichen Notwendigkeit der Ontologisierung räumlicher Sachverhalte

Antje Schlottmann

1 Einleitung

Die allgemeine Gepflogenheit, von den Dingen zu reden, als *seien* sie, oder genauer, als existierten sie unabhängig vom Beobachter, ist eigentlich kein Problem. Ganz im Gegenteil, wir sichern doch auf diese Weise notwendiges kommunikatives Verständnis. Dass wir auch in Bezug auf räumliche Sachverhalte zumindest im alltäglichen Sprachgebrauch davon ausgehen, dass der Platz in der bekannten Welt, auf den wir durch Eigennamen oder Zeigewörter verweisen, für alle derselbe ist, nicht-relational, sondern absolut verankert, ist umso wichtiger, als dass erst so Wege beschrieben und Treffpunkte vereinbart werden können. Das brauchen wir jeden Tag. Das ist unproblematisch und nützlich.

Das Problem, um das es in diesem Beitrag geht, ist also zunächst einmal ein theoretisches. Theoretisch in dem Sinne, als das die Problematisierung des essentiell Seienden und einer ontologischen Festschreibung von Räumen und den Dingen im Raum erst im Rahmen eines theoretischen Paradigmas entsteht, das Räumlichkeit als absolute Tatsache kritisch betrachtet. Erst dies schafft die Voraussetzung dafür, über praktische, selbstverständliche Handlung in einer anderen Weise nachzudenken, ja, sie gegen alles herrschende Normalverständnis infrage zu stellen. Es handelt sich hier also, so gesehen, um ein selbstgemachtes Problem der Wissenschaften und aktuell namentlich der Humangeographie nach dem cultural turn. Sie hat in den letzten zwanzig Jahren eine Wende vollzogen, die auf ganz grundlegende Weise kritisches Hinterfragen aller so selbstverständlichen Essentialisierung oder Reifikation von Raum eingefordert hat (Werlen 1997; Gebhardt et al. 2004). Dem geht notwendig die Idee voraus, dass genau diese selbstverständliche Art und Weise, von den Dingen zu reden, in irgendeiner Weise nicht angemessen oder gar falsch ist, dass hier zumindest also ein

Problem vorliegt, das eine wissenschaftliche (erkenntnistheoretische oder auch empirische) Beschäftigung begründet.

Dabei war es zunächst im ersten Überschwang eine recht radikale Abkehr von einer traditionellen essentialisierenden Geographie, nämlich der „Länderkunde", hin zu einer konstruktivistischen Haltung, der des „alltäglichen Geografie-Machens", die grundsätzlich alles Absolut-Räumliche kritisierte und zum Hinauswerfen des alten Gedankengutes aufrief.[1] Das erste Problem war also die nunmehr als falsch aufgedeckte Ontologisierung von Raum und in der Folge beschäftigten sich viele Geograph_innen damit, diese Offenlegung falscher Konzeptualisierung und Behandlung in alltäglicher und wissenschaftlicher Praxis mit großem Gewinn weiterzutreiben. Nun wurde konsequent über die gesellschaftliche Konstruiertheit von Grenzen geforscht, über Zusammenhänge etwa von politischen Diskursen und Migration und über die Rolle des Sprachlichen in der Konstitution unseres Wissens über die Welt und zugrunde liegende machtdurchdrungene Geltungsansprüche.

Die absolute Realität von Raum wurde gegen eine relationale Wirklichkeit getauscht. Interessanterweise wurde (und wird) dabei über die Ontologie des Raumes diskutiert und zwar wiederum in einem ontologischen Modus. Ja wie *ist* er denn, der Raum, relational oder absolut? Und wenn er doch so, nämlich relational, *ist*, müssten wir ihn dann nicht konsequent auch so in Theorie und Praxis behandeln? Und in der Folge wurde – konsequenterweise – auch eine andere, neue Sprache gefordert, der es gelänge, die relationale Wirklichkeit des Raumes auch abzubilden. So aber entstand das zweite Problem. Denn diese neue Sprache ist – zumindest derzeit – nicht verfügbar. Denn praktisch ist die essentielle Behandlung des Raumes eben kein Problem. Im Gegenteil, das alltägliche Behandeln von Raum als „Seiendem" scheint also vielmehr eine Notwendigkeit, die es von wissenschaftlicher Seite weniger zu verwerfen, denn genauer zu betrachten gilt.

Der Beitrag wird sich im Folgenden dieser Problematik mithilfe sozialgeographischer, soziologischer und sprachphilosophischer Theoriebausteine nähern und versuchen, ihren Kern etwas genauer zu fassen und Implikationen sowie Perspektiven der alltäglichen Rede vom Raum, der *ist*, aufzuzeigen. Dabei kann es nicht um Problemlösungen gehen. Vielmehr soll die Möglichkeit bereitet werden, präziser diskutieren zu können, wie mit dem Widerspruch von nicht-ontologischem Wollen und ontologisierendem Tun umgegangen werden kann und sollte.

---

1   „Raum-Exorzismus" wurde dies von anderer, eher traditionalistischer Seite genannt (Blotevogel 1999).

2 Alltägliches Ontologisieren beobachten

Um die alltägliche Ontologisierung in der Sprachpraxis beobachten zu können, bedarf es einer theoretischen Position, die es erlaubt, nicht-reflektierte Routinen freizulegen, also quasi „hinter" die so selbstverständlich alltäglich gebrauchten sprachlichen Kategorien zu treten, mit denen wir der Wirklichkeit Sinn zuschreiben. Mit Wittgenstein (1984 [1953]) betrachtet, gibt es gute Gründe zu zweifeln, dass dies in letzter Konsequenz möglich ist. „Die Philosophie ist ein Kampf gegen die Verhexung unseres Verstandes durch die Mittel unserer Sprache" (ebd.: § 109) und der „Weg aus dem Fliegenglas", also auch die Überwindung dessen, was nicht infrage zu stellen ist, scheint doch eher ausweglos (ebd.: § 309). Eine handlungszentrierte Perspektive bietet diese Möglichkeit zumindest ansatzweise. Erweitert in einem strukturationstheoretischen Sinne (Giddens 1997), erlaubt sie zudem, über die Figur des „Hintergrunds" (Searle 1997: 139 ff.) die Schichtung von unterschiedlich stabilen Strukturierungsweisen zu erfassen, und ermöglicht damit die Unterscheidung der Verhandelbarkeit von Elementen raumbezogenen Sprechens. Je tiefer etwas im „Normalverständnis" verankert ist, desto mehr Verweise bestehen und beanspruchen Gültigkeit und desto selbstverständlicher und weniger verhandelbar sind die Kategorien. Die Hintergrundstrukturen, unsere „Grammatik der Weltdeutung" (Anderson 1998, vgl. Wittgenstein 1984 [1953]), werden in alltäglicher Praxis gleichzeitig produziert und reproduziert. Die Handlungstheorie bietet zudem den Vorteil, dass sie sich einer alltagsweltlichen Sprache bedient. Sie operiert in einem öffentlich zugänglichen Verständnis, nah an der alltäglichen Rationalität des Sprechens und Handelns. Weil sie selbst keine Ontologie sein will beziehungsweise sich (impliziten) ontologischen Vorannahmen kritisch entgegenstellt, erlaubt sie die Beobachtung von essentialisierender und ontologisierender Handlung. Dies ist allerdings nur dann der Fall, wenn sie konsequent die Wirklichkeit als permanente Verwirklichung von Sachverhalten in der Handlung fokussiert. Eine Argumentation einer richtigen oder falschen Beschreibung von Wirklichkeit wäre damit inkonsistent.

Innerhalb der *Geographie* ist die „Beziehung von Gesellschaft und Raum" Gegenstand der *Sozialgeographie* (vgl. Werlen 2004). Im weiteren Sinne sind jedoch alle in den letzten Jahren verfassten Publikationen, die sich auf den *„cultural turn"* im deutsch- und englischsprachigen Diskurs beziehen, mit diesem Zusammenhang befasst (vgl. Berndt/Pütz 2007; Gebhardt et al. 2004). Als konstruktivistische Ansätze befassen sich heute die meisten von ihnen mit der Verwirklichung von Raum und wollen die essentialistischen Raum-Kategorien möglichst ganz hinter sich lassen. Geographie historisch betrachtet, gibt es dafür gute Gründe, sind doch gerade die absolut-räumlichen Konstruktionen immer wieder die Grundlage einer undifferenzierten Diskriminierung von Völkern und

Mentalitäten gewesen (Werlen 2004). In vielen Ansätzen der new cultural geography gerät dabei allerdings aus dem Blick, dass selbst wissenschaftliche Akteure selbstverständlich und in essentieller Manier vom Raum sprechen und ihn
damit – in Anlehnung an Kant – durch sprachliches „Fürwahrhalten" (Simon
1996: 240) ontologisch verwirklichen. Und so gelingt es eben nicht, die „alte
‚Raumfalle' der Sozialwissenschaften" zu umgehen (Lossau/Lippuner 2004:
204).

Die „Sozialgeographie alltäglicher Regionalisierungen" von Werlen (1997,
1999, 2010) fordert hingegen, Raum zwar nicht ungefragt als absolutes Objekt
vorauszusetzen, sondern sich im Gegenteil auf die soziale Herstellung von
Raum zu konzentrieren, ohne dabei aber sämtliche räumliche Wirklichkeit auszublenden. Geographie, so die einfache Formel, ist nicht, sondern wird gemacht,
und zwar nicht nur von Experten am Computer oder Kartentisch, sondern von
jedem, jeden Tag und zu jeder Zeit. Geographie entsteht dann, wenn wir selbstverständlich handelnd auf räumliche Sachverhalte Bezug nehmen oder uns
räumlicher Ordnungen bedienen. Die räumliche Wirklichkeit erschließt sich
demnach über den analytischen Blick auf Handlungen, welche der (existierenden) materiellen und demnach auch absolut-räumlichen Welt Sinn und Bedeutung verleihen.

Handlungen unterscheidet Werlen dabei analytisch in zweckrationale,
normative und verständigungsorientierte Tätigkeiten (Werlen 1997: 235). Aus
Letzteren leitet er die „informativ-signifikativen Regionalisierungen" ab (ebd.).
Dies sind alle Arten der zeichenhaften und kommunikativen Herstellung, Koordinierung und Strukturierung von Umwelt. Dabei wird der Fokus jedoch nicht,
wie etwa in system- oder diskurstheoretischer Perspektive, auf kommunikative
Anschlüsse gerichtet, sondern auf die intentionale symbolische Praxis von
(menschlichen) Akteuren. In einer auf die alltägliche Sprachpraxis bezogenen
Weiterentwicklung (Schlottmann 2005) ist diese individuelle Ebene allerdings
nicht notwendig als Kategorie bewusster Akte zu verstehen. Sie steht konzepti-
onell in Verbindung mit Handlungssituationen, -kontexten und den soziokultu-
rellen Hintergründen der Handelnden. Das heißt, es wird ein kollektives, kon-
ventionelles, wenn nicht gar strukturelles Moment vorausgesetzt in der Art und
Weise, wie sich jeder Einzelne symbolisch auf Raum bezieht.

Und dies schließt nun natürlich auch die Wissenschaft als machtdurch-
drungenes Praxisfeld ein. Die Sozialgeographie, so sie mit einem Raumbegriff
als „Konzept von Raumkonzepten, die im Handeln konstituiert werden" arbeitet
(Werlen 1997: 152), ist daher angehalten, auch die wissenschaftliche Reifizie-
rung von Raum in den Blick zu nehmen, anstatt sie lediglich zu betreiben. Sie
sollte sich dafür interessieren, wie die objektive (essentialistische, reifizierende)
Konnotation von Raum in die Herstellung von Wirklichkeit eingelagert ist, dürf-

te sich selbst davon aber nicht auszunehmen, sondern müsste ihr Tun gleichsam der Alltagswelt zuschlagen.

Mit diesem epistemologischen Kniff sind nun allerdings ontologische Verwicklungen verbunden. Dies lässt sich exemplarisch in den Argumentationen nachvollziehen, mit denen die neue wissenschaftliche Perspektive begründet wird. Sozialgeographische Forschung soll nach Werlen den sozialontologischen Bedingungen spät-moderner Gesellschaftsformen gerecht werden (Werlen 1999: 132 f.). Die Begründungslogik wird folgendermaßen entwickelt: Die Spät-Moderne sei (im Gegensatz zur traditionellen Gesellschaft) nicht länger von Raum als „sozial sinnkonstitutivem" Element geprägt. Von der geographischen Raumforschung sei die Perspektive somit auf eine „Erforschung der Bedeutung räumlicher Bedingungen für das Handeln der Subjekte" zu verlegen (Werlen 1999: 133). Anders ausgedrückt: Das Gesellschaft-Raum-Verhältnis ist heute vonseiten der Gesellschaft aus zu betrachten, weil es nunmehr von dort aus bestimmt *wird*, soll heißen, weil spät-moderne Gesellschaften räumlich „entankert" *sind* (Werlen 1999: 127).

Ontologie soll dabei laut Werlen zwar explizit nicht essentialistisch, sondern als „*bewußtseinsmäßige* Seinsweise der ‚Dinge', ‚Gesellschaft' und ‚Raum' verstanden werden" (Werlen 1997: 11; eigene Hervorhebung). Dennoch erliegt diese Argumentationslogik auch einer alltäglichen real-ontologischen Raumbegrifflichkeit: Plädiert wird von Werlen für eine bewusstseins- beziehungsweise bedeutungszentrierte Raumforschung, er argumentiert indes mit geo-sozialen *Ist*-Zuständen.

Die sich hier auftuende Ontologie-Falle lässt sich noch einmal anders erläutern: „Aufgrund der technologischen Folgen dieser Neuzentrierung des Weltverständnisses leben wir heute nicht mehr nur in regional bestimmten bzw. beschreibbaren Verhältnissen", konstatiert Werlen (1997: 1). Wenn aber die *bewusstseinsmäßige* Seinsweise von Gesellschaft und Raum als ontologisches Kriterium konsequent angelegt würde, wären die analytischen Begriffe „regional" oder „verankert" sinnlos, zumindest ohne eine andersartige Gesellschaftsform als Maßstab. Eine Ontologie vormoderner Verankerung trägt den Begriff spät-moderner Entankerung immer schon in sich, ist somit *re*konstruiert. Ein räumlich geklammertes Selbstverständnis von Gesellschaften wird erst vor dem Hintergrund eines heute irgendwie andersgearteten raumbezogenen Selbstverständnisses *ex post* zugeschrieben.

Wenn also Raum konsequent als subjektzentrierter formal-klassifikatorischer Begriff gedacht würde, der „erst in Handlungsvollzügen unter bestimmten sozialen Bedingungen bedeutsam wird", wie Werlen (1999: 221) es einfordert, dürften eigentlich nicht „regional bestimmte Verhältnisse" zur Abgrenzung von Ausprägungen des Gesellschaftlichen herangezogen werden. Denn damit würde das „Regionale" wieder der Praxis enthoben und zum Zwecke der Deskription von *Seinsweisen* außerhalb des sinngebenden Vollzugs gestellt. Das ist der Kernpunkt einer Kritik, die zeigen soll, dass das Regionale selbst in hochreflektierten Argumentationen wider den Essentialismus erneut ontologisiert wird. Der ontologische „Gesellschaft-Raum-Begriff" („verankert", nicht: „verankertes Bewußtsein") wird zu einer Erklärung, warum *heute* ein anderes (spät-modernes) Raum-Verständnis nötig ist. Weil sich die Ontologie verändert hat („entankert", nicht: „entankertes Bewußtsein"), so das ontologische Grundgerüst der Argumention Werlens, soll man sich nunmehr einem neuen, adäquaten, (handlungszentrierten) Raum-Begriff zuwenden.

Sind diese Verwicklungen und die damit verbundenen Inkonsistenzen nun aber ein spezifisches Problem des Werlenschen Entwurfs (vgl. Hard 1999, Sahr 1999)? Werlen zeichnet ein idealtypisches *Bild* unterschiedlicher Gesellschaftsformen, das durchaus plausibel ist. So kann heute konstatiert werden, dass es eine Zeit gab, in der Gesellschaften aufgrund ihres Entwicklungsstandes in ihrer Ausdehnung („Lebenswelt") mit physischen Gegebenheiten eher in Deckung standen als heute („Lebensraum"). Ein Tal zum Beispiel – so lässt sich rückblickend festhalten – markierte tatsächlich auch die Reichweite gemeinschaftlichen Handelns, auch wenn man nicht unbedingt weiß, ob diese „Begrenzung" (oder „Beengung") von den Mitgliedern der Talgemeinschaft bewusstseinsmäßig so gedeutet wurde. Bei aller Plausibilität wird aber auch ersichtlich, dass die von Werlen kritisierte „verräumlichende" Denkweise von ihm selbst argumentativ eingesetzt wird. Die „Überführung des geographischen Raumes in einen anderen ontologischen Aggregatzustand" (Hard 1999: 134) stützt sich auf ein (essentialistisches) Korrespondenzpostulat einer ontologischen Wirklichkeit des Raumes. Raum wird nun der sozialen Welt zugesprochen. Zur Abgrenzung der spätmodernen, entankerten, raum-konstruierenden Gesellschaft wird aber eine „alt-geographische", das heißt, eine absolut-räumliche Semantik aus der materiellen Welt herangezogen. Plausibel ist das aber nicht zuletzt deshalb, weil sich diese Semantik eben an ein allgemeines *Normalverständnis* anlehnt. Ist die „magische Attitüde" (Hard 2002 [1992]: 236) also nicht doch alternativlos, nämlich Raum als konkrete Wirklichkeit oder als „das Ding an sich" zu denken? Schon die Frage, ob denn der Raum ein gesellschaftliches Phänomen „sei" (oder nicht), impliziert doch bereits eine ontologische Setzung. Selbst explizit „nicht-essentialistische" kulturwissenschaftliche Ansätze, zum Beispiel Appadurai (2000), scheinen daher implizit sogar bei der Suche nach neuen Raumkonzeptionen auf eine räumliche, vergegenständlichende „Sprache" angewiesen.

Zunächst ist daraus nur abzuleiten, dass die alltäglichen Ontologisierungen von Raum nicht als überholt zu verwerfen sind, zumindest nicht, wenn man der ontologischen Verwicklung handlungstheoretisch und konstruktivistisch konsequent auf den Grund gehen will. In der gesellschaftlichen Kommunikation – auch moderner Gesellschaften, wie Hard (1999: 155) sich etwas erstaunt hat überzeugen lassen – spielt die reifizierende Raumsemantik offenbar eine (funktionale) Rolle und zwar keine geringere „als irgendwann früher ‚in einfachen Gesellschaften'". Interessant scheint dann doch vielmehr die weitere Erkundung ihrer Spuren und vor allem von ihrer Funktionalität, um wirklich verstehen zu können, ob und inwieweit sie denn überhaupt verzichtbar sind.

3   Reden vom Raum, der *ist*

Um der alltäglichen ontologisierenden Rede vom Raum näher auf die Spur zu kommen und sie verhandelbar zu machen, scheint es notwendig, sie analytisch noch besser, das heißt, vor allem differenzierter zu begreifen. John Searle (1974, 1982, 1991, 1997, 2001, 2006) bietet mit seiner Erweiterung der Sprechakttheorie hierzu eine aussichtsreiche theoretische Befruchtung der handlungstheoretischen Sozialgeographie an.

„Wann immer ich in einer normalen Sprechsituation eine dieser akustischen Emissionen von mir gebe, habe ich – wie man das nennen kann – einen Sprechakt vollzogen" (Searle 2001: 163). Mit dieser Auslegung macht Searle die bloße Äußerung bereits zu einer Tätigkeit, die sich nicht reaktiv zu einer äußeren Wirklichkeit verhält, sondern konstruktiv auf diese Einfluss nimmt. Sprechakte vermögen, ihren eigenen Referenten zu erzeugen, und sie vermögen darüber hinaus, Anschlusshandlungen zu initiieren. Searle unterscheidet die „akustischen Emissionen" („lokutionären Akte"), deren Vollzug mit kommunikativer Geltung (die „illokutionären Akte", wie Behauptungen, Fragen, Bitten, Warnungen) und das, was diese kommunizierten Äußerungen beim Hörer oder Leser „anrichten", die sogenannten „perlokutionären Akte" (Searle 1974). Letztere stellen die Verbindung zwischen individuellem Handlungsakt, dem kulturellen Hintergrund des Hörers sowie dem gesellschaftlichen Kontext der Kommunikation her. Der Sprechakt kann zwar semantisch getrennt davon betrachtet werden, muss aber immer in diesen intersubjektiven Kontext gestellt werden (Austin 1962). Searle (1997) bettet Sprechakte demnach in eine größere Theorie zur „Konstruktion gesellschaftlicher Tatsachen" ein und so wird der Zusammenhang von subjektbezogener Einzelhandlung und intersubjektiver Ebene für die sozialgeographische Perspektive fruchtbar.[2] Denn diese Erweiterung reicht

---

2   Für eine diskurs- und ideologiekritische Erweiterung s. Butler (1997). Für kritische Diskussionen von Searles Werk siehe insbesondere Derrida (2001) über die (Un)Bestimmtheit und (Un)Bestimmbarkeit von Sinn in performativem Sprachgebrauch, daneben Burkhardt (1990), auch Krämer (2001). Für eine neuere Diskussion Grewendorf und Meggle (2002) sowie

weit über die reduktionistische Grundannahme hinaus, alle Wirklichkeit ließe sich semantisch begreifen. Die Sprechakte werden lediglich zum Ausgangspunkt der Frage, wie durch Funktionszuweisungen soziale Tatsachen geschaffen werden, die ohne Sprache nicht existieren würden. In Verbindung mit Werlens Theorie kann somit von einer alltäglichen regionalisierenden Sprachpraxis ausgegangen werden. Im Vollzug des Sprechens werden räumliche Sachverhalte nicht nur adressiert, sie werden auch festgeschrieben. Die Art und Weise, wie wir über Raum reden, ist ein Bestandteil unseres Normalverständnisses darüber, wie Raum beschaffen ist.

Interessant ist nun, dass zur alltäglichen konstitutiven Rede vom Raum auch die Behandlung von Raum als einem ontologisch objektiven Gegenstand tritt. Es ist sozusagen Teil der Sprachpraxis – zumindest in Sprachen der westlichen Welt –, dass von einem Raum, der „ist", gesprochen wird, auch wenn neuere Ontologien Raum als Produkt von Gesellschaft begreifen und mit dem absolut-metrischen Raum, dem Raum der Lagebeziehungen, dem Raum der Wahrnehmung sowie dem relationalen Raum der Bedeutung mindestens vier Raumbegriffe unterscheiden (Wardenga 2002).

Dies ist ein Verweis auf die (Un-)Möglichkeit, Aussagen über die Wirklichkeit zu treffen, ohne dabei eine Form von Realismus vorauszusetzen, also ohne sich darauf zu beziehen, wie die Dinge (die Räume, die Welten etc.) sind. Dieser „externe Realismus" ist Searle zufolge (1997: 159 ff.) eine Grundvoraussetzung der zeitgenössischen Weltsicht und eine grundlegende, selbstverständliche Bedingung für die Verstehbarkeit von Diskursen („intelligibility of discourse") (Searle 1995: 181; 1997: 191). Die Voraussetzung des externen Realismus ist somit eine Bedingung von Kommunikation, weil „Ausdrücke den Anspruch erheben, sich auf eine öffentlich zugängliche Wirklichkeit zu beziehen, auf eine Wirklichkeit, die ontologisch objektiv ist" (Searle 1997: 196). Gleichzeitig wird damit auf die (Un-)Möglichkeit verwiesen, bei der Darstellung von Sachverhalten auf eine räumlich-kategorielle Begrifflichkeit zu verzichten, eine Begrifflichkeit, die den Dingen, die sind, eine Stelle im Raum, der ist, zuweist. Diesen Sachverhalt wird im Folgenden noch einmal exemplarisch verdeutlicht.

Zuvor erscheint es aber sinnvoll, noch eine weitere begriffliche Unterscheidungen Searles als Hilfestellung für eine Präzision der Problematik des alltäglichen Ontologisierens in Anspruch zu nehmen. Diese Differenzierung wird es möglich machen, genau zu erfassen, was eigentlich verhandelt wird, wenn das Essentialisieren, Reifizieren oder Ontologisieren (kritisch) diskutiert wird.

Smith and Searle (2003) und insbesondere das Symposium in der Zeitschrift Anthropological Theory (Searle 2006). Für die geographische Rezeption Zierhofer (2002).

Searles erste grundlegende Differenzierung bezieht sich auf die Abhängigkeit von Gegenständen und/oder Sachverhalten von einem Beobachter. Er unterscheidet – einem gemäßigten Realismus folgend – beobachterabhängige Tatsachen (zum Beispiel Geld) von beobachterunabhängigen Gegenständen (zum Beispiel Schnee). Diese Unterscheidung begründet er über die Erfüllungsbedingungen von ontologischen Aussagesätzen: „Es schneit" ist wahr oder nicht wahr, unabhängig von menschlichen Einstellungen, während „dies ist ein 10-Euro-Schein" nur dann wahr ist, wenn es ein Normalverständnis gibt, welches das bedruckte Papier als 10-Euro-Schein intersubjektiv gelten lässt. Für die geographische Perspektive noch interessanter lässt sich dieser Unterschied anhand des beobachterunabhängigen Gegenstands „Mauer" und der beobachterabhängigen Tatsache „Grenze" verdeutlichen. „Dort ist eine Mauer" ist in der Erfüllungsbedingung unabhängig von menschlichen Einstellungen. „Diese Mauer war die Grenze zwischen West- und Ost-Berlin" fußt im Wahrheitsgehalt auf Institutionen, die diese Mauer als Grenze reproduziert haben. Nach Searle folgt diese Institutionalisierung von gesellschaftlichen Tatsachen der kollektiven Funktionszuweisung der Formel x zählt als y in Kontext K (Searle 1997: 38), und die – machtvoll gesicherte – Funktionszuweisung ist konstitutiv für die Tatsache selbst, weil die Mauer eben nicht von sich aus, also ursächlich, eine Grenze ist. Entscheidend ist vielmehr, ob sie als solche behandelt wird. In jedem Fall, selbst bei den beobachterabhängigen Tatsachen, ist jedoch eine realistische Grundannahme im Spiel, die jeder Verständigung vorausgehen muss und vor der jede Aussage erst ihren Wahrheitsgehalt erlangt. So besteht Searle (1997: 170) zwar auf der Kontingenz von Grenzziehungen („Die Welt teilt sich so auf, wie wir sie aufteilen"), weist aber gleichzeitig auf die notwendige Vorannahme eines externen Realismus hin: „Wenn es nicht schon ein Territorium gibt, wo wir Grenzen ziehen können, dann gibt es keine Möglichkeit, irgendwelche Grenzen zu ziehen" (ebd.: 175). Aus der Tatsache, dass eine Beschreibung nur relativ gemacht werden kann, weil in der Menge aller linguistischen Kategorien Beschreiben immer auch anders möglich ist, ist Searle zufolge also nicht abzuleiten, dass die beschriebenen Objekte auch nur relativ zu diesen Kategorien existieren (ebd.).[3]

Die Unterscheidung von beobachterrelativen und immanenten Gegebenheiten erscheint zunächst einmal plausibel. Wenn man sie akzeptiert, ist nun

---

3   Diese Unterscheidung und die damit ersichtlichen Missverständnisse von Vertretern konstruktivistischer und realistischer Positionen macht Searle in der Materialismus-Debatte interessant, welche angeregt durch die „Actor-Network-Theory" (Latour 1993, Law/Hassard 1999, Thrift/Dewsbury 2000) die Verbindung von geistigen und materiellen Entitäten (neu) zu beschreiben sucht (vgl. Schlottmann et al. 2011).

aber interessant zu betrachten, dass sie sprachlich keineswegs notwendig gezogen wird beziehungsweise werden muss. Im Gegenteil, es ist genau die Behandlung von gesellschaftlichen beziehungsweise politischen als „natürlichen" Grenzen, die zu reduktionistischen, raumdeterministischen und damit geo-politisch problematischen Diskursen führt(e). Genau diesen Fehler hat in der Geographie Wolfgang Hartke schon früh thematisiert und ihn zu seinem Entwurf der Sozialgeographie als Gesellschaftswissenschaft geleitet (Hartke 1959; vgl. Werlen 2000: 144 ff.).

„Ontologisieren" erscheint nun also als Verwechslung von wesentlichen und zugeschriebenen Eigenschaften der Wirklichkeit. Oder etwas schwächer formuliert: Ontologisieren scheint maßgeblich etwas mit Widersprüchen zwischen der Konstitution und der sprachlichen Behandlung von Wirklichkeit zu tun zu haben. Und dies lässt sich noch etwas klarer fassen, denn Searle führt noch zwei weitere Unterscheidungen ein, die von *epistemischer* Subjektivität und Objektivität und die von *ontologischer* Subjektivität und Objektivität (Searle 1997: 23). Tabelle 1 stellt die Unterscheidungen beispielhaft zusammen. Beobachterunabhängige Eigenschaften der Wirklichkeit können allein subjektiv wahrnehmbar sein, etwa dann, wenn ich mir beim Übersteigen einer Mauer das Knie anstoße und Schmerzen wahrnehme. „Ich habe Schmerzen" hat als Aussage Erfüllungsbedingungen, die nicht objektivierbar sind, im Gegensatz zur Aussage „dort hinten ist eine Mauer". Ob ich diese Mauer als Bedrohung wahrnehme, ist ebenfalls eine subjektive Angelegenheit, aber nicht in ontologischem, sondern in epistemischem Sinne – eine Bedrohung ist eine Zuweisung auf der Grundlage bestimmter persönlicher Erfahrungen, Werthaltungen und Dispositionen. Die Institutionalisierung der Mauer als Grenze ist hingegen ebenfalls eine epistemische Angelegenheit (siehe oben), aber in einem objektiven Sinne, insofern dies nicht von persönlichen Einstellungen und anderem abhängt.

ontologisch subjektiv (Schmerz)	ontologisch objektiv (Mauer)
epistemisch subjektiv (Bedrohung)	epistemisch objektiv (Grenze)

Tabelle 1: Ontologische und epistemische Objektivität und Subjektivität nach Searle (1997)

Mithilfe dieser Unterscheidungen lässt sich nun präzise beschreiben, was bei dem von Werlen und anderen Geographen, Kultur- und Sozialwissenschaftlern kritisierten Essentialisierungen geschieht bzw. worin das Problem besteht: *Epistemisch* subjektive oder *epistemisch* objektive Tatsachen werden im alltäglichen Sprachgebrauch und daran anschließenden perlokutionären Akten wie *ontolo-*

gisch objektive behandelt. Dadurch erhalten sie einen Status, der sie unverhandelbar, quasi „natürlich" erscheinen lässt.

Im Hinblick auf das sozialgeographische Anliegen, die Bezugnahme auf Raum und Räumlichkeit zu betrachten, verbindet sich diese Ontologisierung mit dem Gebrauch von Logiken der Verortung. Das heißt, sie wird gestützt durch eine bestimmte Art und Weise, wie wir von Räumen sprechen, insbesondere von räumlichen Einheiten. Eine dieser Sprechweisen beruht auf der ontologischen Container-Metapher. Sie bringt das Konzept eines absoluten Behälterraums mit Begriffen, wie Landschaft, Stadt oder Land, in Verbindung. Die dabei erfolgende Übertragung von einem klar begrenztem Innen und Außen folgt den Logiken, dass erstens alles entweder innerhalb *oder* außerhalb eines Containers A ist und dass zweitens, wenn Container A in Container B liegt, ein Element aus A auch in B ist (Lakoff 1990: 272). Dabei wird alles in Behälter A mit einem *so* gleichgesetzt und alle Elemente in A werden als untereinander ähnlich angenommen. „In Jena" leben die Jenaer / gibt es Jenaer Flair / gibt es Plattenbauten und so weiter. Dieses Prinzip unterliegt zudem einer Hierarchie, insofern verschiedene Container ineinander geschachtelt erscheinen. Weil Jena in Thüringen und in Ostdeutschland (oder auch Mitteldeutschland) liegt, erscheinen die Jenaer auch als (typisch) ostdeutsch – so wie man eben *in* Ostdeutschland ist (vgl. Schlottmann et al. 2007). Ein anderes Beispiel, an dem ich die mit der ontologisierenden Rede vom Raum bzw. von Raumausschnitten verbundenen Implikationen auch in Bezug auf die bildliche Vorstellung näher ausgeführt habe, ist die Darstellung von Griechenland (Schlottmann 2008), ein Beispiel, das aber genauso wie Jena in Bezug auf die zugrunde liegenden Logiken beliebig austauschbar ist.

So wird zum Beispiel das Normalverständnis, dass „in Griechenland" das Meer blau ist (epistemisch objektiv), in der Sprachpraxis zu einer wesentlichen Eigenschaft des Meeres in Griechenland und gleichsam des Containers „Griechenland" als solchem (ontologisch objektiv). Ähnlich und sehr viel problematischer kann es genau so passieren, dass die Ansicht, dass Griechen faul sind („Meines Erachtens sind Griechen faul" = epistemisch subjektiv) als wesentliche Eigenschaft der Griechen verhandelt wird („Griechen sind faul" = ontologisch objektiv).

Aber der Nutzen dieser Strukturierungen darf nicht übersehen werden. Bereits grundlegende Konzepte, wie „Herkunft" oder auch „Migration", fußen entscheidend auf Vorstellungen eines klar definierten „Woher" bzw. „Wohin". Entweder man ist daheim oder in der Fremde. Entweder in Griechenland oder Deutschland. Und wenn der Heimatort in Griechenland liegt, dann „ist" man auch Grieche. Das Vergegenwärtigen dieser „ungeschriebenen" und meist ungefragt akzeptierten Logiken hilft entscheidend beim Verständnis von Identitätsbildungsprozessen und deren Institutionalisierung, etwa dann, wenn es um ein neues Zuwanderungsgesetz geht, das die „Ausländer" trennscharf definiert und ihren Zustrom regelt. Eine rational angenommene Ambiguität und Kontingenz kultureller Zugehörigkeit und Verortung lassen sich mit diesen sprachlichen Mitteln allerdings nicht ausdrücken (Schlottmann 2002).

Weiterhin ist es aber wichtig zu bedenken, dass die räumlichen Logiken und die als ontologisch objektives Faktum konzeptualisierte Räumlichkeit wiederum eine Bedingung für signifikative Anschlusshandlungen sind. Das heißt, es wird in der Praxis begründend auf sie Bezug genommen. Dies ist die Ebene der gesellschaftlichen Bedeutung der Elemente und Logiken, die sich in einzelnen Sprechakten finden. Diese Betrachtungsebenen verdeutlicht Tabelle 2. Die Wirkungen der Verortungsmodi sind als Vorstellungsweisen von der Welt und ihrer Räumlichkeit demnach handlungsleitend.

Betrachtungsebene	Beispiele
gesellschaftliche Bedeutung (Iteration) (Konzept als Handlungsbegründung)	Das Container-Prinzip (z. B. „in Griechenland ist das Meer blau") als Begründung von Entscheidungen und Maßnahmen: z. B. Reisen *in* den (attraktiven) Container (Tourismuskonzepte, räumliche Mobilität)
Effekt	Territorialisierung; Grenzbildung: Innen und Außen, Behälter bestimmt Inhalt
Logik	Flächenausschnitt = Container gleicher Eigenart
Element sign. Regionalisierung	*in* Container A

Tabelle 2: Schema der gesellschaftlichen Bedeutung des „Container"-Konzepts

Wenn etwa Griechenland als Container konzeptualisiert und sein ontologisch verorteter Inhalt positiv bewertet werden (dort, innerhalb der Grenzen, ist es grün, hügelig, dort sind blaues Meer und lauer Wind, dort ist es schön und sonnig, sind die Menschen sympathisch etc.) wird mit der Reisezielentscheidung „Griechenland" (dorthin) auch begründend auf die Container-Logik Bezug genommen. Anders betrachtet, sind solche Logiken auch handlungs-ermöglichend, insofern sie bestimmte Erwartungen erzeugen und dabei, wiederum begründend, auf ein geltendes Normalverständnis Bezug nehmen. Griechenland als Container von Meer, Wind und freundlichen Leuten ist gleichzeitig auch eine Bedingung der Möglichkeit der Reisezielentscheidung und des Reisens selbst. Und weil es sich um eine wesentliche, ontologisch objektive Eigenschaft der Welt zu handeln scheint, wird es auch ganz selbstverständlich, dass man sich physisch dorthin begeben muss, um all das zu erleben, was offenbar in diesem Land vorhanden ist – Enttäuschungen nicht ausgeschlossen, die aber, auch dies folgt der Logik, dann oftmals begründend vom Container ausgenommen werden („hier ist es ja gar nicht wie in Griechenland" / „diese Ecke ist ja nicht das richtige Griechenland").

4 Können wir auch anders?

Aus den vorhergehenden Betrachtungen ist festzuhalten, dass der Gebrauch von eindeutigen, trennscharfen und vergegenständlichenden Raum-Konzepten in der Alltagspraxis, also das „signifikative Regionalisieren" in Verbindung mit einer Verschiebung von epistemischer zu ontologischer Objektivität, eine ganze Reihe von Strukturierungen ermöglicht, ohne die Verständigung und soziales Miteinander, zumindest so, wie wir sie kennen und über weite Strecken selbstverständlich akzeptieren, kaum möglich scheinen. Alltägliches Identifizieren von Menschen oder Gegenständen gehört genauso dazu wie die Orientierung, das Organisieren und das Identifizieren von Dingen (und sich selbst). Gerade aufgrund ihrer konstitutiven Funktion sind viele der Konzeptsysteme hochgradig institutionalisiert und reichen weit in routinisierte politische und wirtschaftliche Praktiken hinein. Die Annahme einer ontologischen Objektivität räumlicher Sachverhalte stützt die gesellschaftliche Kommunikation und Organisation dabei wesentlich.

  Verortung und Bewegung sind Konzepte, die erst durch „räumliche Denkhilfen", wie das Konzept „Innen und Außen" (dort ist es so, hier anders) handhabbar werden. Im alltäglichen Umgang wird die Zuschreibung bestimmter Qualitäten, auf passende Weise verkürzt, über die heimatliche Verortung erfragt. So ist zum Beispiel „woher kommst Du?" eine der ersten Fragen beim Kennenlernen und in der Tat sprechen wir bereits von Kennenlernen, wenn wir in Erfahrung bringen, wo die, der oder das Andere herkommt. Denn die Erkundigung erwartet Antwort auf die viel größere Frage nach dem kulturellen, ideologischen oder religiösen Hintergrund, den eine Person „von dort" mitbringt und die sie als Raumzugehörige trennscharf einordnen lässt. Die hintergründigen Erwartungsmuster werden dabei in Bezug auf die kollektiven Kategorien imaginierter verorteter Gemeinschaften identifizierend und organisierend in Anschlag gebracht.

Die Antwort „Ich komme aus der Welt" wird auf die Frage „woher kommst Du?" nicht selbstverständlich akzeptiert, weil sie die erwartete identifikatorische und organisatorische Funktion nicht erfüllt. Genauso schwierig scheint es für Zuwanderer zu sein, ambivalente Zugehörigkeit zu vermitteln. „Was bist Du nun, Türke oder Deutscher?" ist dann oft die Nachfrage und ein „Beides" lässt sich in die gängigen Konzeptsysteme nicht einordnen. Der eindeutige, festgeschriebene Ortsbezug ist zentral für die „persönliche Verortung" wie für die Identifizierung Anderer und hat damit auch eine zentrale Funktion für ein Gefühl des Überblicks und der Sicherheit. Er erlaubt den Rückschluss von einem räumlich zusammengefassten Umfeld auf wesentliche, stabile Geisteshaltungen, Eigenarten und Qualitäten und vereinfacht das „sich in Beziehung Setzen" zur (Um-)Welt. Dabei mag es heute nicht mehr so entscheidend sein, ob nun der Geburts-, der Herkunfts- oder der Wohnort abgefragt werden, doch der Ortsbezug bleibt auch in spätmodernen Zeiten ein relativ stabiles Kriterium und erhält so seine fortlaufende Bedeutung.

Im Hinblick auf die Funktionalität der Ontologisierung von Raum ist die Frage „Können wir auch anders?" daher anders, normativ, zu stellen: Warum sollten wir anders? Müssen die aufgezeigten zunehmenden Widersprüche tatsächlich zum Anlass genommen werden, die Alternativen der alltäglichen (signifikativen) Ontologisierung von Raum zu überdenken? Sollten wir tatsächlich eine neue Sprache finden, mit der sich auch das Kontingente, Mehrdeutige, Ambivalente und Mehrdimensionale, ein „Sowohl-als-Auch" statt eines „Entweder-Oder" bzw. eines „Sein oder Nicht-Sein", artikulieren ließe? In Bezug auf Reisezieldarstellungen und den damit verbundenen Entscheidungen scheint dies in der Tat nicht besonders drängend. Aber wären mit einer anderen Sprachregelung nicht nationalistische Bewegungen und Ausländerhass zu vermeiden, die zwar nicht zwingend aus den alltäglichen Festschreibungen hervorgehen, von diesen aber ermöglicht und begünstigt werden?

Diese Fragen haben weniger etwas mit der prinzipiellen Machbarkeit zu tun, sondern vor allem mit gesellschaftlichen Werten und politischen, respektive programmatischen Zielsetzungen. Wenn die Essentialisierungen aus grundsätzlichen Überlegungen heraus (externer Realismus) wie auch praktisch zumindest derzeit unverzichtbar sind, dann scheint es für das Feld der „kulturellen Integration" und die „Ausländer"- respektive „Zuwanderer"-Thematik doch wichtig, Alternativen zu raumbezogenen Herkunftskriterien zumindest sichtbar zu machen und anders mit ihnen umzugehen. Politisch hieße das, es ist ein Instrumentarium zu erstellen, das (notwendige) Identifizierungen und Vereinheitlichungen auf einer weniger „eindeutigen" Grundlage tätigt. Parallel zu einer solchen programmatischen Umsetzung von Kontingenzdenken kann dann ein neuer alltäglicher Umgang mit den nur scheinbar selbstverständlichen raumbezogenen Ontologisierungen entstehen. So ist es beispielsweise im Schwedischen üblich, offi-

ziell und alltagssprachlich von den „In-Malmö-Wohnenden" („Malmöboende")
zu reden, anstatt von den „Malmöern" (oder Stockholmern etc.). Diese Kategorie ist über ihren Tätigkeitsbezug sehr viel offener und flexibler und vermittelt
keine wesentliche Eindeutigkeit auf der Grundlage des räumlichen Bezugs: Ihr
zufolge sind die Menschen in Malmö nicht so, wie man dort typischerweise ist,
sie wohnen (nur) dort. Über den Bezug auf die Tätigkeit des dort Wohnens wird
ihre Identifikation zu einer „Tat-Sache" im wörtlichen Sinne. Auch wenn dies
keine Lösung des grundsätzlichen Problems ist, das sich nicht zuletzt aus der
Nützlichkeit der wesentlichen Festschreibung von Gesellschaftlichem bzw. Kul-
turellem im Raum ergibt: Über solche Alternativen nachzudenken, könnte
durchaus ein Weg sein, um ausgrenzenden und totalitären Weltanschauungen
und Handlungskonzepten zu begegnen.

5   Was bleibt

Die Möglichkeiten des „Anders Sprechen" sind allerdings begrenzt. Auf der
Grundlage verständigungsleitender Konventionen und vor dem Hintergrund
hochgradig institutionalisierter sozialer Praktiken der Identifizierung, Koordination und Organisation sind bereits den Vorstellungen strukturelle Grenzen gesetzt. Dass davon auch das Tun der Wissenschaft und die wissenschaftliche
Theoriebildung nicht ausgenommen werden können, hat Thrift (1983: 25) einmal so formuliert:

> "Most social theory is not reflexive. It does not consider its own origin in the theoretical and
> practical thought of a period, as this is determined by the prevailing social and economic condi-
> tions. (...). Yet no social theorist can, other than very partially, escape thinking in terms of the
> society she is socialized into."

Es scheint daher auch problematisch, die ontologisierende Rede vom Raum einer „Umgangssprache" oder „Alltagsontologie" zuzuschlagen, wie es bei Hard
(1999) anklingt, wenn damit angenommen würde, sie sei wissenschaftlich
grundsätzlich vermeidbar, wenn nur „richtig" gesprochen würde. Auch die moralische Diskreditierung „altgeographischer" Konzepte führt nicht weiter, solange ontologisierende Ansätze als „inadäquat" und „antiquiert" oder „unzulässig"
zurückgewiesen werden, ohne dass die Frage nach der eigenen Involviertheit
gestellt wird, geschweige denn ein theoretisches Konzept für deren Einbeziehung erstellt wird. Aus dem Fliegenglas gibt es für Fliegen unter normalen Bedingungen kein Entkommen.
    Wenn aber die Ontologisierung von Raum im alltäglichen Sprachgebrauch
nicht nur hochgradig funktional, sondern auch unvermeidbar ist, was bleibt dann

für die wissenschaftliche Praxis? Zunächst bleibt, das Ontologisieren als notwendige alltägliche Praxis zu akzeptieren und die Beobachtung und das Verständnis dieser Praxis als reflektorische Emanzipation zu erkennen. Ein emanzipatorischer Weg aus dem Dilemma sind also in wissenschaftlicher Hinsicht das konsequente Offenlegen der eigenen Kategorien und die Beschäftigung mit der Notwendigkeit ontologischer Annahmen. Es geht also auch darum, das ontologische Sprachspiel als Sprachspiel begreifen zu lernen.

Weiterhin lässt sich daran arbeiten, die Verschleierung der Problematik und der damit verbundenen Widersprüche zu vermeiden. Hindernisse, die den Blick auf die Ermöglichung und Einschränkung des „sich-mit-der-Welt-in-Beziehung-Setzens" verstellen, sind dabei in der Geographie einerseits die Konzepte von diskreten Gesellschaften in räumlicher und zeitlicher Dimension, wenn sie ontologisch verstanden werden, und andererseits die Suche nach der adäquaten Abbildung dieser Gesellschaften.

Der wissenschaftliche Auftrag in Bezug auf die alltägliche Sprachpraxis scheint hingegen zu sein, auf die Wirkung (notwendig) ontologisierender Wirklichkeitsbezüge aufmerksam zu machen. Denn auch wenn diese zunächst unproblematisch erscheint, so ist sie, wie am Beispiel des Konzepts „Ausländer" ersichtlich, eben doch auch eine maßgebliche Grundlage für problematische Pauschalisierungen und Stereotypisierung. Insofern besteht hier auch ein bildungspolitischer und fachdidaktischer Auftrag (vgl. Rhode-Jüchtern 2010). Zur Vermittlung eines kritisch-reflektierten Umgangs mit stereotypen Vorstellungsbildern gehört dann nämlich auch die Vermittlung eines kritisch-reflektierten und differenzierten Umgangs mit der Praxis des Ontologisierens und Verortens im alltäglichen Sprachgebrauch.

Literatur

Anderson, Benedict (1998): Die Erfindung der Nation. Zur Karriere eines folgenreichen Konzepts. Berlin: Campus.
Appadurai, Arjun (2000): Modernity at Large. Cultural Dimensions of Globalisation. Minneapolis, London: University Of Minnesota Press.
Austin, John L. (1962): How to Do Things with Words. Oxford: Clarendon Press.
Berndt, Christian / Pütz, Robert (Hrsg.) (2007): Kulturelle Geographien. Zur Beschäftigung mit Raum und Ort nach dem Cultural Turn. Bielefeld: Transcript.
Blotevogel, Hans Heinrich (1999): Sozialgeographischer Paradigmenwechsel? Eine Kritik des Projekts der handlungszentrierten Sozialgeographie von Benno Werlen. In: Meusburger, P. (Hrsg.): Handlungszentrierte Sozialgeographie. Benno Werlens Entwurf in kritischer Diskussion. Stuttgart: Steiner, 1-33.
Burkhardt, Armin (Hrsg.) (1990): Speech Acts, Meaning and Intentions. Critical Approach to the Philosophy of John R. Searle. Berlin, New York: Walter de Gruyter & Co.
Butler, Judith (1997): Excitable Speech: A Politics of the Performative. New York: Routledge.

Derrida, Jaques (2001): Limited Inc. (Aus dem Französischen von W. Rappl und D. Travner; hgg. von P. Engelmann). Wien: Passagen.

Gebhardt, Hans / Reuber, Paul / Wolkersdorfer, Günter (Hrsg.) (2004): Kulturgeographie. München: Spektrum.

Giddens, Anthony (1997): Die Konstitution der Gesellschaft. Frankfurt/M., New York: Campus.

Grewendorf, Günther / Meggle, Georg (Hrsg.) (2002): Speech Acts, Mind, and Social Reality. Discussions with John Searle. Dortrecht, Boston, London: Kluwer.

Hard, Gerhard (1999): Raumfragen. In: Meusburger, P. (Hrsg.): Handlungszentrierte Sozialgeographie. Benno Werlens Entwurf in kritischer Diskussion. Stuttgart: Steiner, 133-162.

Hard, Gerhard (2002 [1992]): Über Räume reden. Zum Gebrauch des Wortes Raum in sozialwissenschaftlichem Zusammenhang. In: Hard, G. (Hrsg.): Landschaft und Raum. Aufsätze zur Theorie der Geographie Band 1. Osnabrücker Studien zur Geographie 22. Osnabrück: Vandenhoeck & Ruprecht, 235-252.

Hartke, W. (1959): Gedanken über die Bestimmung von Räumen gleichen sozialgeographischen Verhaltens. In: Erdkunde 13, 4, 426-436.

Krämer, Sibylle (2001): Sprache, Sprechakt, Kommunikation. Sprachtheoretische Positionen des 20. Jahrhunderts. Frankfurt/M.: Suhrkamp.

Lakoff, George (1990): Women, Fire, and Dangerous Things. What Categories reveal about the Mind. Chicago, London: University of Chicago Press.

Latour, Bruno (1993): We Have Never Been Modern. Harvester Wheatsheaf, London: Harvard University Press.

Law, John / Hassard, John (1999) (Hrsg.): Actor Network Theory and after. Oxford: Blackwell.

Lossau, Julia / Lippuner, Roland (2004): Geographie und Spatial Turn. In: Erdkunde 58, 3, 201-211.

Rhode-Jüchtern, Tilman (2010): Eckpunkte einer modernen Geographiedidaktik. Hintergrundbegriffe und Denkfiguren. Seelze-Velber: Kallmeyer.

Sahr, W.-D. (1999): Der Ort der Regionalisierung im geographischen Diskurs. In: Meusburger. P. (Hrsg.): Handlungszentrierte Sozialgeographie. Benno Werlens Entwurf in kritischer Diskussion. Erdkundliches Wissen, Heft 130. Stuttgart: Steiner, 43-66.

Schlottmann, Antje (2002): Globale Welt – deutsches Land. Alltägliche globale und nationale Weltdeutung in den Medien. In: Praxis Geographie 4, 28-34.

Schlottmann, Antje (2005): RaumSprache. Ost-West-Differenzen in der Berichterstattung zur deutschen Einheit. Eine sozialgeographische Theorie. Stuttgart: Steiner.

Schlottmann, Antje / Mihm, Mandy / Felgenhauer, Tilo / Lenk, Stefanie / Schmidt, Mark (2007): „Wir sind Mitteldeutschland!". Bedeutung territorialer Bezugseinheiten unter raum-zeitlich entankerten Bedingungen. In: Benno Werlen (Hrsg.): Sozialgeographie alltäglicher Regionalisierungen. Band 3: Ausgangspunkte und Befunde empirischer Forschung, Stuttgart: Steiner, 297-336.

Schlottmann, Antje (2008): Wie aus Worten Orte werden: Gehalt und Grenzen sprechakttheoretischer Sozialgeographie. In: Geographische Zeitschrift, 95 (2007), 1+2, 5-23.

Schlottmann, Antje / Graefe, Oliver / Korf, Benedikt (2011): DOES MATTER MATTER? A dialogue on interpretative and material semiotics in Geography. In: Geographische Zeitschrift (im Druck).

Searle, John R. (1974): Sprechakte. Ein sprachphilosophischer Essay. Frankfurt/M.: Suhrkamp.

Searle, John R. (1982): Ausdruck und Bedeutung. Untersuchungen zur Sprechakttheorie. Frankfurt/M.: Suhrkamp.

Searle, John R. (1991): Intentionalität. Eine Abhandlung zur Philosophie des Geistes. Frankfurt/M.: Suhrkamp.

Searle, John R. (1995): The construction of social reality. London: Free Press.

Searle, John R. (1997): Die Konstruktion der gesellschaftlichen Wirklichkeit. Zur Ontologie sozialer Tatsachen. Reinbek: Rohwolt.

Searle, John R. (2001): Geist, Sprache und Gesellschaft. Philosophie in der wirklichen Welt. Frankfurt/M.: Suhrkamp.
Searle, John R. (2006): Social ontology: Some basic principles. In: Anthropological Theory 6 (1), S. 12-29.
Simon, Josef (1996): Immanuel Kant. In: Borsche, T. (Hrsg.): Klassiker der Sprachphilosophie. Von Platon bis Noam Chomsky. München: C. H. Beck, 233-256.
Smith, Barry/ Searle, John R. (2003): The Construction of Social Reality: An Exchange. In: Moss, L./ Koepsell, D. (Hrsg.): Searle on the Institutions of Social Reality. Oxford: Wiley-Blackwell, 285-309.
Thrift, Nigel J. (1983): On the determination of social action in space and time. In: Environment and Planning D, Society and Space 1, 23-55.
Thrift, Nigel/ Dewsbury, J.-D. (2000): Dead geographies – and how to make them live. In: Environment and Planning D: Society and Space 18, 411-432.
Wardenga, Ute (2002). Alte und neue Raumkonzepte für den Geographieunterricht. In: Geographie heute 23(200): 8-11.
Werlen, Benno (1997): Sozialgeographie alltäglicher Regionalisierungen. Band 2: Globalisierung, Region und Regionalisierung. Stuttgart: Steiner.
Werlen, Benno (1999): Zur Ontologie von Gesellschaft und Raum. Sozialgeographie alltäglicher Regionalisierungen Band 1. Stuttgart: Steiner.
Werlen, Benno (2004): Sozialgeographie. Bern: Haupt.
Werlen, Benno (2010): Gesellschaftliche Räumlichkeit 2: Konstruktion geographischer Wirklichkeit. Stuttgart: Steiner.
Wittgenstein, Ludwig (1984 [1953]): Philosophische Untersuchungen. Werkausgabe Band 1. Frankfurt/M.: Suhrkamp, 225-485.
Zierhofer, Wolfgang (2002): Speech acts and space(s): language pragmatics and the discursive constitution of the social. In: Environment and Planning A, 34, 1355-1372.

Männliche Exklusionsindividualität und weibliche Hyperinklusion!? Zur Ontologisierung und De-Ontologisierung der Geschlechterdifferenz durch den Wohlfahrtsstaat

Christine Weinbach

1 Ontologisierung als unhintergehbare Naturalisierung

Ontologisierungen und De-Ontologisierungen sind Leistungen sozialer Systeme. Mit dem erstarkenden Nationalstaat wird eine Geschlechterordnung entworfen, die ihren strukturellen Unterbau in der funktionalen Differenzierungsform der modernen Gesellschaft hat. Aus der Geschlechterdifferenz wird im Zuge des Umbaus der gesellschaftlichen Differenzierungsform allmählich die komplementär-funktionale Geschlechterordnung nach dem (noch: hierarchisch angelegten) Zwei-Geschlechter-Modell entwickelt (klassisch dazu: Laqueur 1992). Die funktional differenzierte Gesellschaftsordnung forciert zuerst eine Form der Geschlechtertrennung, die zunächst lediglich ‚dem Mann' zur Exklusionsindividualisierung verhilft, während ‚die Frau' mit ihrer Heirat und durch ihre Übernahme der Rolle als Hausfrau und Mutter der folgenreichen unvollständigen Trennung dieser beiden Rollen dadurch ausgesetzt ist, dass ihr Zugang zum Arbeitsmarkt und die Möglichkeit einer eigenständigen sozialen Absicherung zunächst an die Erlaubnis ihres Ehemannes geknüpft sind und später der selbstständigen Vereinbarkeit von Familie und Beruf unterliegt.

Abschnitt 1 zeigt, dass diese nationale Geschlechterordnung auf unterschiedlichen Inklusionsstrategien, männlicher Exklusionsindividualität vs. weiblicher Hyperinklusion basiert. Diese unterschiedlichen Inklusionsstrategien werden im jungen Nationalstaat des Kaiserreichs innerhalb einer Semantik der ‚nationalen Familienordnung' komplementär aufeinander bezogen und ontologisiert. Noch in der jungen Bundesrepublik Deutschland bildet diese Komplementarität, die vorerst immer noch auf der rechtlich abgestützten Vorherrschaft des Mannes und der damit verknüpften beschränkten Integration der Frau in den

Arbeitsmarkt basiert, den grundlegenden Baustein im wohlfahrtsstaatlichen Gefüge. Mit der grundgesetzlich bestimmten Angleichung des BGB von 1900 an
den Artikel 3 Art. 2 GG setzen erste Lockerungen dieser Geschlechterordnung
ein, wenn auch nur sehr zögerlich.[1] Parallel dazu vollzieht sich mit der Ausdifferenzierung des europäischen Binnenmarktes eine Entwicklung, welche die nationale Inklusionsordnung sowohl im Hinblick auf die ethnisch-nationale Beschränkung der nationalen Arbeitsmärkte (und damit weitestgehend auch: der
Sozialsysteme) unterläuft, als auch die der arbeitsmarktlichen Inklusi-
on/Exklusion zugrunde liegende nationale Geschlechterordnung tangiert (*Abschnitt II*). Für die Auflösung der strukturellen Verankerung der ontologisierenden Geschlechtersemantik sind damit die Weichen gestellt; auch wenn eine
'echte' De-Ontologisierungspolitik der Geschlechterdifferenz erst in jüngerer
Zeit im Rahmen von EU-Reformen einsetzt, die auf die Ersetzung des traditionellen male breadwinner model durch das adult worker model zielt (*Abschnitt
III*). Was damit gemeint ist, soll in *Abschnitt IV* am Beispiel des Sozialgesetzbuches II (SGB II) gezeigt werden: Im Rechtskreis des SGB II soll die Arbeitsverwaltung nicht länger auf eine ihr vorgängige Geschlechterordnung rekurrieren, sondern ihr Verwaltungshandeln in Abstimmung mit dem Verhalten ihrer
Klienten/Klientinnen ausrichten und zugleich am adult worker model orientiert
sein. Mit dieser Entwicklung gerät allmählich die strukturelle Grundlage der ontologisierten Geschlechterdifferenz, auf der die geschlechtliche Arbeitsteilung
basiert, in die Krise. In *Abschnitt V* wird daher überlegt, ob die Politik ihre Einsicht in die Konstruiertheit der Geschlechterdifferenz durch neue, unhintergeh-
bare und indisponible Ontologisierungen stützt, die nun als Bezugspunkt ord-
nungspolitischen Handelns fungieren.

---

1   Dieser Grundgesetzartikel hat, wie die Verankerung der Menschenrechte im Grundgesetz
     überhaupt, einen weltgesellschaftlichen Hintergrund: „In den 1940er Jahren, als die neue in-
     ternationale Weltordnung errichtet wurde, erhielt das Prinzip der Gleichberechtigung zwi-
     schen den Geschlechtern und das der Lohngleichheit historisch erstmals den Status eines
     Menschenrechts. Art. 2, Abs. 2 der UN-Menschenrechtserklärung (1948) enthält das Ge-
     schlechtsdiskriminierungsverbot, in Art. 23, Abs. 2 wurde die Entgeltgleichheit festgeschrie-
     ben" (Wobbe 2001: 342).

2 Zur Ontologisierung der Geschlechterdifferenz: Der nationale Kontext

2.1 Männliche Exklusionsindividualität und weibliche Hyperinklusion

Die Ontologisierung der Geschlechterdifferenz findet im Wohlfahrtsstaat der jungen Bundesrepublik auch und vor allem über das sogenannte „Normalarbeitsverhältnis" (NAV) statt. Der Begriff stammt von Ulrich Mückenberger (1985) und beschreibt „ein in der individuellen Lebensgestaltung sich konkretisierendes gesamtgesellschaftliches Arrangement der Existenzsicherung über regelmäßige Erwerbsarbeit, das die Lebenssituation und die alltägliche Lebensführung ... des (männlichen) Arbeitenden wie auch seiner Familie prägt" (Geissler 1998: 551). Das NAV sichert die Familienmitglieder durch ernährerorientierte Sozialleistungen nach innen hin ab, indem die Leistungsansprüche der individuellen Leistungsempfänger nach dem Status am Arbeitsmarkt und in der Familie bemessen werden: Sie werden primär nach beitragspflichtigen Erwerbszeiten bemessen und, hier sind vor allem Frauen betroffen, es werden aufgrund von Heirat und Kindererziehung Anrechte auf abgeleitete und eigene Rentenzahlungen verliehen (Leisering 1995: 861): „Die Sozialversicherung ist *erwerbsarbeitorientiert...* Aus diesem Grunde ist die Sozialversicherung auch *männerorientiert*" (Leisering 1995: 862).

Die weitgehende Freistellung der Hausfrau und Mutter von der Erwerbsarbeit macht die Betreuung und Pflege von Familienangehörigen möglich. Hierauf stützt sich weitgehend die Programmatik des Wohlfahrtsstaates: „Das mittelschichtorientierte Leitbild der Kleinfamilie bildete die Grundlage und das Zentrum eines dichten Geflechts von Administrationen, staatlicher Politiken und Programme und war der Schnittpunkt einer Vielzahl gesellschaftlicher Institutionen von der Schule bis zur Krankenversicherung" (Riegraf 2007: 81 f.); die öffentlichen Kosten für die soziale Infrastruktur bleiben somit gering (Geissler 1998: 551).

Dieses Familienmodell beinhaltet ein komplementär angelegtes familiales Geschlechterverhältnis, das sich, folgt man einem Begriff von Markus Göbel und Johannes F.K. Schmidt, im weitesten Sinne durch die „Hyperinklusion" der Hausfrau auszeichnet. Göbel und Schmidt entwickeln diesen Begriff in Anlehnung an Erving Goffman, der schreibt: „Im bürgerlichen Leben garantiert die planmäßige Reihenfolge der Rollen eines Individuums ..., dass keine der Rollen, die es spielt, seine Leistung und seine Bindungen in einer anderen Rolle beeinträchtigt" (Goffman, zit. nach Göbel/Schmidt 1998: 112). Im Falle der Hyperinklusion – Göbel und Schmidt führen hier Goffmans Beispiel der „totalen Institution" an – geschieht jedoch genau das: Eine soziale Rolle schränkt den Zugang zu anderen Rollen ein, führt also dazu, dass das Individuum den Folgen einer unvollständigen Rollentrennung unterliegt. Hergestellt wird diese Göbel und Schmidt zufolge durch eine Verknüpfung der Rollenanforderungen mit den „Spezifika der Person"; in der Folge wird „die Unterscheidbarkeit verschiedener Adressen der Person reduziert" (Göbel/Schmidt 1998: 112).

In der Variante der ‚unausgereiften' funktional differenzierten Gesellschaft, deren Differenzierungsform strukturell auf Rollentrennung basiert und mit der Exklusionsindividualität der (männlichen oder unverheirateten) erwachsenen Individuen korrespondiert, wird die Hyperinklusion der Hausfrau mit der weiblichen Natur begründet und die Frau als „das andere Geschlecht" (Beauvoir) betrachtet. Demnach gelingt es den Strategien zur Ontologisierung der Geschlechterdifferenz letztlich nicht, den Plausibilitätsverlust, dem das Modell der komplementären Geschlechterordnung im Zuge der fortlaufenden Ausdifferenzierung der Funktionssysteme (z. B. als unübersehbares Auseinanderdriften von Politik und Wirtschaft, dazu Luhmann 1994) zunehmend unterliegt, dauerhaft zu verhindern.

2.2 *Rechtliche Abstützung des Normalarbeitsverhältnisses und seine Aufweichung*

Die institutionelle Abstützung der Geschlechterordnung im Normalarbeitsverhältnis findet in der ‚unreifen' funktional differenzierten Gesellschaft (wie z. B. in der nationalstaatlich begrenzten Rechtssprechung der Bundesrepublik bis zur Reform des Ehe- und Familienrechts von 1977) vor allem auf zweierlei Weisen statt: durch die eheliche und familiale Vorherrschaft des Ehemannes und Vaters und durch den damit verknüpften, beschränkten Zugang der Ehefrau und Mutter zum Arbeitsmarkt. Ihr rechtliches Fundament hat dieses Geschlechterverhältnis im BGB von 1900, das in der Bundesrepublik vor dem Hintergrund des Art. 3 Abs. 2 GG („Männer und Frauen sind gleichberechtigt") über mehrere Jahrzehnte hinweg allmählich gelockert wird. Die Debatten um die Gleichberechtigungsgesetze, die diesem Ziel dienen sollten, zeigen, dass die gesetzliche Abstützung der Inklusionsfigur „Hausfrau und Mutter" auf die Ontologisierung der Geschlechterdifferenz zurückgreift, Ehe und Familie in diesem Zusammenhang als gesellschaftlichen Baustein der staatlichen Ordnung begreift – und deshalb für unantastbar hält. Diese familiale Geschlechterordnung wird im Zusammenhang mit der Definition der Ehe und Familie als überindividuelle Institution verstanden, innerhalb derer Mann und Frau dem natürlichen Familienzweck folgen sollen. Im Vordergrund steht die Sicherstellung der hausfraulichen Hyperinklusion durch das eheliche Machtverhältnis: Es verweist die Geschlechter auf ihren Platz, indem es den Mann zum Wächter über die Hyperinklusion der Hausfrau macht. Bereits in der Weimarer Reichsverfassung kollidiert daher die festgeschriebene Gleichberechtigung der Geschlechter nach Art. 119 Weimarer Rechtsverfassung mit der erstmals unter Verfassungsschutz gestellten Familie, weshalb aus dem Gleichberechtigungsartikel „keine Individualrechte abgeleitet ... und schon gar nicht eingeklagt werden" konnten (Gerlach 1996: 90). In diese überindividuelle, natürliche Familienordnung dürfe sich der Staat nicht einmischen, er müsse diese vielmehr durch die Absicherung der Vormachtstellung des Ehemanns schützen und nicht durch eine „Gleichmacherei" der beiden Geschlechter zerstören. Daher tut sich der Deutsche Bundestag schwer, als er Anfang der 1950er Jahre beginnt, die Angleichung des BGB an Art. 3, 2 GG „Männer und Frauen sind gleichberechtigt" einzuleiten.

Das erste Gleichberechtigungsgesetz hat seine rechtliche Grundlage in Art 117 Abs. 1 GG, wonach dem Art. 3, 2 GG entgegenstehenden Rechte bis zum 31.03.1953 angepasst sein müssen. Als diese Frist überschritten ist, treten alle rechtlichen Bestimmungen außer Kraft, die dem Gleichberechtigungsartikel zuwider laufen (Vogel 1989: 167). Die wichtigsten praktischen Wirkungen sind, dass der Ehemann fortan weder das Arbeitsverhältnis der Ehefrau kündigen, noch länger über ihr Vermögen verfügen kann. Die Ehefrau ist erstmals berechtigt, ohne Zustimmung ihres Mannes am Geld- und Kreditverkehr teilzunehmen, z. B. indem sie ein eigenes Konto eröffnet (Vogel 1989: 167).

Die Regierung will die Frist zur Änderung des Familienrechts aufschieben, sogar eine Änderung des § 117 GG erwirken – das Bundesverfassungsgericht verhindert dies (Vogel 1989: 168). Während der Beratungen über die Entwürfe für ein Gesetz über die Gleichberechtigung von Mann und Frau, das am 18.6.1957 verabschiedet wird und am 1.7.1958 in Kraft tritt, geht es vor allem um die Frage, ob eine objektive, natürliche Begründung für die herausragende Position des Ehemanns und Vaters als Haushaltsvorstand existiert. Im Vordergrund stehen das Letztbestimmungsrecht des Mannes bei Ehestreitigkeiten nach § 1354 BGB sowie der Stichentscheid des Vaters bei elterlicher Uneinigkeit (§ 1628 BGB) und die Alleinvertretung des Kindes durch den Vater (§ 1629 BGB).[2] Nicht die geschlechtliche familiale Arbeitsteilung selbst bildet den Gegenstand für eine Kontroverse, vielmehr zielt man mit der Gleichstellung der weiblichen Haus- mit der männlichen Erwerbsarbeit darauf ab, die ehemännliche Vorherrschaft über den hausfraulichen Arbeitsbereich aufzuheben, indem die Frau nach § 1356 BGB nun das Recht und die Pflicht erhält, den Haushalt in eigener Verantwortung zu führen (Deutscher Bundestag 1954, 15. Sitzung:

---

2 Solche Ängste wurden von den Konservativen geäußert: „Eine Verselbstständigung der Frau und des Mannes gefährdet die Gemeinschaft", daher werde „die Familie im Sinne des abendländischen Kulturkreises [...] Schaden erleiden, wenn der Mann nicht auch weiterhin die ihm in § 1354 BGB verliehene Vorrangstellung behalte" (zit. nach Reich-Hilweg 1979: 34).

487). Erst im Zuge der Reform des Ehe- und Familienrechts von 1977 gilt der parlamentarischen Mehrheit die gesetzliche Festschreibung der familialen Arbeitsteilung als Widerspruch zu Art. 3 Art. 2 GG, soll die eheliche Binnengestaltung den Eheleuten nun selbst überlassen und die Ehe als „Partnerschaft Gleichberechtigter, Gleichverpflichteter und Gleichwertiger verstanden und gelebt werden" (Deutscher Bundestag 1975, 209. Sitzung: 14407).

3   Zur De-Ontologisierung der Geschlechterdifferenz: Der EU-Kontext

Zeitgleich mit diesen ersten Politiken zur Gleichberechtigung der Geschlechter in der Bundesrepublik Deutschland verläuft eine Entwicklung auf dem Europäischen Binnenmarkt, die ebenfalls dazu beiträgt, den strukturellen Grundlagen der weiblichen Hyperinklusion den Garaus zu machen. So kommt es mit der Institutionalisierung des europäischen Binnenmarktes bereits 1957 zur Verankerung des Grundsatzes „Gleicher Lohn für gleiche Arbeit" (Art. 119 EWGV im sozialpolitischen Teil des EWGV), wobei damit weniger auf die Geschlechtergleichstellung, als vielmehr auf „eine Harmonisierung für einen fairen Wettbewerb des gemeinsamen Marktes" abgezielt wird (Wobbe 2001: 342): Frankreich hat zu dieser Zeit als einziges Mitgliedsland die Konvention 100 der International Labour Organisation von 1951 (Lohngleichheit) in seine Verfassung aufgenommen und befürchtet deshalb gegenüber den anderen Ländern Wettbewerbsnachteile (Wobbe 2001: 342).

Die innerstaatliche Umsetzung dieser europäischen Regelung findet in den einzelnen Mitgliedsstaaten allerdings nicht statt – und wenn man sich die obigen Ausführungen zu den Mechanismen der institutionellen Absicherung der hausfraulichen Hyperinklusion ins Gedächtnis ruft, liegen die Gründe auf der Hand. Nichtsdestotrotz zeitigt das europäische Recht zur Gleichberechtigung der Geschlechter seit 1971, vornehmlich durch die Rechtsprechung des Europäischen Gerichtshofs, Folgen (Wobbe 2001: 344). Nahezu zeitgleich werden in den 1970er Jahren[3] auf europäischer Ebene zudem drei wichtige Gleichbehandlungsrichtlinien erlassen, nämlich die Entgeltrichtlinie (1975), die Gleichbehandlungs- und Zugangsrichtlinien (1967) und die Soziale Sicherungsrichtlinie (1979).

Mit der Institutionalisierung des europäischen Binnenmarktes werden nationale Gleichberechtigungsnormen schließlich in Antidiskriminierungsregelungen umgemünzt, um den freien und gleichen Zugang aller Bürger der europäi-

---

3   Die Parallele zur zeitnahen Reform des Ehe- und Familienrechts (1977) in Deutschland ist offensichtlich; siehe oben, Abschnitt I.1.2.

schen Mitgliedsstaaten zu diesem Binnenmarkt zu ermöglichen.[4] Diese Entwicklung wird mit dem Amsterdamer Vertrag von 1997 auf einem neuen Niveau weitergetrieben. Nun setzt innerhalb der europäischen Geschlechterpolitik ein qualitativer Sprung ein, eine „neue Generation der Gleichheitsnormen" (Wobbe/Biermann 2009: 166) entsteht dadurch, dass die globalen Diskurse der 1990er Jahre über Frauenrechte als Menschenrechte aufgegriffen werden: „Die Gleichstellung wird nun als eine Aufgabe der Gemeinschaft eingeführt (Art. 2 EGV), die über den Arbeitsmarkt hinaus prinzipiell in allen Politikfeldern (Art. 2 EGV) gefördert werden soll" (Wobbe/Biermann 2009: 165). Untermauert bzw. angestoßen wird diese Ausweitung der Gleichstellungsprogrammatik mit Bezug auf die UN-Weltfrauenkonferenz in Peking, auf der die Frauenrechte als universale Menschenrechte verhandelt wurden: „Die Kommission greift diesen globalen Diskurs erstmals mit der Pekinger UN-Weltfrauenkonferenz auf und übersetzt das neue Brückenkonzept während der Vertragsvorbereitungen in den supranationalen Kontext" (Wobbe/Biermann 2009: 172). Ein Ergebnis dieser Transformationsarbeit ist, dass die EU-Mitgliedsstaaten das Instrument des Gender Mainstreamings (EGV, Art. 3,2) in „alle politischen Konzepte auf allen politischen Ebenen und in allen Phasen durch alle an politischen Entscheidungen beteiligten Akteure und Akteurinnen einbeziehen" müssen (Europarat 1998).

Dem Ansatz des Gender Mainstreamings zufolge wird geschlechtliche Gleichstellungspolitik als eine Querschnittsaufgabe begriffen, die den ‚gewöhnlichen' Entscheidungsprozess mit Kriterien über geschlechtsspezifische Ungleichheitsmechanismen versorgt, um eine „geschlechterbezogene Perspektive von vornherein in Politikbereiche und Handlungsfelder einzubringen, mit dem Ziel, dass sich diese eher geschlechtsneutral auswirken" (Ohlde/Olthoff 2004: 313; weiterhin Dackweiler 2005; Meuser/Neusüß 2004; Behning 2005). Paradox ausgedrückt: Geschlecht wird im Entscheidungsprozess systematisch berücksichtigt, damit ein geschlechtsneutrales Entscheidungsergebnis gewonnen werden kann.

Diese Form der Chancengleichheit wird im Zuge der Europäischen Beschäftigungsstrategie, mit der die Union im Anschluss an den Amsterdamer Vertrag auf die Erhöhung der Beschäftigungsquote auf dem europäischen Binnenmarkt abzielt, mit dem Leitbild vom *individual adult worker* (hierzu Lewis 2001) verbunden. Als eine von vier beschäftigungspolitischen Leitlinien wird in Luxemburg die Erhöhung der Frauenerwerbsquote auf 60 Prozent angepeilt und

---

4   Entsprechend kann die „Dynamik des Geschlechterverhältnisses ohne die Einbeziehung supranationaler Faktoren nicht mehr hinreichend erklärt werden" (Wobbe 2001: 332).

solldurch den Abbau geschlechtsspezifischer Hindernisse erreicht werden.[5] In diesem Zusammenhang werden die sozialpolitischen Regelungen, die bis dato weiterhin auf das Normalarbeitsverhältnis fokussiert sind, in zweifacher Hinsicht revidiert.[6]

Erstens werden die durch den Ehegattenstatus erworbenen Sozialleistungen allmählich zurückgefahren, mit dem Ziel, soziale Absicherung unter einer „veränderte[n] Kombination von Beschäftigungs- und Sicherheitsvariablen" zu institutionalisieren (Lewis 2004: 74): Ansprüche auf Sozialversicherungsleistungen sollen von jeder bzw. jedem einzelnen Arbeitnehmer und jeder einzelnen Arbeitnehmerin selbst erworben werden. Im Bereich der *staatlichen* Sozialversicherungs- und Fürsorgeleistungen gehören dazu vor allem die Reform des Rentensystems in den verschiedenen EU-Ländern durch „Erhöhung der Zahl der Beitragsjahre und die Ausdehnung der privaten Vorsorge" (Lewis 2004: 76), was vor dem Hintergrund der Kürzungen der Witwenrente oder der Diskussion um die beitragsfreie Familienversicherung für Ehegatten (Leitner/Ostner/Schratzenstaller 2004: 17) kontrovers diskutiert wird. Dass damit die Richtung hin zum Prinzip der individualisierte Sozialversorgung eingeschlagen ist, macht auch das 2008 in Deutschland verabschiedete Unterhaltsrecht für Geschiedene deutlich, demnach die Versorgungsansprüche der unterhaltsberechtigten geschiedenen Ehegatten zurückgefahren werden und diese mehr ‚Eigenverantwortung' übernehmen sollen.

Zweitens verlangt das *individual adult worker model* neben der individualisierten Absicherung durch eigene erworbene Sozialleistungsansprüche eine breite öffentliche Infrastruktur, welche die bislang familial (meist durch die Hausfrau) erbrachte Betreuung und Pflege von Familienangehörigen übernimmt: „Das europäische Spezifikum dieses Modells ist der Anspruch auf umfassende, auf die Arbeitszeiten der Eltern abgestimmte Kinderbetreuung" (Dienel 2004: 305; dazu auch Lewis 2004: 77 f.; so auch Dingeldey 2005: 292). Zugleich bemüht sich in diesem Zusammenhang eine Reihe nationaler Wohlfahrtsstaaten, die weiterhin anfallende familiale Haus-, Pflege- und Betreuungsarbeit auch in den männlichen Zuständigkeitsbereich zu rücken, indem Anreize, wie z. B. in Deutschland durch das Elterngeld, geschaffen werden, Schweden und Norwegen sogenannte Papa-Monate einführen, die Niederlande die Teilzeitbeschäfti-

---

5   Siehe: http://www.consilium.europa.eu/ueDocs/cms_Data/docs/pressData/de/ec/00300.
     D7.htm [9.2.2010].
6   Mit allen Folgen für die Politik sozialer Absicherung: „Die Erosion der ‚Normalbiographie'
     im Hinblick auf Erwerbsarbeit und Ehe – also kürzere und diskontinuierlichere Erwerbsver-
     läufe und die Zunahme unvollständiger Familien sowie des Alleinlebens – vermindert indivi-
     duelle Ansprüche auf Leistungen" (Leisering 1995: 862).

gung von Männern fördert (Lewis 2004: 78). Der nationale Wohlfahrtsstaat treibt, indem er diese europäischen Vorgaben – mehr oder weniger engagiert[7] – umsetzt, mit der übergeschlechtlichen Verteilung familialer und erwerbsbezogener Aufgaben die systematische *De-Ontologisierung* seines nationalen Geschlechterentwurfs fort.

4   Die Geschlechterdifferenz im Kontext von Europäischer Beschäftigungsstrategie und Sozialgesetzbuch II

Am Beispiel der Eingliederungsvereinbarung im SGB II soll nun gezeigt werden, dass die Arbeitsverwaltung in diesem Rechtskreis tatsächlich nicht länger auf eine ihr vorgängige Geschlechterordnung rekurrieren, sondern, in Abstimmung mit ihren Klienten/Klientinnen, deren Verhalten im Sinne des *individual adult worker model* steuern soll.[8] Es geht um nichts weniger als die Umstellung des komplementären nationalen Geschlechterentwurfs – forciert und vorangetrieben durch die Entwicklungen des europäischen Binnenmarktes. Die De-Ontologisierung der Geschlechterdifferenz durch den nationalen Wohlfahrtsstaat bildet die Europäische Beschäftigungsstrategie, die gemäß der Methode der offenen Koordinierung in nationales Recht überführt werden muss.

Mit der Europäischen Beschäftigungsstrategie soll die Beschäftigungsquote der Gesamtbevölkerung angehoben werden; cirka 12 Millionen neue Arbeitsplätze sollen die gleiche Zahl Erwerbstätiger auf dem europäischen Binnenmarkt hervorbringen wie auf den Märkten der wichtigsten europäischen Handelspartner.[9] Die Säule IV der Europäischen Beschäftigungsstrategie (1998-2002), „Förderung der Chancengleichheit von Männern und Frauen", definiert Gender Mainstreaming und Gleichstellungspolitik als zentrale Mechanismen zur Erreichung vermehrter weiblicher Erwerbstätigkeit in allen Arbeitsmarktsegmenten. Zur nationalstaatlichen Umsetzung legt die Deutsche Bundesregierung nach § 128 EWG in Form eines „Nationalen Beschäftigungspolitischen Aktionsplans" jährlich über die nationale Umsetzung dieser Europäischen Beschäftigungsstrategie Rechenschaft ab: „Chancengleichheit und Gleichstellung von Frauen und Männern werden dabei als von grundlegender Bedeutung für den

---

7   Wie zäh die Umsetzung in quasi allen europäischen Mitgliedsstaaten verläuft, zeigt z. B. Daly (2005).

8   Dass die Verwaltungspraxis diesem Ziel faktisch (noch) nicht entspricht, wird breit diskutiert; informativ dazu Jaehrling/Rudolph (2010).

9   http://www.consilium.europa.eu/ueDocs/cms_Data/docs/pressData/de/ec/00300.D7.htm, download am 9.2.2010.

Fortschritt auf dem Weg zu diesen drei Zielen [die sich auf die anvisierte Erhöhung der Beschäftigungsquote beziehen; CW] sein" (Bundesrepublik Deutschland 2003: 4).

Die Bundesregierung versteht die „Agenda 2010" und die Umsetzung der
Vorschläge der „Hartz-Kommission"[10] durch die „Gesetze für moderne Dienstleistungen auf dem Arbeitsmarkt" als Programmatik zur nationalen Umsetzung
der Europäischen Beschäftigungsstrategie (Bundesrepublik Deutschland 2003:
4). In diesem Zusammenhang kündigt sie an, „konsequenter gegen die Ursachen
geschlechtsspezifischer Benachteiligungen am Arbeitsmarkt an[zu]gehen, insbesondere die Wirkung des Steuersystems auf die Erwerbstätigkeit von Frauen
[zu] bewerten und die Sozialpartner dazu auf[zu]fordern, ihre Verantwortung
zur deutlichen Reduzierung der geschlechtsspezifischen Einkommensunter-
schiede wahrzunehmen; das Kinderbetreuungsangebot [zu] erweitern und es
besser auf die Arbeits- und Schulunterrichtszeiten ab[zu]stimmen" (Bundesrepublik Deutschland 2003: 45).

Entscheidend ist nun, dass diese Revision der beschäftigungspolitischen
Ziele in eine allgemeine Reform der öffentlichen Verwaltung nach den Prinzipien des New Public Management (1999 im Rahmen des Regierungsprogramms
„Moderner Staat – Moderne Verwaltung" für die Bundesebene) eingebettet ist
und dabei das Instrument Gender Mainstreaming mit Bezug auf Art. 2 und 3, 2
des Amsterdamer Vertrags für jede Form staatlichen Handelns festgeschrieben
wird (Döge/Stiegler 2004: 136). Diese Verwaltungsreform korreliert mit dem
neuen Leitbild vom *aktivierenden Staat* (Kleindiek 2001) – und transportiert
durch dieses eine neue staatliche Erwartungshaltung im Sinne des Aktivierungs-
gedankens an Gesellschaft und Bürger (Kraemer 2005/06: 134 ff.; Schuppert
2005: 37): Der Staat sieht sich demnach eher als Partner denn als Problemlöser,
wenn er nun „der Gesellschaft und ihren Individuen fördernd und fordernd gegenüber" tritt (Bandemer/Hilbert 2005: 30).

Dieser Selbstverantwortungs- und Aktivierungsgedanke wird im SGB II
bereits in § 1, ausdrücklich mit Bezugnahme auf Männer *und* Frauen, reflektiert.
Dort heißt es: „(1) Die Grundsicherung für Arbeitssuchende soll die *Eigenverantwortung* von erwerbsfähigen Hilfebedürftigen (...) stärken und dazu beitragen, dass sie ihren *Lebensunterhalt* unabhängig von der Grundsicherung *aus eigenen Mitteln und Kräften* bestreiten können. (...) Die *Gleichstellung von Männern und Frauen* ist als *durchgängiges Prinzip* zu verfolgen. Die Leistungen der
Grundsicherung sind insbesondere darauf auszurichten, dass (...) 3. *geschlechtsspezifischen Nachteilen* von erwerbsfähigen Hilfebedürftigen entgegengewirkt

---

10 Auch die Hartz-Kommission selbst beruft sich auf die Leitlinien der EBS von 2002 (vgl.
    Hartz et al. 2002: 341).

wird, 4. die *familienspezifischen Lebensverhältnisse* von erwerbsfähigen Hilfe-bedürftigen, die Kinder erziehen oder pflegebedürftige Angehörige betreuen, berücksichtigt werden, (...)" (hervorgehoben von mir, CW). Dieser § 1 SGB II definiert den programmatischen Charakter dieses Sozialgesetzbuches und ist „als allgemeiner Rechtsgrundsatz bei der Auslegung und Anwendung der ein-zelnen Normen des SGB II, so bei der *Ausübung des Ermessens* und bei der *In-terpretation unbestimmter Rechtsbegriffe*" maßgebend (Münder 2007: § 1 Rz. 2).

5   Zur De-Ontologisierung der Geschlechterdifferenz in der SGB II-Behörde

Für die Umsetzung des Gender Mainstreamings nach den Leitlinien der Europä-ischen Beschäftigungsstrategie durch die Arbeitsverwaltung im Rechtskreis des SGB II ist das Instrument der *Eingliederungsvereinbarung* zwischen Behörde und Klient/in zentral. Diese Eingliederungsvereinbarung ist das konzeptionelle „Kerninstrument aktiv kooperativer Eingliederungsbemühungen" von arbeitsfä-higem Hilfesuchendem einerseits und persönlichem Ansprechpartner anderer-seits (Berlit 2007: § 15, Rz. 1). Sie wird in der Behördeninteraktion zwischen Integrationsfachkraft und Klient/in ausgehandelt und bündelt im Idealfall eine individuell zugeschnittene und beidseitig akzeptierte Eingliederungsstrategie, die an der konkreten Bedarfslage der/Klienten/ der Klientin, d. h. unter Berück-sichtigung ihrer individuellen Lebenssituation, der ihr zugänglichen Ressourcen sowie rechtlichen Zumutbarkeitsregeln, orientiert ist (Reis 2007: 179). Das Gender Mainstreaming soll systematischer Bestandteil dieses Aushandlungspro-zesses sein und einer möglichen sozialstaatlichen Ungleichbehandlung der Ge-schlechter durch bewusstes Anknüpfen an geschlechtsspezifisch unterschiedli-che Ausgangslagen aktiv entgegenwirken (vgl. BT-Dr. 15/1516: 5; Rudolf 2007: 112; Münder 2007: § 1, Rz. 7).

Konkret kommt Genderkompetenz als Schlüsselkompetenz für die indivi-dualisierte Fallbearbeitung (Derichs-Kunstmann 2005/06: 116) im Zusammen-hang mit der Eingliederungsvereinbarung dort ins Spiel, wo Erwerbshindernisse geschlechtstypischer Art vorhanden sind, also vornehmlich, wenn es um die Pflege und Betreuung von Familienangehörigen (Kinder, Alte, Kranke) geht. Die Behörde kann hierzu Projekte für Personengruppen mit besonderen Bedarfs-lagen oder spezialisierte Fallmanager für Alleinerziehende bereithalten. Sie muss sich um kommunale Eingliederungsleistungen oder Leistungen Dritter bemühen – hier sind vornehmlich Möglichkeiten der Kinderbetreuung zu nennen – und damit eine gendersensible Eingliederungsvereinbarung durch konkrete Dienstleistungen unterfüttern.[11]

Wichtig ist, dass die Arbeitsverwaltung die Ziele der Europäischen Beschäftigungsstrategie, die ins SGB II eingelassen sind, innerhalb der Behördeninteraktion relevant macht, d.h. im Rahmen des Abschlusses einer Eingliederungsvereinbarung zwischen SGB II-Behörde und Klient/in alles dafür tut, um Frauen mit Kindern in Erwerbstätigkeit zu vermitteln. Damit die Arbeitsverwaltung das Verhalten einer solchen Klientin im Sinne des *individual adult worker model* zu steuern vermag, muss sie ihre Verwaltungsstruktur entsprechend programmieren. Sie muss die erwerbspolitische Programmatik des SGB II als eigenes Ziel übernehmen und durch die verschiedenen Verwaltungsebenen hin bis auf die Ebene der Behördeninteraktion durchreichen. Dieser Vorgang der Programmierung geschieht in Kooperation zwischen der Bundesagentur für Arbeit und dem zuständigen Bundesfachministerium.

Vereinfacht beschrieben, schließt das Bundesministerium für Arbeit und Soziales mit der Zentrale der Bundesagentur für Arbeit, unter Einbezug der einzelnen SGB II-Behörden (Gegenstromverfahren), eine Zielvereinbarung ab. Dazu legt das Bundesministerium für Arbeit und Soziales die Quantifizierung eines Zielsystems vor, das im Kern an die §§ 1, 2, 3 und 14 des SGB II anschließt. Dieses Zielsystem basiert auf einer Hierarchie von Zielkategorien, Zielindikatoren und Richtgrößen. Die Spitze der Bundesagentur für Arbeit verhandelt mit dem Bundesministerium für Arbeit und Soziales über die quantitative Ausgestaltung der Zielkategorien (Schütz 2008: 95): In welcher Höhe sollen passive Leistungen reduziert werden? Wie hoch soll die Integrationsquote sein? Wie viele Kunden im Dauerkontakt von über 24 Monaten soll es geben? In diesem Aushandlungsprozess zwischen Bundesministerium für Arbeit und Soziales und der Spitze der Zentrale der Bundesagentur für Arbeit werden die Trägerversammlungen jeder einzelnen SGB II-Behörde einbezogen und von den zuständigen Regionaldirektionen begleitet. Unter Berücksichtigung der Besonderheiten am lokalen Arbeitsmarkt und mit Blick auf die lokale Kundenstruktur handelt die Trägerversammlung mit der Bundesagentur für Arbeit Größen für eine lokale Zielvereinbarung aus.

Die letzte Zielvereinbarung innerhalb dieses administrativen Vertragsrahmens bildet die Eingliederungsvereinbarung zwischen Behörde und Klient/in. Durch sie soll die Zielabsprache zwischen Ministerium und Bundesagentur über

---

11   Dass die Anforderungen an das Gender Mainstreaming in der Praxis bei Weitem nicht eingelöst werden, soll hier nicht weiter ausgeführt werden. Für einen möglichen Erklärungsansatz mit Bezug auf die Theorie der Ebenendifferenzierung siehe Weinbach (2010).

die SGB II-Behörde bis auf die Ebene der Behördeninteraktion fortgesetzt werden.

Trotz der Zielvorgaben aus den höheren Ebenen des administrativen Vertragsrahmens soll die Eingliederungsvereinbarung die individuellen Besonderheiten des einzelnen Klienten/der einzelnen Klientinnen im Hinblick auf die individuellen Hindernisse bei der Aufnahme einer Erwerbstätigkeit berücksichtigen – und dabei soll u.a. das Instrument des (Gender) Mainstreamings wirksam werden. Erwerbshindernisse können mangelhafte Deutschkenntnisse, eine veraltete Berufsqualifikation und/oder eben die Betreuung von Kleinkindern über drei Jahren sein, wobei es sich um einen typisch weiblichen Zuständigkeitsbereich handelt.[12]

Damit zum Beispiel Kinderbetreuung als geschlechtstypisches Erwerbshindernis abgebaut werden kann, muss die Klientin in gewisser Weise Verhandlungspartnerin der Behörde sein: Sie muss die Behörde über das Erwerbshindernis informieren und deutlich machen, dass sie am Abbau desselben interessiert ist. Die Behörde muss die Betreuungskosten übernehmen, indem sie der Klientin einen Leistungsgutschein ausstellt und auf dessen Verausgabung besteht. Einen Betreuungsplatz erhält die Klientin schließlich meist durch den eigenständigen Zugang zu den lokalen Betreuungsangeboten, d. h. sie selbst sucht den Betreuungsplatz aus. Sie muss in diesem Zusammenhang möglicherweise ihre Vorstellung vom Mutter-Sein revidieren, sie muss ihre Beziehung zum Kind so gestalten, dass sein Aufenthalt bei der Fremdbetreuung möglichst reibungslos verläuft. Vergleichbares gilt, wenn ein männlicher Partner die Kinderbetreuung übernehmen könnte, für das Vater-Bild des betroffenen Mannes. Denn im Vordergrund der Beziehung zwischen Behörde und Klientin steht ein administrativer Vertragsrahmen aus hierarchisch angeordneten Zielvereinbarungen, der letztlich auf der Grundlage der Ziele im SGB II und damit am *individual adult worker model* der Europäischen Beschäftigungsstrategie orientiert ist. Männer wie Frauen, die in den Klienten-/Klientinnenkreis der SGB II-Behörde geraten, sind aufgefordert, ihren Lebensentwurf an diesem neuen Geschlechtermodell auszurichten.

---

12 Wer Kinder unter drei Jahren betreut und diese Betreuung nicht durch den Partner übernommen werden kann, wird von der Re-Kommodifizierung ausgenommen.

6   Re-Ontologisierung der Geschlechterdifferenz?

Mit der Orientierung am *individual adult worker model* führt der Wohlfahrtsstaat gezielt die De-Ontologisierung desjenigen komplementär angelegten Geschlechterverhältnisses weiter, das er im Zuge der Nationalstaatswerdung im 19.
Jahrhundert selbst hervorgebracht hat. Während der nationalstaatliche Ontologi-
sierungsprozess der Geschlechterdifferenz damals mit Bezug auf ‚natürliche‘
Geschlechterdifferenzen vorgenommen wird, der Staat so auf einen Regelungs-
tatbestand referiert, den er lediglich vorzufinden glaubt, gelten Geschlechtsidentitäten im Rahmen der Europäischen Beschäftigungsstrategie als sozial konstruierte, änderbare Identitäten, die es wegen der globalen Konkurrenzfähigkeit des
europäischen Wirtschaftsraums umzuformen gilt. Geschlechterhierarchien und -
ungleichheiten werden – weil mit einer festgeschriebenen Geschlechterdifferenz
als Ordnungskategorie wenig flexibel auf diese Veränderungen reagiert werden
kann und diese daher nicht länger taugt – als Verstoß gegen die Menschenrechte
bewertet. Die als ontologisch erlebte, naturgegebene Geschlechterdifferenz, die
zuvor ein wichtiger Referenzpunkt ordnungspolitischer Bemühungen ist, wird
durch die Menschenrechte abgelöst, die ab jetzt den unhintergehbaren Maßstab
für die Gestaltung der Beziehung zwischen Männern und Frauen bilden. Der
Wohlfahrtsstaat schickt sich bewusst und systematisch an, das traditionelle Geschlechterverhältnis entsprechend aufzubrechen.

Das *individual adult worker model* reflektiert den politischen Rückgriff auf
die Menschenrechte, indem es beiden Geschlechtern den gleichen Zugang zu
den gesellschaftlichen Funktionsbereichen ermöglicht bzw. vorschreibt und die
Integration in den Arbeitsmarkt als soziale Integration propagiert. Als Modell
staatlicher Ordnungspolitik dient es, wie das Geschlechterverhältnis des 19. und
20. Jahrhunderts, nationalen respektive europäischen Interessen (Erhöhung der
Beschäftigungsquote, um die Konkurrenzfähigkeit des europäischen Wirtschaftsraums sicherzustellen). Abermals stützt sich die Politik dabei auf einen
quasi naturgegebenen und also lediglich als vorgefunden geltenden Tatbestand:
besagte Menschenrechte, auf deren Grundlage das Verhältnis der Geschlechter
neu vermessen wird.

Im Zuge dessen wird das Normalarbeitsverhältnis durch die Erwerbstätigkeit aller arbeitsfähigen Erwachsenen in einem Haushalt ersetzt; auch für die anfallende Hausarbeit sollen diese nun gleichermaßen zuständig sein. Für beide
Geschlechter wird die Hyperinklusion aufgehoben, d. h. die vollständige Trennung ihrer Familienrollen von anderen sozialen Rollen, vor allem im wirtschaftlichen und arbeitsmarktlichen Bereich, angestrebt. Nach außen hin wird die institutionelle Umwelt der Familie entsprechend dem neuen Geschlechtermodell
vor allem durch die Reform der Sozialsysteme (wie Witwenrente, Unterhalts-
verpflichtungen nach einer Scheidung) sowie die Einrichtung flächendeckender

Kinderbetreuungseinrichtungen umgestaltet. Solche sozialen Strukturen zielen letztlich auf die Auflösung der geschlechtlichen Arbeitsteilung. Was bedeutet diese De-Ontologisierung der Geschlechterdifferenz für die soziale Konstruktion der zweigeschlechtlichen Wirklichkeit? Allgemeiner Annahmen der Geschlechterforschung zufolge liefert die geschlechtliche Arbeitsteilung die strukturelle Grundlage und den Ausgangspunkt für die Konstruktion der traditionellen Geschlechterdifferenz. Demnach müsste die Existenz zweier Geschlechter als Männer und Frauen im altbekannten Sinne – vorausgesetzt, die Europäische Beschäftigungsstrategie wird erfolgreich sowohl im Hinblick auf die familiale Arbeitsteilung als auch auf die geschlechtliche Segregation des Arbeitsmarktes umgesetzt – allmählich *verschwinden*. Was *übergangsweise* an ihre Stelle treten könnte, wird seit den 1990er Jahren im Bereich der ‚Subkultur' ausprobiert: die Herstellung *vieler* Geschlechter und Begehrensformen (prominent: Butler 1991).

Literatur

Bandemer, von Stefan / Hilbert, Josef (2005): Vom expandierenden zum aktivierenden Staat. In: Blanke, Bernhard et al. (Hrsg.): Handbuch zur Verwaltungsreform, 3., völlig überarbeitete und erweiterte Auflage, Wiesbaden: VS, 26-35.

Behning, Ute (2005): Europäisierung wohlfahrtsstaatlicher Geschlechterarrangements. In: Behning, Ute / Sauer, Sabine (Hrsg.): Was bewirkt Gender Mainstreaming? Evaluiert durch Policy-Analyse, Reihe „Politik der Geschlechterverhältnisse", Hrsg. von Cornelia Klinger, Eva Kreisky, Andrea Maihofer, Birgit Sauer, Frankfurt/M., New York: Campus, 157-167.

Berlit (2007): § 15 Eingliederungsvereinbarung. In: Münder, Johannes (Hrsg.): Sozialgesetzbuch II. Grundsicherung für Arbeitssuchende. Lehr- und Praxiskommentar, 2. Auflage, Baden-Baden: Nomos-Verlag: 231-247.

Bundesrepublik Deutschland (2003): Nationaler Beschäftigungspolitischer Aktionsplan (vorgelegt gemäß Art. 128 EGV), http://ec.europa.eu/employment_social/employment_strategy/nap_2003/nap_de_de.pdf [28.2.2009].

Butler, Judith (1991): Das Unbehagen der Geschlechter, Frankfurt/M.: Suhrkamp.

Dackweiler, Regina-Maria (2005): Gender Mainstreaming im Kontext nationaler Geschlechterregime. Welche Chancen – welche Hindernisse?, Was bewirkt Gender Mainstreaming? Evaluiert durch Policy-Analyse, Reihe „Politik der Geschlechterverhältnisse", Hrsg. von Cornelia Klinger, Eva Kreisky, Andrea Maihofer, Birgit Sauer, Frankfurt/M., New York: Campus, 117-129.

Daly, Mary (2005): Gender Mainstreaming in Theory and Practice. In: Social Politics 12, Issue 3, 433-459.

Derichs-Kunstmann, Karin (2005/06): Gender Mainstreaming-Implementierung als Beitrag zur Qualitätsentwicklung in Weiterbildungseinrichtungen. In: FIAB (Hrsg.): Von der Statussicherung zur Eigenverantwortung? Das deutsche Sozialmodell im gesellschaftlichen Umbruch, Jahrbuch Arbeit, Bildung, Kultur Bd. 23/24, Bochum: FIAB-Verlag, 103-117

Dienel, Christiane (2004): Eltern, Kinder und Erwerbsarbeit: Die EU als familienpolitischer Akteur, In: Leitner, Sigrid / Ostner, Ilona / Schratzenstaller, Margit (Hrsg.): Wohlfahrtsstaat und Geschlechterverhältnis im Umbruch. Was kommt nach dem Ernährermodell?, Wiesbaden: VS, 285-307.

Dingeldey, Irene (2005): Vom klassischen zum aktivierenden Sozialstaat. In: Groh, Kathrin / Christine Weinbach (Hrsg.): Zur Genealogie des politischen Raums. Politische Strukturen im Wandel, Wiesbaden: Verlag für Sozialwissenschaften, 273-308.

Döge, Peter / Stiegler, Barbara (2004): Gender Mainstreaming in Deutschland. In: Meuser, Michael / Neusüß, Claudia (Hrsg.): Gender Mainstreaming. Konzepte – Handlungsfelder – Instrumente, Bonn: Bundeszentrale für politische Bildung, 135-157.

Geissler, Birgit (1998): Normalarbeitsverhältnis und Sozialversicherungen – eine überholte Verbindung?, In: Mitteilungen aus der Arbeitsmarkt- und Berufsforschung (MittAB), 31. Jg., Heft 3, 550-557.

Gerlach, Irene (1996): Familie und staatliches Handeln. Ideologie und politische Praxis in Deutschland, Opladen: Leske + Budrich.

Göbel, Markus / Schmidt, Johannes (1998): Inklusion/Exklusion. Karriere, Probleme und Differenzierungen eines systemtheoretischen Begriffspaars. In: Soziale Systeme 4, S. 87-117.

Hartz, Peter et al. (2002): Moderne Dienstleistungen am Arbeitsmarkt. Vorschläge der Kommission zum Abbau der Arbeitslosigkeit und zur Umstrukturierung der Bundesanstalt für Arbeit.

Jaehrling, Karen / Rudolph, Clarissa (Hrsg.) (2010): Grundsicherung und Geschlecht. Gleichstellungspolitische Befunde zu den Wirkungen von ‚Hartz IV', Münster: Westfälisches Dampfboot.

Kleindick, Ralf (2001): Modernisierung von Staat und Verwaltung in Deutschland. In: Siedentopf, Heinrich (Hrsg.): Modernisierung von Staat und Verwaltung/Reform der Kommission der Europäischen Gemeinschaften: Dokumentation zum 8. Deutsch-Französischen Verwaltungskolloquium der Deutschen Hochschule für Verwaltungswissenschaften Speyer und der Ecole Nationale d'Administration in Strasbourg am 5. Und 6. Juni 2001, Speyer: DHV, 18-27.

Kraemer, Klaus (2005/06): Eigenverantwortung und Teilhabe. Eine Einführung, in: FIAB (Hrsg.), Von der Statussicherung zur Eigenverantwortung? Das deutsche Sozialmodell im gesellschaftlichen Umbruch, Jahrbuch Arbeit, Bildung, Kultur Bd. 23/24, Bochum: FIAB-Verlag, 131-140.

Laqueur, Thomas (1992): Auf den Leib geschrieben. Die Inszenierung der Geschlechter von der Antike bis Freud, Frankfurt/M. und New York: Campus.

Leisering, Lutz (1995): Grenzen des Sozialversicherungsstaats? Sozialer Wandel als Herausforderung staatlicher Einkommenssicherung. In: Zeitschrift für Sozialreform 41, Heft 11, 860-880.

Leitner, Sigrid / Ostner, Ilona / Schratzenstaller, Margit (2004): Einleitung: Was kommt nach dem Ernährermodell? Sozialpolitik zwischen Re-Kommodifizierung und Re-Familialisierung. In: Dies. (Hrsg.): Wohlfahrtsstaat und Geschlechterverhältnis im Umbruch. Was kommt nach dem Ernährermodell?, Wiesbaden: VS, 9-27.

Lewis, Jane (2001): The Decline of the Male Breadwinner Model: Implications for Work and Care. In: Sozial Politics Vol. 8, Num. 2, 152-169.

Lewis, Jane (2004): Auf dem Weg zur ‚Zwei-Erwerbstätigen'-Familie. In: Leitner, Heinrich / Ostner, Ilona / Schratzenstaller, Margit (Hrsg.): Wohlfahrtsstaat und Geschlechterverhältnis im Umbruch. Was kommt nach dem Ernährermodell?, Wiesbaden: VS Verlag, 62-84.

Luhmann, Niklas (1994): Die Unterscheidung von Staat und Gesellschaft. In: Ders.: Soziologische Aufklärung 4. Beiträge zur funktionalen Differenzierung der Gesellschaft, Opladen: Westdeutscher Verlag, 67-73.

Meuser, Michael / Neusüß, Claudia (2004): Gender Mainstreaming – eine Einführung. In: Meuser, Michael / Neusüß, Claudia (Hrsg.): Gender Mainstreaming. Konzepte – Handlungsfelder – Instrumente, Bonn: Bundeszentrale für politische Bildung, 9-22.

Mückenberger, Ulrich (1985): Die Krise des Normalarbeitsverhältnisses – Hat das Arbeitsrecht noch Zukunft?, In: Zeitschrift für Sozialreform 31, 415-434, 457-475.

Münder, Johannes (2007): § 1 Aufgabe und Ziele der Grundsicherung für Arbeitsuchende, in ders. (Hrsg.), Sozialgesetzbuch II. Grundsicherung für Arbeitssuchende. Lehr- und Praxiskommentar, 2. Auflage, Baden-Baden: Nomos-Verlag, 31-37.

Ohlde, Kerstin / Olthoff, Marion (2004): Verwaltungsmodernisierung und Gender Mainstreaming. In: Bernhard Blanke et al. (Hrsg.): Handbuch zur Verwaltungsreform, 3., völlig überarbeitete und erweiterte Auflage, Wiesbaden: VS, 312-322.

Reich-Hilweg, Ines (1979): Männer und Frauen sind gleichberechtigt. Der Gleichberechtigungsgrundsatz Art. 3 Abs. 2 GG in der parlamentarischen Auseinandersetzung 1948-1957 und in der Rechtsprechung des Bundesverfassungsgerichts 1953-1975, Frankfurt/M. (Europäische Verlagsanstalt) 1979.

Reis, Claus (2007): Fallmanagement – ein Mythos? Erfahrungen mit Case Management in unterschiedlichen Feldern kommunaler Sozialpolitik. In: Clarissa Rudolph, Renate Niekant (Hrsg.), Hartz IV. Zwischenbilanz und Perspektiven, Münster: Westfälisches Dampfboot, 178-192.

Riegraf, Birgit (2007): Der Staat auf dem Weg zum kundenorientierten Dienstleistungsunternehmen? New Public Management geschlechtsspezifisch analysiert. In: Aulenbacher, Brigitte / Funder, Maria / Jakobsen, Heike / Völker, Susanne (Hrsg.): Arbeit und Geschlecht im Umbruch der modernen Gesellschaft. Forschung im Dialog, Wiesbaden: VS Verlag, 78-94.

Rudolph, Clarissa (2007): Gleichstellungspolitik als Luxus – Wandel und Persistenz von Geschlechterverhältnissen bei der Hartz IV-Umsetzung. In: Rudolph, Clarissa / Niekant, Renate (Hrsg.): Hartz IV. Zwischenbilanz und Perspektiven, Münster: Westfälisches Dampfboot, 110-134.

Schuppert, Gunnar Folke (2005): Zur Rolle des Rechts bei der Staats- und Verwaltungsform. In: Blanke, Bernhard et al. (Hrsg.): Handbuch zur Verwaltungsreform, 3., völlig überarb. u. erw. Auflage, Wiesbaden: VS Verlag, 36-44.

Schütz, Holger (2008): Reform der Arbeitsvermittlung: Uniformierungsdruck in der Bundesagentur für Arbeit, Opladen und Farmington Hill: Budrich UniPress.

Vogel, Angela (1989): Frauen und Frauenbewegung. In: Benz, Wolfgang (Hrsg.): Die Geschichte der Bundesrepublik Deutschland: Gesellschaft, Bd. 4, Frankfurt/M.: Fischer, 162-206.

Weinbach, Christine (2010): Hyperinklusion durch Hartz 4. Differenzierungstheoretische Überlegungen zur ,Modernisierung' der Geschlechterrollen im SGB II. In: Manske, Alexandra / Pühl, Katharina (Hrsg.): Prekarisierung zwischen Anomie und Normalisierung. Geschlechtertheoretische Bestimmungen, Münster: Westfälisches Dampfboot. 133-164.

Wobbe, Theresa (2001): Institutionalisierung von Gleichberechtigungsnormen im supranationalen Kontext: Die EU-Geschlechterpolitik. In: Heintz, Bettina (Hrsg.): Geschlechtersoziologie, Sonderheft 41 der KZfSS, Wiesbaden: Westdeutscher Verlag, 332-355.

Wobbe, Theresa / Biermann, Ingrid (2009): Von Rom nach Amsterdam. Die Metamorphosen des Geschlechts in der Europäischen Union, Wiesbaden: VS Verlag.

Rohstoffisierung. Zur De-Ontologisierung des Geschlechtskörpers

Paula-Irene Villa

1 Einleitung

Man kann die Geschichte der Moderne erzählen – und damit womöglich ontologisieren – als Geschichte der ‚Entzauberung' im Sinne Max Webers (1985; Orig. 1922).[1] Als Geschichte spezifischer Rationalisierungen nämlich, welche die aufklärerische Vernunft zur Leitmaxime von Weltdeutung erheben: „Sapere aude. Habe den Mut, Dich Deines eigenen Verstandes zu bedienen", anstatt – so Kant sehr sinngemäß einige Zeilen zuvor – Dir von Experten oder selbst ernannten Autoritäten vordenken zu lassen (Kant 1784). Anstatt also den Deutern zu glauben, entlarvt man ihre Deutungen als solche – und kommt so zu eigenen, möglichst autonomen Deutungen.[2] Man kann zudem, wenn man will, die Postmoderne als Radikalisierung dieser Ver-Selbstständigung verstehen; als Umschlag von einer Moderne an sich in eine Moderne für sich und zwar mit ihren eigenen Mitteln (Bauman 2005: 160 f.; 428 f.). Die Postmoderne wäre dann das sich selbst bewusste Wissen um den von Weber bereits für die Moderne diagnostizierten „Polytheismus der Werte", so etwa Wolfgang Welsch (2002: 189). Emphatischer formuliert: In der (Post)Moderne wissen die Menschen, dass sie

---

1 Spätestens hier, also zu Beginn, muss eine vorläufige Klärung von ‚Ontologie' erfolgen. Ich verwende den Begriff nicht in seiner umfassenden philosophischen Differenziertheit, sondern in einem eher alltagsweltlichen Verständnis. Ontologisch wäre demnach alles, was letztbegründet und ein ‚Sein an sich' ist. In meinem – sicherlich verkürzten – Verständnis stünden ‚ontologisch' und ‚kontingent' als Gegenbegriffe einander gegenüber.

2 Womit tatsächlich schon eine Ontologie der Moderne aufgerufen wäre, nämlich die des autonomen, ursprünglichen Subjekts. Dass dieses Selbstverständnis des modern-bürgerlichen Subjekts eine theoriehistorische, empirische und politische Konstruktion ist, insofern sich hier ein partikulares Modell als universales Apriori setzt, ist vielfach kritisch argumentiert worden (vgl. u. a. Butler 1998, Foucault 1985, Reckwitz 2008).

sich – frei nach Marx (1960; Orig. 1852) – ihre Geschichte ‚selbst machen'
(können). Hierüber ließe sich immer noch und immer wieder kontrovers diskutieren, doch ist das nicht das Anliegen dieses Beitrags. Vielmehr geht es mir darum, diese Lesart – der Moderne als Entzauberung und damit als De-
Ontologisierung – durch eine recht einfach anmutende, doch ausgesprochen folgenreiche und darin komplexe Beobachtung herauszufordern: Die Geschlechterdifferenz ist durchaus analog zu und in systematischer Verschränkung mit
anderen wirkmächtigen und strukturbildenden sozialen Differenzen, wie ‚Rasse'
oder Sexualität, in der Moderne zu einer ontologischen Kategorie geworden.
Zumindest in einer spezifischen Konturierung, nämlich als *an sich so Seiendes* –
eben jenseits göttlicher ‚Anordnung'. Die Unterscheidung zwischen Männern
und Frauen als objektiv-natürliche Tatsache, als diskrete dualistische ist eine
moderne Ontologie.

Ich möchte dies im Horizont der inter- bzw. transdisziplinären Geschlechterforschung zunächst ausleuchten, um in einem zweiten – längeren – Schritt
über rezente De-Ontologisierungen zu sprechen. Letztere vollziehen sich meines
Erachtens auf zwei Ebenen: zum einen auf der sozialwissenschaftlichen, die mit
der Chiffre Sozialkonstruktivismus belegt werden kann und zum anderen auf
der praxeologischen, lebensweltlichen Ebene, die mit dem nur scheinbar trivialen Motto ‚Mein Bauch gehört mir' angedeutet werden kann. Akademischer
formuliert: Die Verfügbarkeit des Körpers wird, so meine Beobachtung, in der
Gegenwart nicht nur genutzt (das wurde sie gewissermaßen immer schon), sondern zudem (und das ist meines Erachtens neu) als individualisierte Option als
solche gewusst. Der Körper wird zum Rohstoff. Und daran lässt sich lebensweltliche, alltägliche De-Ontologisierung beobachten. Doch wird diese zugleich
bestritten und relativiert durch neue Re-Ontologisierungen, auf die ich am Ende
meines Beitrags knapp eingehen werde.

Am Ende dieser kurzen Einleitung steht aber zunächst die These, dass sich
vor unseren Augen eine durchaus dramatische Umstellung diskursiver Semantiken, die Geschlechterdifferenz betreffend, vollzieht: Von einer Praxeologie der
Natürlichkeit, die darauf abzielt, eine Ontologie gewissermaßen zum Ausdruck
zu bringen, wechseln wir im Modus der De-Ontologisierung der körperlichen
Differenz qua Rohstoffisierung in eine Semantik der arbeitsintensiven, managerialen Geschlechterdifferenz. Diese ist wiederum mit neuen Ontologisierungen
verbunden.

2 Ontologisierung: Geschlechtskörper als Verkörperung einer natürlichen Differenz

Mit der Umstellung von religiös-mystischen Weltdeutungen und den darauf basierenden Autoritäten auf weltlich-wissenschaftliche Rationalitäten hat sich, wie weithin bekannt, ab Ende des 18. Jahrhunderts die bürgerliche europäische Moderne entwickelt. Diese Umstellung bedeutete im Kern eine Ver(natur)wissenschaftlichung der Welt. Und sie bedeutete, sozialwissenschaftlich womöglich noch interessanter, weil für die Lebenswelt der Menschen folgenreich, die zeiträumlich spezifische Öffnung von Kontingenz:

> „Kontingent ist etwas, was weder notwendig ist noch unmöglich ist; was also so, wie es ist (war, sein wird), sein kann, aber auch anders möglich ist. Der Begriff bezeichnet mithin Gegebenes (zu Erfahrendes, Erwartetes, Gedachtes, Phantasiertes) im Hinblick auf mögliches Anderssein; er bezeichnet Gegenstände im Horizont möglicher Abwandlungen" (Luhmann 1984: 152).

Soziologisch bedeutet dies, dass das, was ist, zum einen immer geworden ist. Zum anderen – und damit zusammenhängend – bedeutet es, dass es nicht nur anders werden kann, sondern auch auf sein So-Gewordensein hin verstanden und erklärt werden sollte. Soziologische Reflexion also, gar soziologische Aufklärung bemühen sich demnach um die Freilegung des Gewordenseins im Gegebenen; um die Sichtbarmachung der Prozessualität sozialer Faktizität also. In diesem Sinne ist die Geschlechterforschung exemplarische sozialwissenschaftliche Aufklärung. Sie beginnt spätestens mit dem Diktum von Simone de Beauvoir (1961: 433; franz. Orig. 1949): „Man kommt nicht als Frau zur Welt, man wird es". Auch wenn de Beauvoir nicht die Erste war, die das *Gewordensein* des Geschlechts gegen die Annahme eines „unveränderlichen Wesens" (ebd.: 432) argumentativ in Stellung brachte, so hat sie dies doch als Erste entlang historischer Empirie theoretisiert.[3] Sie hat damit die selbstherrliche Moderne nachhaltig erschüttert. Denn de Beauvoir hat, womöglich stärker durch die Rezeption ihrer Werke als in ihren Texten selbst, den hegemonialen Diskurs der Natürlichkeit und damit die Ontologie der Geschlechterdifferenz herausgefordert. Es reicht, so de Beauvoir, eben nicht, einfach als Frau – was auch immer das sei – geboren zu sein, um eine Frau zu sein. Vielmehr müssen Menschen zu Frauen werden, um Frauen zu sein. Dieser Gedanke ist zum Leitmotiv großer Teile der

---

3   Wenn sie auch in höchst problematischer Weise im Rahmen einer existenzialistischen, selbst binär kodierten und darin auch wieder ontologisierenden Philosophie, die Immanenz und Transzendenz als vergeschlechtlichte Modi apriorisch festsetzt (vgl. zur kritischen Auseinandersetzung die Beiträge in Simons 1995).

Geschlechterforschung geworden. Er entstammt aber gleichermaßen den politischen Bewegungen der Moderne, insbesondere den feministischen. In der zweiten Hälfte des 18. Jahrhunderts, ebenso wie um die Jahrhundertwende zum 20. Jahrhundert und dann wieder zu Zeiten der Neuen Sozialen Bewegungen in den 1960er und 1970er Jahren wird Kontingenz von hinreichend vielen Menschen erfahrbar. Soziale Ordnung inklusive ihrer geschlechtlichen Dimension erscheint dabei als gemachte Ordnung und wird damit zwingend instabil. Das kann man politisch so oder so prozessieren, juristisch so oder anders normieren, kulturell so oder so deuten. Die entsprechenden intensiven öffentlichen Debatten, etwa um die ‚Frauenfrage', bezeugen nachdrücklich, wie sehr um die Deutungshoheit gerungen wurde – so sei nur an die Enthauptung von Olympe de Gouges 1793 erinnert, die für den Versuch sterben musste, Menschenrechte auch für Frauen einzufordern.[4] Die Behauptung, dass auch Frauen Menschen sind, war ein Skandal in der sich im Lichte der französischen und deutschen Aufklärung herausbildenden bürgerlichen Moderne. Dass dies so skandalös war, deutet auf die Ungleichzeitigkeit der ‚Entzauberung' in geschlechtertheoretischer Hinsicht hin. Erinnert sei in diesem Zusammenhang auch an die Debatten um die Frauenbildung in Deutschland um 1890: So wurde 1897 im Auftrag der Preußischen Regierung ein Gutachten[5] veröffentlicht, in dem sich viele namhafte Naturwissenschaftler zur Frage äußerten, ob Frauen studieren sollten, könnten oder dürften. Exemplarisch sei Max Planck zitiert, der durchaus zu den Befürwortern des Frauenstudiums gehörte:

> „[...] man kann nicht stark genug betonen, dass die Natur selbst der Frau ihren Beruf als Mutter und als Hausfrau vorgeschrieben hat und dass Naturgesetze unter keinen Umständen ohne schwere Schädigungen, welche sich im vorliegenden Falle besonders an dem nachwachsenden Geschlecht zeigen würden, ignoriert werden können" (Planck 1897, zit. nach von Braun 1998: 4).

Damit wären wir beim Kernargument genuin moderne Ontologisierungen des Geschlechts: In Zeiten lebensweltlich erfahrener Kontingenz tritt bezüglich der Geschlechterdifferenz in der Moderne die Natur an die Stelle der Religion und immunisiert so Bereiche des Sozialen gegen die korrosive Wirkung des Selber-Denkens im Kantschen Sinne. Und da die positivistische Naturwissenschaft ernst macht mit den ursächlichen Erklärungen, fokussiert sie den Körper. Im

---

4   Vgl. Mousset (2006).
5   „Die akademische Frau. Gutachten hervorragender Universitätsprofessoren, Frauenlehrer und Schriftsteller über die Befähigung der Frau zum wissenschaftlichen Studium und Berufe", Hrsg. von Arthur Kirchhoff. Online als Volltext nachlesbar unter http://www.archive.org/stream/dieakademischef02kircgoog#page/n6/mode/2up.

Körper findet sich, so die nach wie vor gültige Annahme, die Ontologie des Geschlechts. Die *Natur* selbst, so Planck, schreibt den Frauen ihren Beruf vor. Offensichtlich hat er dabei die Evolution und die ‚Vererbung', d. h. die (später sogenannte) Genetik im Sinn. Gegen solche ‚Tatsachen' kann man viel anreden – anhaben kann man solchen Fakten nichts. Das Sein des Geschlechts ist gegeben; in einer wissenschaftlichen Logik muss man gründlich genug danach suchen, in einer praxeologischen Logik muss man der Wissenschaft glauben.

In der historischen Analyse, die aus evidenten Gründen zu den wichtigsten Impulsgebern der Geschlechterforschung gehört,[6] erweist sich diese Natur als recht variabel, ja als geradezu kontingent. Gebärmutter, Hormone, Gene, Hirnhälften, Nerven, Schädelumfang – an diesen Körperzonen wurde die Ontologie des Geschlechts schon vermeintlich entdeckt.[7] Wir können gespannt sein, wo sie demnächst sein wird. Doch es bleibt dabei: Das So-Sein von Frauen und Männern muss irgendwo sein. Die Natur schließt nicht nur, aber besonders dann, in unsicheren Zeiten die reflexiven Öffnungen. Natur ist Ontologie in geschlechtlicher Hinsicht.

Geschlechterforschung hat in mehrfacher Weise und auf verschiedenen Ebenen diese Ontologisierungen rekonstruiert und kritisiert: Ontologisierungen, die wissenschaftsimmanent sind; diskursive Ontologisierungen, die im Rahmen des ‚Exports' dieser wissenschaftlichen Faktizitäten in die Lebenswelt aus ‚sex' (dem biologischen Geschlecht) ‚gender' (das kulturelle oder soziale Geschlecht) machen, d. h. aus der Gebärmutter die Unfähigkeit, zu studieren oder einparken zu können. Und schließlich ontologisierende (Selbst-)Naturalisierungen durch Praxis, d. h. – wie Judith Butler argumentiert – die Verschleierung von im weitesten Sinne sozialen Konstruktionsprozessen zugunsten einer Natürlichkeitsfiktion.[8] Ein Beispiel hierfür wäre die quasi-ontologische Universalisierung von Hausarbeit als Frauenarbeit, die historisch betrachtet, relativ jungen Datums ist – dabei aber auch heute noch gern in die Steinzeithöhlen der Neandertalerinnen

---

6   Insofern die Geschichtswissenschaft in den 1970ern und 1980ern wesentlich an der Deplausibilisierung vieler ‚ontologischer' Dimensionen von Geschlechtlichkeit beteiligt war. So etwa an der ‚Entdeckung' der überraschend jungen und ökonomisch bedingten Geschichte der angeblich naturbedingten Hausarbeit als ‚Frauensache' im bürgerlichen 18. und 19. Jahrhundert (Bock/Duden 1977).

7   Die entsprechende Literatur, die sich kritisch mit diesen ‚Entdeckungen' auseinandersetzt, ist inzwischen aufgrund der Menge schier unüberschaubar. Exemplarisch verweise ich hier deshalb nur auf einige Studien. Zur Geschichte des ‚hormonellen Unterschieds': Oudshoorn 1994. Zur Kritik aktueller ‚Gender Neuro- and Brain Science'' Fine 2010. Zur Kritik an Geschlechterkonstruktionen in der Geschichte der Biologie: Fausto-Sterling 1992.

8   Vgl. z. B. Butler (1991: 48).

projiziert wird, wo man die bürgerliche Familienaufstellung in vielen naturhistorischen Museen beschauen kann.[9]

3   De-Ontologisierungen: Wissenschaftlich und praxeologisch

Im wissenschaftlichen Feld ist Geschlechterforschung wesentlich De-Ontologisierung, d. h. Infragestellung aller „ewigen Wahrheiten" (de Beauvoir 1961: 432) des Geschlechtlichen. Dabei werden auf der Baustelle des feministischen bzw. geschlechterwissenschaftlichen (Sozial-)Konstruktivismus mannigfaltige theoretische und empirische Werkzeuge eingesetzt: u. a. Phänomenologie, Wissenssoziologie, Ethnomethodologie, Diskurstheorie, Systemtheorie, Post-Strukturalismus und Handlungstheorien.[10] Die leitende Frage ist dabei im Allgemeinen, „wie soziale Ordnung als kollektiv produzierte zustande kommt und den Menschen dabei als objektiv erfahrbare Ordnung entgegen tritt" (Knorr-Cetina 1989: 87), und im Besonderen, wie Menschen sich wechselseitig und in zeithistorisch je spezifischen Konstellationen zu Männern und Frauen machen und welche systematischen Folgen dies auf allen sozialen Ebenen hat. So kann man auch frei nach Marx formulieren, dass Menschen ihr Geschlecht selber machen, wenn auch nicht aus freien Stücken, gerade insofern es Menschen so vorkommt, als sei das Geschlecht ‚objektiv' gegeben. Die Gleichzeitigkeit von (inter-)subjektiver Konstruktion einerseits und verobjektivierten Ordnungen andererseits ist ein Kerngedanke geschlechterwissenschaftlicher Konstruktivismen. Untereinander unterscheiden sich diese allerdings erheblich hinsichtlich der Modi und der sozialen Orte, durch die und in denen Geschlecht konstruiert wird. Qualitativ-mikrosoziologische Konstruktivismen fokussieren unter dem bekannten Motto ‚doing gender' seit nunmehr bald vier Jahrzehnten die praxeologischen Modi der Konstruktion.[11] Diskurstheoretische Perspektiven hingegen konzentrieren sich auf Diskurs bzw. Sprache als Ort und Modus der Konstitution von Geschlecht. Es gibt weitere Perspektiven, doch möchte ich mich auf die beiden genannten konzentrieren, zum einen, da sie in den letzten 15 Jahren die führenden Stimmen im geschlechterwissenschaftlichen Chor (gewesen) sind, zum anderen, weil sie weitaus konsequenter De-Ontologisierungen des Geschlechts betreiben als vorgängige Positionen.

---

9   Vgl. auch die kritische Auseinandersetzung mit Projektionen der Gegenwart auf die Darstellung von Vergangenem am Beispiel der Neandertaler in Weltersbach (2007) – die allerdings nicht auf die vergeschlechtlichte bürgerliche Familie eingeht.

10   Vgl. – auch für das Wortspiel ‚Baustelle' – Helduser et al. (2004).

11   Vgl. für eine erste Übersicht Gildemeister (2008).

Den handlungstheoretischen Zugängen in der Geschlechterforschung geht es um die Analyse der Konstruktion von Geschlechtlichkeit bzw. Geschlecht: Doing gender ist das Motto. In diesem Horizont ist Geschlecht nicht eine Eigenschaft von Personen – nach der man im endokrinologischen Labor oder auf CT-Scans nur gründlich genug suchen müsste – sondern eine andauernde, institutionell gerahmte Interaktionspraxis. Geschlechtlichkeit ist selber interaktiver Vollzug, d. h. eine ‚praxeologische' Wirklichkeit, und folglich den Praxen nicht vorgängig oder äußerlich (Hirschauer 2001). De-Ontologisierung meint hier also Prozessualisierung. Handlungstheoretische Zugänge betonen, dass die „Interaktion einen formenden Prozess eigener Art darstellt, Zwänge impliziert, in die die Akteure involviert sind und denen sie nicht ausweichen können" (Gildemeister 2007: 173). Wurde und wird noch Geschlecht in weiten Bereichen der Sozialtheorie als ‚askriptives Merkmal' oder als unterschlagene Dimension mitgeführt, zeigt die sozialkonstruktivistische Geschlechterforschung, wie genau dieses vermeintlich neutrale Mitführen eine Konstruktionsleistung eigener und folgenreicher Art ist. So hat das Implizite eine eigene Performativität.[12]

Besonders evident ist die De-Ontologisierung mikrosoziologischer Perspektive an der Art und Weise, wie in diesen der Körper thematisiert wird: Körper, Geschlechtskörper sind, um mit Hirschauer zu sprechen (1989: 101), nicht der Ausgangspunkt vergeschlechtlichender Praxen, sondern deren Ergebnis. Geschlechtskörper stehen nicht am Anfang oder ‚vor' den Konstruktionspraxen, sondern an deren Ende. Da aber Praxis kein Ende kennt (und ja auch keinen Anfang), gibt es keinen Geschlechtskörper als ontologische Entität im Sinne einer unverrückbaren Wahrheit. Dies ist keine ‚bloße' epistemologische Behauptung (das zwar auch und aus guten Gründen), sondern eine auch empirisch gesättigte Beobachtung. Es liegt seit Garfinkels Studie zu ‚Agnes' aus dem Jahre 1967 eine Fülle an Studien dazu vor, inwiefern wir beständig durch Attributions- und Darstellungspraxen die Körper produzieren, die wir vermeintlich zuvor schon haben. Ganz trivial gesprochen: Wir zupfen, formen, schneiden, polstern, ka-

---

12 Was kein ganz neuer Gedanke ist. Am nachdrücklichsten wird dies in den dekonstruktivistischen Perspektiven im Anschluss an Derrida argumentiert: Hier hat das Unausgesprochene, das Implizite, einen systematisch konstitutiven Charakter für die Bedeutungsgenerierung eines jeglichen Textes. Aber auch in einem ganz banalen Sinne ist das hier gemeint: So etwa, wenn in der Familiensoziologie – nach wie vor – ganz selbstverständlich davon ausgegangen wird, dass die Familie aus heterosexuellen, verheirateten Eltern und deren (im ‚Normalfall' leiblichen) Kind(ern) besteht. Oder wenn, wie derzeit, Prekarisierungstendenzen diagnostiziert werden, die letztlich aus der massiven Erosion der ‚männlichen Normalerwerbsbiographie' folgen – die für die allermeisten Frauen seit dem späten 19. Jahrhundert sowieso kaum realisierbar war. Solche Unterstellungen (re)produzieren Geschlechtlichkeit gerade dadurch, dass sie diese nicht thematisieren.

schieren, essen oder essen gerade nicht, schwimmen, färben, rasieren, kleiden, zeigen, verhüllen, posieren – wir bearbeiten unsere Körper – dauernd! – in einem materiellen Sinne, um Natürlichkeit und damit den ontologischen Status des Körpers zu suggerieren. Und wir unterstellen diesen ontologischen Status, den wir als Natürlichkeit kodieren, bei unseren Ko-Akteuren/innen, sobald wir einen Rock oder hohe Absätze wahrnehmen. All dies tun wir ohne Unterlass, wir haben in der Praxis immer schon damit begonnen und hören nie damit auf; es kann folglich kein geschlechtlicher Körper ‚gehabt' werden. Demnach wäre es richtiger, statt vom Körper – wie von einem Ding, einer Entität – von andauernden Verkörperungspraxen zu sprechen, von Inkorporierung. Andererseits passt die Rede vom Körper ebenso theoretisch-analytisch wie praxeologisch dennoch. Denn die handlungstheoretische De-Ontologisierung thematisiert den (Geschlechts-)Körper als Rohstoff, als Handlungsressource – und bildet damit die Praxen, wie sie sich faktisch vollziehen, durchaus plausibel ab. Aufgrund unserer zugleich zentrischen wie exzentrischen Positionalität (Plessner 1975: 291 ff.) sind wir gleichermaßen gezwungen wie auch in der Lage, zugleich ein Leib zu sein und einen Körper zu haben. Und Letzteres impliziert zwingend, eine instrumentelle Distanz zu unserer somatischen Existenzweise einnehmen zu können und zu müssen. Anthropologisch gesehen, können wir uns gar nicht dagegen entscheiden, unsere (Leib-)Körper zu ‚bearbeiten', zu ‚manipulieren', zu ‚gestalten'. Insofern sind wir körperleiblich auch genötigt, unsere Körperlichkeit durchaus instrumentell zu gestalten: Der Mensch muss „sich zu dem, was er schon ist, erst machen" (ebd.: 309) – auch körperleiblich. Damit schließt sich der Kreis zum Ausgangspunkt der Argumentation zunächst: Menschen wissen praxeologisch – wie implizit, anthropologisch oder bewusst ästhetisiert – auch immer, dass sie sich nicht nur ihre Geschichte und Gesellschaft gewissermaßen selber machen, sondern auch ihre Körper.[13] Dies dürfte für die Gegenwart ganz besonders gelten, ist doch die bewusste Gestaltung des Körpers längst nicht nur Teil von Subkulturen oder Medienwelten, sondern – durch Präventionsprogramme, Risikoabschätzungen und viele weitere biopolitische Maßnahmen – geradezu zum Imperativ geworden. Ich werde am Ende hierauf zurückkommen.

Womöglich ist die skizzierte mikrosoziologische Perspektive, die den Körper als Handlungseffekt und -ressource in den Blick nimmt, nicht umfassend genug. Womöglich übersieht sie neben der nicht unmittelbar verfügbaren Dimension des Lebendigen auch die Eigenlogik der leiblichen Aspekte unserer zugleich zentrischen wie exzentrischen Positionalität. Dies muss der andauernden Diskussion überlassen bleiben.[14] Grundsätzlich aber führt die sozialkon-

---

13   Vgl. für eine ausführlichere Darstellung Villa (2008a).
14   Diese führen z. B. Barkhaus/Fleig (2004), Jäger (2004), List (2009) und Villa (2010).

struktivistische Entnaturalisierung des (Geschlechts-)Körpers zugunsten seiner sozialen Herstellungsmechanismen zu einer Deontologisierung des Geschlechts selbst. Die Sichtbarmachung der Kontingenz sowie der Prozessualität und Performativität des Lebendigen, auch des Somatischen, ist das argumentative Herzstück geschlechtertheoretischer Diskurstheorie bzw. der post-strukturalistischen Perspektiven auf Geschlecht. Diese betonen im Anschluss an vor allem Derrida sowie in produktiver Fortführung sprach- und diskurstheoretischer Positionen, wie die von Austin und Foucault, die ‚Uneigentlichkeit' des Geschlechts und die – im weitesten Sinne – textliche Hervorbringung einer ‚Metaphysik der Präsenz' (Derrida 1983). Und auch hier, etwa und vor allem bei Butler, steht die De-Ontologisierung der Geschlechterdifferenz – als „Genealogie der Geschlechter-Ontologie" (Butler 1991: 60) – im Mittelpunkt der überwiegend theoretischen Aufmerksamkeit, und auch hier rückt der Körper in den entsprechenden Blick. Die „angeblich natürlichen Sachverhalte des Geschlechts" (Butler 1991: 3) müssen als angebliche entlarvt werden, indem ihre Konstitution qua Diskurse sichtbar gemacht wird:

> „Dieses Projekt setzt selbstverständlich nicht voraus, dass wir eine traditionell philosophische Ontologie der Geschlechtsidentität anlegen, in der die Bedeutung des Sachverhalts, eine Frau oder ein Mann zu sein, phänomenologisch erörtert würde. Unsere Voraussetzung besagt, dass das ‚Sein' der Geschlechtsidentität ein Effekt und damit ein Gegenstand der genealogischen Untersuchung ist, die die politischen Parameter der Konstruktion der Geschlechtsidentität im Modus der Ontologie verzeichnet. [...] Als Genealogie der Geschlechter-Ontologie [...] legt sie dar, dass bestimmte kulturelle Konfigurationen der Geschlechtsidentität die Stelle des ‚Wirklichen' angenommen haben und durch diese geglückte Selbst-Naturalisierung ihre Hegemonie festigen und ausdehnen" (Butler 1991: 60; Hervorh. i.O.).[15]

Was hier als Programm der De-Ontologisierung von Geschlechtsidentität formuliert ist, kann und wird auch auf den ‚Geschlechtskörper' angewendet. Die De-Ontologisierung im Sinne Butlers fragt dann danach, „wie und warum ‚Materialität' ein Zeichen für Irreduzibilität geworden ist" (Butler 1995: 51). Hier steht Irreduzibilität für eine ontologische Qualität, eben im Sinne der Letztbegründung. Konkret ist für Butler die – ideologische – Annahme einer Kohärenz und Kausalität zwischen sex als biologischem/anatomischem Geschlecht, gender als sozialem/kulturellem Geschlecht und der individuellen Geschlechtsidentität das Herzstück der (modernen) Geschlechterontologie.[16] Intelligible, soziale

---

15 Insbes. in Butler (1995).

16 Wobei hier kritisch angemerkt werden muss, dass Butler eigentümlich ahistorisch argumentiert. Vgl. zur ausführlicheren Kritik Villa (2003).

anerkennungswürdige Geschlechtsidentitäten, so Butler, sind solche, bei denen sex, gender und Identität in scheinbar kohärenter Weise aufeinander bezogen sind, in denen sich also Begehren, Körper und Anatomie gewissermaßen folgerichtig auseinander ergeben und aufeinander beziehen (Butler 1991: 38; 46). Eine solche diskurstheoretische feministische Perspektive macht sichtbar, dass diese Kohärenz nur unter viel Mühe praxeologisch gelingt, beständig performativ erzeugt werden muss und zudem dem ‚Gesetz' der – wiederum in sich instabilen und performativ erzeugten – Heteronormativität folgt. Anders gesagt: Keines der drei Elemente dieser diskursiven Konstitution von Geschlecht ist ‚gegeben', ‚eigentlich' oder ‚an sich seiend': Körper müssen beständig daraufhin bearbeitet werden, diffusen und changierenden, letztlich kontingenten, immer aber phantasmatischen Normen der Zweigeschlechtlichkeit angemessen zu sein; gegengeschlechtliche Begehren werden beständig durch homoerotische und andere verworfene Wünsche oder Praxen durchkreuzt und im dekonstruktivistischen Sinne deshalb von diesem mit-konstituiert; die individuelle Geschlechtsidentität ist andauernden Infragestellungen und Anfechtungen ausgesetzt, sie ist hochgradig fragil und performativ. Jede Verkörperung, jede Materie bzw. Materialität ist für Butler ein „Prozess der Materialisierung" (Butler 1995: 31) – und nicht eine Oberfläche, in die sich etwas einschreibt. Kurz: Aus einer diskurstheoretischen Perspektive kann der Geschlechtskörper nie ‚sein'. Vielmehr haben wir es mit unaufhörlichen Materialisierungsprozessen zu tun, die sich in herrschaftsförmigen Konstellationen vollziehen.

Bevor ich, anknüpfend an den herrschaftskritischen Impetus, zur politisch-praxeologischen De-Ontologisierung durch die zweite Frauenbewegung komme, noch ein skeptisches Wort in Sachen Butler: Kann es sein, dass vor lauter De-Ontologisierung des ‚Natürlichen' Butler eine Diskursontologie vorlegt? Auch wenn ich hier auf viele, wichtige Details der Butlerschen Thematisierung von Materialisierung einginge, was ich nicht kann (etwa auf ihre Auseinandersetzung mit Lacan oder Merleau-Ponty's Phänomenologie), bliebe doch das Unbehagen darüber zurück, dass Butler es mehr mit idealistischen (epistemologischen) Positionen hält, als ihr lieb sein kann – und mehr als eine Genealogie der Geschlechter-Ontologie braucht, um belastbar zu argumentieren.

4   Body Politics – Praxeologisch-politische De-Ontologisierungen

Ich möchte nun auf diejenigen Entnaturalisierungen und damit De-Ontologisierungsimpulse eingehen, die der neuen Frauenbewegung der 1970er und 1980er Jahre zu verdanken sind. Diese möchte ich aus zwei Gründen erwähnen: Zunächst, weil sie maßgeblich zur Reflexivierung der sozialen Wirklichkeit beigetragen haben, indem das allgemeine Prinzip der ‚selbst gemachten

Geschichte und Gesellschaft' auf spezifische Fragen der Geschlechtlichkeit gemünzt und radikalisiert wurde. Des Weiteren war die Neue Frauenbewegung, waren die praxeologischen Feminismen der Ausgangspunkt und Motor für die zuvor skizzierten analytisch-wissenschaftlichen Infragestellungen geschlechtlicher Ontologien. Beide, die wissenschaftlich-theoretischen und die praxisbezogenen Deplausibilisierungen des ,natürlichen' Geschlechtskörpers, fließen auf geradezu unheimliche Weise zusammen in gegenwärtigen Phänomenen, wie der beachtlichen Zunahme und Normalisierung der sogenannten Schönheitschirurgie oder der Pränataldiagnostik. Dazu formuliere ich am Ende einige wenige Worte.

Die zuvor skizzierten Dekonstruktionen konvergieren – nicht zufällig – mit den Deplausibilisierungsstrategien der feministischen Bewegungen in den 1970er und 1980er Jahren. In Bezug auf Geschlecht sind solche, immer von Feministinnen angestoßenen Reflexivierungen kaum zu überschätzen. Das Recht auf ein „Stück eigenes Leben", wie Beck-Gernsheim in Bezug auf geschlechtlich relevante Reflexivierungs- und Individualisierungsprozesse bündig formulierte (Beck-Gernsheim 1983), betrifft dabei nicht nur die Berufswahl, die Form der Partnerschaft oder die egalitäre Aufteilung von Hausarbeit. Sie betrifft auch und womöglich gerade das Recht auf den ,eigenen Körper', das Recht, über die eigene ,Natur' nachzudenken und diese für sich zu beanspruchen, über sie zu verfügen. Die ,Natur' des kleinen Unterschieds hatte empirisch einfach zu oft und zu systematisch für Exklusionen und Abwertungen qua Geschlecht hergehalten und wurde deshalb zum Hauptangriffspunkt politischer Praxis.

Körperbezogene Modi, die Erkenntnis zum Ausdruck zu bringen, dass das Private politisch sei, war eine der sichtbarsten und nachhaltigsten Reflexivierungsstrategien der Zweiten Frauenbewegung. Körperlich wurde die Grenze zwischen öffentlich und privat überschritten, körperlich wurde Widerstand gegen Medikalisierung und Pathologisierung gelebt, körperlich wurde die ebenso bürgerliche wie marxistische Trennung von Produktion und Reproduktion thematisiert, der immanent politische und herrschaftsgebundene Charakter von Begehren wurde körperlich spürbar, körperlich waren auch und insbesondere das Thema der Gewalt und ihre Sexualisierung: „Fast alle Forderungen der Frauenbewegung konzentrierten sich auf Körperliches", so Barbara Duden (2008: 594) in einer rückblickenden Bilanz. Dass der Körper in den Mittelpunkt feministischer Praxen rückte, konnte nur durch die theoretische und praxeologische Ent-Naturalisierung desselbigen geschehen. Der Körper wurde zu einer Ressource, zu etwas, dessen man sich bedienen konnte: ,Mein Bauch gehört mir'. Damit impliziert diese Forderung ein autonomes Subjekt, hier vor allem jenseits von als patriarchal verstandenem Expertenwissen (Juristen, Mediziner usw.), ganz im Sinne Kants im Übrigen. Autonomie ist also das Leitmotiv der Zweiten Frauenbewegung, das hegemoniale Subjekt-Paradigma. Selbstermächtigung qua

Körper ist die Praxis. Der Körper, der wiederum als Rohstoff, als Objekt politi-
siert wird, ist im feministischen Kontext zudem Ausgangspunkt neuer und neu-
artiger ‚Normalitäts'-Vorstellungen. Die Aktionen der Zweiten Frauenbewegung zielten darauf ab, von den gelebten Erfahrungen, von der faktischen Vielfalt und Komplexität sowie der eben nicht normierbaren Einzigartigkeit konkreter Frauenkörper auszugehen. In den feministischen Bewegungen spielt die Kritik an Schönheitsnormen und der Normierung von Frauenkörpern in den Medien
eine zentrale Rolle. Dabei war die Sichtbarkeit qua Körper Dreh- und Angel-
punkt des Politischen; die öffentliche Sichtbarmachung ‚normaler' Körper war
zentral, Sichtbarmachung war – und ist weiterhin – die Arena politischer Auseinandersetzungen um Deutungshoheit. Ihre Entsprechung findet dies in den Le-
gion gewordenen Studien der Frauen- und dann Geschlechterforschung zur Herstellung von Normalität, in der Normalisierung also, u. a. qua Sozialisation,
Disziplinierung und Interaktion.[17]

5   Ausblicke

Was nun mit der Ressource Körper geschehen soll, wie sie genau zu verwenden
ist, das war und bleibt außerordentlich umstritten. Die Spannung zwischen dem
Wissen um die Uneigentlichkeit des Geschlechts und der Anerkennung seiner
dennoch (oder gerade deshalb) sozialen Wirkmächtigkeit treibt feministische
bzw. Geschlechter-Theorien in all ihren Facetten um. Wie ist also die Wirkmächtigkeit, die auch körper-leibliche Verobjektivierung der Geschlechterdifferenz zu beschreiben und analysieren, ohne in Ontologien zu verfallen? Trefflich
streiten kann und muss man sich hierüber auch in einem gesellschaftspolitischen
Sinne, insbesondere vor dem Hintergrund des mediatisierten Imperativs des
‚body tuning'. Denn: Welche Maßstäbe sind anwendbar im Umgang mit unseren Körpern, wenn diese – zunehmend, wie ich meine – als warenförmiger
‚Rohstoff' wahrgenommen werden?

Die notwendige Objektivierung, die es braucht, um den eigenen Körper
nicht als Eigenleib, sondern als instrumentell manipulierbaren Stoff zu behandeln, ist im Prinzip eine anthropologische Konstante menschlicher Sozialität.
Die Frage ist nur, ob und wie sie lebensweltlich, politisch und theoretisch-
analytisch thematisiert wird. Dass der (Geschlechts-)Körper nicht (mehr) nur
gegeben ist, sondern auch gemacht wird, das ist längst keine radikale These

17   Dieser Absatz beruht auf einen früheren Text, der das Thema ausführlicher behandelt. Vgl.
      Villa (2008b).

avantgardistischer Konstruktivisten/innen mehr, sondern alltägliches Wissen und wird – so meine Prognose – zunehmend die Rationalität alltäglicher Praxen bilden. Ob kosmetische Chirurgie, Zahnbleaching, ‚Hirndoping', Power-Yoga oder das bereits schon bieder anmutende Fitness-Workout, ob Vitaminpille oder ‚dress for success' – allgegenwärtig ist der Imperativ zum richtigen Umgang mit dem Körper. Die kosmetische Chirurgie ist seit einigen Jahren nicht nur als gesellschaftliches Phänomen quantitativ gewachsen, sondern auch in den Medien zunehmend präsent. Das reicht von Doku-Formaten, wie dem berüchtigten „The Swan" aus dem Jahre 2004 und jüngst „Extrem Schön – Endlich ein neues Leben" (RTL 2) oder allerlei Makeover-Serien vor allem bei MTV, geht über eine Fülle an ‚Schönheitsportalen' und Angeboten im Internet bis hin zur großflächigen Werbung, z. B. in U-Bahnhöfen deutscher Großstädte oder vielen Zeitschriften. Die kosmetische Chirurgie steht dabei nicht allein da, sondern muss m. E. als Teil einer visuell unterfütterten Diskursivierung von Körpermanipulationen verstanden werden, die unsere Massenmedien – allen voran das Fernsehen – flutet. Und auch hier steht der Geschlechtskörper im Mittelpunkt der Bemühungen, besser gesagt: auch hier liegt der Geschlechtskörper unter dem Skalpell der Privatkliniken an Starnberger See, der Copacabana oder in Budapest (Wellness-Paket all inclusive, versteht sich).[18] Vor allem in den medialen Narrativen des Vorher-Nachher, wie sie entsprechende Formate bereitstellen, geht es immer um die (versprochene) Wiederherstellung einer (vermeintlich) beschädigten Geschlechtsidentität. Ich kann das in diesem Beitrag nur andeuten, wenn ich behaupte, dass diese Narrative die Semantik der Rohstoffisierung und De-Ontologisierung im Sinne der ehemals emanzipatorischen Selbstermächtigung fortführen, dabei aber die Logik von ‚Verkörperung' und ‚Normalisierung' der kritischen Positionen in Wissenschaft und Praxis unter der Hand umdrehen. In Formaten, wie „The Swan", oder in Internetauftritten der einschlägigen Chirurgen/innen Chirurginnen wird die Möglichkeit beschworen, endlich die zu werden, die man werden soll – eine richtige Frau. Die hat einen richtigen Körper. Der ist aber eben nicht ‚gegeben', der ist nicht (mehr) natürlich irgendwo und wartet auch nicht darauf, entdeckt zu werden. Vielmehr muss dieser richtige Körper gemacht werden. Die De-Ontologisierung der körperlichen Differenz qua Rohstoffisierung mündet (derzeit) in eine Semantik der arbeitsintensiven, managerialen Geschlechterdifferenz. Das Ergebnis von Diät, Sport und Lifting

---

18 Hierzu mag jede/r selber im Netz recherchieren. Einen guten Einstieg bieten Portale. wie www.schoenheitsgebot.de oder www.portal-der-schoenheit.de. Sozialwissenschaftliche Auseinandersetzungen mit dem Thema ‚Schönheitschirurgie' finden sich in wachsender Zahl. Zu nennen sind zunächst die bereits ‚klassischen' Studien von Kathy Davis, etwa Davis 2003. Weiterhin Borkenhagen 2008, Gimlin 2000, Villa 2008b bzw. die darin enthaltenen Beiträge.

ist nicht mehr die Verkörperung einer Metaphysik der Eigentlich-
keit/Natürlichkeit, sondern die Verkörperung von Optimierung. Das ist allerdings ein im Marxschen Sinne ‚selbstgemachtes' Problem, das sich durch die
Anrufung einer Ontologie sicher nicht lösen lassen wird.

Literatur

Barkhaus, Annette / Fleig, Anne (2004): Lebendigkeit als kritischer Begriff. Einspruch gegen die
    ‚bloße' Rede von Materialität. In: Helduser, Urte / Marx, Daniela / Paulitz, Tanja / Pühl, Ka-
    tharina (Hrsg.) (2004): under construction? Konstruktivistische Perspektiven in feministischer
    Theorie und Praxis. Frankfurt a.m./New York: Campus, S. 91-102.
Bauman, Zygmunt (2005): Moderne und Ambivalenz. Das Ende der Eindeutigkeit. Hamburg: Ham-
    burger Edition.
Beck-Gernsheim, Elisabeth (1983): Vom ‚Dasein für Andere' zum Anspruch auf ein Stück ‚eigenes
    Leben'. Individualisierungsprozesse im weiblichen Lebenszusammenhang. In: Soziale Welt
    3/1983, S. 307-340.
Bock, Gisela / Duden, Barbara (1977): Arbeit aus Liebe – Liebe als Arbeit: Zur Entstehung der
    Hausarbeit im Kapitalismus. In: Gruppe Berliner Dozentinnen (Hrsg.): Frauen und Wissen-
    schaft. Beiträge zur Berliner Sommeruniversität für Frauen (1976). Berlin: Courage Verlag,
    S. 118-199.
Borkenhagen, Ada (2008): Designervagina – Enhancement des weiblichen Lustempfindens mittels
    kosmetischer Chirurgie. Zur sozialen Konstruktion weiblicher kosmetischer Genitalchirurgie.
    In: dies./Brähler, Elmar (Hrsg.): Psychosozial 112: Intimmodifikationen 31/2008, S. 23 – 30.
Braun, Christina von (1998): Warum Gender-Studies? Reihe Öffentliche Vorlesungen. Heft 92. Ber-
    lin: Humboldt-Universität Berlin. Online unter http://edoc.hu-berlin.de/humboldt-vl/braun-
    christina-von/PDF/Braun.pdf (letzter Zugriff am 10.12.2010).
Butler, Judith (1991): Das Unbehagen der Geschlechter. Frankfurt a.M.: Suhrkamp.
Butler, Judith (1995): Körper von Gewicht. Die diskursiven Grenzen des Geschlechts. Berlin: Berlin
    Verlag.
Butler, Judith (1998): Haß Spricht. Zur Politik des Performativen. Berlin: Berlin Verlag.
Davis, Kathy (2003): Dubious Equalities and Embodied Differences. Cultural Studies on Cosmetic
    Surgery. Lanham: Rowman & Littlefield.
de Beauvoir, Simone (1961): Das andere Geschlecht. Sitte und Sexus der Frau. München/Zürich:
    Droemersche Verlagsanstalt.
Derrida, Jacques (1983): Grammatologie. Frankfurt a.M.: Suhrkamp.
Duden, Barbara (2008): Frauen-„Körper": Erfahrungen und Diskurs (1970-2004). In: Becker, Ruth /
    Kortendiek, Beate (Hrsg.): Handbuch Frauen- und Geschlechterforschung. Theorie, Metho-
    den, Empirie. 2te erweiterte und aktualisierte Auflage. Wiesbaden: VS Verlag, S. 593-607.
Fausto-Sterling, Anne (1992): Myths of Gender. Biological Theories about Women and Men. New
    York: Basic Books.
Fine, Cordelia (2010): Delusions of Gender. The Real Science Behind Sex Differences. London:
    Icon Books.
Foucault, Michel (1985): Hermeneutik des Subjekts. In: Michel Foucault, Freiheit und Selbstsorge.
    Interview 1984 und Vorlesung 1982, hrsg. H.Becker/ L. Wolfstetter/ A. Gómez-Müller/ R.
    Fornet-Betancourt, 1985.
Gildemeister, Regine (2008): Doing Gender: Soziale Praktiken der Geschlechterunterscheidung. In:
    Becker, Ruth / Kortendiek, Beate (Hrsg.): Handbuch Frauen- und Geschlechterforschung.

Theorie, Methoden, Empirie. 2te erweiterte und aktualisierte Auflage. Wiesbaden: VS Verlag, S. 137-145.

Gildemeister, Regine (2007): Soziale Konstruktion von Geschlecht: ,Doing Gender'. In: Wilz, Sylvia M. (Hrsg.): Geschlechterdifferenzen – Geschlechterdifferenzierungen. Ein Überblick über gesellschaftliche Entwicklungen und theoretische Positionen. Wiesbaden: VS Verlag, S. 167-198.

Gimlin, Debra (2000): Beauty as Commodity. In: Qualitative Sociology, 23/2000, S. 77-98.

Helduser, Urte / Marx, Daniela / Paulitz, Tanja / Pühl, Katharina (Hrsg.) (2004): under construction? Konstruktivistische Perspektiven in feministischer Theorie und Praxis. Frankfurt a.M./New York: Campus.

Hirschauer, Stefan (2001): Das Vergessen des Geschlechts. Zur Praxeologie einer Kategorie sozialer Ordnung. In: Kölner Zeitschrift für Soziologie und Sozialpsychologie, Sonderheft 41, S. 208-235.

Hirschauer, Stefan (1989): Die interaktive Konstruktion von Geschlechtszugehörigkeit. In: Kölner Zeitschrift für Soziologie und Sozialpsychologie 29/1989, S. 100-118.

Jäger, Ulle (2004): Der Körper, der Leib und die Soziologie. Entwurf einer Theorie der Inkorporierung. Königstein/Ts.: Ulrike Helmer.

Kant, Immanuel (1784): Beantwortung der Frage: Was ist Aufklärung?. In: Berlinische Monatsschrift. Dezember-Heft 1784, S. (A) 481-449.

Knorr-Cetina, Karin (1989): Spielarten des Konstruktivismus. Einige Notizen und Anmerkungen. In: Soziale Welt 40/1989, S. 86-96.

List, Elisabeth (2009): Ethik des Lebendigen. Weilerswist: Velbrück.

Luhmann, Niklas (1984): Soziale Systeme. Grundriß einer allgemeinen Theorie. Frankfurt a.M.: Suhrkamp.

Marx, Karl (1960; Orig. 1852): Der achtzehnte Brumaire des Napoleon Bonaparte. In: MEW, Bd. 8. Berlin: Dietz.

Mousset, Sophie (2006): Women's Rights and the French Revolution. A Biography of Olympe de Gouges. New Brunswick, NJ: Transaction.

Oudshoorn, Nelly (1994): Beyond the Natural Body. An Archeology of Sex Hormones. London/New York: Routledge.

Plessner, Helmuth (1975): Die Stufen des Organischen und der Mensch. Berlin: de Gruyter.

Reckwitz, Andreas (2008): Subjekt. Bielefeld: Transcript.

Simons, Margaret A. (Hg.) (1995): Feminist Interpretations of Simone de Beauvoir. Pennsylvania: Penn State University Press.

Villa, Paula-Irene (2010): Verkörpern ist immer mehr: Intersektionalität, Subjektivierung und der Körper. In: Lutz, Helma / Herrera Vivar, Maria Teresa / Supik, Linda (Hrsg.): Fokus Intersektionalität. Bewegungen und Verortungen eines vielschichtigen Konzepts. Wiesbaden: VS Verlag, S. 203-222.

Villa, Paula-Irene (2008a): Körper. In: Baur, Nina / Korte, Hermann / Löw, Martina / Schroer, Markus (Hrsg.): Handbuch Soziologie. Wiesbaden: VS Verlag, S. 201-218.

Villa, Paula-Irene (2008b): Habe den Mut, Dich Deines Körpers zu bedienen! Thesen zur Körperarbeit in der Gegenwart zwischen Selbstermächtigung und Selbstunterwerfung. In: Villa, Paula-Irene (Hrsg.): schön normal. Manipulationen am Körper als Technologien des Selbst. Bielefeld: transcript, S. 245-272.

Villa, Paula-Irene (2003): Judith Butler. Frankfurt a.M.: Campus.

Weber, Max (1985; Orig. 1922): Wissenschaft als Beruf. In: Gesammelte Aufsätze zur Wissenschaftslehre. Hg. von J. Winckelmann Tübingen: Mohr.

Welsch, Wolfgang (2002): Unsere postmoderne Moderne. Berlin: Akademie Verlag.

Weltersbach, Konstanze (2007): Homo neanderthalensis und Urmensch: Rekonstruktionen und Lebensbilder. In: Verhandlungen zu Geschichte und Theorie der Biologie 13/2007, S. 55-69.

Zum Interaktionsformat der Chefarztvisite. Vermittlung zwischen konstruierter Ontologie und dekonstruierter Ontik kranker Körper?[1]

Olaf Kranz und Thomas Erdmenger

> „Allen wissenschaftlichen und vor allem wissenschaftstheoretischen Entwicklungen zum Trotz ist das Wirklichkeitsbild des gesellschaftlichen Alltags ungebrochen monokontextural geblieben. Offenbar läßt es sich nur so mit der Wahrnehmungswelt jedes Einzelnen integrieren, und umgekehrt hält die Wahrnehmung und die dadurch laufend re-inspirierte Kommunikation an Monokontexturen und damit an (wie immer theoretisch gedeuteten) Ontologien fest. Andererseits sind die avancierten Unwahrscheinlichkeiten in den Strukturen und Operationen der Funktionssysteme so nicht mehr zu erfassen. Dieser Zwiespalt macht sich bemerkbar als laufende Kritik der Gesellschaft an sich selbst und an immer wieder reproduzierten Semantiken, sei es der Natur, sei es der Lebenswelt, sei es heute wieder der Natur, mit denen diese Kritik kommuniziert werden kann" (Luhmann 1992: 632).

1 Konstruierte Ontologie und dekonstruierte Ontik in der Medizin

Der folgende Beitrag möchte den im vorstehenden Epigramm von Niklas Luhmann formulierten „Zwiespalt" am Beispiel medizinischer Praxis kommentieren. Persistierende ontologische Konstruktionen im gesellschaftlichen Alltag einerseits und die Dekonstruktion dieser Konstruktionen durch erkenntnis- und systemtheoretische Kritik andererseits müssen nicht in eine theoretisch begründete Resignation führen. Vielmehr wollen wir in diesem Text die Fragen nach den resilienten Prozessen der Reproduktion ontologischer Konstruktionen, nach ihren sozialen Funktionen und der pragmatischen Vermittlung zwischen konstruierter Ontologie und dekonstruierter Ontik stellen.

---

1 Für ihre weiterführenden Hinweise und kritische Kommentare einer früheren Version unseres Beitrags danken wir den Herausgebern sowie Jürgen Markowitz.

Wie Jürgen Markowitz (2006) herausarbeiten konnte, werden ontologische Welteindrücke und -beschreibungen vor allem in sozialen Interaktionen unablässig reproduziert, deren Grenzbildungs- und Selektionskriterium die auf reflexiver Wahrnehmung beruhende Anwesenheit ihrer Teilnehmer ist (Luhmann 1991), deren Orientierung sie dienen. Anders als in Organisationen oder in der Welt-gesellschaft spielt in Interaktionen die Wahrnehmung in ihren psychischen, aufmerksamkeitsbezogenen und reflexiven Aspekten eine konstitutive Rolle. Wahrnehmung – in psychischer Systemreferenz – erfolgt als Prozess der reifizierenden Externalisierung. Einige Ergebnisse neuronaler Prozesse werden vom Bewusstsein registriert und als ‚Realität da draußen' interpretiert, ohne dass das Bewusstsein noch wahrnimmt, wie es wahrnimmt (Fuchs 2005). Im Prozess des attentionalen Alternierens – im Wechsel der Bezugspunkte des Aufmerkens – wird den auf diese Weise ontologisch konzipierten Referenten der Aufmerksamkeit, die gerade aus der Aufmerksamkeit entlassen werden, pragmatisch Objektkonstanz, im Fall von Personen zudem Engagement unterstellt (Markowitz 1986). Diese Unterstellungen müssen in der Interaktion unter der Bedingung reflexiver Wahrnehmung von allen Teilnehmern der Interaktion in ihrem Verhalten ebenso akzeptiert wie unterstützt werden. Als Ergebnis der Verzahnung heterogener, komplexer und komplizierter Prozesse und ihrer Resultate kommt es in Interaktionen zum phänomenologischen Eindruck „einfacher Sozialsysteme" (Luhmann 1991).

Der gegenwärtig erreichte Stand der gesellschaftlichen Evolution setzt, zumindest in den Hochleistungsbereichen der Gesellschaft, voraus, dass nach und nach solche Vereinfachungen entstehen, die mit der größeren Komplexität der durch sie erst ermöglichten Sozialsysteme abgestimmt sind. Ein Moment dieser Entwicklung kann in der Leistung des Wissenschaftssystems gesehen werden, ontologische Eindrücke und Erklärungen auf der Ebene der Beobachtung erster Ordnung nach und nach durch leistungsfähigere funktionale Beschreibungen zu ersetzen, die, statt mit einer unabhängig von der Beobachtung existierenden Welt, stärker mit Unterscheidungs- und Beobachterabhängigkeit, Kontingenz und Nichtwissen aller Beobachtung rechnen. Durch die Praxis von Organisationen und Professionen ist es im Laufe der sozio-evolutionären Entwicklung gelungen, die auf der Basis ubiquitärer sozialer Interaktionen sich reproduzierende phänomenologische Einfachheit auch in anderen gesellschaftlichen Funktionsbereichen zu mediatisieren und die alltäglich ebenso unvermeidlichen wie unzureichenden ontologischen Eindrücke und Erklärungen durch funktionale Beschreibungen zu komplementieren (Markowitz 2006, Kranz 2009).

Mit Niklas Luhmann kann davon ausgegangen werden, dass für diese Leistung bereits im Wissenschaftssystem „Formen ‚unnatürlicher' Interaktionen" eine Rolle spielen, in denen durch „Disziplinierung (…) das, was normal ist, außer Kraft" (Luhmann 1992: 241) gesetzt wird. Paradoxerweise sind demnach einfache Sozialsysteme nicht nur der Ort, an dem der phänomenologisch-lebensweltliche Orientierungsmodus der Teilnehmer unvermeidlich reproduziert wird und sozial berücksichtigt werden muss, sondern zugleich auch der Ort, an dem dieselbe Einfachheit auch folgenreich dekonstruiert, moderiert und mediatisiert werden kann. Mit dem Begriff des „Interaktionsformats" von Jürgen Markowitz (2008) kann diese Einsicht festgehalten und generalisiert werden: Durch Profession und Organisation wird in Interaktionsformaten das aus einer Vielzahl heterogener Verhaltens- und Interaktionskomponenten bestehende „Medium sozialer Kontextualität" (Markowitz 1987: 149) in einer Weise jeweils zweckbezogen in Regie genommen und diszipliniert, dass einfache Sozialsysteme mit funktional differenzierter Kommunikation belastbar sind. Der Blick auf professionelle Interaktionsformate, in denen diejenigen relevanten Probleme der personalen Umwelt gesellschaftlicher Kommunikation bearbeitbar werden, die diese Kommunikation nicht ignorieren kann (Stichweh 1992), verdeutlicht, dass es sich dabei um mehr als um die an Sonderbedingungen geknüpfte Vereinbarkeit von Interaktion und funktionaler Kommunikation handelt. In Interaktions-formaten geht es auch immer um den Aspekt, wie die mit der wahrnehmungsverbürgten Lebenswelt der Teilnehmer verbundene ontologische und die mit dem Funktionsbezug der Kommunikation verbundene de-ontologische Perspektive gleichzeitig realisiert und vermittelt, das heißt, wie die beiden maximal divergierenden Perspektiven jeweils ineinander übersetzt werden. Die soziokulturelle Evolution hat Mittel und Wege gefunden, mit Ontologien umzugehen, ohne sie abzuschaffen.

Diese begrifflich gewonnene Einsicht kann jeweils nur bereichsspezifisch respezifiziert, überprüft und illustriert werden. Die medizinische Profession eignet sich zur Erörterung, insbesondere des Zusammenhangs von konstruierter Ontologie und dekonstruierter Ontik, in besonderer Weise, weil den Prozessen der Wahrnehmung in allen ihren eingangs genannten Aspekten eine nochmals gesteigerte Bedeutung zukommt: Ihr Problem und der von ihr angestrebte Erfolg liegen in der Zustandsänderung von Körpern und nicht in der Kommunikation selbst. So erscheint ein symbolisch generalisiertes Kommunikationsmedium um den Preis einer „hohen Abhängigkeit von organisierter Interaktion" (Luhmann 1997: 408) verzichtbar. Darüber hinaus weist die professionelle, am Code von krank und gesund orientierte Kommunikation durch ihren Körperbezug einen „Extremwert an Umweltorientierung" (Luhmann 1983: 41) auf. Mehr noch: Der „Funktionsbezug läuft mehr oder weniger schweigend ab. Er hat jedenfalls sein Kernproblem nicht in der Kommunikation, sondern in der richtigen Diagnose und richtigen Therapie. Die basale Operation des Systems ist nicht an die Form der Kommunikation gebunden" (Luhmann 1983a: 172 ff.). Der Vorgang der medizinalen Abstraktion vom ontologisch verfassten Körper ereignet sich während des medizinalen Referierens auf diesen Körper während der Interaktion.

Ein kurzer Blick in die Geschichte der medizinischen Profession kann verdeutlichen, dass sich die medizinale Abstraktion als eine wechselseitige Steigerung von Wahrnehmung und Kommunikation beschreiben lässt: Am Anfang dieser Entwicklung „(...) vermochte (man) durch Worte nicht wiederzugeben, was man nur dem Blick zugänglich wußte. Das Sichtbare war nicht sagbar und nicht lehrbar" (Foucault 1988: 67). Die medizinische Forschung distanzierte sich von religiösen und mythischen Vorstellungen über den beseelten Menschen vor dem Hintergrund der Idee der inneren Natur zunächst durch technisch-mechanische Deutungen des Organismus. Mithilfe einer durch das Mikroskop ermöglichten weitreichenden Dekomponierung des Organismus ins Kleine emanzipiert sich die Medizin schließlich von mechanischen Deutungsmustern durch den sukzessiven Entwurf eigener Funktionsvorstellungen über den Menschen als ein psychophysisches System, indem beispielsweise die Zelle entdeckt oder Mikroorganismen experimentell als Erreger von Infektionskrankheiten bestimmt wurden (Markowitz 1987). Die per sinnlicher Wahrnehmung erschließbaren körperbezogenen Daten können jetzt als Symptome im Schema von Ursache und Wirkung aufgefasst werden: Sie lassen sich als Zeichen begreifen, die durch ursächliche, nicht-direkt wahrnehmbare und daher nur begrifflich erschließbare, innere pathogene Körperprozesse bewirkt werden und die sich daher in einen organisch-systemischen Funktionszusammenhang stellen und interpretieren lassen. Im Kategoriensystem medizinaler Semantik lassen sich dann – wie immer unsicher – der Name der Krankheit und die daran geknüpfte(n) Therapie(n) bestimmen. Der Körper wird gleichsam für sich selbst ,zum Sprechen' gebracht und ,verstanden'.[2] „Der klinische Blick hat die paradoxe Fähigkeit, eine Sprache zu vernehmen, während er ein Schauspiel wahrnimmt" (Foucault 1988: 122). Die Medizin verdankt ihren Erfolg aber nicht allein der Möglichkeit, im „klinischen Blick" vom kranken Körper zu abstrahieren und diesen dadurch zu deontologisieren, dass er zunächst unter analytischen Gesichtspunkten dekomponiert und anschließend unter funktionalen Gesichtspunkten rekombiniert wird (Raspe 1976: 4 ff.). Vielmehr hängt ihr Erfolg auch von ihrer Fähigkeit ab, die für die lebensweltliche Einstellung der Patienten unverständlichen Begriffe zur Beschreibung des menschlichen ,Leibes' sowie die damit ver-

---

2   Werner Vogd (2008) spricht von einer Pragmatik des Beherrschens des Zeichenvollzugs im Kontext einer dreigliedrigen Medizinsemiotik, in deren Prozedere den durch Symptome gesetzten Verweisen differenzialdiagnostisch mit dem Ergebnis nachgegangen wird, dass am Körper Information und Mitteilung verstanden werden und dass dieses Verstehen zu einer entsprechenden Thematisierung des Körpers führt.

bundenen unvertrauten diagnostischen und therapeutischen Praktiken mit Erfahrungen von Linderung oder gar Heilung zu verknüpfen.

Diese Beschreibung lässt aber offen, wie das medizinische Personal von der ontologisierenden Wahrnehmung des Körpers zu dessen de-ontologisierender Re-Konstruktion als eines kranken Organismus unter der Bedingung reflexiver Wahrnehmung gelangt. Wir wollen im Folgenden die Fragen nach der Belastbarkeit einfacher Sozialsysteme mit funktional differenzierter Kommunikation und der Vermittlung von ontologischen und de-ontischen Perspektiven mit Blick auf das Interaktionsformat der Chefarztvisite respezifizieren.

2 Zum Stand der Visiteforschung und Präzisierung der Fragestellung

Der Ausdruck ‚Visite' bezeichnet eine an Krankenhäuser gebundene eigentümliche Interaktions-form, die von allen Beteiligten relativ mühelos erkannt werden kann. Ist eine soziale Situation als Visite definiert (Markowitz 1979), können alle Beteiligten, gemessen am alltäglichen Normalverhalten, wechselseitig voneinander ganz absonderliche und dennoch komplementär aufeinander abgestimmte Verhaltensweisen erwarten.[3] Medizinsoziologisch hat die Visite bislang vor allem eine patientenorientierte Thematisierung erfahren, in der die in dieser asymmetrischen Interaktion typischerweise nur allzu leicht erkennbaren Abweichungen vom Ideal geselliger Interaktion beziehungsweise von normativen Handlungsmodellen detailliert beschrieben und oftmals skandalisiert wurden. In dieser Forschung spielte die Messung von Redeanteilen oder der Verteilung von Frage- und Antwortrechten neben der Beschreibung von kommunikativen und inszenatorischen Techniken zur Durchsetzung der asymmetrischen Interaktionsstruktur die wesentliche Rolle.[4] Sie führt zu der Frage: „Ist eine Visite dann in ‚Ordnung', wenn Arzt und Patient gleich viel sprechen, gleich aktiv sind, gleich viele Fragen stellen, wenn jede Frage rasch auf derselben Ebene be-

---

3   Siehe zur Charakterisierung medizinischen Geschehens als ‚absonderlich' Niklas Luhmanns (2005) Skizze zum System der Krankenbehandlung. Das Adjektiv ‚absonderlich' drückt dabei das Ergebnis eines Vergleichs dieses Systems mit anderen gesellschaftlichen Funktionssystemen im Hinblick auf die Ausprägung bestimmter Strukturkomponenten (Code, Reflexionstheorie etc.) aus. Diese Sicht ergänzend, liegt hier der Akzent stärker auf der Systemebene der Interaktion, wo der Eindruck der Absonderlichkeit vor allem aufgrund eines anhand lebensweltlich gewonnener Kriterien geführten Vergleichs erscheint (mit Blick auf medizinische Pflege auch Fuchs 1997).

4   Für einen Überblick siehe vor allem Fehlenberg (1983), Fehlenberg et al. (1996), Probst (2007), Raspe (1982).

antwortet wird, wenn jeder alles versteht?" (Raspe 1982: 14) Diese Frage scheint rhetorischer Natur zu sein und nach einem entschiedenen ‚Nein' zu verlangen. Dennoch führt sie diese Forschung nicht vor dieses Nein, sondern offenbart lediglich aufs Neue deren normative Vergleichsgesichtspunkte.

Ein zunehmender Individualisierungsdruck sowie ein wachsender Autoritätsverlust professionellen Wissens haben aber nicht nur diese Forschungen einer normativ-humanistisch orientierten Sozial-wissenschaft anlaufen lassen, sondern auch in der medizinischen Praxis selbst den Sinn der Visite zunehmend infrage gestellt. So scheint die Geduld der Patienten mit den Verkehrsformen während der Visite immer schneller an ein Ende zu gelangen. Die Krankenhäuser reagieren auf die zunehmende Kritik und die immer häufiger vorgetragenen Beschwerden ihrer Patienten über die lokalen Visitepraktiken mit Reformbemühungen der Visite (z. B. Fehlenberg et al. 1983, Müller 1988, Westphale et al. 1982). In der Ärzteschaft wird vor allem die Chefarztvisite als „entbehrliches Ritu-al" (Degenhardt 2001) kritisiert und infrage gestellt.

Neuere Forschungen haben die Visite zugunsten allgemeinerer Fragestellungen im Kontext der Organisation Krankenhaus oder im Kontext des gesellschaftlichen Funktionssystems der Krankenbehandlung zurückgestellt beziehungsweise die Visite in diese Fragen mit einbezogen, ohne ihr noch einen hervorgehobenen Status einzuräumen. Beispielsweise interessiert dann der Umgang mit Akten während der Interaktion (Berg 2008), eine Systematik des sprachlichen Handelns von Ärzten und Patienten (Nowak 2010) oder die während verschiedener Interaktionen erhobenen Äußerungen werden in den Kontext der Organisation beziehungsweise der Gesellschaft (Nassehi 2006 und Vogd 2004, 2008) beziehungsweise der Grenzen des Sozialen überhaupt (Lindemann 2002) gestellt. Oder die prozessualen Aspekte interaktiven Geschehens werden zugunsten hochformalisierter Beschreibungen der Interaktion eingeklammert, wobei die Formalisierungen vorwiegend organisationalen und gesellschaftlichen Gesichtspunkte zu verdanken sind (Baecker 2008).

Mithilfe dieser Überlegungen kann unsere Fragestellung präzisiert und eingeschränkt werden. Die relativ genau beschriebenen Abweichungen vom Alltagsverhalten lassen sich als phänomenologisch leicht erkennbare Indizien für das Vorliegen eines spezifischen Interaktionsformats im Kontext des Systems der Krankenbehandlung auffassen, das durch Entscheidungsprozesse der Organisation Krankenhaus und durch professionelle Routinen abgesichert und diszipliniert wird. Die Kritik der Chefarztvisite durch Wissenschaft und professionelle Praxis stimuliert angesichts der Resilienz des kritisierten Phänomens die Frage, welche guten Gründe dieses Phänomen auf seiner Seite hat. Wir vermuten, dass insbesondere im Interaktionsformat der Chefarztvisite die beiden zentralen Spannungen zwischen einer ontologischen und einer de-ontologisierenden Perspektive und zwischen akteurs- und funktionssemantischen Beschreibungen bewältigt werden können, dies mithilfe ‚unnatürlicher' Disziplinierungen des Verhaltens aller Beteiligten, die in lebensweltlicher Einstellung leicht als absonderlich und skandalös erlebt werden können. So führt die Chefarztvisite aufgrund der mit ihr verbundenen Institution des berichtenden Arztes und darüber hinaus der Anwesenheit weiterer Ärzte verschiedener Erfahrungsstände und Hierarchiestufen eine Komponente in die professionelle Interaktion ein, die dazu motiviert, dass die überwiegend schweigend ermittelten Ergebnisse der Diagnose und Therapie zwischen den Fachvertretern zunächst funktionssemantisch kommuniziert und abgeglichen werden, bevor sie gegebenenfalls für das lebensweltliche Verständnis des Kranken in akteurssemantisch codierte Verschreibungen übersetzt werden. Die Chefarztvisite ist damit eine jener relativ selten vorkommenden Interaktionen, während deren sowohl eine lebensweltlich-akteurssemantisch geprägte Experten-Laien-Kommunikation als auch eine systemisch-funktionssemantisch geprägte Kommunikation zwischen Vertretern eines Fachs in unmittelbarer zeitlicher Nachbarschaft während einer Interaktion (anstatt in intermittierenden Interaktionen nach-einander) und zumeist unter Bezeugung aller Beteiligten beobachtet werden können.

Gegenüber der prominent gestellten Patientenorientierung der bisherigen Forschung richten wir im vorliegenden Beitrag unser Augenmerk auf die Leistungsrollenträger. Dabei stehen vor allem folgende Fragen im Zentrum der Aufmerksamkeit: Mithilfe welcher Interaktions- und Kommunikationstechniken wird die in Interaktionen unvermeidlich produzierte Kategorie der Lebensweltlichkeit auf der Seite der Leistungsrollenträger zurückgedrängt, damit eine medizinische Behandlung der Patienten auf dem jeweils aktuellen Stand des medizinalen Referierens möglich ist? Wie wird das Erfordernis ontologischer und deontologischer Perspektiven und ihrer Kommunikation in einer ‚einfachen Interaktion' schon im Blick der Ärzte auf den erkrankten menschlichen Körper realisiert? Wie wird dabei die „Dramaturgie der Konzentration und Ablenkung von Aufmerksamkeit" (Baecker 2008: 41), und zwar der ärztlichen Aufmerksamkeit, organisiert?[5]

3   Methodisches Vorgehen und analytische Ressourcen

Das empirische Ausgangsmaterial zur Untersuchung dieser Fragestellung besteht aus einem Korpus von cirka 200 Visiten auf verschiedenen Stationen unter

---

[5]   Siehe zur Frage, wie im Interaktionsformat der Visite die lebensweltliche Orientierung der Patienten in Interaktionen so beeindruckt beziehungsweise beeinträchtigt wird, dass der Funktionsbezug der Medizin sich entfalten kann, die Diplomarbeit von Thomas Erdmenger (2009).

Führung von Ärzten verschiedener Hierarchiestufen, das per teilnehmender Beobachtung in einem mittelgroßen städtischen Universalkrankenhaus in kirchlicher Trägerschaft mit universitärer Ausbildungsfunktion in zwei Feldphasen von jeweils cirka 14-tägiger Dauer im Jahr 2009 erhoben worden ist. Für etwa die Hälfte der Visiten liegen Tonmitschnitte vor. Daneben konnten semistrukturierte oder spontane Interviews mit dem medizinischen Personal durchgeführt werden. Auf der Grundlage von semi-standardisierten Beobachtungsprotokollen, Feldnotizen, Gesprächsmitschriften und Erinnerungsprotokollen wurden unmittelbar im Anschluss an unsere Besuche Feldtagebücher angefertigt. Die Transkriptionen der Tonmitschnitte wurden in einem weiteren Schritt mit diesen Feldtagebüchern zu synchronisierten Protokollen zusammengefügt.

Diese Protokolle liefern uns die Grundlage für die sequenzanalytische Auswertung einzelner Patientenvisiten. Die Auswertung hält sich zwar an die von objektiver Hermeneutik und Konversations-analyse gleichermaßen geteilten methodischen Standards der Sequenzanalyse (Bergmann 1985), aber unser „Bemühen, ein soziales Geschehen in seiner authentischen Ereignishaftigkeit zu bewahren" (Bergmann 1985: 312), um es entsprechend seiner tatsächlichen Zeitstruktur und sequentiellen Selektivität zu rekonstruieren, bezieht seine relevanten Vergleichsgesichtspunkte aus dem begrifflich ausgearbeiteten Modell der sozialen Situation von Jürgen Markowitz (1979, 1986, 2007). Dieses Modell bietet uns eine Reihe an Unterscheidungen für die mikroanalytische Dekomposition sozialer Situationen, die zudem ein größeres Auflösungsvermögen der wahrnehmungs- und aufmerksamkeitsbezogenen sozialen Prozesse in einfachen Sozialsystemen erlauben.[6] Daneben orientieren wir die Analyse an der von der Visiteforschung herausgearbeiteten Unterscheidung von Phasen der Visite (Gück et al. 1983: 165 ff.). Wir vermuten, dass der phänomenologischen Unterscheidbarkeit dieser Phasen ein Wechsel in der Struktur der professionellen Aufmerksamkeit und damit in der Konstellation von Kommunikation und Wahrnehmung zugrunde liegt, der mit ‚bloßem Auge' nicht erkennbar ist (Goffman 1981: 120 ff.) und sich lediglich begrifflich gesteuert, erschließen lässt (Hausendorf 1992). Daneben ist die Analyse entsprechend der Theoreme der doppelten Kontingenz sowie der Operativität von Sozialität als einer selektiven Synthese dreier Selektionen (Luhmann 1993) nicht egozentrisch, sondern vielmehr alterzentrisch orientiert. Denn über den Fortgang und die Dynamik des Geschehens bestimmen nicht die von Egos Verhalten und Mitteilungen projizierten Erwartungen, sondern Alters Reaktionen.

---

6   Leider ist in dieser Anwendungsstudie nicht der Platz, die Begriffe en detail einzuführen und zu erläutern. Siehe für eine Synopse und detaillierte Entfaltung dieses Modells und seiner Unterscheidungen die Arbeit von Olaf Kranz (2009).

Die Auswahl der im Folgenden diskutierten Fälle aus unserer Grundgesamtheit richtet sich nach ihrer Typizität, Instruktivität und ihrem Informationsgehalt, die ihrerseits nach den theoretischen und heuristischen Gesichtspunkten bestimmt sind. Der heuristische Bezug auf die typischen Phasen der Visite legt dabei nahe, die analytische Aufmerksamkeit nicht auf die Produktion eines singulären Falls entlang einer einzigen fallgenerierenden Struktur zu legen oder sich auf ein einziges Sequenzformat vom Typ Rede/Gegenrede zu beschränken. Die sequenzanalytische Vertiefung in den einzelnen Fall im Kontext des Samples soll deshalb nicht der Erarbeitung einer Fallstrukturgesetzlichkeit dienen, sondern vielmehr einer Erweiterung des Verständnisses fallunabhängiger Ordnungsprinzipien im Sinn einer Erweiterung des begrifflichen Vorverständnisses. Uns interessiert die in einem typischen Fall besonders prägnant zum Ausdruck kommende Gestalt der Visite im Sinn einer „overall structural organization" (Heritage 1997).[7] Uns geht es damit ebenso um eine analytische Aufklärung der Visite anhand einer begrifflich gewonnenen Forschungsfrage am empirischen Material wie um eine Schärfung der Begrifflichkeit zur Analyse sozialer Situationen.

4 Falldarstellung und -diskussion[8]

Wenden wir uns zunächst einem Fall zu, an dem sich die typischen Eigenschaften der Konstellation des medizinalen Referierens während der Visitephasen der Begrüßung, der Untersuchung und der Verabschiedung beschreiben lassen.

Der Fall Z.: Erste Abwendung vom Patienten

Der Chefarzt A. der viszeralchirurgischen Station trifft 6:55 Uhr im Stationszimmer ein, in dem er sogleich Patientenakten unterschreibt. Um 7 Uhr beginnt die Visite, an der neben A. folgende Personen teilnehmen: die Oberärzte W. und

---

7   Aus Platzgründen können hier aber nicht all jene Fälle ausgebreitet werden, mit deren Hilfe sich ein sowohl begrifflich als auch empirisch bestimmtes Kontinuum maximal kontrastierender Fälle umreißen ließe.

8   Die folgenden Falldarstellungen geben das Geschehen von Chefarztvisiten in Partiturschrift wieder, wobei wir aus Darstellungsgründen eine Visite in verschiedene Blöcke gliedern. Das Setting der Visiten wird durch drehbuchartige Hinweise geschildert. Die Interpretation beruht zu einem Teil auf Ergebnissen einer objektiv-hermeneutischen Gruppendiskussion. Wir möchten Bernhard Koring für seine Diskussionsbereitschaft danken. Die Selektivität der hier zitierten Ergebnisse bestimmt sich durch die Fragestellung.

P., die Fachärzte Ra. und G., der Arzt in Weiterbildung R., die Stationsschwester S. sowie zwei als Hospitanten getarnte Sozialforscher.[9] Die Visite von Herrn Z. ist eingebettet in eine insgesamt 38 Minuten dauernde Stationsvisite, in der 23 Patienten in 11 Zimmern an ihren Betten aufgesucht werden. Vor dem Betreten des achten Zimmers informiert G. den Visiteführer A.: „Unser Pankreaszimmer, Herr R. und Herr Z.", was A., während er als Erster eintritt, mit einem „Ja" quittiert. Nach der Visite von Herrn R. wendet sich A. dem Patienten Z. zu, an dessen Bett er nun rechtsseitig auf Höhe des Oberkörpers tritt. Neben ihn postieren sich zu seiner Rechten der die Kladde mit den Patientenakten haltende berichtende G. sowie zu seiner Linken W. Herr Z., der zuvor aufmerksam die Visite seines Zimmernachbarn R. beobachtet hatte, lehnt halb aufrecht im aufgerichteten Bett und guckt auf A.:[10]

G: Herr Z., sechster Tag nach einer Beger-OP.			
A:	Nee, nach Frey. Morgen.		Wie geht es Herr Z.?
Z:		Morgen.	
G:		Morgen.	

Z: Naja, es geht eigentlich.	
A:	Legen Sie mal den Kopf nach hinten, bitte. So.

<A. greift dazu an Z.s Kopf und legt diesen in den Nacken. A. und W. beugen sich über die Drainagen im oberen Bauchbereich von Z. G. tritt an das Kopfende des Bettes hinzu. A. beginnt mit der Untersuchung der OP-Wunde und der äußeren Drainagen>

Betrachten wir zunächst die durch das Thema der Visite ausgelösten psychischen Situationen des medizinischen Personals. Die einzelnen Lebenswelthorizonte der Teilnehmer werden in immer schärferer Selektivität ausgeleuchtet. Während das Skript der Visite Ablauferwartungen aufblendet, knüpft die Rahmung durch das Krankenhaus Rederechte beziehungsweise -pflichten selektiv an Teilnehmer entsprechend ihrer Stellung in der Hierarchie oder ihrer Fallzuständigkeit. Da G. der bis eben diensthabende Arzt war und daher die aktuellste Kenntnis der Körperzustände der Patienten hat, berichtet er. Seine Bemerkung ‚Unser Pankreaszimmer' ante portam bereitet einen Wechsel des Themenkerns und einen damit korrespondierenden unmittelbar bevorstehenden Wechsel der Teil-nehmer in der Komplementärrolle der Patienten vor. Trotz dieser Wechsel bleibt aber die gesellschaftliche Rahmung durch den medizinischen Code

---

9   ‚Getarnt als' für die Patienten. Das medizinische Personal war über unsere Untersuchung und deren Ziele informiert, vor deren Beginn eine Vereinbarung über Verschwiegenheit, Anonymität etc. im Umgang mit Patientendaten in Vertragsform festgehalten wurde.

10   Legende: (x sec) – Pause; < > – Kommentare; (?...) – Unverständliche Passage; (?erstmals) – Unsichere Passage; ? – Frageintonation, steigend; [– Überlappung.

krank/gesund und die medizinische Formel ‚Heilen' zur Assoziation von Sach-
und Sozialdimension (Markowitz 2007) intakt, sodass wechsel-seitig die Ver-
haltenskontingenz der Teilnehmer als artikulierte Kontingenz erlebt und unterstellt werden kann.[11] Im Zimmer kommt es zu einem erneuten Themenkernwechsel: Das attentionale Alternieren, die attentionale Abwendung von Herrn R.
und die attentionale Zuwendung zu Herrn Z. sind nicht lediglich ein normalisierter flüchtiger Wechsel der Bezugspunkte der Aufmerksamkeit. Im Kontext
der allgemeineren Bestimmung ‚Pankreaszimmer' geht es um eine nun erwart-
bare fallbezogene dynamische Sachverhaltskonstitution durch einen zu aktuali-
sierenden Befund. Hierfür dürfen nicht der Kontrast zwischen den anwesenden
Patienten mit ähnlicher Diagnose, sondern – der Zeitmarker ‚sechster Tag' zeigt
es an – nur der Kontrast mit früher festgestellten Befunden im Verlauf eines
Falls einerseits sowie der Kontrast mit einer allgemeinen, erfahrungsbasierten
Verlaufsvorstellung der Genesung der spezifischen Krankheit andererseits genutzt werden. Das Verhalten von Z. – im Bett liegend und A. anschauend – wird
per Wahrnehmung als ein typisches themenkonformes Engagement identifiziert,
sodass G. den Themenkernwechsel einleiten kann, indem er an Z.s Bett dessen
Namen nennt und ihn als ‚Fall von' unter eine typische bekannte Phase einer typisch bekannten Therapieform subsumiert, die funktionssemantisch codiert ist.
Dies erlaubt es dem medizinischen Personal, interne Evidenzen des konkreten
Falls sowie externe Evidenzen des allgemeinen Krankheitsbildes zu aktualisie-
ren (vgl. Behrens 2003). A. korrigiert G. in Bezug auf eine alternative Therapieform[12], was insofern relevant ist, als damit zugleich eine abweichende Diagnose
und differenzielle Verlaufsvorstellungen zitiert werden sowie ein Hierarchie-
und Kompetenzgefälle zwischen den Ärzten stilisiert werden. Erst danach begrüßt A. in knapper Form den Patienten und führt Z. als Beiträger zur Kommunikation in den beiden Positionen von Ego und Alter in die Interaktion ein.

Die psychische Situation des Patienten ist ebenfalls durch die soziale Situation der Visite ausgelöst und definiert. Der Moment der Abwendung von R.
und der Zuwendung zu Z. ist durch artikulierte doppelte Kontingenz geprägt. Z.
beobachtet, wie er in der Zuwendung des gesamten Visitetrosses noch vor Er-
öffnung des Themas ins Zentrum der Aufmerksamkeit rückt, was die Erwartung
nahe-legt: mich und die Linderung meiner Beschwerden beziehungsweise Hei-

---

11 Es geht nicht um einen Kontextwechsel. Siehe für eine Erörterung des Zusammenhangs von
    doppelter Kontingenz und Kontextwechseln am Beispiel des Kunstsystems die Arbeit von
    Olaf Kranz und Nora Schmidt (2010).
12 Beide OP-Methoden zählen zu den gangdrainierenden Verfahren bei der Behandlung einer
    chronischen Pankreatitis, wobei durch die Methode nach Frey im Unterschied zu der Beger-
    OP – organschonend – der Pankreaskopf nur teilweise ausgeschält wird (Schoenberg et al.
    1999).

lung meines erkrankten Leibs betreffend. Die in ihren Perspektiven divergierenden psychischen Situationen der Teilnehmer sind pragmatisch durch Matrix, Design und Themengeschichte integriert (Luhmann 2000, Markowitz 1986, Vogd 2010). Z. lässt es sich zunächst widerspruchslos gefallen, obwohl anwesend, lediglich als Thema der Kommunikation eingeführt zu werden, um etwas später durch unmittelbare Grußerwiderung die Erwartung der Ansprechbarkeit zu konfirmieren und die Fähigkeit zu demonstrieren, dem Geschehen aufmerksam zu folgen. Jedenfalls liegt es nahe, Z. die Fähigkeit zur Selbstreferenz zu unterstellen und ihn weiterhin ,verstehend' zu beobachten (Luhmann 1986). Zugleich ermöglicht diese ,kommunikative Validierung' dem medizinischen Personal in einer unthematischen Anamnese Rückschlüsse auf das ,organische Substrat', das mit dieser (unterstellten) Selbstreferenz strukturell gekoppelt ist.

Wie wird in der Interaktion vor dem Hintergrund der soeben erläuterten Konstellation der strukturellen Kopplung der psychischen Situationen der anwesenden Komplementärrollenträger und der thematisch bestimmten sozialen Situation der Visite die Selektivität des Geschehens weiter eingeschränkt? Durch A.s Frage nach Z.s Befinden wird codekonform die Sachdimension in Form der Aufforderung einer fallspezifischen Symptomlageschilderung eingeführt, womit Rollenerwartungen, Relevanzen und Betroffenheiten mit Blick auf die Teilnehmer genauer bestimmt sind. Z. fühlt sich durch die akteurssemantische Prozessmetapher ,gehen' trotz der zugleich durch die Frageform angesonnenen detachierenden und versachlichenden Subjekt-/Objekt-Spaltung angesprochen und meldet sich mit einer positiven Tendenz zu Wort, die unter den Vorbehalt weiterer Explikation gestellt ist, wodurch in der Sozialdimension von Sinn die asymmetrische Betroffenheit affirmiert ist. A. nimmt aber als ,Herr des Verfahrens' die Einladung zur weiteren Befragung von Z. nicht an. Er entschließt sich, den Sachverhalt durch eigene Untersuchung und durch Eruierung von Daten zu elaborieren, die von den lebensweltlichen Schilderungen Z.s ungetrübt sind.

Zur Phase der Untersuchung wird durch die Aufforderung zu einem präskriptiven, untersuchungs-förderlichen Engagement übergeleitet. Dieses bietet anschließend erneut die Gelegenheit, an der Art des nun folgenden Verhaltens zu überprüfen, inwieweit die projizierte Intention der Kooperations-bereitschaft bei Z. vorliegt und im Sinn einer Kondition des eigenen professionellen Handelns für den weiteren Verlauf veranschlagt werden kann. Z. affirmiert durch seine unmittelbare Folgebereitschaft im Verhalten jene Unterstellung von Koperativität, an deren Konstitution er zuvor bereits durch seine kommunikativen Beiträge mitgewirkt hatte. A., W. und G. rücken nun gemeinschaftlich in der Untersuchung eine bestimmte Region des Patientenkörpers ins geteilte Zentrum ihrer Aufmerksamkeit, indem sie vor den Augen der übrigen Anwesenden auf diese zunächst per Wahrnehmung referieren:

G:	Gestern kam noch hundert [(?...).		
Z:	[Es ist um Fünfe		
A:	Das ist aber ganz klares [Sekret, na.		Hm hm.
W:		[(?...) Wochenende (?...).	Dann haben

W:	wir die Lipase bestimmt. Die war negativ aus der Drainage.	[Und äh. Na. Na. Das
A:	Ja.	sieht auch nicht nach [Pankreassekret aus.

W:	war so bisschen [goldig, so. Wir dachten erst, aber es war dann doch nicht, na. So dass wir (?...).	
A:	[Hm hm.	Hm. Wann war

A:	die OP? Dienstag?	Mittwoch war die OP.
W:	Sechster Tag.	
G:	Sechster Tag. Mittwoch war sie.	
P:		Sechster.
Ra:		Mittwoch.

A: (2 sec) Ja. Können wir sie eigentlich rausziehen. Na. <A. blickt von Z.s Bauch auf und wendet sich mit Kopf und Oberkörper in die Richtung seines Kopfes> <laut> Wir ziehen den Schlauch raus. <Wendet Blick und Oberkörper wieder in geneigter Haltung dem Bauch zu und spricht leise zu den Ärzten, die ebenfalls auf den Bauchbereich blicken, während A.s Hand zur unteren Drainage gleitet>

Die Chefarztvisite kann mithilfe der Institution des berichtenden Arztes und der Anwesenheit mehrerer Ärzte verschiedener Ausbildungsstände und Hierarchiestufen im Vergleich mit einer Stationsarztvisite verschiedene Konstellationen aus Reden und Schweigen für den Vollzug des Funktionsbezugs realisieren. G., der beobachtet, wie A. den Füllstand des Drainagebeutels überprüft, ergänzt aus der Akte einen empirischen Wert, der zwar nicht mehr per direkter Wahrnehmung erschließbar ist, aber zur Bestimmung des Zustands von Z. beitragen soll. In diesem sequentiellen Kontext meldet sich Z. als Reaktion auf die Statusbestimmung seiner Körperwerte mit einer Zeitangabe zu Wort, ohne dazu aufgefordert worden zu sein. Die damit verbundene Erwartung auf Anschlüsse wird aber enttäuscht. A. teilt stattdessen einen Wahrnehmungswert mit, der an W. adressiert ist, welcher diese Adressierung konfirmiert. Es entspinnt sich ein kurzes Zwiegespräch über die Farbe und Konsistenz der Körperflüssigkeit im mit der OP-Wunde verbundenen Drainagebeutel sowie über deren Laborwerte. A. und W. unterstellen dabei einander, diese Daten konzept- und erfahrungsgesteuert miteinander zu verrechnen und Hypothesen über Z.s Körperzustand in Abhängigkeit vom OP-Termin zu bilden. Auch G.s nächste Wortmeldung zur Bestimmung des genauen OP-Termins schließt nicht an Z.s Äußerung an. Das Gespräch behandelt Z. vielmehr als Thema der Kommunikation im Modus einer verdeckten Kommunikation, die Z. im Unklaren über die Bedeutung und Bedeutsamkeit der mitgeteilten Information lässt. Z. lässt es sich in dieser Phase gefallen, vom Status eines ansprechbaren Adressaten beziehungsweise artikulationsfähigen Absenders von Mitteilungen in seiner Anwesenheit zum Thema von Mitteilungen gemacht zu werden. Am Ende der Untersuchung, die gleichermaßen durch den Bericht wie die medizinische Fachdiskussion geprägt war, fällt A. eine von ihm allseits erwartete Entscheidung, an der sich zugleich ablesen lässt, dass eine Zustandsfeststellung – Raspe (1976: 7) spricht vom „Blick der Medusa" – über den Patientenkörper getroffen worden ist. Sie führt in der Form eines Befunds, in der die Diagnose kommuniziert und mit therapeutischen Programmen verbunden wird (Fuchs 2006), die dynamische Sachverhaltskonstitution zu einem vorläufigen Ende und verteilt ohne weitere Elaborierung differenziell Tätigkeiten auf das an- und abwesende medizinische Stationspersonal. A. teilt dem Patienten die Entscheidung in lebensweltlicher Diktion mit, wobei die Modulation der Stimme und das Körperverhalten für alle Beteiligten erlebbar werden lassen, dass der Patient wieder als Adressat von Kommunikation zugelassen wird.

Werfen wir noch einen weiteren Blick auf diese Sequenz, um genauer herauszuarbeiten, wie der Aufmerksamkeitsrahmen der Ärzte geformt ist. Das medizinale Referieren-auf-den-Körper ist als Wahrnehmung des Körpers gestaltet, das versucht, den Körper für sich selbst zum ‚Sprechen' zu bringen. Der Bezugspunkt der ärztlichen Aufmerksamkeit wird als Kontinuum aus sinnlicher Wahrnehmung und geordneter sinnhafter Verweisung konstituiert. Die Ausdeutung des wahrgenommenen Bezugspunktes der Aufmerksamkeit wird dadurch unterstützt, dass der Körper des Patienten in der semantischen Form eines erkrankten Organismus gleichzeitig zum Thema der Kommunikation zwischen dem medizinischen Personal gemacht wird. Die sich prozesshaft vollziehende Erwartungsbildung mit dem kranken Organismus, die über die Stationen Leerstelle – Gegenstand – Objekt verläuft (Markowitz 1979: 64), wird durch eine per Kommunikation angelieferte und auch per Kommunikation aktualisierte medizinale Funktionssemantik unterstützt. Diese Semantik ermöglicht einen Vergleich zwischen typischen Krankheitsbildern und -verläufen des menschlichen Organismus, deren Vorstellung durch sie evoziert wird, und dem akuten sinnlichen Evidenzeindruck des Körpers, der durch die Vorstellung seiner der direkten Wahrnehmbarkeit entzogenen Regionen ergänzt wird.[13] Ärztliche Akte des Referierens-auf-den-Patienten erfahren aber eine im Vergleich mit nahezu allen nicht-medizinischen Interaktionen absonderliche Komplikation. Während der „Kommunikation unter Anwesenden" (Kieserling 1999) ist das Referieren auf personale Referenten in Interaktionen normalerweise so geformt, dass es Verhalten uno actu sowohl mithilfe der Unter-scheidung von Intention und Ausführung als auch mithilfe der Unterscheidung von Mitteilung und Information beobachtet, also am Körper sowohl die Finalität eines auf Kommunikation spezialisierten Verhaltens wahrnimmt als auch zugleich versteht, dass eine Information

---

13   Seit Edmund Husserl (z. B. 1995: 124 f.) spricht man von „Appräsentation".

mitgeteilt wird. Das medizinale Referieren auf den Patienten muss aber den Körper des Patienten als einen dysfunktional gewordenen Funktionszusammenhang in den Fokus der Aufmerksamkeit rücken, wofür es den Körper nicht mehr länger als Medium des Verhaltens beobachten kann, also als ‚Ausdrucksorgan‘ einer unterstellten inneren Steuerungsinstanz mit der Fähigkeit zur Selbstreferenz.[14] Diese Beobachtungsweise menschlichen Verhaltens muss vielmehr in den Vollzug der medizinischen Untersuchung eingeklammert werden, wenn es um die interaktive Realisierung eines ‚Extremwerts an Umweltorientierung‘, um die Inklusion von Körperlichkeit ins System in dem Sinn gehen soll, dass am menschlichen Körper Ausführungsvarianten zugrunde liegender physiologischer Prozesse folgen-reich bestimmt werden. Dass Z.s mitgeteilte Information trotz guter Platzierung in situ keine An-schlüsse erfahren hat und dass stattdessen von den Ärzten körperbezogene Wahrnehmungswerte verbalisiert und als Zeichen für organisch-physiologische Prozesse behandelt worden sind, dies bei-des deutet auf einen bemerkenswerten Umstand hin: Ärzte wechseln während der Phase der Untersuchung den Modus ihrer Aufmerksamkeit und stellen von einem verstehenden Beobachten des Patienten auf ein diskriminierendes Beobachten seines Körpers um.[15] Während dieser Phase wird der Patient interaktiv gleichzeitig als für die Wahrnehmung anwesend und für die Kommunikation abwesend behandelt, seine Körperlichkeit wird durch die Interaktion inkludiert auf Kosten der Exklusion seines Mitteilungshandelns aus der Kommunikation.

Die Zuwendung der Aufmerksamkeit zum als Organismus konzipierten Körper ist zugleich als Abwendung vom Bewusstsein des Patienten[16] gestaltet, der es sich gefallen lassen muss, dass sein Bewusstsein als abwesend anwesendes Bewusstsein behandelt wird.[17] Die Abwendung vom Bewusstsein des Patienten hat ihrerseits wiederum zur Voraussetzung, dass ärztlicherseits unterstellt werden kann, dieses verfolge zwischenzeitlich untersuchungsermöglichende ko-

---

14 Thomas Luckmann (1980) spricht von „mittlerer Transzendenz“: Das Bewusstsein alter egos ist für ego nicht direkt wahrnehmbar, sondern nur an wahrnehmbaren Indizien erschließbar.

15 Die Unterscheidung zwischen diskriminatorischem und verstehendem Beobachten hat Niklas Luhmann (1986) ausgearbeitet.

16 Bei dieser Formulierung handelt es sich unserem eigenen Verständnis nach um einen ersten begrifflichen Zugriffsversuch auf diesen sehr komplexen Phänomenbereich des ärztlichen Referierens.

17 Das Ignorieren unaufgeforderter Äußerungen der Patienten während der Untersuchung ist nur eine Form unter vielen, in der sich dies ereignet. Weitere, in unseren Protokollen nachweisbare Formen wären zum Beispiel: Anstelle des Patienten wird anwesendes medizinisches Personal nach Sachverhalten gefragt, die der Patient selbst leicht beantworten könnte; bei Berichten des Patienten über eigene Körperzustände beobachtet der Chefarzt Ärzte oder Pflegepersonal auf Reaktionen der Bestätigung oder Negierung der Angaben, oder er fordert sein Personal zur expliziten Bestätigung auf.

operative Absichten. Der temporäre Ausschluss des Patientenbewusstseins ist nur als Einschluss zu bewerkstelligen. Mit einem Rest an Aufmerksamkeit, sogenannten Wahrnehmungsbereitschaften, wird während der Untersuchung am Körper kontrolliert, ob und wie das Patientenbewusstsein präskriptive Engagements verfolgt.

Die Rückkehr vom diskriminierenden Beobachten des Körpers zum verstehenden Beobachten der Person Z. durch A. war aber nur eine kurze Episode, wobei durch das attentionale Alternieren von A. deutlich wird, dass das Oszillieren zwischen den beiden Beobachtungsformen des Körpers Zeit benötigt. Sogleich wird anhand der Diskussion der Frage, ob und wann die für die künstliche Ernährung erforderlichen Schläuche entfernt werden können, erneut von verstehendem auf diskriminierendes Beobachten umgeschaltet:

A: Und wann ziehen wir die Schläuche hier?	[Ja, ja ja, ja, klar, na, ja.
R: Wir hatten heute gedacht.	
W: Naja, wir hatten [(?...) morgen (?...).	
R: Wir hatten gestern erst die parenterale Ernährung aufgenommen und	
A: Gut. Dann kann heute alles raus, na.	

R. stellt auf eine Frage von A. dem ranghöchsten Arzt eine Routineentscheidung anheim, die prinzipiell von jedem der anwesenden Ärzte entschieden werden könnte. Nachdem W. opponiert und A. diese Differenz registriert hat, liefert R. in einer etwas merkwürdigen Formulierung eine Information, die A. dazu veranlasst, eine unklare Sachlage mit ‚Gut' zu resümieren und durch die Mitteilung der Präferenz für eine Seite einer Alternative die Einladung zur Reifikation der Hierarchie anzunehmen, wodurch der soeben aufgeblendete fachliche Dissens zwischen den Ärzten irrelevant wird. Damit haben sich alle anwesenden Ärzte als Beiträger zum Geschehen verortet und ihre Aufmerksamkeit und Folgefähigkeit angezeigt, wobei kommunikative Anschlüsse die Akzeptanz ihrer Beiträge durch das soziale System indizieren. Nach gefundener Entscheidung könnte zur Phase der Verabschiedung übergeleitet werden:

<A. wendet Kopf und Oberkörper wieder in Richtung von Z.s Kopf >
A: <laut> Kommt heute alles raus, na.   Na.   Ach so.
Z: Ach. Das ist aber erst um Fünfe. Früh um Fünfe. Die war voll.

Z: Ich habe das jetzt extra gesagt hier, weil, die war undicht geworden
<G. und R. schauen nun in die Kladde>
A: Wie viel?   Hundert.
R: Hundert.

Z: und da war die halt   [und da war die halt voll gewesen und die Schwester hat mir eine
neue gemacht.
S: Ja, aber ge[stern.

S: Aber gestern haben Sie doch nicht viel.

R:	Gestern war das Dreifache.
A:	Gut, dann warten wir noch einen Tag. Ja, dann

A: ziehen wir erst die hier oben	und warten die Drainage noch einen Tag.
W:	Hm hm hm.
G:	Mit den Schmerzen kommen

G: Sie jetzt hin?		
Z:	Äh, es zieht, das ist aber normal wahrscheinlich.	Auch wenn, da läufst du. Mit den
A:		Das ist normal.

Z: Schmerzen komme ich hin.		
A:	Laborklinisch ist alles ok?	<laut, den Patienten ansehend> Gut.
G:	<schaut in Akte, nickt>	

A: <nickt>
G: <schaut in Akte, nickt>

<A. wendet sich von Z. ab, geht zur Tür, desinfiziert seine Hände, der Visitetross verlässt geschlossen das Zimmer, A., Ra. und W. unterhalten sich über den fehlenden OP-Bericht>

A. begibt sich durch Lautstärke, Körperpositionierung und Mitteilung nach der Untersuchung in die Zuwendung zu Z. als Person, dem dadurch die Fähigkeit zum verstehenden Beobachten unterstellt wird. Z.s ‚Ach' indiziert Überraschung über den sachlichen Entscheidungsinhalt. Offenbar hat er die Fachdiskussion nicht verstanden und es sich trotzdem gefallen lassen, dass sein Organismus in seiner Anwesenheit Gegenstand der Kommunikation und des Referierens war, ohne dass dabei Wert darauf gelegt worden wäre, dass er ‚versteht'. Z. konnte am Verhalten der Ärzte lediglich beobachten, dass kommuniziert und dass untersucht wird, ohne aber genau die Selektivität des Beobachteten nachvollziehen zu können. Voraussetzung hierfür scheint die Möglichkeit zu sein, dem Verhalten insgesamt die Intention ‚Heilen' zu unterstellen, wenn nicht erkennbar ist, was vor sich geht, oder wenn das beobachtete Verhalten weder mit Namen versehen werden kann noch an ihm detaillierte Intentionen und Ausführungsvarianten unterscheidbar sind. Z. kann lediglich beobachten, wie andere Ärzte, denen er eine ähnliche Kompetenz unterstellt, selektiv verstehen, was für eine Sache vor sich geht, die er selbst nicht einschätzen kann. Das Beobachten von kommunikativen Gattungen beziehungsweise das Ausbleiben von Widerspruch, offener Dissens, die ruhige Art der Ausführung etc. liefern dem Patienten Hinweise darauf, wie andere für kompetent gehaltene Teil-nehmer das Geschehen einschätzen.

A.s Reaktion ‚Na', welche die zuvor mitgeteilte Entscheidung bekräftigt, ist seine erste Reaktion auf eine Äußerung Z.s nach Beginn der Untersuchung und des dabei ausgesprochenen präskriptiven Engagements, die Z. zur Elaborierung ermutigt. Er mischt sich in den Fachdiskurs mit einem empirischen Datum der Beobachtung des Füllungstempos und des Wechselzeitpunkts der Drainage ein. Er verdeutlicht damit eine Aufmerksamkeit, die dem Visitegeschehen soweit folgen kann, dass er vermutet, dass aus den Sekretmengen nicht die richtigen Schlüsse gezogen werden. Jedenfalls sieht Z. weiteren Bedarf für Drainage. Dies überrascht wiederum A., der mit seinem deutlich artikulierten ,Ach so' ebenso indiziert, dass er die Selektivität der Mitteilung verstanden hat, wie auch, dass er die frühere Äußerung Z.s tatsächlich ignoriert hatte. Die Äußerung ,Ich habe das jetzt extra gesagt hier (...)' zeigt, nachdem Z.s erster Äußerungsversuch überhört worden ist, seine ,Geduld', sowohl die außeralltägliche Zumutung zu ertragen, nicht als kompetenter Gesprächspartner aufgefasst zu werden, obwohl es um seinen Körper geht, als auch als lebensweltlich kompetenter Teilnehmer an der Visite den richtigen Zeitpunkt für einen erneuten Interventionsversuch abzuwarten. A.s in den Raum gestellte Frage ,Wieviel' erkennt die Patientenintervention anhand empirischer Fakten als Hinweis dafür an, dass Untersuchung und Aktenlage nicht ausreichend waren. Schließlich wird die Entscheidung nach kurzer Erörterung aufgrund der Patientenintervention sogar revidiert.[18]

G. nimmt diese Entwicklung zum Anlass, die während der Begrüßungsphase gestellte Frage nach Z.s Symptomen wieder aufzugreifen und an Z. zu richten. Die partielle und phasenweise Exklusion Z.s aus der Kommunikation wird in der Phase der Verabschiedung zurückgenommen, in der für den Patienten inszeniert wird, dass in der Orientierung des medizinischen Personals mit Blick auf den Patienten wieder vom diskriminierenden zum verstehenden Beobachten zurückgekehrt wird. Beobachtet wird nun, ob, wie und auf welchem Komplexitätsniveau das unterstellte Bewusstsein Informationen selektiert, wobei der Körper wieder als Ausdrucksmedium des Verhaltens in Anschlag gebracht wird. Zentrum der geteilten Aufmerksamkeit der Interaktion sind nach wie vor der Körper des Patienten, sein Zustand und seine Genesungsaussichten, aber nun als Thema der Kommunikation, zu der das Bewusstsein des Patienten als Absender und Adressat wieder zugelassen wird, und als Gegenstand der Wahrnehmung, ohne dass dabei der Aufmerksamkeitsakzent der Interaktion auf bestimmten Regionen seines Körpers ruht. Zugleich wird der semantische Stil der Kommunikation geändert. Die an die Patienten gerichteten Mitteilungen sind in der Regel nicht mehr in medizinaler Funktionssemantik, sondern in lebensweltlich verständlicher Akteurssemantik codiert, in der es nicht um das Begreifen von Funktionszusammenhängen, sondern um die Einordnung von Sachverhalten und Ereignissen in eine Ordnung der Dinge und Geschichten und um das Befolgen von Vor-schriften und Verschreibungen geht. Von Interesse ist abschließend vor allem die Mitteilung (präskriptiver) Engagements an den Patien-

---

18   Aus Platzgründen kürzen wir hier ab, ohne weitere interessante Aspekte an dieser Visite zu verfolgen, wie beispielsweise Qualitätskontrolle oder Fehlerquellen.

ten, durch die dieser den Genesungsprozess unterstützen und im Krankenhausalltag kooperieren kann. A. beendet die Visite mit einem ‚Gut' und wendet sich von Z. ab. Bereits zusammen mit der Entscheidung sind Verweilhypothesen über den Körper inklusive projizierter normalisierter Veränderungsprozesse im Ausgang vom aktuell diagnostizierten Zustand und in Abstimmung mit dem bisherigen Krankheitsverlauf verbunden. Bei der Abwendung vom gerade aufgesuchten Patienten spielen daher absonderlicherweise gleich zwei Verweilhypothesen eine Rolle. Zunächst werden dessen Bewusstsein krankenhausadäquate Engagements zusammen mit einer großen Disponibilität für präskriptive Engagements unterstellt, generell symbolisiert durch die Bindung des Patienten ans Bett.[19] Diese Reduktion der Pluralität des Intendierens der Patienten ist zugleich die Voraussetzung dafür, Verweilhypothesen über ihre kranken und mehr oder weniger gesundenden Körper zu erstellen, die gelegentlich durch Kontakte des medizinischen Personals mit dem Patienten (möglichst aktenrelevant) identifiziert, überprüft und validiert oder gegebenenfalls redefiniert werden.

Wir haben an diesem Fall eine einfache Abwendung vom Patientenbewusstsein beobachten und beschreiben können, wie sie für Visiten mit körperlicher Untersuchung typisch ist. Sehen wir uns nun eine weitere Visite an, in der die Falldiskussion deutlicher als im ersten Beispiel als eigenständige Phase gegenüber der Untersuchung ausdifferenziert ist, damit deren Besonderheiten auch deutlicher hervortreten können.

Der Fall K.: Zweite Abwendung vom Patienten

Wir beobachten erneut eine Visite auf der viszeralchirurgischen Abteilung, an welcher der Chefarzt A., der Facharzt G., der die Kladde mit den Patientenakten trägt und berichtet, der Arzt in Ausbildung R., die Schwester S., der Patient K. sowie zwei Sozialforscher teilnehmen. Wir steigen in die Visite nach Begrüßung und Untersuchung ein, die zu der Entscheidung A.s geführt hat, noch eine weitere diagnostische Untersuchung anzuschließen. Nach R.s Konfirmierung dieser Entscheidung fragt A.:

A: Das ist alles, was hier gelaufen ist [oder ist hier noch mehr?
G: [Hm hm.

---

19   Ablesbar zum Beispiel an den Überraschungen, die entstehen, wenn sich Patienten beispielsweise am Abend selbst entlassen und dann am nächsten Morgen zur Visite nicht anwesend sind.

<Die Patientenakte wird nun zu Hilfe gezogen. S. übernimmt die Kladde mit den Patientenakten von G. A. und R. treten zu S. und G. hinzu, die etwas entfernt vom Fußende des Patientenbettes stehen. Alle vier Personen, mehr oder weniger mit dem Rücken zum Bett stehend, schauen zusammen in die Akte>

G: Nee.
S: Hm hm.   190 gestern.   Ist wieder-   Hm hm.
A: Hm hm.   Hm hm.   190 hast du gesagt. Ja? Das hatten wir ja mal

---

A: angezogen ein Stück das (?...) Drain, na?   Und gut. Ja? Also machen wir heute erst nochmal Labor.
R: Hm hm.
A: Schauen uns das nochmal im Ultraschall an. Ja? Das ist ja eigentlich soweit klar. Ja? Ich meine, hier können wir nochmal, äh äh, das ist klar. Können wir hier ruhig nochmal die Lipase nochmal entnehmen? Na?
S: Hm hm.

A: Gucken wir nochmal.   Ja ja. Da war es ja negativ.
R: Einmal hatten wir es gemacht. Das war ja so gräulich einmal.

R: Genau, da war es negativ.
A: Da war nichts. Und wir gucken [uns das nochmal an. Wir gucken heute
S: [Und jetzt nochmal. Heute noch mal.

A: nochmal die Kontrolle. Ja?
<A. blickt von der Kladde auf, dreht sich um und wendet sich K. zu>
S: Ja.
A: Also die Sache auf dem Bauch ist nicht so ganz in Ordnung. Mal schauen. Na? <A. dreht sich wieder zu seinen Kollegen um> Gut. Ich bin ITS, na.

<A. verlässt das Patientenzimmer, R. bleibt im Zimmer, wendet sich K. zu, dem er das Untersuchungsergebnis sowie das geplante weitere diagnostische Vorgehen erklärt>

An die Untersuchung schließt sich in diesem Fall eine auf dem Studium der Patientenakte basierende Fachdiskussion an. Die anwesenden Mitglieder des medizinischen Personals referieren mit ihrer attentionalen Aufmerksamkeit nun nicht mehr länger auf den Körper des Patienten, obwohl sie intentional bei ihm bleiben, nämlich als Thema der sozialen Situation, das auch ihre psychischen Situationen definiert. Es kommt zu einer zweiten Abwendung vom Patienten, die gleichwohl eine intentionale Zuwendung zum Patienten bleibt. Nachdem, wie im vorherigen Beispiel gesehen, in der attentionalen Zuwendung zum Körper des Patienten während der Untersuchung eine Abwendung von dessen Bewusstsein erfolgt ist, kommt es in der Fachdiskussion nun auch zur attentionalen Abwendung vom Patientenkörper, obwohl dieser das Thema der Konversation bleibt. Es kommt zu einer Verschiebung in der Art und Weise, wie die Konstitution des Bezugspunkts der bewussten Aufmerksamkeit jeweils beim medizinischen Personal erfolgt. Der Körper des Patienten kann nur noch als Vorstellung konzipiert werden, während das attentionale Alternieren Repräsentationen des Patientenkörpers in den Blick nimmt. An die Stelle der aktuellen Wahrnehmung des konkreten Körpers rücken die Wahrnehmung abstrakter Repräsentationen des Körpers und der Körper als Thema der Kommunikation. Dabei gewinnen die im Gespräch per medizinaler Semantik evozierten Vorstellungen vom Patientenkörper ihre Gestalt einerseits vor dem Profil der unmittelbaren phänomenologischen Nachbarschaft der bis eben gewesenen Wahrnehmung dieses Körpers, andererseits werden sie abgeglichen mit typischen Krankheitsmustern, die aus professioneller Ausbildung und Erfahrung geläufig sind. Abgesichert wird diese Distanzierung von aktueller Wahrnehmung durch den Modus der potenziellen Wahrnehmbarkeit des Patientenkörpers, eine Möglichkeit, die im Bedarfsfall durch erneute attentionale Zuwendung zu diesem unverzüglich aktualisiert werden kann. Das heißt, der Körper rückt aus dem Modus aktueller Wahrnehmung in den Modus der Wahrnehmbarkeit. Die Kommunikation über den Patienten behandelt diesen als abwesenden Anwesenden und zwar gleich in einem doppelten Sinn. Sein Bewusstsein wird in der Fachdiskussion ebenso als abwesend anwesendes Bewusstsein behandelt wie sein Körper als abwesend anwesender Körper. Unterstützt wird dies durch die Zuwendung der ärztlichen Attention zu Repräsentationen des Patientenkörpers, die aber den anwesenden Körper ebenso als abwesend behandeln wie die Kommunikation.

Abschließend kommt es zur Mitteilung der in der Fachdiskussion getroffenen Entscheidung, die hier zugleich als Verabschiedung vom Patienten fungiert. Im Vergleich mit dem vorhergehenden Beispiel fällt die Verabschiedung knapp aus. A. wartet nicht auf eine als Mitteilungshandeln beobachtbare Reaktion von K., sodass dessen Erwiderung des anfänglichen Morgengrußes seine einzige und zugleich letzte Äußerung während dieser Visite darstellt. Gleichwohl ist sichtbar, dass K. wieder als Adresse von Mitteilungen konzipiert wird – die Abwendung vom Bewusstsein des Patienten wie von seinem Körper wird in der Verabschiedung zurückgenommen. Die Zuwendung, die K. anschließend von R. erfährt, der ihm das Untersuchungsergebnis und das weitere Vorgehen erläutern wird, indiziert, dass in der Auffassung von R. die Verabschiedung nur ungenügend erfolgt ist.[20]

---

20 Man kann solche und ähnliche Reaktionen des zurückbleibenden medizinischen Personals als Indiz für Fälle nehmen, aus denen sich das Muster der doppelten Abwendung in der ärztlichen Aufmerksamkeit besonders gut erschließen lässt: Im Extremfall kann es beispielsweise nach minutenlangen interdisziplinären Fachdiskussionen auf der Intensivstation, während derer die beteiligten Ärzte den Patienten, um den es in ihrem Gespräch geht, nicht eines Blickes würdigen, dazu kommen, dass die Ärzte, ins Gespräch vertieft, das Zimmer verlassen und die Verabschiedung des (wachen und ansprechbaren) Patienten vergessen, der dann für gewöhnlich vom zurückbleibenden medizinischen Personal stellvertretend informiert und verabschiedet wird.

Zusammenfassung: Doppelte Abwendung vom Patienten in der Visite

Die vier Phasen der Visite korrespondieren mit einem Muster des Alternierens der ärztlichen Aufmerksamkeit im Blick auf einen Patienten, das unter bestimmten Umständen als eine sukzessive doppelte Abwendung von diesem Patienten beschrieben werden kann. Die Inklusion von Körperlichkeit ins System basiert während der Phase der Untersuchung zunächst auf der Verschränkung der attentionalen und der intentionalen Zuwendung zum Körper des Patienten: Der Körper spielt in der ärztlichen Aufmerksamkeit sowohl als Gegenstand der Wahrnehmung als auch als vorgestellter kranker Organismus eine Rolle. Voraussetzung hierfür ist ein Moduswechsel des ärztlichen Referierens auf den Patienten. Dessen Körper wird diskriminatorisch beobachtet und nicht mehr länger als Ausdrucksmedium bewusst gesteuerten Verhaltens aufgefasst, was zugleich die Abwendung vom Patientenbewusstsein bedeutet. Während sich bereits in der Untersuchung Wahrnehmung und Kommunikation zueinander in ein Verhältnis der wechselseitigen Steigerung setzen, kann dieses Verhältnis bedarfsweise nochmals gesteigert werden. Für diese erneute Steigerung ist eine Aufhebung der Verschränkung von attentionaler und intentionaler Konstitution des Bezugspunkts in der ärztlichen Aufmerksamkeit erforderlich. Diese Aufhebung wird dadurch erreicht, dass das ärztliche Referieren auf den Patienten zwar intentional insofern bei diesem bleibt, als der Patient nach wie vor Thema der psychischen und der sozialen Situation bleibt. Zugleich wird aber die attentionale Komponente bei der Konstitution des Bezugspunkts der ärztlichen Aufmerksamkeit vom konkret daliegenden Patientenkörper abgezogen und für gesprächsnormales attentionales Alternieren zwischen den Teilnehmern an der Fachdiskussion einerseits und für Referieren auf Objektivationen dieses Körpers andererseits freigestellt.[21] Diese doppelte Abwendung wird während der Visite durch die Begrüßung vorbereitet und in der Verabschiedung zurückgenommen.

Aus den vorstehenden Überlegungen lassen sich mindestens drei weitere Verallgemeinerungen gewinnen. Zunächst kann an diesem Muster eine Sinnform erkannt werden, welche die medizinische Profession ihrer Beobachtung von Menschen zugrunde legt. Die Medizin fasst den Menschen als ein psychophysisches System beziehungsweise als „bewusste Lebendigkeit" (Lindemann 2002), also als eine Form mit den beiden Seiten Bewusstsein und organisches System, das heißt, sie behandelt den Menschen nicht von vornherein als ein Subjekt. Diese Form wird auch noch von der Differenz von Körperzustandsbeschreibung und Körperveränderung vorausgesetzt, an der sich nach Dirk

---

21   Wir sehen hier von der weiteren Möglichkeit ab, Distanzgewinne zur konkreten Wahrnehmung des Patientenkörpers durch Technik und Apparate zu erwirtschaften.

Baecker (2008) jede ärztliche Intervention orientiert. Die am Menschen beobachtete Differenz von Bewusstsein und lebendem Organismus spielt nicht allein in medizinischen Ausnahmefällen, wie zum Beispiel bei der Bestimmung von bestimmten Expressivitätsmodi zur Feststellung des Hirntodes, eine Rolle (Lindemann 2002),[22] sondern schon implizit in der Visite.

Zum Zweiten lässt sich an der Visite als einer medizinisch geprägten Interaktion ein besonderes Verhältnis von Wahrnehmung und Kommunikation konstatieren. Auf der Grundlage medizinaler Funktionssemantik können schon während der Untersuchung in der Visite Distanzgewinne vom unmittelbaren Wirklichkeitseindruck während des Referierens auf den Körper per Vorstellung und gegebenenfalls auch per Kommunikation gewonnen werden. Diese Distanzierung von ontologischen Wahrnehmungseindrücken des konkret daliegenden Patientenkörpers durch die Evozierung von Vorstellungen über den kranken Organismus lässt sich bedarfsweise noch stärker in Richtung Kommunikation steigern. An der zweiten Abwendung vom Patienten während der Fachdiskussion können zwei Mechanismen unterschieden werden, mit deren Hilfe Distanz zur aktuellen Wahrnehmung gewonnen werden kann. Sowohl die attentionale Abwendung vom Körper als Steigerung der intentionalen Zuwendung zum Patientenkörper als Thema der Kommunikation als auch die attentionale Zuwendung zu verschiedenen (numerischen, schriftlichen, funktionalbildlichen) Repräsentationen des Patientenkörpers ermöglichen jeweils eine schärfere Kontrastbildung zwischen der ontologisierenden Wahrnehmung des Körpers einerseits und der de-ontologisierenden Vorstellung über den Körper andererseits. Bereits auf der Ebene der Interaktion und nicht erst auf der Ebene von Organisation und Gesellschaft (Luhmann 1991, 1991a) kann es zu einer Ausdifferenzierung der Kommunikation aus der Wahrnehmung kommen, wenn die kommunikative Berücksichtigung des Patientenbewusstseins und die Wahrnehmung seines Körpers mithilfe der Figuren des abwesenden anwesenden Bewusstseins und des abwesenden anwesenden Körpers phasenweise marginalisiert werden, während das beteiligte medizinische Personal intentional und thematisch beim Fall bleibt.

Schließlich kann in Anlehnung an den Begriff der „professional purity" (Abbott 1981), unter dem wir mit Rudolf Stichweh (1992: 38) die schrittweise Befreiung der Diagnose von lebensweltlichen Verunreinigungen verstehen, dieses Muster der doppelten Abwendung vom Patienten als eine professionelle Interaktionstechnik verstanden werden, mit deren Hilfe die wahrnehmungsgebundene Lebensweltlichkeit auf der Seite der Ärzte schon während der Interaktion Visite (und nicht erst in Bezug auf die Einheit des Falls) in ihren Ansprüchen

---

22 Gesa Lindemann (2002: 96, Abb. 2) unterscheidet die Modi: lebendig, eigenreaktiv, bewusst, personal-symbolisch.

mediatisiert wird. Die normativ-humanistisch orientierte Visiteforschung hatte diese von uns beschriebene schrittweise Marginalisierung der Bewusstseinsleistungen und des Körpers der Patienten in der Aufmerksamkeit der Leistungsrollenträger durch kommunikative und wahrnehmungsbezogene Techniken bis hin zu seiner temporären Exklusion aus Kommunikation und Wahrnehmung konstatiert, beschrieben und skandalisiert, konnte sie aber nicht als Erfordernis des medizinischen Funktionsbezugs begreifen.

Damit sind aber bereits die Grenzen unseres Beitrags angesprochen. Bei der Überführung von lebensweltlichen Problemen in medizinisch bearbeitbare Probleme und deren Behandlung – Andrew Abbott (1988) spricht vom Dreischritt aus Diagnose, Schlussfolgerung (Colligation/Classification) und Behandlung – spielen noch andere als professionelle Interaktionstechniken eine Rolle. Es muss außerdem noch stärker der Kontext der Organisation mit hinzu gesehen werden. Die Visite als ein Format der Interaktion ist in Entscheidungsabläufe und in ein Verfahren der Krankenbehandlung[23] eingebunden, in denen besondere und singuläre Fälle von Patienten konstituiert und beobachtete Körperveränderungen herbeigeführt werden (Baecker 2008). Weitere Forschungen zum Interaktionsformat der (Chefarzt-)Visite müssten daher stärker auf die Verzahnung von Interaktion und Organisation sowie auf die per Entscheidungsprämissen abgesicherte synchrone und diachrone Aufordnung der Visite mit anderen diagnostischen, therapeutischen und administrativen Interaktionsformaten achten. Bereits die Visite ist gerahmt von ihr unmittelbar vorausgehenden und unmittelbar folgenden Formaten der Interaktion, die ihrer Vor- und Nachbereitung dienen. In der Kurvenvisite werden en bloc alle Patientenvisiten einzeln vorbereitet und dem Stationsrundgang kann eine sich unmittelbar anschließende Röntgenvisite folgen, in der bedarfsweise besonders unsichere Diagnosen anhand von funktionalen Bildern der Patientenkörper (wie Röntgenbildern, MRT, CT) überprüft und validiert, kassiert, erst getroffen oder weiter aufgeschoben werden. Im Bedarfsfall können auch einzelne Patientenvisiten ante portas vor- oder nachbereitet werden. Mithilfe dieser verschiedenen Formate beziehungsweise Verläufe der Visite ebenso wie beispielsweise mithilfe von interdisziplinären Tumor- oder Gefäßkonferenzen können durch Techniken der Organisation unterschiedliche Möglichkeiten des Absehens vom Patientenkörper miteinander kombiniert und als ein spezifisch konditioniertes Hinsehen auf den kranken beziehungsweise gesundenden Organismus gestaltet werden. So behandeln alle Interaktionsformate, die auf der Basis von aktenkundig dokumentierten Da-

---

23   Es unterscheidet sich deutlich von anderen Verfahren, wie zum Beispiel Gerichtsverfahren (vgl. Luhmann 1989). Es dürfte sich lohnen, Verfahren unterschiedlicher Professionen miteinander zu vergleichen (vgl. Scheffer et al. 2008).

ten, Befunden und verschiedenen funktionalen Bildern „durch den Patientenkörper (…) reisen" (Berg 2007: 75), den Patienten als einen anwesenden Abwesenden in der spezifisch kommunikativen Form des ‚Falls' und des ‚Fallverlaufs'.

Eine weitere Limitation unserer Ergebnisse besteht in der Einseitigkeit der Fokussierung auf das medizinische Personal. Weitere Forschungen können stärker auf die Einheit der sozialen Situation Visite achten, indem auch die für die ‚professional purity' erforderliche Lebensweltmediation des Patienten mit berücksichtigt und indem auf die Integration der maximal kontrastierenden psychischen Situationen von Patient und Arzt während der Visite geachtet wird.

5 Fazit

Die Chefarztvisite ist durch eine doppelte Spannung gekennzeichnet. In ihr koexistieren die beiden Perspektiven ontologisierender Konstruktion und dekonstruierter Ontik und sie ermöglicht deontologisierende Beschreibungen trotz ontischer Fixierungen auf der einen sowie deren Rückübersetzungen in ontologische Beschreibungen auf der anderen Seite. Für die Bewältigung dieses Problembezugs muss auf der Seite des medizinischen Personals jeweils ein Verhalten aktualisiert werden, mit dessen Hilfe die Kompakteinheit ‚menschlicher Körper' dekomponiert und dynamisiert werden kann, sodass Diagnosen erstellt und Therapien verordnet werden können beziehungsweise eine kontinuierliche Überprüfung der Körperzustände und gegebenenfalls eine Modifikation beziehungsweise Anpassung von Behandlungsmaßnahmen erfolgen kann. Dieses Geschehen ist mit einer De-Konstruktion ontologischer Welteindrücke menschlicher Körper verbunden, die anderenfalls unhinterfragt dem gesellschaftlichen Alltag als Vereinfachung zugrunde liegen. Wir haben anhand der Beschreibung einer bereichsspezifischen sozialen Praxis zu zeigen versucht, dass es die funktional differenzierte Gesellschaft selbst ist, die auf De-Konstruktionen ontologisierender Konstruktionen angewiesen ist, wobei aber ontologisierende Konstruktionen ihrerseits ständig reproduziert werden. Die Visite kann damit verstanden werden als eine in der sozialen Praxis längst etablierte Lösung für dieses Bezugsproblem der bereichsspezifischen Mediatisierung ontologischer Wahrnehmungseindrücke und akteurssemantischer Beschreibungen, die sich selbst als eine solche Lösung nicht notwendig reflektieren muss.

Mithilfe dieser Funktionsbestimmung können die Probleme der Visite besser verstanden werden, die von der Visiteforschung im Kontext einer immer stärkeren Individualisierung und einer immer größeren De-Autorisierung professionellen Wissens konstatiert worden sind: Die Absonderlichkeiten der Visite fallen vor dem Hintergrund dieser beiden gesellschaftlichen Entwicklungen immer stärker auf. Die unter medizinischen Funktionsgesichtspunkten unverzichtbare Ent-Dinglichung des menschlichen Körpers wird dann unter Umständen vom Patienten als Ver-Dinglichung erlebt, insofern die für diese Ent-Dinglichung erforderliche doppelte Abwendung vom Patienten nicht als eine thematische und besorgte Zuwendung zu ihm und seinen personalen Problemen mit Höchstrelevanz erfahren werden kann. Daneben können auch die Probleme besser verstanden werden, auf welche die vielen Reformbemühungen der Visite in der Krankenhauspraxis immer wieder stoßen: Reformen der Visite haben oft einen einseitigen, zumeist lebensweltlich formulierten Problembezug, weshalb sich die in den Reformvorschlägen nicht berücksichtigten Funktionsgesichtspunkte ‚hinterrücks‘ immer wieder durchzusetzen verstehen. Dies muss aber nicht zu einer resignativen Haltung mit Blick auf die Reformierbarkeit des Interaktionsformats der Visite führen. Vielmehr denken wir, dass unsere Analyse eine Reihe von Anhaltspunkten dafür geben kann, Visiten so zu gestalten, dass sie trotz erfolgter doppelter Abwendung von den Patienten als sorgende Hinwendung erfahren werden kann.

Literatur

Abbott, Andrew (1981): Status and Status Strain in the Professions. In: American Journal of Sociology, 86. Jg.: 819-835.
Abbott, Andrew (1988): The System of Professions. An Essay on the Division of Expert Labor. Chicago: University of Chicago Press.
Baecker, Dirk (2008): Zur Krankenbehandlung ins Krankenhaus. In: Saake, Irmhild / Vogd, Werner (Hrsg.): Moderne Mythen der Medizin: Studien zu Problemen der organisierten Krankenbehandlung. Wiesbaden: VS Verlag. 39-62.
Behrens, Johann (2003): Vertrauensbildende Entzauberung: Evidence- und Eminenz-basierte professionelle Praxis: eine Entgegnung auf den Beitrag von Werner Vogd „Professionalisierungsschub oder Auflösung ärztlicher Autonomie". In: Zeitschrift für Soziologie 32: 3: 262-269.
Berg, Marc (2007): Praktiken des Lesens und Schreibens. Die konstitutive Rolle der Patientenakte in der medizinischen Arbeit. In: Saake, Irmhild / Vogd, Werner (Hrsg.): Moderne Mythen der Medizin: Studien zur organisierten Krankenbehandlung. Wiesbaden: VS Verlag. 63-85.
Bergmann, Jörg R. (1985): Flüchtigkeit und methodische Fixierung sozialer Wirklichkeit. Aufzeichnungen als Daten der interpretativen Soziologie. In: Bonß, Wolfgang / Hartmann, Heinz (Hrsg.): Entzauberte Wissenschaft. Zur Relativität und Geltung soziologischer Forschung. Soziale Welt Sonderband Nr. 3. Göttingen: Schwartz. 299-320.
Degenhardt, Jörg (2001): Entbehrliches Ritual oder Qualitätskontrolle. In: Dt. Ärzteblatt, 98, Heft 47, A 3102-3105.
Erdmenger, Thomas (2009): Zur Vermittlung systemischer Funktionserfordernisse und lebensweltlicher Vereinfachung am Beispiel des Interaktionsformats der klinischen Visite. Ms., Halle/Saale.
Fehlenberg, Dirk (1983): Die empirische Analyse der Visitenkommunikation: Institutionskritik und Ansätze für eine reflektierte Veränderung institutioneller Praxis. In: Osnabrücker Beiträge zur Sprachtheorie (OBST) 24: 29-56.

Fehlenberg, Dirk / Köhle, Karl (1983): Die Stationsarztvisite zwischen Krankenhausroutine und therapeutischem Gespräch. In: Psychotherapie, Psychosomatik, Medizinische Psychologie 33: 45-52.

Fehlenberg, Dirk et al. (1996): Die Krankenvisite – Probleme der traditionellen Stationsarztvisite und Veränderungen im Rahmen eines psychosomatischen Behandlungskonzepts. In: von Uexküll, Thure et al. (Hrsg.): Psychosomatische Medizin. 5. Auflage. München: Urban und Schwarzenberg. 389-408.

Foucault, Michel (1988): Die Geburt der Klinik: Eine Archäologie des ärztlichen Blicks. Frankfurt am Main: Suhrkamp.

Fuchs, Peter (1997): Interaktion am Krankenbett (Diskussionspapier). In: Klein, Ricarda / Borsi, Gabriele M. (Hrsg.): Pflegemanagement als Gestaltungsauftrag. Frankfurt am Main et al.: Lang. 201-203.

Fuchs, Peter (2005): Die Psyche. Studien zur Innenwelt der Außenwelt der Innenwelt. Weilerswist: Velbrück.

Fuchs, Peter (2006): Das Gesundheitssystem ist niemals verschnupft: In: Bauch, Jost (Hrsg.): Gesundheit als System. Systemtheoretische Beobachtungen des Gesundheitswesens. Konstanz: Hartung-Gorre. 21-38.

Goffman, Erving (1981): Forms of Talk. Philadelphia: University of Pennsylvania Press.

Gück, Jürgen et al. (1983): Zur interaktiven Ausgestaltung der Arzt-Patient-Beziehung in der Visite. In: Deppe, Hans-Ulrich (Hrsg.): Medizinische Soziologie. 3. Jahrbuch. Frankfurt am Main: Campus. 158-214.

Hausendorf, Heiko (1992): Das Gespräch als selbstreferentielles System. Ein Beitrag zum empirischen Konstruktivismus der ethnomethodologischen Konversationsanalyse. In: ZfS, Jg. 21, Heft 2: 83-95.

Heritage, John (1997): Conversation Analysis and Institutional Talk: Analysing Data. In: Silverman, John: Qualitative Research: Theory, Method and Practice. London: Sage.

Husserl, Edmund (1995): Cartesianische Meditationen. Eine Einleitung in die Phänomenologie. Herausgegeben, eingeleitet und mit Registern versehen von Elisabeth Ströker. 3. durchgesehene Auflage. Hamburg: Meiner.

Kieserling, André (1999): Kommunikation unter Anwesenden. Studien über Interaktionssysteme. Frankfurt am Main.

Kranz, Olaf (2009): Interaktion und Organisationsberatung. Interaktionstheoretische Beiträge zu Profession, Organisation und Beratung. Wiesbaden: VS Verlag.

Kranz, Olaf / Schmidt, Nora (2010): Aus dem Rahmen gefallen. Über das Fungieren von Street Art und anderen Kunstwerken dies- und jenseits des Kunstbetriebs. In: Soziale Systeme, Jg. 16, H. 1: 150-176.

Lindemann, Gesa (2002): Die Grenzen des Sozialen. Zur sozio-technischen Konstruktion von Leben und Tod in der Intensivmedizin. München: Fink.

Luckmann, Thomas (1980): Lebenswelt und Gesellschaft. Paderborn: Schöningh.

Luhmann, Niklas (1983): Anspruchsinflation im Krankheitssystem. Eine Stellungnahme aus gesellschaftstheoretischer Sicht. In: Herder-Dorneich, Philipp / Schuller, Alexander (Hrsg.): Die Anspruchsspirale. Schicksal oder Systemdefekt? Stuttgart: Kohlhammer. 28-49.

Luhmann, Niklas (1983a): Medizin und Gesellschaftstheorie. In: Medizin, Mensch, Gesellschaft. Jg. 8: 168-175.

Luhmann, Niklas (1986): Systeme verstehen Systeme. In: Ders. / Schorr, Karl Eberhard (Hrsg.): Zwischen Intransparenz und verstehen. Fragen an die Pädagogik. Frankfurt am Main: Suhrkamp. 72-117.

Luhmann, Niklas (1989): Legitimation durch Verfahren. 2. Auflage, Frankfurt am Main: Suhrkamp.

Luhmann, Niklas (1991): Einfache Sozialsysteme. In: Ders.: Soziologische Aufklärung 2. Aufsätze zur Theorie der Gesellschaft. 4. Auflage. Opladen: Westdeutscher Verlag. 21-39.

Luhmann, Niklas (1991a): Interaktion, Organisation, Gesellschaft. Anwendungen der Systemtheorie. In: Ders.: Soziologische Aufklärung 2: Aufsätze zur Theorie der Gesellschaft. 4. Auflage, Opladen: Westdeutscher Verlag. 9-20.

Luhmann, Niklas (1992): Die Wissenschaft der Gesellschaft. Frankfurt am Main: Suhrkamp.

Luhmann, Niklas (1993), Soziale Systeme. Grundriß einer allgemeinen Theorie. 4. Auflage, Frankfurt am Main: Suhrkamp.

Luhmann, Niklas (1997): Gesellschaft der Gesellschaft. 2 Bände. Frankfurt am Main: Suhrkamp.

Luhmann, Niklas (2000): Organisation und Entscheidung. Opladen: Westdeutscher Verlag.

Luhmann, Niklas (2005): Der medizinische Code. In: Ders.: Soziologische Aufklärung 5. Konstruktivistische Perspektiven. 3. Auflage. Wiesbaden: VS Verlag. 176-188.

Markowitz, Jürgen (1979): Die soziale Situation. Entwurf eines Modells zur Analyse des Verhältnisses zwischen personalen Systemen und ihrer Umwelt. Frankfurt am Main: Suhrkamp.

Markowitz, Jürgen (1986): Verhalten im Systemkontext. Zum Begriff des sozialen Epigramms. Diskutiert am Beispiel des Schulunterrichts. Frankfurt am Main: Suhrkamp.

Markowitz, Jürgen (1987): „Selbst und Welt" im Unterricht – Über Begriff und Funktion des existenziellen Schematismus. In: Oelkers, Jürgen / Tenorth, Heinz-Elmar (Hrsg.): Pädagogik, Erziehungswissenschaft und Systemtheorie. Weinheim u.a.: Beltz. 146-172.

Markowitz, Jürgen (2006): Funktionale Differenzierung und strukturelle Folgen. In: Ehrenspeck, Yvonne / Lenzen, Dieter (Hrsg.): Beobachtungen des Erziehungssystems. Systemtheoretische Perspektiven. Wiesbaden: VS Verlag. 67-75.

Markowitz, Jürgen (2007): Referenz und Emergenz. Zum Verhältnis von psychischen und sozialen Systemen. In: Aderhold, Jens / Kranz, Olaf (Hrsg.): Intention und Funktion. Probleme der Vermittlung psychischer und sozialer Systeme. Wiesbaden: VS Verlag. 21-45.

Markowitz, Jürgen (2008): Systemaufstellung: Skizze zu einer Theorie dieser Praxis. 3. infosyon Fachtagung, Herrsching, 11.-13.04.2008, Vortragsmanuskript.

Müller, M. (1988): Visite. In: Becker, Hans / Senf, Wolfgang (Hrsg.): Praxis der stationären Psychotherapie. Stuttgart: Thieme. 165-173.

Nassehi, Armin (2006): Der soziologische Diskurs der Moderne. Frankfurt am Main: Suhrkamp.

Nowak, Peter (2010): Eine Systematik der Arzt-Patient-Interaktion. Systemtheoretische Grundlagen, qualitative Synthesemethodik und diskursanalytische Ergebnisse zum sprachlichen Handeln von Ärztinnen und Ärzten. Frankfurt am Main u.a.: Peter Lang.

Probst, Susanne (2007): Bedeutung der Visite in der Psychosomatischen Medizin. Quelle: http://vts.uni-ulm.de/docs/ 2008/6452/vts_6452_8731.pdf.

Raspe, Hans-Heinrich (1976): Institutionalisierte Zumutungen an Krankenhauspatienten. In: Begemann, Herbert (Hrsg.): Patient und Krankenhaus. München (Urban und Schwarzenberg): 1-23.

Raspe, Hans-Heinrich (1982): Visitenforschung in der Bundesrepublik: Historische Reminiszenzen und Ergebnisse formal-quantitativer Analysen. In: Köhle, Karl / Raspe, Hans-Heinrich (Hrsg.): Das Gespräch während der ärztlichen Visite. Empirische Untersuchungen. München: Urban & Schwarzenberg. 1-15.

Schoenberg, Michael H. et al. (1999): Die chirurgische Therapie der chronischen Pankreatitis. In: Dt. Ärzteblatt 96, Heft 10: A-625-631.

Stichweh, Rudolf (1992): Professionalisierung, Ausdifferenzierung von Funktionssystemen, Inklusion. In: Dewe, Bernd (Hrsg.): Erziehen als Profession: zur Logik professionellen Handelns in pädagogischen Feldern. Opladen: Leske + Budrich. 36-48.

Vogd, Werner (2004): Ärztliche Entscheidungsprozesse des Krankenhauses im Spannungsfeld von System- und Zweckrationalität. Berlin (VWF).

Vogd, Werner (2008): Paradoxien einer chirurgischen Abteilung. Wenn leitende Akteure zugleich entscheiden und funktionieren sollen. In: Ders. / Saake, Irmhild (Hrsg.) Moderne Mythen der Medizin. Studien zur organisierten Krankenbehandlung. Wiesbaden: VS Verlag. 109-136.

Vogd, Werner (2010): Soziale Konfigurationen einer terminalen Erkrankung – oder wie der Sinn versammelt werden kann. In: Ebertz, Miachel N. / Schützeichel, Rainer (Hrsg.): Sinnstiftung als Beruf. Wiesbaden: VS Verlag. 219-231.

Westphale, Claus / Köhle, Karl (1982): Gesprächssituation und Informationsaustausch während der Visite auf einer internistisch-psychosomatischen Krankenstation. In: Köhle, Karl / Raspe, Hans-Heinrich (Hrsg.): Das Gespräch während der ärztlichen Visite. Empirische Untersuchungen. München: Urban & Schwarzenberg. 102-139.

Eliten als Brennpunkt gesellschaftlicher Selbstvergewisserung

Jens Aderhold

1 Einleitung

Ontologien, essentialistisch konzipierte Verfestigungen, auf Eindeutigkeit ausgelegte Kausalbehauptungen, Wesensannahmen oder seinsbezogene Realitätspostulate sind im Kontext moderner Gesellschaftsverhältnisse legitimations- und erklärungsbedürftig geworden. Die Vorstellungen einer eindeutig und unumstößlich greifbaren, fixierbaren und berechenbaren Realität sehen sich von relativierenden Beobachtungen herausgefordert, die auf Flüchtigkeit, Uneindeutigkeit oder Ambivalenz (Bauman 1995; 2008), Unruhe (Wetzel et al. 2009), Vielfalt (Wagner 1999) oder Multioptionalität (Gross 1994) sowie auf unvermeidliche Transintentionalitätseffekte (Greshoff et al. 2003) verweisen. Getragen werden diese Befunde von Einsichten, die davon ausgehen, dass die Gegenwartsgesellschaft unerreichbar, kontingent und komplex ausfällt (Baumann 1995; Fuchs 1992; Parsons 1964, Luhmann 1997), dass Systeme nur auf der Basis von Ereignissen prozessieren (Luhmann 1993a), dass Identitäten und Sinnfixierungen fragil konstituiert sind (Laclau/Mouffe 1991) und dass beispielsweise die nicht zu vermeidenden modernen Risiken die Orientierungs- und Handlungslogik der Eindeutigkeit durch eine Logik der Mehrdeutigkeit ersetzt (Beck 1986).

Von diesen Einsichten beeindruckt, ließen sich an der These einer heraufziehenden Wissensgesellschaft Überlegungen anlegen, die theoretisch fixiertes Wissen als die dominante und alle Bereiche folgenreich wirksame Wissensform der postindustriellen Gesellschaft konzipierten (Bell 1976; Leonard-Barton 1995; Stehr 1994). Getragen wird diese These von der Vorstellung, dass kodifiziertes theoretisches Wissen zur Quelle von Innovation und damit zum entscheidenden Motor gesellschaftlichen Wandels wird. Zudem führe eine unaufhaltsam voranschreitende Expansion staatlicher und privater Forschungsaktivitäten zu einer für unumkehrbar gehaltenen Verwissenschaftlichung der Gesellschaft insgesamt.

Obwohl Wissenschaft sich als die wohl bedeutsamste gesellschaftlich institutionalisierte De-Ontoligisierungsstrategie etablieren konnte und ein hieran ori-
entiertes Wissen in die Lage versetzt, komplexe, dynamische, intransparente
und kompliziert ausfallende Zusammenhänge erfassen und darstellen zu können,
erfährt es im nichtwissenschaftlichen Alltag kaum Relevanz (Luhmann 1994:
654). Nicht Theorien, reflexiv geordnete oder abstrakt angelegte Argumente –
wie von den Verfechtern der Wissensgesellschaft immer wieder behauptet – bestimmen gesellschaftliche Kommunikations- und Entscheidungsvorgänge, sondern semantische Vereinfachungen und technische Artefakte (ebd.). Die kommunikative Realität sozialer Systeme verfügt folglich nicht zwangsläufig oder
voraussetzungslos über wissenschaftliche Beschreibungen, sondern reproduziert
und orientiert sich semantisch und strukturell an dinghaft arrangierten Bezugs-
punkten, an gesellschaftlichen Materialisierungen oder Resultaten, „denen ein
Sinn unterstellt wird" (ebd.).

Die Gesellschaft fördert und finanziert Wissenschaft mit dem Ziel der Produktion neuen Wissens. Zugleich immunisiert sie sich in ihrem Alltag gegen
diejenigen Beschreibungen und Ergebnisse, die nicht nur zu kompliziert ausfallen, sondern die zugleich die im Alltag gepflegten Erwartungen infrage stellen.
Ein Grund, für die hier angesprochene Nicht-Berücksichtigung wissenschaftlichen Wissens besteht darin, dass das Wirklichkeitsbild systemisch prozessierter
Alltäglichkeit monokontextural gebaut ist. Die Wahrnehmungsdichte und Ver-
arbeitungskapazität der Orientierung in alltäglichen Situationen lassen weder für
Wissenschaft noch für ähnlich anforderungsreiche Reflexionsformen gesellschaftlicher Selbstvergewisserungen beziehungsweise Selbstthematisierungen
Platz. Vereinfachung muss als Erfordernis moderner Kommunikationsverhältnisse auch von der gegenläufig ausgelegten Wissenschaft mit bedacht werden.

Die für das Gelingen systemischer Alltäglichkeit notwendigen Verstehens-
vorgänge sind auf semantisch erarbeitete Bezugspunkte angewiesen. Je nachdem, wie systemisch Bezüge gesetzt werden, bilden sich unterschiedlich konfigurierte Semantiken mit strukturbildenden Effekten (Luhmann 1993a). Bis in
die heutigen Tage hinein konnte sich die Akteurssemantik als Gegenkonzept zur
vor allem wissenschaftlich ausgearbeiteten Funktionssemantik[1] etablieren und
gesellschaftlich behaupten (grundlegend Markowitz 1997; 1998).

---

1   Obwohl die Akteurssemantik im Alltag für ausreichende Orientierungs- und Handlungssi-
     cherheit sorgt, stellt sich mittlerweile ein (neues) Unbehagen ein. Vermehrt setzt sich die Er-
     kenntnis durch, dass Komplexität und Dynamik sozialer Vorgänge nur bedingt durch Rück-
     griff auf die Intentionen konkreter Akteure erfasst werden können. Zumindest in Teilen der
     Wissenschaft wird die Entwicklung neuartiger, an sozialen Systemzusammenhängen orien-
     tierter Semantiken vorangetrieben. Diese Funktionssemantiken stellen leistungsfähige Refle-
     xionseinrichtungen dar, welche die Funktionsweise sozialer Systeme im Allgemeinen und be-

Schon die Kultur der Vormoderne versorgte die Menschen mit dieser (Leit-)Semantik, deren Charakteristika in der Orientierung am Akteur liegen (vgl. Markowitz 1997). Die durch den Bezug auf den Akteur ausgerichtete Wirklichkeitserfassung wurde zwar funktionalistisch angereichert. Sie prägt und begrenzt als *Akteurssemantik* aber die Möglichkeiten sozialer Systeme hinsichtlich Selbstreflexion und Selbststeuerung (grundlegend Kranz 2009: 157 ff.; Markowitz 1997; 1998). In dieser, den sozialen Alltag prägenden Semantik wird Soziales, ausgehend von intentional ausgelösten Handlungen, gedeutet. Die in die soziale Kommunikation eingebaute Verkürzung läuft in sozialen Systemen unter anderem über das Ausweisen von sozialen Adressen. Personen, deren Bedeutung situativ variabel ist, werden gesellschaftlich konstruiert, um für den Fortgang von Kommunikation Handlungen mit Adressen und zurechenbaren Wirkungen verbinden zu können.

Unsere Gegenwart wird folglich von einer Semantik dominiert, die sich vorwiegend am absichtsgeleiteten Akteur orientiert (Subjekt, Gemeinschaft, Nation, Kultur). Ausgehend von Absichten, Zwecksetzungen des Einzelnen, werden sowohl das Konzept der Handlung als auch das Verhalten sozialer Gemeinschaften gedeutet. In diesem Zusammenhang erklärt sich beispielsweise der besonders öffentlich durchschlagende Erfolg der These von Samuel Huntington vom Zusammenprall der Kulturen.[2] Bei Luhmann finden sich Hinweise auf einen weiteren ebenfalls akteurssemantisch konfigurierten probleminduzierenden Umstand. Hier wird darauf hingewiesen, dass die politische Elite sowohl auf nationaler als auch auf Weltpolitikebene zunehmend an Glaubwürdigkeit einbüßt, weil sie unter Erfordernissen der Produktion von Legitimation und Akzeptanz unerfüllbare Erwartungen in Aussicht stellt, ja stellen muss; die aber letztlich nicht erfüllbar sind. Luhmann (1998: 372) spricht in diesem Zusammenhang

---

stimmter Teilsysteme der Gesellschaft im Besonderen zu erklären suchen. Ausgangspunkt ist nicht ein einzelner Akteur, vielmehr werden Relationen ins Zentrum der Betrachtung gerückt, wie z. B. die System-Umwelt-Unterscheidung, die in unterschiedlichste Richtungen ausformuliert und hinsichtlich spezifischer Problemstellungen aufbereitet werden kann (Luhmann 1993b). Kurz gesagt, stellt Funktionssemantik eine Wirklichkeitserfassung dar, die sich zwar an der Funktionsweise sozialer Systeme (Wirtschaft, Kunst, Wissenschaft) orientiert und diese wissenschaftlichen Reflexionsprozessen verfügbar macht, ohne aber selbst folgenreich den beobachteten und analysierten gesellschaftlichen Prozessen in ihrer Komplexität und Reichhaltigkeit gerecht zu werden.

2 Seine Argumentation ist durch und durch akteursbezogen angelegt. Er sieht in einer halb religiösen, halb kulturellen Zugehörigkeit nach innen gleichzeitig die Notwendigkeit einer mehr oder minder aggressiven Abgrenzung nach außen. Die bloße Tatsache einer Existenz kultureller Gruppen bedingt seiner Einschätzung nach den latenten Konflikt, der schließlich in eine Konfrontation homogen konzipierter und kulturell verfasster regionaler Formationen hineinführt.

von einer sich zusehends verschärfenden Situation „der überdrehten Arbeit an der Lösung unlösbarer Probleme", wobei zu fragen ist, in welcher Weise und mit welchen Folgen die soziale Zurechnung auf gesellschaftliche Eliten hier zum Tragen kommt.

Das in diesen Zusammenhängen immer wieder zitierte Elitenkonzept eignet sich nun besonders gut als „Kategorie der naiven Wahrnehmung" mit hoher Plausibilität (Krais 2001: 49). Obwohl nur „wenig gesichertes Wissen über diesen exklusiven Personenkreis existiert" (Imbusch 2003: 14) und die Angabe des Exklusivitätskriteriums noch immer wissenschaftlich strittig ist, ist nicht zu übersehen, dass der Verweis auf verantwortlich zu machende Eliten als eine moderne (eigentlich zu hinterfragende) Beschreibungsfolie für individuell zurechenbare Leistungen beziehungsweise Defizitbehauptungen genutzt wird, wobei es unter diesen Bedingungen dann nur noch um die richtigen positiven wie negativen Leistungszurechnungen geht und nicht mehr um deren generelle Stichhaltigkeit im Sinne einer Würdigung komplexer gesellschaftlicher Verhältnisse (im Alltag wie in der Wissenschaft).

Sowohl elitentheoretische Anstrengungen als auch gesellschaftliche Orientierungen an Eliten setzen sich folglich der Gefahr in Form einer inadäquaten Phänomen- und Problembeschreibung aus, „hochkomplexe Sozialstrukturen durch die Identifikation relevanter Personen oder Personengruppen übersichtlich und verständlich" machen zu wollen, um anonymen Systemen einen menschlichen Anstrich zu geben, „wenn die Verantwortlichen beim Namen genannt oder zumindest kategorial erfasst werden können" (Ellrich 2004: 79). Hieran orientierte Elitevorstellungen geben den intransparent bleibenden sozialen Vorgängen zwar eine allen zugängliche Oberfläche und Adresse, aber aus der Sicht von wissenschaftlich informierten Funktionssemantiken orientiert man sich zu stark an inadäquaten Problembeschreibungen, die vor allem auf akteursbezogene oder anderweitig abkürzende Ursachenzurechnungen setzen und, wie schon erwähnt, ziehen diese Akteurssemantiken ihrerseits dysfunktionale Effekte in Form zunehmender Delegitimierungen nach sich.[3]

Während sich präskriptiv wie deskriptiv aufgeladene Beschreibungen allzu leicht auf die allen zugängliche Simplifikation mächtiger Personen oder gar Personengruppen einlassen, welche die entscheidenden Fäden in der Hand halten, so ist für makrosozial oder systemtheoretisch argumentierende Theorieversionen die Prominentsetzung von Personen mehr als erklärungswürdig oder, anders formuliert, theoretisch inakzeptabel, wenn auch verständlich und erklärbar. Die Gesellschaft wird nicht von einzelnen Personen, seien diese auch noch so mäch-

---

3   Dieser Gedanke verdankt sich einem Hinweis von René John.

tig und reich, sondern von systemisch veranlassten Differenzierungsprozessen getragen und in ihrer Entwicklung maßgeblich bestimmt. Während sich im ersten Fall die Forschung, aber vor allem eine massenmedial strukturierte Gesellschaft auf das Gewinnen von Erkenntnissen über die wichtigen Personen und Akteure konzentrieren kann, die für die relevanten Strukturparameter und für die Richtung sozialen Wandels stehen, so kann im zweiten Fall fast vollständig auf einen derartigen Zugriff verzichtet werden, denn wichtiger als die Suche nach den Entscheidern sei die Betrachtung der gesellschaftskonstituierenden Differenzierungsmuster (vgl. Luhmann 1997). Ungeklärt bleibt aber hier die Frage, welche Gründe eine mit derart komplexen Analysemöglichkeiten ausgestattete Gesellschaft hat, immer wieder aufs Neue und unausweichlich auf inadäquate oder anachronistisch anmutende und über die Maßen vereinfachende Selbstbeschreibungen zurückzugreifen, diese unaufhörlich anzufertigen und auch noch für plausibel zu halten. Oder mit anderen Worten gefragt: Wenn Eliten in einer durch funktionale Differenzierung geprägten Gesellschaft als funktionslos charakterisiert werden müssten, wie erklärt sich dann die Virulenz, die dieses Phänomen gesellschaftlich für sich beanspruchen kann?

2 Personenkult, Verantwortungszuschreibung und Ausblendungseffekte massenmedialer Wirklichkeitsverfertigungen

Personenkult ist nicht nur ein Hauptcharakteristikum totalitärer Ordnungen oder vormoderner Herrschaftsformen, sondern in heutigen, modernen Verhältnissen auch eine oft gewählte und zuweilen ebenso legitime Option, intransparent bleibendes gesellschaftliches Wirken personenbezogen zuzurechnen. Diese kann in besonderen Situationen und Zeiten sowie zu spezifischen Zwecken aufgegriffen und folgenreich variiert werden. Um davon Formen bürokratischer Herrschaft typenmäßig abgrenzen zu können, sprach Max Weber (1980: 142 ff.) in diesem Zusammenhang von der charismatischen Herrschaft.

Welche Wirkung von einer charismatischen Führungskraft, insbesondere an der Schnittstelle von öffentlicher Inszenierung, technischer Innovativität und wirtschaftlichem Erfolg, ausgehen kann beziehungsweise welche Wirkung ihr von der Gesellschaft zugeschrieben wird, zeigt eindrucksvoll der öffentliche Umgang mit dem Apple-Mitbegründer Steven Paul Jobs. Die selbst für einen Unternehmensgründer außergewöhnliche Mythen- und Legendenbildung setzte frühzeitig in den 1980er Jahren ein und war von einem massenmedial außergewöhnlich in Szene gesetzten Personenkult begleitet. Die Mythologisierung von Jobs zog sich fast durch sein ganzes Arbeitsleben und wird auch nach seinem Tod außerordentlich facettenreich und durchaus kontrovers weitergeführt.

Besonders ins Auge fällt der persönliche Einfluss auf den Unternehmens-
und Markenerfolg von Apple, der sich insbesondere im Verlauf des Börsenkur-
ses widerspiegelt(e).[4] Steve Jobs steht als Firmengründer, zwischenzeitlich auch
als Berater, aber insbesondere als CEO stellvertretend für den Siegeszug vielfäl-
tigster technischer Produkte und Anwendungen und damit für den weltweiten
Erfolg von Apple. Besonders die technisch wie wirtschaftlich erfolgreiche Entwicklung nach dem Wiedereinstieg von Steve Jobs an die Spitze von Apple
1996/1997 hat seinen Mythos als Schöpfer, Aktivist und Retter eines der be-
deutsamsten Unternehmen der Neuzeit befeuert. In Lobeshymnen wurde er als
Visionär, Rockstar der IT-Branche, Revolutionär und Vorreiter einer vollständig
technisierten Moderne gefeiert.[5] Apple stieg nach 1997 zum Weltkonzern auf.
Der Wert der Aktie stieg 1997 von 3,23 Dollar auf den zwischenzeitlichen
Höchststand von 413,23 Dollar im Oktober 2011. Apple steigerte seinen Mar-
kenwert im Jahr 2010 auf cirka 150 Milliarden Dollar[6] und überholte zwischenzeitlich sogar Coca Cola als weltweit wertvollste Marke.

Steve Jobs wird für diese Erfolgsstory verantwortlich gemacht, weil er die
Ausrichtung der Firma festgelegt haben soll, technische Produkte benutzbar,
handhabungsfreundlich und damit auch massentauglich machen zu wollen. Jobs
verfolgte bei neuen technischen Produkten der Informationstechnologie immer
(wieder) eine zentrale Leitidee, nämlich ihre Alltagstauglichkeit sicherzustellen.
Die „understanding complexity" wird durch ein ausgeklügeltes Oberflächen-
und Wissensdesign faszinierend in Szene gesetzt und verfügbar und handhabbar
gemacht (vgl. Bolz 1993: 226 ff.).[7] Die derart konstruierten technischen Geräte
sind unkompliziert zu bedienen, vor allem für technische Laien leicht nutzbar
und sie weisen eine intuitive Bedienführung auf. Entscheidend sind drei Krite-

---

4   Siehe   unter   http://www.mac-history.de/steve-jobs/2011-10-06/die-entwicklung-der-apple-
     aktie-unter-steve-jobs.

5   Siehe u. a. Roland Lindner, Frankfurter Allgemeine Sonntagszeitung, 09.01.2005, Nr. 1, S.
     38;   http://www.dailymail.co.uk/news/article-2045903/Steve-Jobs-dead-Tributes-Apples-
     legions-fans-mark-death-hero.html sowie Elliot und William (2011). Es gibt aber auch deut-
     lich kritische Töne, die insbesondere die Arbeitsbedingungen in den Zuliefererfirmen brand-
     marken; siehe u. a. http://www.nytimes.com/2012/#03/30/business/apple-supplier-in-china-
     pledges-changes-in-working-conditions.html?pagewanted=all.

6   Siehe   unter   http://www.faz.net/aktuell/finanzen/aktien/aktie-im-blick-wall-street-glaubt-
     weiter-an-erfolg-von-apple-11492329.html (17.02.2012).

7   „Das offizielle Denken einer immer bedeutenderen Elite äußert sich in der Programmierung
     kybernetischer Datenbanken und Rechenanlagen, die eine andere Struktur haben als die Geste
     des Schreibens. Und die Massen werden durch die Codes technischer Bilder programmiert
     und in diesem Sinne wieder zu Analphabeten (der Systemanalytiker braucht auch nicht zu
     schreiben, der Computer funktioniert ohne Alphabet, und der Massenmensch hat es nicht nö-
     tig zu lesen, das Fernsehen informiert ihn ohne Buchstaben)" (Flusser; zitiert in Bolz 1993:
     203).

rien: erstens die problemlose Einsetzbarkeit der Produkte zu jeder Zeit, zweitens ihre leichte Integrationsfähigkeit in den Alltag und drittens die für Faszination sorgende unerschöpfliche Kreation neuer Anwendungsmöglichkeiten. Vor allem die zweite Wirkungsphase von Jobs nach 1997, in der die verschiedenen Ideen miteinander kombiniert wurden: die Ideen von einfachem Umgang mit der Technik, von edlem, exklusivem Design, von mobilem Internet, von software- und hardwaregestützter Vernetzung und Standardisierung führte Apple an die Spitze börsennotierter Unternehmen. Die Folge waren eine Neustrukturierung ganzer Branchen und Absatzmärkte, veränderte Produktkonzeptionen von Herstellern sowie der Wandel von Verwendungsbedürfnissen von Konsumenten genauso wie die Art und Weise, wie gegenwärtig und zukünftig mobil kommuniziert wird.

Für eine an Systemreproduktion orientierte Kommunikationstheorie, die den Handlungsbegriff als Resultat systemischer und damit intransparent bleibender Prozesse konzipiert und folglich als eine abgeleitete Kategorie in Form reduzierter Zurechnungsweisen versteht (Luhmann 2000: 124), erscheint die gerade angesprochene Kausalkette als eine (leicht) zu dekonstruierende Fiktion. Der ‚Entscheider' Steve Jobs wäre in dieser Lesart nicht nur der ‚Parasit' seiner Entscheidungen, sondern derjenige der Entscheidungen der Firma Apple sowie auch der der Entscheidungen des Marktes (der Kunden und Nutzer). Er wäre somit eine Materialisierung intransparent verlaufender gesellschaftlicher Konstruktionsprozesse, an denen mehrere Beobachter beteiligt sind. Aus Sicht einer Theorie, die aus der Paradoxie des Entscheidens organisationale, aber auch gesellschaftliche Festlegungserfordernisse ableitet, sind derartige Mystifikationen, die herausragende, aber letztlich unwahrscheinliche Erfolge auf besondere Eigenschaften einer Persönlichkeit zurückführen, erklärbar und letztlich unausweichlich (ebd.: 137). Der wesentliche Grund für solche Vereinfachungen sozialer Vorgänge liegt in der (schieren) Notwendigkeit, Paradoxien verdecken und Endlosprobleme der Kausalfindung eindämmen zu müssen. Deswegen wird bei derartigen Beschreibungen auf Handlungen, auf Personen, auf Entscheider und im Fall von Sonderleistungen auf das Charisma eines einzelnen Entscheiders Bezug genommen.

Offen bleibt allerdings, ob das – in der Wissenschaft selbstverständliche – Interesse und vor allem auch die Fähigkeit für die Dekonstruktion von für selbstverständlich gehaltenen Zurechnungsergebnissen in nicht-wissenschaftlichen gesellschaftlichen Zusammenhängen erwartet werden können. Die Option, Handlungen und Handelnde zum Ausgangspunkt für gesellschaftliche Umwälzungen oder zu Verursachern sozialer oder technischer Innovationen zu machen, wäre in dieser Perspektive nicht, wie Luhmann annimmt, allein eine Frage theoretischer Ambitionen, sondern unausweichlich auch ein Produkt sozialer Zusammenhänge (vgl. Kranz 2009). Das hätte auch zur Folge, dass sich Beobachter erster Ordnung insbesondere an Handlungen halten und so an „Kausalität interessierte Beobachter" (Luhmann 2000: 123) entstehen, die kaum an der komplizierten und für unnötig erachteten Aufdröselung von Kausalattributionen interessiert sein dürften.

Auf einen anderen Fall bezüglich der selektiven Tiefen- und Breitenwirkung von Elitehandeln, der im Hinblick auf eindeutige Zurechnungen auch deutlich komplizierter gelagert ist, verweist die Modedesignerin Anja Gockel. In ihrer aufsehenerregenden These macht sie die sexuellen Neigungen einflussreicher Designer, wie Giorgio Armani, Jean Paul Gaultier, John Galliano, Marc Jacobs, Jil Sander und Karl Lagerfeld, dafür verantwortlich, dass auf den Laufstegen von Mailand, Paris, New York und Madrid der Typus superschlanker beziehungsweise abgemagerter Models mit kaum erreichbaren Gardemaßen dominiert. Gockel konstatiert, dass sich in der Modewelt das Idealbild der Frau physisch an einer knabenhaften Figur mit wenig Hüfte und eher kleinen bzw. unscheinbaren Brüsten sowie leitbildhaft an dem weiterhin Erfolg versprechenden Jugendwahn und an der von Karl Lagerfeld vertretenen Maxime der Unerreichbarkeit orientiert.

Gockel hält nicht so sehr die Orientierung an persönlich oder idiosynkratisch gefärbten Idealbildern, sondern vielmehr den von Modedesignern ausgehenden Einfluss auf die über die Modeszene weit hinausgehenden gesellschaftlichen Leitvorstellungen für ein Problem. Size Zero wird zum Gardemaß für alle schönen, gesunden und erfolgreichen Frauen stilisiert. Die von prominenten Designern geprägte Modeindustrie, die ihre Vorreiterrolle durch eingekaufte und zur Schau gestellte Prominenz sowie durch massenmedial anschlussfähige Inszenierungen geschickt kommunizieren kann, propagiert einseitig die Facette eines den individuellen Erfolg symbolisierenden Schönheitsideals, das an veränderte Prämissen gesellschaftlich kreierter Identitäts- und Körpervorstellungen anschließt. Gesundheitsbewusstsein, Fitness, körperliches Wohlbefinden sowie das Re-styling immer neuer Körperregionen werden zu Daueranforderungen für das karrierebewusste, erfolgs- und beziehungsorientierte Individuum. Der Körper wird zum gesellschaftlich vermittelten Konsumobjekt, er wird rationalisiert, kommerzialisiert und verzerrend dramatisiert (Hahn/Meuser 2002: 12; Willems/Kautt 2003: 36).

Die sich in diesem Zusammenhang herauskristallisierenden Thematisierungspraxen kennzeichnen nicht nur eine ausgefeilte Oberflächenästhetik, sondern korrespondieren auch mit der neuzeitlichen Umstellung der Wahrnehmungsstrukturen auf Bildhaftigkeit (Bolz 1993: 183 ff.). Und diese wahrnehmungsverändernde Bildhaftigkeit begünstigt nicht nur eine träge Homogenität und serielle Erstarrung von Gesichtspunkten (Mc Luhan, 1962: 127), sondern verändert auch die Art und Weise, wie Gestalt zu erkennen und bewerten ist. Die Folge ist, dass die so erschaffte Welt nicht nur orientierungsanleitende Kategorien verändert, sondern – weiter gefasst – auch eine sich von verschiedensten Funktionserfordernissen absondernde, gesellschaftlich ausgehandelte Regulation von Aufmerksamkeitsverhältnissen in Gang setzt (Bolz 1993: 202 ff.).

Beiden Phänomenen gemeinsam sind ihre gesellschaftliche Ausbreitung und die Radikalität (dieser) sozialen Veränderungen, was mit der spezifischen Selektivität der jeweiligen Eliten in Verbindung gebracht werden kann. Steve Jobs wird zum Fixstern technischer Innovativität. Er steht als Innovator und Inkubator für die wirtschaftlich erfolgreiche Verbreitung von massentauglichen, aber vor allem auf Exklusivität setzenden technischen Produkten und Anwendungen. Die Modedesigner als Protagonisten der milliardenschweren Mode- und Lifestyle-Industrie sehen sich einem enormen Neuerungs- und Originalitätsdruck ausgesetzt und scheinen dabei aber auch die durch eine einseitige Fixierung auf das skizzierte Schönheitsideal verhängnisvollen gesellschaftlichen Folgen billigend in Kauf zu nehmen: nämlich die zunehmende Ausbreitung der Anorexia nervosa für Teile der aktuell heranwachsenden Generation junger Frauen (u. a. Bahrke et al. 2003; Jäger 2008).

Der dritte, in unserem Zusammenhang relevante Fall einer partiell für interessant beziehungsweise für irrelevant gehaltenen Normalität sozialer Schieflagen unterscheidet sich von den vorhergehenden wesentlich: In diesem Fall geht es weniger um charismatische Persönlichkeiten oder Verantwortlichkeiten, die Eliten zugeschrieben werden können, sondern um den Zusammenhang von Themensetzung und der Art und Weise, wie gesellschaftliche Probleme massenmedial gefiltert werden. Hintergrund des hierzu stellvertretend herangezogenen Beispiels ist die sich seit über einem Jahrzehnt massiv verschärfende und zunehmend desaströs entwickelnde Finanzlage kommunaler Haushalte. Gerade kommunale Vertreter versuchen immer wieder von Neuem, auf das Problem aufmerksam zu machen, dass Städte zunehmend ihre Handlungs- und Steuerungskompetenz verlieren. Auch können sie in einem immer größeren Ausmaß die zunehmenden gesellschaftlichen Aufgaben und Funktionen nicht mehr erfüllen. Folge ist eine eigentlich massenmedial anschlussfähige Krisensemantik, die das Ende der Urbanisierung, das Schrumpfen, den Niedergang oder gar den Tod von Städten beschwört und auch von einem bedrohlichen Funktions- und Gesichtsverlust der Städte spricht.

Infolge der schlechter werdenden Finanzlage der Städte und der stetig steigenden Verschuldung dominieren seit zwei Jahrzehnten Tendenzen, öffentliche Einrichtungen zu privatisieren und deregulieren, was zur Verkümmerung kultureller und sozialer Standards führt. Die Stadt, insbesondere ihre Integrationsfähigkeit, wird für Bürgermeister, Verbandsvertreter von Städten und Gemeinden, aber auch für Experten zusehends zu einem gesellschaftlichen Problem, ohne auf eine entsprechende öffentliche, politische und damit auch gesellschaftliche Resonanz zu stoßen. Die Gründe für die kaum wahrgenommenen Problemlagen deutscher Städte und Gemeinden sind vielfältig, zuweilen intransparent und strittig. Genannt werden teilweise ein rapide fortschreitender Bevölkerungsrückgang, zudem soziale Polarisierungsprozesse, Ungleichheiten und Fragmentierungen, insbesondere auch Konflikte, die sich aus einer ethnisch-kulturellen Heterogenisierung der Bevölkerungsstruktur ergeben. Konstatiert werden des Weiteren zunehmend ausgehöhlte politische Steuerungsmöglichkeiten, was mit der prekären Finanzlage in Verbindung gebracht wird. Ernstzunehmende Signale einer heraufziehenden wirtschaftlichen und sozialen Katastrophe werden vor allem von den Repräsentanten und Verbänden der Städte selbst artikuliert und auch in Einzelfällen zur Kenntnis genommen und öffentlich diskutiert. Seit dem Jahr 2000 ist festzustellen, dass von Vertretern und Repräsentanten der Städte und Gemeinden verstärkt auf aktionistische und alarmistische Kommunikationsformen gesetzt wird, die aber wenig an der mangelnden öffentlichen wie politischen Aufmerksamkeit ändern konnten.

Als exemplarisch für die gesellschaftliche Resonanzlosigkeit kommunaler Problemlagen ist besonders die Initiative von Städten, Gemeinden und Gewerkschaften aus dem Jahr 2010 zu nennen, die unter dem Motto „Städte und Gemeinden in Not – Gerecht geht anders!" stand und fast vollständig ins Leere lief. Während über das Jahr verteilt einige Aktionen, Workshops und Konferenzen noch den Weg in die Internetportale der Initiatoren und Veranstalter fanden und vereinzelt auch öffentliche Aufmerksamkeit erregten, verpuffte eine in Halle an der Saale am 25. Oktober 2010 öffentlich vor dem Rathaus durchgeführte Personalversammlung der Stadtverwaltung fast vollends.

Am nächsten Tag stand nichts in den überregionalen Tageszeitungen oder gar in deren Feuilletons. Stattdessen interessierte sich die *Frankfurter Rundschau* für den Fauxpas des chilenischen Ministerpräsidenten, für den Lotsenmangel und für die Sexvideos von Ottfried Fischer. *Die Welt* richtete ihre Aufmerksamkeit auf das stabil bleibende Konsumklima und auf einen Stalker, der der Bundeskanzlerin nachstellen soll; und die *Süddeutsche Zeitung* beschäftigte sich mit der brisanten Regierungsidee, den ‚Reichen' das Elterngeld zu streichen und mit einem prominenten Trauerfall: Paul die Krake war gestorben.

Ein Grund (für diese spezifische Selektivität), bestimmte gesellschaftliche Verhältnisse nicht zu thematisieren, liegt wohl in der Reproduktionslogik massenmedialer Kommunikation, die nach dem Prinzip der Aktualität funktioniert (Luhmann 1981: 317). Neuheit erhält den Vorzug vor allem anderen – also (möglicherweise) auch bedeutsameren Sachverhalten. Massenmedien integrieren gesellschaftliche Aufmerksamkeit über die Herstellung einer allgemein verfügbaren Aktualität. Anschlusschancen haben nur Ereignisse, die zumindest den Anschein des Aktuellen oder gar des Neuen erwecken können. Selektiv wirksam ist noch etwas anderes und zwar die beim adressierten ‚Empfänger' vermutete „zumutbare und erreichbare Aufmerksamkeit" (ebd.).

Medien treten als Realitätsvermittler sozialer Kommunikation auf und verändern zugleich die soziale Realität (Dogruel 2012). Sie tragen durch den ständigen Rückbezug auf kollektives Wissen auch zur Herausbildung eines ‚common sense' bei (Fraas 2004: 10 f.) und erzeugen auf diese Weise auch ein kulturelles Gedächtnis.

So sind alle in einer auf mehrfache Weise ‚hergestellten' Realität eingebunden. Massenmedien kreieren zunächst kommunikativ eine „Welt von Objekten", die nicht nur von den jeweiligen Meinungen der Teilnehmer unabhängig ist, sondern die zugleich auch eine für alle zugängliche und objektiv erscheinende (zweite) Realität der Welt erschafft (Esposito 1995: 235). Verantwortlich hierfür sind erstens die Vereinfachungsmechanismen der kommunikativen Verarbeitung gesellschaftlicher Wirklichkeit (Personalisierung, Moralisierung, Schematisierung, Generalisierung), die selbst nicht weiter hinterfragt, sondern als geltend vorausgesetzt werden, zweitens die jeweiligen Erfolgsfaktoren bezüglich der erreichten Aufmerksamkeit sowie drittens die Routinen der Organisationen selbst (Luhmann 1996: 71). Dabei wirken insbesondere Programmsektoren, Rubriken, Schablonen, verfügbare Sendeminuten oder Zeitungsspalten vorselektiv. Hinzu kommen die in unserem Zusammenhang besonders interessierenden Effekte, die mit den besonderen Einflüssen von Verlegern, Herausgebern, Referenzmedien, Eignern, mit der Besetzung von Chefredaktionen oder mit der Verflechtung von Medien, Politik und Wirtschaft in Verbindung gebracht werden können. Hierbei ließe sich dann die Frage anschließen, ob die kommunikative Konstruktion der massenmedialen Objekte tatsächlich unabhängig von den Meinungen der (aktiven und passiven) Teilnehmer erfolgt. Besonders aufschlussreich dürfte in diesem Zusammenhang auch das Wirken der Journalisten selbst sein. Sie berichten ja nicht nur (neutral) über Ereignisse, sondern sie wählen auch Kriterien geleitet, das heißt entscheidungsbasiert Geschehnisse aus und können so entweder Berichterstattungen über bestimmte Themen vorantreiben oder in den Hintergrund drängen. Vor allem im Rahmen von Konflikten, öffentlichen Krisen und Skandalen können Journalisten Einfluss nehmen, indem sie explizit kommentieren und bewerten, Expertenmeinungen instrumentalisieren und diejenigen Informationen hervorheben, die mit der eigenen oder anvisierten Sichtweise korrespondiert (Kepplinger 1994: 225 ff.). Demnach werden die massenmedial präsenten Organisationen nicht nur durch die nachrichtentypischen Selektoren (Luhmann 1996: 58 ff.) geprägt, sondern auch besonders durch auszuweisende oder ausgewiesene Personen. Diese haben auch ihren Anteil an den Auswahlprozessen der Objekte, welche die Realität konstruieren. Das bedeutet: Nicht nur werden die weiter oben herausgestellten Leistungen von Eliten in Kommunikationsprozessen beziehungsweise werden die *Eliten* selbst als *Resultat einer Zuschreibung von Verantwortung festge-*

schrieben, die Eliten *wirken auch selbst über ihren gesellschaftlich erworbenen Status* als Produkt gesellschaftlicher Prozesse selektiv.

Der bisher eher skizzenhafte Blick auf gesellschaftliche Eliten weist diese als parasitäre Produkte intransparent bleibender Entscheidungsprozesse aus. Dies gilt besonders im Hinblick auf ihren Einfluss auf (die) spezifische Selektivität massenmedialer Realitätsverfertigung, bestimmte gesellschaftliche Verhältnisse auszublenden, und schließlich auch im Hinblick auf die rekonstruktive Rückführung gesellschaftlicher Probleme auf fast individuell zurechenbare Elitepräferenzen.

An dieser Stelle setzt auch die Eliteforschung an, die sich der Aufgabe verschreibt, die besondere Bedeutung von Eliten für gesellschaftliche Verhältnisse und Wandlungsprozesse zu beleuchten und zu analysieren. In unserem Zusammenhang stellt sich die Frage nach der heutigen Bedeutung von Eliten überhaupt – in Bezug auf die Gesellschaft insgesamt, aber auch auf einzelne Teilbereiche und insbesondere in Bezug auf die sich rasant beschleunigenden Wandlungsprozesse (Rosa 2005). Zu fragen ist an dieser Stelle, ob Eliten eher als Orientierungsgeber fungieren oder noch immer allein machtbezogen handeln. Oder sind Eliten letztlich nur ein Überbleibsel einer untergegangenen Gesellschaftsordnung, ohne Funktion, aber in der Lage, die Reproduktion der privilegierten Schicht auszugestalten und überwachen? Ins Zentrum der Aufmerksamkeit rücken damit auch die Mechanismen und Institutionen der Elitebildung sowie die als Exklusion diskreditierten Reproduktionsmodi, wobei in diesem Fall die Frage vorzuschalten ist, was mit dem Begriff Elite überhaupt bezeichnet wird.

3   Eliten und Elitebildung – Eine Gesellschaft der Mächtigen, Reichen und Leistungsträger?

Eliten werden im gesellschaftlichen Alltag als „gehobene soziale Schicht" oder als „Spitze der Gesellschaft" behandelt. In diesem Verständnis handelt es sich bei Eliten um eine auserwählte, praktisch exklusive soziale Einflussgruppe, die in der Gesellschaft (oder in anderen sozialen Einheiten) bedeutsame Funktionen übernimmt und so (oder über andere Kanäle) herausgehobene Macht- und Einflusspotenziale aufbauen und ausspielen kann. Eliten nehmen demnach sozial exponierte Positionen ein und üben besondere Funktionen aus, wobei die Frage nach den genauen Funktionsbestimmungen strittig ist.

Die klassischen Elitetheorien (vgl. u. a. Mosca 1967; Pareto 1962; Michels 1989) gehen davon aus, dass Eliten Verantwortung für das Funktionieren der Gesellschaft übernehmen. Konkret geht es in dieser Perspektive darum, vor dem Hintergrund der Unberechenbarkeit der ‚Masse' die Aufrechterhaltung der sozialen Ordnung zu gewährleisten (vgl. Rebenstorf 2010). Nur einer kleinen Minderheit der Machtelite, quasi einer sich exklusiv reproduzierenden Elite der Elite, kann es gelingen, die große, unberechenbare und gefährliche ‚Masse' im Zaum zu halten. Aus anderer Perspektive könnte man dieses Ordnungsprinzip auch auf eine Nebenbedingung funktionaler Differenzierung reduzieren und ihren Reproduktionsmodi den Vorrang einräumen. Wie dem auch sei – bis in die heutigen Tage hinein fokussiert die auf Niccolò Machiavelli (1980) zurückgehende Elitetheorie auf ihre ordnungsstiftende Funktion und die Sicherung gesellschaftlicher Machtverhältnisse, die nur von elitären politischen Herrschern zu gewährleisten sei. Im Zentrum einer hierarchisch angeordneten Gesellschaft steht die gern und allzu leicht kritisierte Erhaltung einer privatisierten Macht der Elitemitglieder, die explizit die Absicherung der eigenen Privilegien mit beinhaltet.

3.1 Die Macht der Eliten

Eliten zu betrachten, impliziert fast zwangsläufig die Vorstellung von einer Gesellschaft, die ein bestimmbares ‚Oben' kennt, „das wie eine Abfolge von Berggipfeln aus dem Nebel herausragt, und ein ‚Unten', das unbestimmt bleibt" (Krais 2001: 21; 2003). Diese Auffassung von Eliten geht mit Vorstellungen von einer (konfliktbeladenen) Gesellschaft einher, deren Entwicklung unmittelbar von den Auslese-, Konkurrenz- und Wandelprozessen derjenigen Eliten abhängt, die sich gesellschaftlich durchsetzen können (Bude 2000: 11).

Damit stimmen Vorstellungen über Macht- und Funktionseliten (Stammer 1965: 1 ff.; Keller 1991) überein, denen man als besonderen Sozialaggregaten in einer differenzierten Gesellschaft zutraut, starken Einfluss auf Gesellschaft ausüben bzw. spezifische Verantwortlichkeiten abdecken und bestimmte gesellschaftlich bedeutsame Leitungs-, Koordinations- und Planungsaufgaben übernehmen zu können (Herzog: 1982: 4). Ausgangspunkt ist die Annahme, dass Macht in der Gesellschaft (immer) ungleich verteilt ist. Zur Machtelite zählen dann diejenigen Personen und Gruppen, deren Macht dauerhaft institutionalisiert ist, wobei allgemein vor allem als zentrales Kriterium gilt, dass die Eliten „an der Spitze der gesellschaftlichen Machtpyramide stehen" (Hoffmann-Lange 1992: 21). Das entscheidende Machtkriterium wird aber weniger in besonderen Qualitäten oder Sachkompetenzen der Eliten gesehen, sondern in „ihrer überlegenen Durchsetzungsfähigkeit gegen den Widerstand anderer" (Bude 2000: 11). Macht ist somit Ergebnis erfolgreicher Durchsetzungsstrategien, die ihrerseits als entscheidende Grundbedingungen für soziale Ordnungsbildung fungieren sollen. Diese Ordnungsvorstellung hat mehrere Vorteile: Sie weist nicht nur eindeutig zuordenbare Machteliten aus, an die man sich halten kann oder die aufzeigen, wie man sich durchsetzt (oder scheitert), sondern zugleich werden auch die strategische Qualität von Beziehungen und Verbindungen markiert sowie die vielgestaltigen Bereiche ausgewiesen, in denen mit entsprechenden Machtverhältnissen zu rechnen ist.

Zwei verschiedene Perspektiven, die Macht von Eliten zu fassen, sind zu unterscheiden: erstens ein eng an das Konzept der politischen Herrschaft angelehnter Elitebegriff und zweitens das Konzept von Macht als gesellschaftlichem Einfluss (Vogel 2010: 58). Eliten sind zunächst diejenigen formal und legal ausgewiesenen Positionsinhaber, die gesamtgesellschaftlich verbindliche Entscheidungen treffen oder zumindest maßgeblich beeinflussen. Elite wird dann zu einem „Einordnungs- und Sammelbegriff für all jene, die innerhalb einer gegebenen Ordnung die ranghöchsten Statuspositionen einnehmen und die Entwicklung des Gemeinwesens entscheidend steuern und beeinflussen" (Paris 2003: 60). Die Bestimmung hängt aber nicht nur von herausragenden Talenten und Leistungen ab, sondern wichtig sind vor allem die positionale oder die symbolische „Beglaubigung".

Die hier in Rede stehenden Positionseliten „besitzen entweder politische Macht, indem sie allgemein verbindliche Entscheidungen treffen. (...) Oder sie üben Einfluss auf politische Entscheidungsprozesse aus, indem sie mit Hilfe bestimmter Ressourcen wie ökonomisches Kapital, Informationen oder Organisationskraft gesellschaftliche Macht erzeugen" (Kaina 2002: 9). Macht kommt in Bezug auf Eliten somit in zwei Versionen vor: einmal als politische Macht im Sinne einer formal und vor allem demokratisch legitimierten Teilhabe an kollektiv verbindlichen Entscheidungsprozessen und dann als gesellschaftliche Macht in Form der Einflussnahme auf „herrschaftliches Handeln" (ebd.: 25), die dann einerseits in (illegitime) variable Formen von Patronage oder Korruption oder andererseits in für bedeutsam gehaltene Reputation oder Prominenz übergehen kann.

An dieser Stelle wird nicht nur die Frage der jeweiligen Macht- und Einflusszurechnung angesprochen. Offen bleibt zunächst, ob es sich um gesellschaftlichen Einfluss handelt, der sich aus allen sozialen Teilbereichen rekrutiert und somit auch in alle Teilbereiche hineinwirken kann, oder ob es sich um eine rein politische Form der Machtausübung und Einflussnahme handelt, die dann nachrangige Bereiche der Gesellschaft entsprechend dominieren kann.

Vor allem die klassen-, aber auch die schichtbezogene Ungleichheits- und Eliteforschung argumentieren in diese Richtung. Insbesondere geht sie über die formalen, das heißt die politischen Machtstrukturen hinaus, und ist überzeugt, so die „realen Machtverhältnisse" zu identifizieren und zu analysieren (Hartmann 2004: 73). In dieser Perspektive wird von einer anhaltenden Reproduktion einer herrschenden Klasse ausgegangen. Vor allem Mills, Bourdieu und in Deutschland Michael Hartmann gehen nicht von einer Differenzierung der Elite in verschiedene, voneinander unabhängig und gleichrangig agierende Teileliten aus, sondern sprechen von einer einzigen Machtelite, die trotz der durchaus zu konstatierenden Heterogenität „einen starken inneren Zusammenhalt" aufweist (ebd.: 98).

Eliten sind in diesem Sinn weder pluralistisch strukturiert und auch nicht funktional separiert. Auch spielen gesellschaftliche legitimierte Auswahlprozesse eher eine untergeordnete Rolle. Das entscheidende Moment ist vielmehr darin zu sehen, dass die Elite von oben rekrutiert wird, „sie wird nicht, wie die Autorität und letztlich auch der Führer, von unten gemacht" (Paris 2003: 61). Die Wenigen sorgen immer auch dafür, dass sie sehr Wenige bleiben. Dies wird in der Regel über den Zugangsmodus der Kooptation sichergestellt. Nach Bourdieu wird diese Selbstreproduktion über die speziellen Anforderungen an die kulturelle Kapitalausstattung der zu Rekrutierenden gewährleistet; dieses kulturelle Kapital kann fast ausschließlich in der familiären und schulischen Sozialisation der Gegenwartseliten erworben werden.

Entscheidende Bedeutung kommt in diesem Zusammenhang sozialen Praktiken zu, die im Laufe der Sozialisation angeeignet werden konnten und welche die eigene hohe soziale Position zum Ausdruck bringen. Zu diesen Praktiken gehören die kulturelle vererbte Selbstgewissheit der oberen Klassen, die subtilen Spielregeln des Umgangs miteinander zu kennen sowie eine lässig vorgetragene Distanz zu Kultur und Bildung, die Mittelklassen nicht aufweisen.

Der gesellschaftlich-politische Raum der sozialen Positionen wird aber nicht nur durch verschiedenste Kapitalien vermessen und durch soziale Felder kontextuiert, sondern auch durch den Habitus konstituiert. Mit Habitus ist mehr als nur eine Routine oder lieb gewonnene Gewohnheit gemeint. Es geht vielmehr um eine Grundhaltung gegenüber der Welt, was bestimmte kollektive Wahrnehmungs-, Denk- und Handlungsschemata umfasst. Für Bourdieu (1982: 255) stellt der Habitus ein „Erzeugungsprinzip objektiv klassifizierbarer Formen von Praxis und Klassifikationssystems dieser Formen" dar. Die herrschende Klasse erhebt ihre Lebensform zur Kunstform, zur Leitwährung. Dagegen tritt der Kleinbürger ängstlich und furchtsam auf, weil er sichere Hinweise erhält, de-klassifiziert zu werden. Habitus ist insofern ein System von Grenzziehungen und in diesem Sinn verantwortlich für die gesellschaftliche Reproduktion von Eliten.

Bourdieu geht es nicht darum, eine wie auch immer angeborene oder nicht zu behebende Unfähigkeit, zum Beispiel eine Unfähigkeit zu einer ästhetischen Wahrnehmung, festzustellen. Vielmehr arbeitet er die distinktiven Strategien der höheren Klasse, also der Eliten, heraus, die darauf hinauslaufen, ihren eigenen Geschmack nicht nur zu legitimieren, sondern diesen und damit auch sich selbst gegen einen allgemeinen Zugang zu verteidigen.

Während Bourdieu Habitus bezogene Reproduktionsmechanismen der herrschenden Klasse dechiffriert, betont C. Wright Mills (1956) Verflechtungseffekte zwischen gesellschaftlichen Bereichen und Eliten, die einen übergreifenden und zentral strukturierten Machtapparat ermöglichen. Für ihn können insbesondere Führungspersonen an der Spitze bedeutsamer Großorganisationen von Politik, Militär und Wirtschaft gesellschaftliche Entscheidungen von größter Tragweite treffen und treffen diese auch. Mills macht hierfür einerseits makrosoziale Effekte verantwortlich, das heißt die Herausbildung von drei Sektoren als eigentlichen Machtzentren, denen sich andere Bereiche, Sektoren und Großorganisationen unterzuordnen haben (Hartmann 2004: 77). Um eine mächtige Verflechtung zu sichern, muss es andererseits gelingen, Interessen zu homogenisieren sowie Gemeinsamkeiten hinsichtlich zu verfolgender Wert- und Beurteilungsmaßstäbe zu etablieren, die dann in einer gemeinsamen Handhabung und Kontrolle von Auswahl- und Rekrutierungsmaßstäben zum Ausdruck kommen.

Während der illustrativ bemerkenswerte, aber systematisch unbefriedigende Forschungsansatz von Mills zunehmend wissenschaftlich kritisiert (Dahl 1958; Stanworth/Giddens 1974; Herzog 1982), aber von der Forschung auch erweitert wird (Arrighi 1994; Krysmanski 2004), taucht eine alte These in abgewandelter Form aktuell wieder auf: die These von einer übermächtigen und nicht zu kontrollierenden ‚Power-Elite'.

Ausgangspunkt ist der Befund, dass zentrale politische Entscheidungen nicht Ergebnis parlamentarisch-demokratischer Prozesse sind, sondern wichtige politische Richtlinien von einem anderen Souverän bestimmt und ausgestaltet werden (Domhoff 1998). Angesprochen sind hier insbesondere (korruptiv wirkende) Verbindungen, Networks und Gruppierungen mit Geldmacht (Krysmanski 2004: 25).[8] Diese Rekonfiguration einer neuen Machtelite wird gegenwartsdiagnostisch begründet. Im Zeitalter einer von der USA „dominierten Phase globaler finanzieller Expansion" (ebenda: 199) findet eine Transformation wirtschaftlicher Akkumulation im globalen Maßstab statt – weg von einer warenorientierten und hin zu einer finanzbasierten Wirtschaftsweise. Diese Phase der finanziellen Expansion gehe einher mit einer Verwissenschaftlichung, Technisierung und hierdurch ermöglichten „Informatisierung von Macht- und Herrschaftstechniken, die zur Herausbildung einer neuen Dienstklasse der Geldelite führt" (so schon Bell 1976).

---

8   Am Anfang des Gesetzgebungsverfahrens stehen „erstens der alte und neue Superreichtum (…), zweitens die Wirtschaftskraft der größten Konzerne (corporations). Durch den Einsatz von Fördermitteln, miteinander verknüpfte Direktorate, Forschungsaufträge, durch Personalpolitik usw. bestimmen diese beiden Gruppen die politische Willensbildung" (Krysmanski 2004: 25).

In den letzten 20 Jahren des 20. Jahrhunderts nahm der Reichtum einer kleinen Minderheit von CEOs und Oligarchen zu Lasten der breiten Masse massiv zu (Savage/Williams 2008). Diese Inhaber ökonomischer Spitzenpositionen werden nun als (zentrale und relevante) Eliten betrachtet.[9] Befunde aus einer Untersuchung von Spitzen der Zentralbanken der EU, der USA und Japans (Lebaron 2008) unterstützen diese Sichtweise. Als wesentlich wird der Einfluss dieser neuen Eliten auf ökonomische Prozesse herausgestellt, wobei diese aber eher selten sozialwissenschaftlich betrachtet werden. Zudem wird in diesem Zusammenhang die besondere Verwebung dieser Eliten mit den politischen Institutionen (zwischen Abhängigkeit und Unabhängigkeit) betont (ebd.: 121 f.).[10]

Dieser Effekt gesellschaftlicher Einflussnahme wird durch einen weiteren Effekt folgenreich ergänzt, der sich aus der Praxis gesellschaftlicher Beobachtungen dieses Feldes ergibt. Rekonstruierbar ist eine zweifache Reduktion gesellschaftlicher Selbst- und Fremdbeschreibung: So erscheinen aus einer ökonomischen Perspektive die Zentralbank als rationaler Akteur und die Banker als deren ausführende Agenten, wogegen journalistisch angelegte Perspektiven Entscheidungen und ihre Wirkungen auf die persönlichen Eigenschaften der Entscheider reduzieren.

Wichtig festzuhalten bleibt, dass zwei miteinander verbundene Entwicklungen konstatiert werden: die Herausbildung einer kleinen Gruppe von Superreichen sowie die Transformation der herrschenden Klasse im Zuge der globalen Expansion des Finanzsektors. Zur bisherigen Monetarisierung von Macht kommt ein zweiter Effekt hinzu: „Durch die Geldelite" werden „Geldwerte auch vermachtet" (Krysmanski 2004: 199). Insbesondere Vertreter der „Power Structure Research" sprechen in diesem Zusammenhang von einer neuen globalen, durch konzentrische Kreise strukturierten „Ringburg" (ebd.: 161 ff.). Im Zentrum dieses Ringmodells stehen sowohl die Gruppe der kapitalvernichtenden Su-

---

9   „We argue that financialization provides a point of entrance for understanding changing elite fortunes in our time, because it revalues the power and rewards of the executive elites in giant firms who were supposedly crucial in the old power elite; just as financialization greatly expands the numbers of highly paid intermediaries in banking, corporate finance and coupon trading who are especially important in major global finance centres" (Savage/Williams 2008: 4).

10   Lebaron (2008) selbst geht in Anlehnung an Bourdieu von entscheidenden sozialen Räumen in Form von Räten (Councils) aus, in denen von den Beteiligten (nicht zuletzt symbolische) Kapitalien akkumuliert werden und auf dieser Ebene Aushandlungen stattfinden. Gerahmt wird dies durch ein „global field of power". Dieses Machtfeld weist nun spezifisch konfigurierte Vorstellungen von Exzellenz auf, was wiederum den Zugang zu Positionen beeinflusst. Angelehnt an die erwähnte ökonomische Perspektive, führt die Rekrutierungspraxis zu einer Überrepräsentation von Ökonomen, was sowohl in einen Konflikt zwischen innerer und äußerer Legitimität als auch zwischen politischen und akademischen Ausrichtungen einmündet.

perreichen als auch die Repräsentanten der Verwertungsmacht, die sich aus Repräsentanten der Konzern- und Finanzeliten rekrutiert, insbesondere CEOs aus Finanzdienstleistung, Medien, Industrie und Militär (Hardt/Negri 2002).

Dieses Ringmodell soll nicht nur den tatsächlichen Funktionszusammenhang gesellschaftlicher Machtbildung und -ausübung sichtbar machen, sondern auch die aktuelle gesellschaftliche Reorganisation von herrschenden Klassen aufzeigen sowie die davon profitierenden Machteliten angemessen identifizieren.

Die bis in die heutigen Tage hineinreichende Annahme einer homogenen oder wie immer einheitlich konfigurierten und konfliktarmen politischen Klasse oder gesellschaftlichen Machtelite blieb nicht unwidersprochen. Herausgestellt wird vor allem, dass eine von gesellschaftlichen Differenzierungsprozessen absehende Elitetheorie unterkomplexen Prämissen, wie etwa Verschwörungstheorien, aufsitzt. Das Elitekonzept eignet sich hiernach bestenfalls als „Kategorie der naiven Wahrnehmung" mit hoher Plausibilität (Krais 2001: 49). Genutzt werden vereinfachende Beschreibungsfolien (individuell oder kollektiv zurechenbare Leistungen), wobei es dann nur noch um die „richtigen" positiven wie negativen Leistungszurechnungen geht und nicht mehr um deren generelle Stichhaltigkeit, nicht mehr um eine differenzierte Analyse der system- oder teilbereichsspezifischen Führungsgruppen oder nicht mehr um die Frage, wie sich politisch-gesellschaftliche Prozesse überhaupt beeinflussen, lenken oder gar steuern lassen (Herzog 1982: 114).

Die eigentliche Schwierigkeit liegt nun darin, dass unter dem Etikett Elite unterschiedlichste Probleme verhandelt werden. Elite wird vor diesem Hintergrund selbst zu einem Problembegriff, der Differenzierungsbedarf anzeigt. Zu viele verschiedenartige Phänomene, Prozesse, Wirkungsweisen und gesellschaftlich prozessierte Reflexionsvorgänge verbergen sich hinter diesem Begriff und konstruieren beziehungsweise konstituieren mit an einer jeweils variierenden Bedeutung und Verwendungsweise des Begriffs. Auszugehen ist von äußerst heterogenen Vorstellungen über Eliten, was folglich zu einem multifunktionalen Begriff führt (vgl. u. a. Baecker 2006; Dreitzel 1962; Keller 1991; Luhmann 1993a; Mosca 1967; Nassehi 2004; Stammer 1965), mit dem einerseits die gesellschaftlich variierende Konstitution und Reproduktion von Eliten, andererseits aber auch die sozialen Mechanismen einer universal anzusetzenden Elitebildung analysiert und reflektiert werden können.

3.2 *Gesellschaftliche Differenzierung und Pluralisierung der Eliten*

In stratifizierten Gesellschaften führte die Schichtenbildung insbesondere zu einer Steigerung von Sondererwartungen und interaktiv vermittelten Kommunikationsleistungen (wie etwa Ordnung, Stabilität und Komplexitätsbewältigung; vgl. Luhmann 1993a: 74). Schichtung wurde damit zum Differenzierungskriterium für gesellschaftliche Systembildungsprozesse. Der Ordnungstypus der stratifikatorischen Differenzierung hat die Funktion, den Zugang Gleicher zu derselben Schicht zu erleichtern. Stratifikation meint folglich nicht vordergründig Muster der Verteilung von Rang und Wohlstand, von Einfluss sowie von Prestige auf Personen. Vielmehr ist damit die „Ordnung von Kommunikation durch Systemdifferenzierung" (ebd.: 73) gemeint, wobei durch die hierarchisch gebildeten Teilsysteme die Kommunikation vor allem in der Oberschicht merklich erleichtert wurde.

Eine solche Systemdifferenzierung durch Schichtbildung prägt die Evolutionsbedingungen der Gesellschaft, die ihre Leistungsfähigkeit aus den interaktiv zu koordinierenden Kontakten und Entscheidungen zieht. Die Stabilität der Gesamtordnung wird von der Elite der Gesellschaft getragen, wobei es vor allem darauf ankam, dass ihre Kontaktnetze „die grundlegenden Strukturprobleme ihres Gesellschaftssystems" bearbeiten und lösen konnte (ebd.: 74). Die netzwerkförmig geformten und interaktiv angebundenen Kontaktstrukturen mussten dafür sorgen, durch die permanent zu produzierenden Entscheidungen die Möglichkeiten des erreichten Entwicklungsstandes nicht aufs Spiel zu setzen.

Im Zuge der sich durchsetzenden funktionalen Differenzierung verlieren die Oberschichten ihre gesellschaftliche Funktion der Entscheidungsfindung. So entwickeln sich „zentral liegende Einzelfunktionen, vor allem Politik, Religion und Wirtschaft, (…) zu stärkerer Eigenständigkeit (…) und zwingen die Akteure, der Funktion (...) gegenüber den Regeln ihrer Gesellschaftsschicht den Vorzug zu geben" (ebd.: 81). Die Primärform der Gesellschaft wird von Rang auf Funktion beziehungsweise von Herkunftsbestimmtheit auf Entscheidungsbestimmtheit umgestellt (Luhmann 1985: 130). Das musste Unruhe aufgrund mehrerer Effekte auslösen (vgl. Aderhold/Wetzel/Rückert-John 2009; Fuchs 2009): Nun fehlt ein soziales Zentrum und der Orientierungsanker der gesellschaftlichen Hierarchie fällt weg. Die Teilsysteme gewinnen eine Eigendynamik mit teils drastischen Effekten für jeweils anderen Teilsysteme; vor allem jedoch mit einer generellen Optionssteigerung (siehe Nassehi 2003).

Diese Prozesse gesellschaftlicher Ausdifferenzierung gehen einher mit einer Pluralisierung gesellschaftlicher Eliten. Waren die Machteliten in der stratifizierten Gesellschaft homogen, teilen sie sich in der modernen Gesellschaft in *teilsystembezogene Funktionseliten* und andererseits in *Organisationseliten* auf. Nach Stammer (1965) ist davon auszugehen, dass in jedem Teilbereich spezifische Eliten ausgebildet werden, die nun insbesondere mit der Übernahme der jeweiligen Systemfunktion ‚beauftragt' werden. Abweichend von der klassischen Form der Macht- und Werteliten, die sich primär durch Selbstauslese, Privilegierung und Moralkommunikation auszeichnen, geschieht die Auslese der Funktionseliten durch die Prinzipien Delegation und Konkurrenz und dabei werden breite Schichten der Gesellschaft mit einbezogen.

Die funktionale Differenzierung der Gesellschaft läuft parallel zu einer sich dynamisch verstärkenden Ebenendifferenzierung. Im Zuge der Modernisierung verliert die stratifizierende Differenzierung zwar an gesellschaftlicher Prominenz, verschwindet jedoch nicht. Sie wechselt lediglich den sozialen ‚Ort', weg vom gesellschaftlichen Ordnungsbezug hin zur organisationalen Ebene (vgl. Fuchs 2009). Es entsteht eine neue Ebene der Festlegung, wobei es nun nicht mehr um die Verortung eines einzelnen Zentrums geht. Es gibt nun unüberschaubar viele Festlegungen durch Organisationen und in den Organisationen selbst, die Berechenbarkeit und Orientierung fast unmöglich machen. Hiermit ist eine neue Funktion der Organisation verbunden, was als lokal äußerst begrenzte Kompensation dieses Orientierungsverlusts betrachtet werden kann (vgl. Bauman 2000: 253 ff.). Es bilden sich massenhaft kleine und zuweilen auch größere ‚Organisationsinseln' heraus, auf denen man jeweils sicher steht. Man weiß als Mitglied, woran man ist. Die Welt wird wieder überschaubar und kalkulierbar und auf dieser Grundlage können sich dann besondere Verhaltensweisen herausbilden. Fremdartige Zumutungen können als unzulässig abgelehnt oder diese im Sinne der gelernten Organisationspraxis um- und ausgedeutet werden. Management, Manager und Berater sind es, die als neue Eliten dezentral angelegte Integrations- und Vermittlungsfunktionen übernehmen (vgl. Kranz 2009: 323 ff.).

Die Verantwortung des Managements liegt vor allem in der Ermittlung und Erfüllung von Funktionserfordernissen und -gesichtspunkten, was vorübergehend stabilisierend wirkt. Organisationen sind, wie andere soziale Systeme auch, darauf angewiesen, sich epigrammatisch zu inszenieren und so den teilhabenden Mitgliedern manifestatorisch zu erkennen zu geben, dass in diesen Epigrammen und Inszenierungen Funktionsgesichtspunkte mit berücksichtigt werden können (Markowitz 1987; 2003a; 2003b).

Der Organisation muss es gelingen, vertraute Grundgewissheiten zu etablieren – quasi im ontologischen Sinn: Es geht um Dinghaftigkeit und Materialität, um wahrnehmbare Produkte, Anlagen, Maschinen, Gebäude, technische Infrastruktur, nachprüfbare Aktenförmigkeit und eindeutig geregelte Zuständigkeiten (Zeichnungsberechtigungen) und damit auch um identifizierbare Menschen mit ihren persönlichen Eigenschaften und Gewohnheiten.

Dabei bleiben die gesellschaftlich produzierten Entscheidungserfordernisse und Entscheidungsvorgänge intransparent und den alltäglich zugänglichen und verfügbaren Wissens- und Reflexionsformen verborgen (Luhmann 2000). Organisationen überführen in diesem Sinne funktionsspezifische Erfordernisse (z. B. Marktanforderungen) in handhabbare Erwartungen und Richtlinien und können auf diese Weise durch besondere Formen der Wirklichkeitsherstellung eine ontisch erscheinende Realität konstruieren. Die Funktion des Managements besteht dann darin, die Bedingungen der Möglichkeit der jeweiligen Organisation unter wechselnden Umweltbedingungen zu ermitteln und so in den Organisationsalltag zu transformieren, dass Inszenierungsformate, Manifestationen beziehungsweise Epigramme gefunden werden, welche Funktionserfordernisse für die alltagsweltlich orientierten Mitglieder anschlussfähig machen (ausführlich Kranz 2009).

Die gesellschaftlichen Funktionssysteme selbst halten keine eindeutigen Rationalisierungsvorgaben beziehungsweise Erfolgskriterien bereit, die von den Menschen oder von den Organisationen nur noch ausgelesen oder bedient werden müssen. Auch eine triviale Übersetzung in den monokontextual und ontologisch strukturierten Alltag ist schwer möglich. Die Organisation ist folglich auf Vermittlungsleistungen des Managements angewiesen, die vor allem darin bestehen, die eigene kommunikative Praxis mit dem Sprach- und Abstraktionsniveau von Funktionssemantiken auszustatten.

Festzuhalten ist, dass im Zuge funktionaler Differenzierung und stärkerer Ebenendifferenzierung die Wirkungsmächtigkeit der Eliten von der Gesellschaft doppelt beschnitten wird, aber auch *zwei neue Funktionszuweisungen* erfährt. Eine die gesellschaftliche Einheit repräsentierende Elite wird durch eine „Agglomeration von Teileliten" abgelöst (Hornbostel 2004: 10). Mit der funktionalen Differenzierung der Gesellschaft haben traditionelle Eliten der segmentären Ordnung ihre „gesamtgesellschaftliche Herrschaftsposition zugunsten von *Meinungsführerschaft in funktionalen Teilsystemen*" verloren (Nassehi 2004: 27). Der bisher auf die Gesamtgesellschaft ausgerichtete Macht- und Einflussbereich schmolz also auf jeweils nur einen gesellschaftlichen Teilbereich ein, wobei einerseits systemübergreifende Machtverkettungen möglich bleiben wie andererseits auch die Durchsetzungsfähigkeit von Teileliten massiv beschnitten oder diskursiv unterhöhlt werden kann. Mit der funktionalen ‚Zersplitterung' der Eliten findet zugleich eine Ausdifferenzierung der Funktion der Eliten selbst statt, die je nach Teilsystem und Systemebene entsprechend variiert. Hinzu tritt zudem ein durch massenhafte *Organisationsbildung hervorgerufener Vermittlungsbedarf,* an dem sich zunehmend Eliten abarbeiten (siehe Aderhold 2007; Kranz 2009).

In modernen Gesellschaften gibt es folglich „keine einheitliche herrschende Klasse oder Elite mehr, sondern nur noch einzelne, miteinander konkurrierende funktionale Teileliten an der Spitze der wichtigen gesellschaftlichen Bereiche" (Hartmann 2004: 71). Spätestens an dieser Stelle drängt sich die Frage auf, ob man von einer Spitze in den Teilbereichen überhaupt noch sprechen kann und, falls dies der Fall wäre, mit welchen gesellschaftlichen Folgen derartige Vereinfachungen einhergehen. Rekrutierung beziehungsweise Auswahl bei der Besetzung von Elitepositionen müssten hiernach Kriterien teilsystemischer oder organisationaler Funktionsimperative folgen, wobei deren Ermittlung und Definition selbst ein schwieriges und zuweilen irrational anmutendes Unterfangen darstellen. Die Gesellschaft oder, genauer formuliert, Organisationen und Netzwerke behelfen sich damit, die abzuwickelnden Selektionsprozesse über einen in allen gesellschaftlichen Bereichen auffindbaren Bezug auf Leistung[11] sozial akzeptabel abzusichern.

4   Kontingenzverstärkung durch Leistungsreflexion

Es ist deutlich geworden, dass sich Eliten im Problemzusammenhang hinsichtlich der schwierigen Erfassung funktionaler Erfordernisse im Kontext intransparent bleibender Kommunikationsprozesse der gesellschaftlichen Teilsysteme herauskristallisieren. Nur wie können die Funktions- oder Organisationseliten bei der Übernahme der jeweiligen Systemfunktion auch angemessen beobachtet und bewertet werden? Eine gesellschaftlich folgenreiche Errungenschaft liegt in diesem Fragezusammenhang in der Zurechnung von erbrachten oder für erforderlich gehaltenen Leistungen. Eine professionelle Leistung stellt beispielsweise keine einfach zu erbringende Dienstleistung dar. Sie wird auch nicht primär über den bei der Leistungserbringung anfallenden Zeitaufwand vergütet. Vielmehr geht es um die Bereitstellung einer spezifisch herunter gerechneten Kompetenz, „die sich zeiteffizient in ein Produkt oder eine Hilfeleistung umsetzt" (Mieg 2003: 25).[12]

Ähnlich wie im diskutierten Fall der Funktionseliten, aber mit einer kleinen, wenn auch wesentlichen Akzentverlagerung wird der Begriff der Leis-

---

11   Seit einigen Jahren und sichtlich beeindruckt von psychologischen Ansätzen und Befunden der empirischen Bildungsforschung mehren sich Versuche, den Leistungsbegriff durch den Begriff der Kompetenz zu ersetzen (siehe u. a. Kurtz/Pfadenhauer 2009). Einerseits ist erkennbar, dass es sich hier um Bemühungen handelt, diese begriffliche Neuorientierung gesellschafts- oder organisationstheoretisch zu erklären beziehungsweise fundieren (Kurtz 2009), wobei eine begriffliche Reflexion der sozialwissenschaftlichen Kompetenzforschung, bezogen auf das Verhältnis von Leistung, Funktion und Kompetenz, kaum in Blick gerät. Andererseits liegt der Nutzen dieser unreflektierten Umstellung wohl darin, schwer zu definierende und immer strittig bleibende Leistungen über eine methodisch gehaltvolle Weise wissenschaftlich objektiv operationalisieren zu können (siehe u. a. Erpenbeck/Rosenstiel 2007).

12   Ein Arzt wird nicht für sein Treffen mit dem Patienten vergütet, auch nicht für die Abarbeitung konkreter Arbeitsvorgänge (Blutdruck messen), sondern für die Anwendung der ärztlichen Kompetenz beim Patienten (Heilen) (Mieg 2003).

tungseliten[13] (Dreitzel 1962; Hartmann 2002) eingeführt. Entscheidend ist hier die Frage, welches Kriterium bei der Auswahl und vor allem Bewertung der Funktionsbetreuung durch Eliten entscheidenden Einfluss hat. Nach der genannten Definition von Dreitzel sind die Inhaber von Spitzenpositionen aufgrund von Leistung in diese Positionen gelangt, beziehungsweise sie legitimieren ihre jeweilige Stellung, indem sie in „heldengleichen Erzählungen" ihren unnachahmlichen Erfolg durch Leistung herausstellen (Liebold: 2010: 48). Nicht mehr Adelsstand oder Geburt, sondern Leistungen sind in der modernen Gesellschaft die einzig legitimen Kriterien von Elitequalifizierung und einer hieran orientierten Eliteauslese, wobei noch offen bleibt, welche Leistungen präferiert und in welcher Weise (oder wer) diese Präferenzen aufgestellt werden.[14]

Wie könnte nun ein akzeptables Kriterium zur Bewertung von Eliteleistungen aussehen? Ein nützliches Leistungskriterium könnte in diesem Zusammenhang in einem relevanten gesellschaftlichen Interesse liegen. Die Leistung müsste folglich gesellschaftlich als (hoch) bedeutsam und öffentlich anerkannt werden (Krais 2001: 20). In diesem Fall kommen dann meritokratische Legitimationsmuster und hieran anknüpfende Semantiken der modernen Gesellschaft zum Tragen, die insbesondere „Leistung und Fortschritt", „Leistung und Innovativität" oder „Leistung und Erfolg" sowie die hiermit verbundenen Personen auf entsprechende Weise prämieren.

Gleichzeitig beschränken sich gesellschaftlich vermittelte Aufmerksamkeit und Orientierungen nicht nur auf einen wie immer öffentlich inszenierten Leistungsbereich. Vielmehr gewinnt auch die öffentlich zelebrierte persönliche Lebensführung an Aufmerksamkeit. Eliten haben demnach nicht nur die Aufgabe, Leistungen mit Vorbildcharakter in der Politik, der Wissenschaft, der Kunst oder der Wirtschaft zu erbringen. Sie haben „immer auch die Funktion, Orientie-

---

13 Wie Dreitzel (1962: 67) bemerkt, sind im Sinne eines so verstandenen Elitebegriffs die Inhaber von Spitzenpositionen in der Gesellschaft „aufgrund einer sich wesentlich an der (persönlichen) Leistung orientierten Auslese in diese Positionen gelangt".

14 In diesen auf Leistung abzielenden Überlegungen verbirgt sich ein kompliziertes und äußerst schwer durchführbares Forschungsvorhaben. Auch wenn es auf den ersten Blick einfach und forschungspragmatisch sinnvoll sein dürfte, für die jeweils relevante Untersuchungseinheit Eliten anhand formaler Strukturen, Positionen oder auf der Basis gesellschaftlich zugewiesener Reputation zu identifizieren, können dies nur erste Anhaltspunkte für noch nicht erfasste Strukturierungen hinsichtlich tatsächlicher Einfluss- und Verlaufslogiken von Eliteauswahlprozessen sein. Zweitens ist zu fragen, welche Leistungen ausschlaggebend sind: Reichen die öffentlich zugänglichen Leistungsmaßstäbe oder müssen eher verdeckt bleibende Logiken gesellschaftlich produzierter Leistungsmaßstäbe herangezogen werden? In diesem Zusammenhang ist schließlich drittens zu fragen, wer denn die Leistungsanforderungen definiert und wer an dieser Definition im jeweiligen Objektbereich in welcher Form und mit welchen Folgen beteiligt ist.

rungspunkte anzugeben für das ‚richtige' Handeln, für eine erstrebenswerte Lebensführung" (ebd.: 23).

Es gibt aber noch weitere vielversprechende Kriterien für eine gesellschaftliche Leistungsbemessung. Vorgeschlagen werden Gemeinwohlorientierung, wobei ein Honorar in Form eines Ehrensoldes (vgl. Feuchtwanger 1922) gezahlt werden könnte, und natürlich die Professionalität des Handelns, das heißt, das Handeln soll methodisch angeleitet, effizient, auf wissenschaftlichen Erkenntnissen beruhen sowie von institutionellen Verstetigungen hinsichtlich Rollenasymmetrie, selbst verantworteter Ausbildungsgänge, Standesorganisation und ethischer Kodizes flankiert sein. Die Profession setzt selbst Standards, an denen sich professionelles Handeln auszurichten hat. Insofern liegt die Besonderheit professioneller Leistungsbemessung hauptsächlich in der Entkoppelung von Leistungsbewertung und Leistungsvergütung. Leistungsbewertung ist so vorrangig Angelegenheit der Profession selbst (Mieg 2003: 26 f.) und die Leistungsvergütung wird nicht nur im Kontext der klassischen Professionen wiederum zu einem Feld immer stärkerer gesellschaftlicher Auseinandersetzungen.

Worin besteht also die an zu inszenierenden Leistungen abzulesende Funktion von Eliten und besteht überhaupt ein Zusammenhang zwischen gesellschaftlicher Funktionsübernahme und elitebezogener Leistungsbewertung? Sicherlich sind die ‚von der breiten Masse' entgegengebrachte Achtung und Wertschätzung gegenüber Eliten von Bedeutung. In diesem Sinne kann indirekt von der Wertschätzung auf die zugerechnete Leistung geschlossen werden, bei aller Vorsicht, die vor dem Hintergrund weitreichender Selbstpräsentationstechniken der Eliten angebracht ist. Neben der autoritativen Anerkennung müssen nach Rainer Paris (2003: 67) die Eliten die ihr zugewiesene „Führungsrolle und -verantwortung" erfüllen. Eliten müssen demnach anerkannt sein und sie müssen führen, was man aber erst an den hierdurch ermöglichten Folgebereitschaften ablesen kann.

Im Gegensatz zu den Vertretern der funktionalistischen Elitetheorie stellen die Anhänger einer als homogen angenommenen Power-Elite die Offenheit des Elitenzugangs infrage; sie nehmen auch an, dass ein wie immer institutionalisiertes und gesellschaftliches Leistungsprinzip nicht nur nicht zur Geltung, sondern schlicht reine Fassade ist (siehe hierzu u. a. Liebold 2010). Dieses Leistungsprinzip wird danach deswegen außer Kraft gesetzt, weil es den Eliten gelänge, nur die Kriterien für die Auswahl zuzulassen, die allein sie selbst in angemessener Weise erfüllen können. Der Zugang zu den begehrten Elitepositionen erfolge nicht auf der Basis individuell erbrachter und zurechenbarer Leistungen, sondern nach wie vor über die kulturell und sozialisatorisch vermittelten großbürgerlichen Habitusmuster (Hartmann 2004: 178).

Der Leistungsbezug wird aber noch in einer weiteren Hinsicht kritisch hinterfragt. Bezug nehmend auf zunehmende gesellschaftliche Erwartungshaltungen gegenüber Eliten thematisiert Münkler ein doppeltes Krisenphänomen: Das Vertrauen in gesellschaftliche Institutionen schwindet zusehend, woraus eine gesteigerte Aufmerksamkeit für die verschiedenen Teileliten erwächst. Im Lichte der verstärkten Aufmerksamkeit wird zunehmend ein Eliteversagen konstatiert und entsprechend öffentlich thematisiert, was Forderungen nach neuen, besseren, das heißt leistungsstärkeren Eliten provoziert (Münkler 2006: 31f.). Der Begriff der Leistung entwickelt sich unter diesen Bedingungen weg von einem Bewertungsmaßstab für die Funktionsvermittlung gesellschaftlicher Eliten. Vielmehr entsteht eine gesellschaftliche Erwartungshaltung, die sich zu einer mehr oder weniger erfolgreichen, aber grundsätzlich gesellschaftlich anschlussfähigen Selbstbeschreibungsformel von Eliten entwickeln konnte (Straßenberger 2010).

Eliten werden unter diesen Bedingungen zu Personen oder Gruppen, die gesellschaftliche Entwicklungen beeinflussen, Organisationen prägen können und denen darüber hinausgehend ein Kreativitätspotential zugerechnet wird, das vor allem dann bedeutsam wird, „wenn die alten Institutionen den neuen Zeiten nicht mehr entsprechen", beziehungsweise Eliten, deren Flexibilitätsbeschränkungen sie zu überwinden haben (Straßenberger 2010: 28). Zudem werden Eliten in einer sich beschleunigenden, komplexen und dynamischen Gesellschaft zum Lückenbüßer offensichtlich zunehmender Koordinations-, Effizienz- und Steuerungsdefizite und mit Versionen säkularisierter Heilserwartungen konfrontiert, an denen sie und die Gesellschaft nur scheitern können.

Ohne dies verhindern zu können, verfängt sich die Gesellschaft in ihren eigenen Vereinfachungen, die zugleich funktionale und dysfunktionale Züge annehmen können. Auf der einen Seite wird eine „Labilität gesellschaftlicher Konstruktionen" (Soeffner 2000: 254) konstatiert, die aber nicht einfach konturlos oder sozial unbeantwortet vorliegen. Vielmehr zeichnet sich die Moderne als Ordnungsprinzip ja gerade dadurch aus, dass sie ihre unvermeidbaren Ambivalenzen bekämpft und beseitigen möchte und dabei zugleich neue, folgenreichere provoziert und produziert (Bauman 1995). Hinzu kommt, dass sich der Eindruck oder das Erleben von Unübersichtlichkeit, Unordnung und einer sich daraus ergebenden Unsicherheit nicht eliminieren lassen, was noch dadurch gesteigert wird, dass den sozialen Setzungen, Objektivierungen, Normierungen und Substanzen und deren anerkannten Garanten (u. a. Eliten) zunehmend misstrauisch begegnet wird (vgl. Soeffner 2000: 254 ff.).

Diese zum Teil verhängnisvollen Zusammenhänge finden sich auch in den gesellschaftlich regulierten Prozessen von Elitebildung und Rekrutierung sowie den hiermit einhergehenden Zurechnungsweisen und selektiven Effekten. Die gesellschaftliche Kreation, Bildung und Reproduktion von Eliten sind unvermeidlich und daran ändert auch eine Umstellung auf funktionale Differenzierung wenig. Vielmehr entstand ein sich immer weiter erhöhender gesellschaftli-

cher Bedarf an Entscheidungen, der wiederum weitreichende Zurechnungser-
fordernisse und neue Zurechnungspraktiken nach sich zieht. Die mit und durch
Organisation einhergehenden Mystifikationen, aus denen sich wiederum gesellschaftliche Festlegungserfordernisse ergeben, können Paradoxien verdecken und
Endlosprobleme der Kausalfindung eindämmen. So wird es möglich, recht un-
beschadet Selektivität zurechnen zu können (Schönheit und Erfolg werden definiert und ausgehandelt), aber auch Wirkungen lassen sich in Form von gesellschaftlichen Selektivitäten beobachten, die darüber mit entscheiden, was Aufmerksamkeit verdient und was für wesentlich erachtet wird. In dieser Hinsicht
kann man von *Zurechnungs- oder Selektionseliten* sprechen, an denen einerseits
Erfolg oder Misserfolg abgelesen werden können, denen aber andererseits auch
Wirkungseffekte und Einflussnahme unterstellt werden können. Diese strukturellen Verkettungen können an Filterungseffekten der Massenmedien, an ihren
Inhalten und Darstellungsformaten sowie an den hierdurch erzielten Aufmerk-
samkeiten abgelesen werden. Hierzu gehören auch für die Gesellschaft strate-
gisch ungünstige Positionierungen und Akzentuierung politischer und öffentlicher Aufmerksamkeit, vor allem dann, wenn problematische Themen für Eliten
wenig interessant ausfallen.

Nicht nur hier geht es um mehr als nur um die Frage, wie und mit welchen
Folgen zugerechnet wird. Wir treffen vielmehr auf Vorgänge und Funktionswei-
sen, die einen konstruktivistisch gedachten Strukturbegriff als wenig zielführend
erscheinen lassen. Von sozialen Strukturen nimmt man an, dass diese relativier-
bar, bestreitbar und vor allem sozial traktibel und variabel ausfallen. Mit Struktur sind zugleich die Aspekte von Festlegung und Ermöglichung angesprochen,
wobei die temporär angenommene Festlegung im Fall der gesellschaftlichen
Konstitution von Eliten wohl nur bedingt als variabel oder disponierbar anzusehen ist. Ontologisierung ist hiernach nicht nur ein semantisch konstruierter Effekt, der im elitebezogenen Umgang mit der Gesellschaft entsteht und den man
de-konstruieren könnte, sondern die Gesellschaft ontologisiert sich hinsichtlich
einer universellen Konstitution gesellschaftlicher Eliten unvermeidbar selbst.

Vor allem in dieser Hinsicht sind strukturelle Verfestigungen auszumachen, die über eine änderbare Einschränkung zugelassener Relationen (Luhmann 1993b: 384) hinausgehen. Ungeachtet der aktuellen Gesellschaftsform erfolgt nach wie vor eine durch Geburt, Herkunft und soziale Lage geregelte Eli-
teauswahl. Und die Wenigen sorgen auch dafür, dass sie sehr Wenige bleiben.
Daran ändern wenig die gesellschaftliche Ausdifferenzierung sowie die hiermit
einhergehende Pluralisierung gesellschaftlicher Eliten, die in Form *teilsystembe-
zogener und teilsystemübergreifender Funktionseliten* besonders wirksame
Meinungsführerschaften ausbilden und neu tradieren konnten.

Ein weiterer, sehr dominant ausfallender Elitetypus sind hier ansetzende
Machteliten. Diese sind noch weniger gesellschaftlich zu verhindern, da Exis-

tenz und Reproduktion von Eliten unabhängig vom Entwicklungsstand der Gesellschaft anzusetzen sind. Herausbildung und Reproduktion von Eliten, Ungleichheitslagen und die hiermit einhergehenden massiven Machtasymmetrien sowie die hiermit einhergehenden dysfunktionalen Ressourcenallokationen sind zwar variabel, aber letztlich unvermeidbar. Die Frage ist dann, welche Variationen Formen der Reproduktion annehmen, wie ihre Offenheit ausfällt, welche Eliten sich herausbilden und durchsetzen und welche Effekte hiermit einhergehen.

Darüber hinausgehend, ist nicht zu übersehen, dass die moderne Gesellschaft dann auf besondere Schwierigkeiten stößt, wenn es darum geht, selbst die Funktion von Eliten lokalisieren zu wollen (vgl. Aderhold 2010). Hier bedient sie sich einiger Behelfsmittel. Erstens konnte sie zwei gesellschaftlich folgenreiche Strategien etablieren, erstens eine kritisch ausfallende Einstellung in Bezug auf gesellschaftliche Eliten, bezogen auf identifizierte Mechanismen der Elitereproduktion, sowie zweitens anhand vielschichtig diskutierter und hinterfragter Leistungsbewertungen. Hier fällt insbesondere das Auseinanderdriften von Leistung und Leistungsdiskursen (Selbstinszenierung von Eliten, Selbstbeschreibung sozialer Systeme) und den zusehends unter Druck geratenen gesellschaftlichen Funktionserfordernissen auf. Leistungsbewertungen erfolgen vornehmlich im Interesse individueller oder organisationaler Karrieren und legitimieren sich primär durch Leistungsvergleiche, die ausschließlich den oder die Leistungsbesten (*Leistungseliten*) prämieren, die aber nicht danach fragen, in welcher Hinsicht die prämierten Leistungen sowie die hiermit einhergehenden institutionellen Folgen und Orientierungseffekte auch funktional sinnvoll sind. Auch hier treffen wir auf semantische Verfestigungen (Vergleichskriterien) sowie feststehende Zurechnungspunkte, die sich einer im Normalmodus systemischer Prozesse unausweichlichen Verwendung akteurssemantisch kreierter Bezugspunkte bedienen. Gesellschaftliche Vermittlungserfordernisse werden auf diese Weise kaum berücksichtigt beziehungsweise es werden gerade diejenigen Leistungsdiskurse folgenreich behindert, die versuchen, den unterkomplex ausfallenden Akteursbezug mit einem voraussetzungsreichen Funktionsbezug problematisierend zu vermitteln.

Literatur

Aderhold, Jens (2007): Funktion von Eliten. In: Ders. / Kranz, Olaf (Hrsg.): Intention und Funktion: Probleme der Vermittlung psychischer und sozialer Systeme. Wiesbaden: VS Verlag. S. 191-218.
Aderhold, Jens (2010): Neue Erfordernisse im Elitehandeln im Kontext sekundärer Folgeprobleme der modernen Gesellschaft? In: Ebertz, Michael N. / Schützeichel, Rainer (Hrsg.): Sinnstiftung als Beruf. Wiesbaden: VS Verlag. S. 181-198.

Aderhold, Jens / Wetzel, Ralf / Rückert-John, Jana (2009): Das Unbehagen der Organisation – Paranoia, Sozialpathologie oder Umstellung relevanter Funktionen? In: Wetzel, Ralf / Aderhold, Jens / Rückert-John, Jana (Hrsg.): Die Organisation in unruhigen Zeiten? Über die Folgen von Strukturwandel, Veränderungsdruck und Funktionsverschiebung. Heidelberg: Verlag für systemische Forschung. S. 13-54.

Arrighi, Giovanni (1994): The Long 20th Century: Money, Power, and the Origins of Our Times. London: Verso.

Baecker, Dirk (2006): Das Willkürhandeln von Persönlichkeiten. Die Integrationsfunktion von Eliten im Übergang zur Netzwerkgesellschaft. In: Münkler, Herfried / Straßenländer, Grit / Bohlender, Matthias (2006): Deutschlands Eliten im Wandel. Frankfurt am Main: Campus. S. 297-317.

Bahrke, Ulrich et al. (2003): The Incidence of Pathological Eating Behaviour among Schoolchildren in a Large Urban Area. In: Psychother Psych Med, 53(1): S. 29-34.

Bauman, Zygmunt (1995): Moderne und Ambivalenz : das Ende der Eindeutigkeit. Frankfurt am Main: Fischer Taschenbuch Verlag.

Bauman, Zygmunt (2000): Vom Nutzen der Soziologie. Frankfurt am Main: Suhrkamp.

Bauman, Zygmunt (2008): Flüchtige Zeiten: Leben in der Ungewissheit. Hamburg: Hamburger Ed.

Beck, Ulrich (1986): Risikogesellschaft. Auf dem Weg in eine andere Moderne. Frankfurt am Main: Suhrkamp.

Bell, Daniel (1976): The Coming of Post-Industrial Society. A Venture in Social Forecasting. New York: Basic Books.

Bolz, Norbert (1993): Am Ende der Gutenberg Galaxis: die neuen Kommunikationsverhältnisse. München: Fink Verlag.

Bourdieu, Pierre (1982): Die feinen Unterschiede. Kritik der gesellschaftlichen Urteilskraft. Frankfurt am Main: Suhrkamp.

Bude, Heinz (2000): Auf der Suche nach Elite. In: Kursbuch 139: Die neuen Eliten. Berlin: Rowohlt. S. 9-16.

Dahl, Robert (1958): Critique of the Ruling Elite Model. In: The American Political Science Review, Vol. 52, No. 2. (Iun., 1958), S. 463-469.

Dogruel, Leyla (2012): Medieninnovationen und die Bestimmung des Wandels von Kommunikation. In: Bormann, Inka / John, René / Aderhold, Jens (Hrsg.): Indikatoren des Neuen. Innovation als Sozialtechnologie oder Sozialmethodologie? Wiesbaden: VS Verlag. S. 99-118.

Domhoff, G. William (1968): C. Wright Mills and the Power Elite, Boston, Mass.: Beacon Press.

Dreitzel, Hans Peter (1962): Elitebegriff und die Sozialstruktur. Eine soziologische Begriffsanalyse. Stuttgart: Enke.

Elliot, Jay / Simon, William L. (2011): The Steve Jobs Way: Leadership for a New Generation. New York: Vanguard Press.

Ellrich, Lutz (2004): Die unsichtbaren Dritten – Notizen zur ‚digitalen Elite‘. In: Hitzler, Ronald / Hornbostel, Stefan / Mohr, Cornelia (Hrsg.): Elitenmacht. Wiesbaden: VS Verlag. S. 79-90.

Erpenbeck, John / von Rosenstiel, Lutz (Hrsg.) (2007): Handbuch Kompetenzmessung. Stuttgart: Schäffer-Poeschel.

Esposito, Elena (1995): Interaktion, Interaktivität und die Personalisierung der Massenmedien. In: Soziale Systeme. Heft 2/95. S. 225-260.

Feuchtwanger, Siegbert (1922): Freie Berufe. München/Leipzig: Duncker & Humblot.

Fraas, Claudia (2004): Vom kollektiven Wissen zum vernetzten Vergessen? Neue Medien zwischen kultureller Reproduktion und kultureller Dynamik. In: Kleinberger Günther, Ulla / Wagner, Franc (Hrsg.): Neue Medien – Neue Kompetenzen. Frankfurt am Main: Peter Lang. S. 6-32.

Fuchs, Peter (1992): Die Erreichbarkeit der Gesellschaft. Zur Konstruktion und Imagination gesellschaftlicher Einheit. Frankfurt am Main: Suhrkamp.

Fuchs, Peter (2009): Hierarchien unter Druck – ein Blick auf ihre Funktion und ihren Wandel. In: Wetzel, Ralf / Aderhold, Jens / Rückert-John, Jana (Hrsg.): Die Organisation in unruhigen Zeiten? Über die Folgen von Strukturwandel, Veränderungsdruck und Funktionsverschiebung. Heidelberg: Verlag für systemische Forschung. S. 53-72.

Gresshoff, Rainer / Kneer, Georg / Schimank, Uwe (2003): Einleitung. In: Dies. (Hrsg.): Die Transintentionalität des Sozialen. Eine vergleichende Betrachtung klassischer und moderner Sozialtheorien. Wiesbaden: Westdeutscher Verlag.

Gross, Peter (1994): Die Multioptionsgesellschaft. Frankfurt am Main: Suhrkamp.

Hahn, Kornelia / Meuser, Michael (2002): Zur Einführung: Soziale Repräsentationen des Körpers – Körperliche Repräsentation des Sozialen. In: Dies. (Hrsg.): Körperrepräsentationen. Die Ordnung des Sozialen und der Körper. Konstanz: UVK. S. 7-16.

Hardt, Michael / Negri, Antonio (2002): Empire: Die neue Weltordnung: Frankfurt am Main: Campus Verlag.

Hartmann, Michael (2002): Der Mythos von den Leistungseliten. Spitzenkarrieren und soziale Herkunft in Wirtschaft, Politik, Justiz und Wissenschaft. Frankfurt am Main: Campus.

Hartmann, Michael (2004): Elitesoziologie. Eine Einführung. Frankfurt am Main: Campus.

Herzog, Dietrich (1982): Politische Führungsgruppen. Probleme und Ergebnisse der modernen Elitenforschung. Darmstadt: Wissenschaftliche Buchgesellschaft.

Hoffmann-Lange, Ursula (1992): Eliten, Macht und Konflikt in der Bundesrepublik Deutschland. Opladen: Leske + Budrich.

Hornbostel, Stefan (2004): Zur Einleitung: „Denn viele sind berufen, aber wenige sind auserwählt". In: Hitzler, Ronald / Hornbostel, Stefan / Mohr, Cornelia (Hrsg.): Elitenmacht. Wiesbaden: VS Verlag. S. 9-21.

Imbusch, Peter (2003): Konjunkturen, Probleme und Desiderata sozialwissenschaftlicher Elitenforschung. In: Hradil, Stefan / Imbusch, Peter (Hrsg.): Oberschichten – Eliten – Herrschende Klassen. Opladen: Leske + Budrich. S. 11-32.

Jäger, Burkhard (2008): Soziokulturelle Aspekte der Essstörungen. In: Herpertz, Stephan / de Zwaan, Martina / Zipfel, Stephan (Hrsg.): Handbuch Essstörungen und Adipositas. Heidelberg: Springer. S. 75-81.

Kaina, Viktoria (2002): Elitevertrauen und Demokratie. Zur Akzeptanz gesellschaftlicher Führungskräfte im vereinten Deutschland. Wiesbaden: Westdeutscher Verlag.

Keller, Suzanne (1991): Beyond the Ruling Class: Strategic Elites in Modern Society. New Brunswick/London: Transaction Publishers.

Kepplinger, Hans Matthias (1994): Publizistische Konflikte. Begriffe, Ansätze, Ergebnisse. In: Neidhardt, Friedhelm (Hrsg.): Öffentlichkeit, öffentliche Meinung, soziale Bewegungen. Sonderheft 34/1994 KZfSS. Opladen: Westdeutscher Verlag. S. 214-233.

Krais, Beate (2001): Die Spitzen der Gesellschaft. Theoretische Überlegungen. In: Dies. (Hg.): An der Spitze: Von Eliten und herrschenden Klassen. Konstanz: UVK. S. 7-62.

Krais, Beate (2003): Begriffliche und theoretische Zugänge zu den ‚oberen Rängen' der Gesellschaft. In: Hradil, Stefan / Imbusch, Peter (Hrsg.): Oberschichten – Eliten – Herrschende Klassen. Opladen: Leske + Budrich. S. 35-54.

Kranz, Olaf (2009): Interaktion und Organisationsberatung. Interaktionstheoretische Beiträge zu Profession, Organisation und Beratung. Wiesbaden: VS Verlag.

Krysmanski, Hans Jürgen (2004): Hirten und Wölfe. Wie Geld- und Machteliten sich die Welt aneignen. Darmstadt: Westfälisches Dampfboot.

Kurtz, Thomas (2009): Der Kompetenzbegriff in der Soziologie. In: Ders. / Pfadenhauer, Michaela (Hrsg.): Soziologie der Kompetenz. Wiesbaden: VS Verlag. S. 8-25.

Kurtz, Thomas / Pfadenhauer, Michaela (Hrsg.) (2009): Soziologie der Kompetenz. Wiesbaden: VS Verlag.

Laclau, Ernesto / Mouffe, Chantal (1991): Hegemonie und radikale Demokratie. Zur Dekonstruktion des Marxismus. Wien: Passagen Verlag.

Lebaron, Frédéric (2008): Central bankers in the contemporary global field of power. A "social space" approach. In: Savage, Mike / Williams, Karel (Hrsg.): Remembering Elites. Oxford [u. a.]: Blackwell. S. 121-144.

Leonard-Barton, Dorothy (1995): Wellsprings of knowledge. Building and sustaining the sources of innovation. Boston: Harvard Business School Press.

Liebold, Renate (2010): Selbstbild und Selbstinszenierung der ökonomischen Elite in autobiographischen Selbstdarstellungen. In: Aderhold, Jens (Hrsg.): Eliten in Transformationsprozessen. Beiträge zur Sozialinnovation. ISInova – Institut für Sozialinnovation. Berlin. S. 55-68.

Luhmann, Niklas (1981): Soziologische Aufklärung 3. Soziales System, Gesellschaft, Organisation. Opladen: Westdeutscher Verlag.

Luhmann, Niklas (1985): Zum Begriff der sozialen Klasse. In: Ders. (Hrsg.): Soziale Differenzierung: Zur Geschichte einer Idee. Opladen: Westdeutscher Verlag. S. 119-162.

Luhmann, Niklas (1993a): Gesellschaftsstruktur und Semantik. Studien zur Wissenssoziologie der modernen Gesellschaft. Band 1. Frankfurt am Main.

Luhmann, Niklas (1993b): Soziale Systeme. Grundriß einer allgemeinen Theorie. Frankfurt am Main: Suhrkamp.

Luhmann, Niklas (1994): Die Wissenschaft der Gesellschaft. Frankfurt am Main: Suhrkamp.

Luhmann, Niklas (1996): Die Realität der Massenmedien. Opladen: Westdeutscher Verlag.

Luhmann, Niklas (1997): Die Gesellschaft der Gesellschaft. 2 Bände. Frankfurt am Main: Suhrkamp.

Luhmann, Niklas (1998): Der Staat des politischen Systems. In: Beck, Ulrich (Hrsg.): Perspektiven der Weltgesellschaft. Frankfurt am Main: Suhrkamp. S. 345-380.

Luhmann, Niklas (2000): Organisation und Entscheidung. Opladen/Wiesbaden: Westdeutscher Verlag.

Machiavelli, Niccolò (1980): Der Fürst. Wiesbaden: VMA.

Markowitz, Jürgen (1997): Arbeit - Arbeitsplatz - Arbeitswissenschaft. In: Hallescher Initiativkreis Arbeitswissenschaften (Hrsg.): Band 1. Interdisziplinäre Ringvorlesung Sommersemester 1997. Martin-Luther-Universität Halle-Wittenberg. S. 120-138.

Markowitz, Jürgen (1998): Zum Verhältnis von Schulkultur und Unternehmenskultur. In: Keuffer, Josef u. a. (Hrsg.): Schulkultur als Gestaltungsaufgabe. Partizipation, Management, Lebensweltgestaltung. Weinheim: Beltz. S. 101-117.

Markowitz, Jürgen (2003a): Bildung und Ordnung. In: Tenorth, Heinz-Elmar (Hrsg.): Form der Bildung – Bildung der Form. Weinheim: Beltz. S. 171-199.

Markowitz, Jürgen (2003b): (Nicht) Ganz Einfach. Von den Schwierigkeiten des Phänomens ‚Vereinfachung'. In: scientia halensis, Wissenschaftsjournal der Martin Luther Universität Halle-Wittenberg 2/3. S. 29-30.

McLuhan, Marshall (1962): The Gutenberg Galaxy: The Making of Typographic Man. Toronto u. a.: University of Toronto Press.

Michels, Robert (1989): Zur Soziologie des Parteiwesens in der modernen Demokratie. Untersuchungen über die oligarchischen Tendenzen des Gruppenleben. Stuttgart: Kröner.

Mieg, Harald A. (2003): Problematik und Probleme der Professionssoziologie. In: Ders. / Pfadenhauer, Michaela (Hrsg.): Professionelle Leistung – Professional Performance. Konstanz: UVK. S. 11-46.

Mills, Charles Wright (1956): The Power Elite. Oxford: Oxford University Press.

Mosca, Gaetano (1967): The Ruling class. Ed. by Arthur Livingston. New York et al.: McGraw-Hill.

Münkler, Herfried (2006): Vom gesellschaftlichen Nutzen und Schaden der Eliten. In: Münkler, Herfried / Straßenberger, Grit / Bohlender, Matthias (Hrsg.): Deutschlands Eliten im Wandel. Frankfurt am Main. S. 25-45.

Nassehi, Armin (2003): Geschlossenheit und Offenheit: Studien zur Theorie der modernen Gesellschaft. Frankfurt am Main: Suhrkamp.

Nassehi, Armin (2004): Eliten als Differenzierungsparasiten: Skizze eines Forschungsprogramms. In: Hitzler, Ronald / Hornbostel, Stefan / Mohr, Cornelia (Hrsg.): Elitenmacht. Wiesbaden: VS Verlag. S. 25-41.

Pareto, Vilfredo (1962): System der allgemeinen Soziologie: Einleitung, Übersetzung und Anmerkungen von Gottfried Eisermann. Stuttgart: Enke.

Paris, Rainer (2003): Autorität – Führung – Elite: Eine Abgrenzung. S. 55-72 In: Hradil, Stefan / Imbusch, Peter (Hrsg.): Oberschichten – Eliten – Herrschende Klassen. Opladen: Leske + Budrich.

Parsons, Talcott (1964): The Social System. New York: The Free Press.

Rebenstorf, Hilke (2010): Wieder gelesen: Zur ungebrochenen Aktualität Moscas und Paretos in der Elite-Diskussion. In: Aderhold, Jens (Hrsg.): Eliten in Transformationsprozessen. Beiträge zur Sozialinnovation. ISInova – Institut für Sozialinnovation. Berlin.

Rosa, Hartmut (2005): Beschleunigung. Die Veränderung der Zeitstrukturen in der Moderne. Frankfurt am Main: Suhrkamp.

Savage, Mike / Williams, Karel (2008): Elites. Remembered in capitalism and forgotten by social sciences. In: Dies. (Hrsg.): Remembering Elites. Oxford [u.a.]: Blackwell. S. 1-24.

Soeffner, Hans-Georg (2000): Gesellschaft ohne Baldachin: Über die Labilität von Ordnungskonstruktionen. Weilerswist: Velbrück Wissenschaft.

Stammer, Otto (1965): Politische Soziologie und Demokratieforschung. Ausgewählte Reden und Aufsätze zur Soziologie der Politik. Berlin: Duncker & Humblot.

Stanworth, Philip / Giddens, Anthony (1974): Elites and power in British Society. Cambridge: Cambridge University Press.

Stehr, Nico (1994): Knowledge Societies. London: Sage.

Straßenberger, Grit (2010): Das Leistungsprofil politischer Eliten in der Mediendemokratie. In: Aderhold, Jens (Hrsg.): Eliten in Transformationsprozessen. Beiträge zur Sozialinnovation. ISInova – Institut für Sozialinnovation. Berlin. S. 25-36.

Vogel, Lars (2010): Elite – das sind die Mächtigen: Selbstverständnis und Elitenkonzept der deutschen Abgeordneten. In: Aderhold, Jens (Hrsg.): Eliten in Transformationsprozessen. Beiträge zur Sozialinnovation. ISInova – Institut für Sozialinnovation. Berlin. S. 69-97.

Wagner, Gerhard (1999): Herausforderung Vielfalt. Plädoyer für eine kosmopolitische Soziologie. Konstanz: UVK.

Weber, Max (1980): Wirtschaft und Gesellschaft: Grundriß der Verstehenden Soziologie. Tübingen: Mohr.

Wetzel, Ralf / Aderhold, Jens / Rückert-John, Jana (Hrsg.) (2009): Die Organisation in unruhigen Zeiten? Über die Folgen von Strukturwandel, Veränderungsdruck und Funktionsverschiebung. Heidelberg: Verlag für systemische Forschung.

Willems, Herbert / Kautt, York (2003): Theatralität der Werbung: Theorie und Analyse massenmedialer Wirklichkeit: zur kulturellen Konstruktion von Identitäten. Berlin: Walter de Gruyter

Lockernde Umschriften von Fixierungen: Resümee zur Diskussion kontingenter Realitäten der Welt

René John, Jana Rückert-John und Elena Esposito

Die vorliegenden Beiträge zur Debatte um die Möglichkeit der Beobachtung der Welt lassen sich nicht auf die sich allem Anschein nach ausschließenden Optionen des vorsozialen Seins oder der sozialen Konstruktion festlegen. Weder sprechen sie für eine Ontologie der realen Welt noch für deren totale Konstruktion. Auf ihre jeweils eigene Art betreiben die Beiträge die Auflösung der unergiebigen Opposition von Ontologie und Konstruktion und deren Derivaten. Dabei werden die konstruierten Ontologien mit ihren ontologisierenden Wirkungen konfrontiert. Asymmetrisch wird die antagonistische Differenz in weitere Differenzen hereingenommen. Sich so gemeinsam auf einer Seite der Unterscheidung wiederfindend, verliert der Antagonismus den Anschein des Absoluten – die Umschriften lockern die Verhältnisse und eröffnen andere, weitere Möglichkeiten für die Frage nach der Perzeption von Welt, die auf das Absolute zu verzichten vermag.

Die Beiträge behaupten keine vermittelnden Positionen, die beide Optionen zum Scheinproblem erklärend zu vereinigen trachten. Sie bemühen sich vielmehr um die Intention des Buches, jenseits des epistemologischen Schismas mittels der schon erreichten Einsichten eine Position zu beziehen, von der aus die zwingende Offenheit der Moderne erkennbar wird.

Damit wird zu den Gegenüberstellungen, von denen diese Debatte geprägt ist, deutlich Abstand genommen. Diese Gegenüberstellungen tragen nämlich zur Aufklärung der Differenzen nichts bei, sondern vertiefen diese nur zum Zweck der Verstärkung der eigenen Sichtweise. So meint der in jüngerer Zeit teilweise euphorisch begrüßte neue Realismus, sich gegenüber einem im Konstruktivismus erkannten Antirealismus positionieren zu müssen. Doch ist dies nur eine philosophische Neuauflage eines schon historischen Streites um den eigentlichen Zugang zur Welt. Zuvor hat etwa die Ethnografie schon die Auseinandersetzung zwischen Universalismus und Relativismus erlebt, die Philosophie führte den Streit zwischen Idealismus und Materialismus in verschiedenen Auflagen. Der Streit fand noch unter vielen weiteren Titeln statt und wird sich wohl auch in Zukunft mit weiteren ausstatten. Diese folgen den jeweils artikulierten Fragstellungen, an denen sich die Geister scheiden. Aktuell geht es etwa darum, inwiefern sich die Welt der Gesellschaft gegenüber in ihrem Sein unbestreitbar manifestiert oder ob die Welt nur in ihrer Bedeutung durch die Gesellschaft vorliegt.[1] Auch in dieser Formulierung wird das eigentliche Problem der Selbstbegründung der Gesellschaft evident, um das es von Anfang an gegangen war, wenn Aristoteles die gesellschaftlichen Formen in der Natur und diese in der göttlichen Ordnung gründen lässt, Platon die Gegenstände der Erkenntnis bloß Schatten dessen sind, was eigentlich in Wahrheit geschieht. Seit der Antike aber ist das Erkenntnisinstrumentarium wesentlich angereichert geworden, wie die Philosophiegeschichte und nicht zuletzt die Sozialwissenschaften einen belehren können. So können die Problemstellungen heute anders formuliert werden, wodurch dann auch andere Lösungen zugänglich werden.

Unterzieht man sich der Mühe, das Problem am alltäglichen Geschehen geschult anders zu formulieren, lässt sich der (auch in die Wissenschaft) naheliegenden Sehnsucht nach Sicherheiten im Sein, der Versicherung in der Ontologie, der Behauptung im Realismus widerstehen. Denn letztlich ist dem Zweifel mit bloßen Trotzreaktionen nicht beizukommen. Die Zweiwertigkeit der sich aus den ontologischen oder nun realistischen Positionen ableitendenden Logik kann nämlich nicht einsehen, dass auch mit ihren Annahmen keine Absolutheit zu behaupten ist, sondern dass diese ebenfalls nur Möglichkeiten neben anderen sind: Immer ist man mit Pluralitäten konfrontiert, die für sich – wenigstens im existenziellen Augenblick der Beobachtung – funktionieren.[2] Die Gesellschaft lässt sich von der seienden Welt nicht festlegen, wie auch die Welt von der Gesellschaft nicht. Immer kommt es seitens der Gesellschaft zu Verschiebungen ihr angehörender und hervorgerufener Positionen, doch sind die eben nicht beliebig oder führen gar zum völligen Verlust der Fähigkeit zu Aussagen über die Welt: Das Gespenst des Solipsismus kann darum nicht Bange machen.

Einige Schlaglichter auf und aus den vorliegenden Beiträgen sollen Antworten auf die Problemstellung des Buches präsentieren, zu denen die hier versammelten Autorinnen und Autoren Anlass geben. Über die Möglichkeit der im Buchtitel behaupteten Pluralität von Ontologien der Moderne reflektieren die

---

[1]   Methodologisch für die Sozialwissenschaften gewendet, findet sich eine Diskussion in John/Henkel/Rückert-John (2010).

[2]   Auch Scheitern ist nur eine vorläufige Unterbrechung, deren Absolutheit sich der Beobachtung entzieht. Siehe dazu Junge (2009) und demnächst John/Langhof (2013).

Beiträge des ersten Teils „Wesen – Idee". Wie die konstruktivistische Hybris mag dem Realisten oder auch dem latourschen Dualismus-Überwinder die Rede von der durch Beobachtung erst hergestellten Welt anmuten (Fuchs). Ontologisch kann man sagen, die Welt ist die Welt. Dieser Tautologie ist nichts hinzuzufügen, aber von ihr ist auch nichts zu gewinnen. Erst durch Beobachtung wird aus dieser Welt etwas Informatives abgerungen. Mittels der Besonderung durch Unterscheidung wird aus der Welt etwas identifiziert, das erst jetzt Bedeutung gegenüber dieser Welt hat. Diese Art des Zugriffs vollzieht jeder andauernd problemlos. Dabei wird die Welt als das Andere und Äußere erlebt, weil nur die Welt Anlässe für die differenzierende Beobachtung bietet. Doch zwingt sie nicht zu einer bestimmten Unterscheidung. Heute kann man im Unterschied zu Aristoteles wissen, dass diese auch immer anders ausfallen kann – denn in der Moderne gibt es keinen fixen Anfang und kein fixes Ende mehr. Insofern bleibt der Moderne nichts weiter übrig als durch Beobachtung die Genese der Welt andauernde selbst zu betreiben. Die Gesellschaft sorgt für die zwingende Notwendigkeit der ersten Differenzen oder aber auch für deren Aufhebung durch weitere. Indem nämlich Beobachtungen qua Gesellschaft beobachtet werden, weisen sie auf Referenzen, um die Evidenz ihrer Differenzen nachzuweisen.

Auch im konstruktivistisch agierenden Zugriff der Systemtheorie ist nie Zweifel am Vorhandensein der Welt gegeben (Rasch). Die Frage, ob es die Welt gibt oder nicht, stellt sich nicht, weil die Welt für die Gesellschaft im Sinne energetischer Kontinuität vorausgesetzt wird. Es stellt sich stattdessen die Frage, wie diese Welt unter den Bedingungen der sinnhaften Autopoiese für Gesellschaft eine Rolle spielen kann. Bleibt die Welt sinnhaft unzugänglich, dann erzeugt Beobachtung in ihrem epistemischen Zugriff Realität. Die Welt ist das Medium, aus dem die Gesellschaft mittels Beobachtung realistische Formen differenzierend identifiziert. Sind diese Formen in Existenz gebracht, haben sie Bedeutung für weitere Beobachtungen. Kann die Gesellschaft dann überhaupt falsch liegen, kann sie sich irren, kann sie etwas erfahren, das den durch die Selbstderminierung angereicherten Erfahrungen widerspricht: Ist sie fähig zu Überraschungen und Neuheit?

Offensichtlich ist sie dazu in der Lage, auch wenn ihre Bezeichnungen, mit denen die Differenzen zu Identitäten fixiert werden, auf ein Reservoire zurückgreifen müssen, das nicht unmittelbar der Welt entstammt, sondern der Sprache (Bendel-Larcher). Doch das Unbekannte kommt mittels der Sinnüberschüsse, die in den grundsätzlich metaphorischen Bezeichnungspraxen realisiert werden, zum Ausdruck. Insofern wirkt Sprache im Sprechen einerseits eröffnend, andererseits aber auch verdeckend und perpetuiert dabei den Dualismus von Objekt und Subjekt als ontologisierende Suggestion, deren selbstdeterminierende Evidenz unter Bezug auf den laufenden Diskurs sich in einem aufhäufenden Kategoriensystem begründet. Der Ausweg ist jedoch nicht Schweigen, sondern die sich als Kritik markierende Negation, eben das Weitersprechen.

So wie Schweigen und Reden keine inkommensurablen Alternativen sind, sondern nur verschiedene Kommunikationsformen[3], sowenig können auch andere dualistische Alternativen für sich absolute Positionen beanspruchen. Am Beispiel des Derivats der Differenz von Ontologie und Konstruktion, nämlich dem des Universalismus und Relativismus, lässt sich einsehen, warum das gegenseitige Ausspielen dieser beiden Seiten so unergiebig ist (Moeller). Beides sind nur Formen derselben ontologisierenden Strategie, die ihren jeweiligen Partikularismus verabsolutieren und universalisieren. Die darin zum Ausdruck kommenden Wesensbehauptungen werden durch andere kritisiert, wobei aber vor allem die Kritik selbst zum Problem wird. Denn wenn die universalistische Position durch den universalen Anspruch partikularer Positionen als relative Möglichkeit kritisiert wird, dann wird nicht nur der Partikularismus der universalistischen Position aufgedeckt, sondern gleichzeitig wird die universalistische Hybris der kritisierenden Partikularismen sichtbar. Alle Positionen in der Welt können somit grundsätzlich als gleichartig angesehen werden, sie sind möglich, aber nicht notwendig. Gleichwohl haben alle Partikularismen Folgen, von denen aus ihnen ihre jeweilige Wahrheit zuwächst, ohne dass diese dauerhaft fixiert werden könnte. Stattdessen reibt sie sich an den Wahrheiten der anderen Positionen in der Welt: Sie vergehen, werden konfirmiert oder bilden sich neu.

Die Möglichkeit der Pluralität von Ontologien in der Moderne ist darum zuerst eine epistemologische (Chrobak). Es kann keine Mehrzahl von Welten geben, aber eben sehr wohl von Realitäten. Diese können füreinander unvermittelbar erscheinen, gehören aber gleichwohl einer Gesellschaft und erst recht einer Welt an. Diese Pluralität bringt die allgegenwärtige historische Dynamik hervor, weil sie auch die gegenseitige Kritik der Ontologien ermöglicht. Die historische Dynamik wird nicht erst anhand von Epochen klar, sondern sie zeigt sich alltäglich in den als Handlungen anfallenden Kommunikationen. In der routinisierten Form als Praktiken sind diese so opak, dass sie trotzdem die Grundlage für ontologisierte Sicherheiten in der lebensweltlichen Vertrautheit bieten.

Diese Sicherheiten sind durch die temporären und vielfältigen Möglichkeiten der realitätserzeugenden Perzeption der Welt bedroht, wie die Beiträge des Abschnitts „Ewigkeit – Augenblicke" ausführen. Dabei kann die Moderne nicht mehr auf rahmende Zeithorizonte rekurrieren, die die Unwägbarkeiten der Konsequenzen von Entscheidungen eindämmen (John). Deren Beherrschung stellt

---

3   Das führt Luhmann (1989: 18) aus. Schon Watzlawick, Beavin und Jackson (1969: 53) behaupteten mit ihrem ersten metakommunikativen Axiom, dass man „nicht nicht kommunizieren" kann.

sich als gegenwärtige Gestaltungsaufgabe nicht nur der Zukunft, sondern auch der Vergangenheit dar. Brachte die moderne, de-ontologisierende Öffnung der Zeithorizonte einen Gewinn an Freiheit für die Gestaltung sozialer Beziehungen mit sich, so sind diese Beziehungen für ihren Erfolg doch auf gemeinsame Referenzen angewiesen. Referenzen in der Zeit werden durch die partikulare Schließung der Zeithorizonte mittels der ontologischen Figuren Tradition und Innovation erreicht. Indem in der Zeit sachliche Bezüge fixiert werden, lassen sich soziale Beziehungen verbindlich gestalten. Doch weil solche Prozesse der Selbstbindung andauernd, multibel und ohne Koordination ablaufen, bleiben die Zeithorizonte prinzipiell offen. Es kommt nämlich zu einer Beschleunigung von partikularen Schließungen und deren Öffnungen durch konkurrierende zeitliche Entwürfe. Gerade die Beobachtung des Umgangs mit Zeit in unterschiedlichen sachlichen Zusammenhängen führt die Dynamik des Aufbaus und Zerfalls von Ontologien in der Moderne vor Augen. Wenn etwa die Wirtschaft mit Zeit handelt, geht es nicht um die für alle verbindliche Zeit des Wirtschaftens, sondern um die Gestaltung bestimmter, gegenwärtiger Verhältnisse in Bezug auf mögliche Zukünfte (Esposito). Dies berücksichtigt erst recht die moderne Institution der Versicherungen, die ja selbst ein Finanzinstrument sind (Cevolini). Das alltägliche Geschäft der Versicherungen – und beinahe jeder ist in der einen oder anderen Form versichert – zeigt, wie die gegenwärtige Vorsorge für eine der möglichen Zukünfte, eine Zukunft überhaupt erst ermöglicht. Auf diese Weise wird eine bestimmte Zukunft konstruiert. Weil man sich aber gegenüber einer bestimmten Zukunft mit der Versicherung gewappnet hat, wird sie in Gänze nie eintreffen. Die mit der Zukunft einhergehende existenzielle Unsicherheit wird so in Risiken gewandelt, die sich gegenseitig ausspielen: Das Risiko falscher Voraussicht wird durch das Risiko des Schadensfalls nivelliert. Diese Art der Selbstbindung aber ist mehr als ein gleichgültiges Nullsummenspiel, es ermöglicht unter den Bedingungen abhandengekommener extern zugerechneter Sicherheiten, ein gesichertes Leben.

Der Unvermeidlichkeit ontologischer Konstruktionen lässt sich in den verschiedenen sachlichen Bezügen nachgehen, die im dritten Abschnitt „Substanz – Beobachtung" versammelt sind. Der Wandel des Klimas ist im Grunde eine ebenso banale Beobachtung wie die des andauernden sozio-kulturellen Wandels. Doch beunruhigt die Art dieses Wandels heute etwa die Gesellschaft wie Revolutionen, insofern die anthropogene Verantwortung dieses Wandels zur Debatte steht. Auslöser dieser Debatte ist die Figur ansteigenden Kohlendioxidgehalts der Luft, als dessen Verursacher menschliche Artefakte gelten (Braun-Thürmann). Obgleich die Evidenz der Idee solcher Veränderungen, deren anthropogene Zurechnung und die Folgenabschätzungen von einem erst konstruierten Konglomerat an Instrumenten, Daten und Vergleichsreihen abhängt, das heute enorme Ressourcen in Anspruch nimmt, deren kontingente Konstruiertheit also offen liegt, erscheint der Klimawandel als Faktum. Die mit Zahlenwerten begründete Faktizität beherrscht nun den gesellschaftlich besorgten Diskurs. Auch hier findet eine Selbstbindung statt, die sachliche und soziale Kapazitäten gegenwärtig gegenüber Zukunftsszenarien reklamiert, die aufgrund der Maßnahmen nie in der prognostizierten Art, sondern anders eintreffen werden.

Eine andere Art der alltäglich erlebten Selbstbindung ist die sachliche Dreidimensionalität erlebter Räumlichkeit (Schlottmann). Auch hier kommt es nicht darauf an, ob Räume sind oder gemacht werden. Denn auch diese Variante nach der Frage der Wesenheit der realen Welt ist falsch gestellt. Im Kern meint das Problem doch nur die Richtung, von der aus Raum für die Gesellschaft Bedeutung erlangt: Prägt der Raum in seiner Beschaffenheit der Gesellschaft seine Bedeutung ein oder aber erfährt der Raum seine Bedeutung durch die Gesellschaft? Die unbedingte sachliche Referenz vieler sozialer Beziehungen auf Raum ist auch durch die moderne zeitliche Übertragung der Distanzen nicht aufgehoben, sondern notwendig zur erfolgreichen Koordination. Doch sind diese Notwendigkeiten in ihrer konkreten Form gerade nicht vorgegeben, sondern wiederum kontingent etwa hinsichtlich ihrer Bedeutungsmöglichkeiten. Der Raum an sich spielt darum gesellschaftlich keine Rolle, sondern immer nur die konkret ausfallenden Formen als temporäre Fixpunkte sachlicher Arrangements für soziale Beziehungen. Sie sind als Fixpunkte nicht mehr beliebig, jedoch kritikfähig: Der Raum kann immer auch anders geformt ausfallen. Diese Reflexion ist im Alltag nicht notwendig, aber mindestens in der wissenschaftlichen Reflexion angezeigt. Es geht dabei gar nicht um die Überwindung des ontologischen Verständnisses, sondern um die Einsicht in die kontingente Herstellung von Realität und die Etablierung ihrer nicht beliebigen Verbindlichkeit.

Auch die Politik ist auf ontologisierte Fixpunkte für die Ausrichtung ihrer Aktivitäten angewiesen. Deren konstruktiver Charakter zeigt sich wie auch bei allen anderen Beispielen in der Empirie ihrer historischen Formen. Diese Formen sind nie notwendig, sondern mit dem Verweis auf weitere Annahmen begründet, die – ontologisiert – gültig sind. Daran schließen sich Ketten ontologischer Figuren an, wie sich am Beispiel heteronormativer Geschlechterverhältnisse, entsprechenden Familienformen und Arbeitsverhältnissen zeigt (Weinbach). Dabei fand das noch bis vor nicht all zu langer Zeit seinen Ausdruck in entsprechenden, geschlechtlich hierarchischen Rechtsverhältnissen. Die Absage an heteronormative Geschlechterverhältnisse als Grundlage der Adressierung politischer Maßnahmen ist aber nicht gleichzusetzen mit dem Verzicht auf Ontologie. An deren Stelle etablieren sich andere ontologische Annahmen, mit deren Formen sich etwa die Politik auseinandersetzen muss.

Die Aufhebung ontologischer Zwänge führt darum nicht zur Abwesenheit genau dieses Zwangs. Wären die sozialen Verhältnisse in diesem Sinne ontologisch, bedürfte es nur der Negation der Verhältnisse, um diese eindeutig anders zu gestalten. Abgesehen von der dann herrschenden entropischen A-Historie, letztlich Unsozialität – wäre es unmöglich, das Nicht-Sein als Seiendes zu begreifen, weil man paradoxerweise das Negierte immer noch mitführen müsste. Stattdessen macht die De-Ontologisierung der Kompaktfigur des Geschlechtskörpers im feministischen Diskurs Platz für andere Ontologisierungen (Villa). Auf diese Weise wird der Körper frei als „Rohstoff" für die Gestaltungsaufgabe von Individualität, die bekanntlich sich selbst wiederum im paradoxen Bemühen des Erreichens von Originalität durch Nachahmung verfängt. Dass durch den kosmetisch-technischen Zugriff auf Körper die Formen der überwundenen Ontologie gestaltet werden, ist mehr als bloß eine ironische Fußnote. Um diese Entwicklung zu verstehen, muss man diese Formen in den Kontext der Gesellschaft stellen und die Referenzen der Re-Ontologisierung identifizieren.

Empirisch sind nicht die Formen der sachlichen und sozialen Welt zu beobachten, um festzustellen, was ist. Mit der konstruktivistischen Perspektive ist aber auch nicht das Gegenteil zu sehen, nämlich, wie die Welt beliebig in sozialen Prozessen verfertig wird. Das hat kein ernst zu nehmender Konstruktivismus je behauptet. Die konstruktivistische Perspektive versetzt den Beobachter vielmehr in die Lage, die Transformation ontologisierter Fixierungen zu beobachten. Dann kann man sehen, wie sich die Verbindlichkeiten, welche sich als Realitäten der Welt darstellen, auflösen und durch andere Verbindlichkeiten ersetzt werden, die wiederum ihren Anlass in der Welt finden, um diese zu andere Realitäten zu komprimieren. Am Patientenkörper tritt dies deutlich zutage (Kranz/Erdmenger). Die Medizin muss dabei diagnostisch vom Menschen auf den Körper und von diesem, auf die Pathologie schließen, um überhaupt reagieren zu können. Erst so fallen für die Medizin entsprechende Informationen ab, mit denen spezifisch Kapazitäten für die therapeutische Behandlung zu binden sind.

Am Ende zeigt sich, dass die ontologische Spezifizierung eine notwendige Vereinfachung ist, gerade wenn sie auf Akteure zielt (Aderhold). Dabei kann sie sich auch der Kritik, das heißt alternativen Ontologien gegenüber als resistent erweisen. So wird die Respezifizierung von Akteuren auf einen funktionalen Bezug durch die etablierte Elitensemantik verhindert, die auf den Leistungsbezug beharrt. Die Transformation der geltenden Ontologien muss letztlich in den sozio-kulturellen Wandel der Gesellschaft eingebettet werden. Denn wie sich hier zeigt, kommt es nicht nur auf die allfällige Variation und Selektion der Ontologien an, sondern auf deren Anschlussfähigkeit in den Kontexten der Gesellschaft. Erst hier zeigt sich, inwiefern die Ontologien ihre Bindekraft gesellschaftlicher Kapazitäten entfalten können, indem sachliche und zeitliche Fixierungen soziale Beziehungen stabilisieren können (Esposito 2004). Hieran muss die historisierende Beobachtung der Dynamik der Ontologien anknüpfen.

Die Ideen erweisen sich dem Wesen der Welt gegenüber als ihre spezifischen Ausdrücke, die die Gesellschaft für sie findet. Die konstruktivistische Perspektive nimmt dabei primär empirisch die Pluralität der Möglichkeitsformen in den Blick (Kneer 2009). Als abgeleitete Konsequenz gilt die Einsicht, dass die ontologischen Formen der realen Welt auch anders möglich wären, es in den beobachteten Fällen aber gerade nicht sind, weshalb sie erst ihre spezifischen Folgen zeitigen können. Die Gesellschaft agiert dabei nicht blind, sondern korrigiert sich gegenwärtig anhand ihrer pluralen Entwürfe von Zukünften zunehmend schneller. Gerade die Vielfalt der fassbaren Möglichkeiten zeigt dabei, dass tatsächlich nichts beliebig ist, sondern sich in seiner Gültigkeit als verbindliche Ontologie hinsichtlich spezifischer Referenzen bewähren muss. Es gibt darum keine dritte Seite, mit der die epistemologischen Positionen zu versöhnen oder zu überbieten wären. Diese Debatte kann so nicht ruhig gestellt werden. Im Gegenteil ist es die Absicht des Buches, diese Debatte auf die Spur der Dynamik von Werden und Sein hinzuführen. Dabei fällt die Behandlung dieser Problemstellung in den verschiedenen Beiträgen sehr unterschiedlich aus. Das ist kein Zufall und wird darum mit den Autorennamen unterstrichen. Ein jeder von ihnen bringt spezifische Erfahrungen zum Ausdruck, fixiert diese gleichsam dabei aber in den gedruckten Sätzen. So ontologisiert, wächst den Aussagen ein Sein zu. Dies hat zunächst nur dem Autor, dann aber auch den Herausgebern und schließlich den Verlegern gegenüber Bedeutung. Die Leser kommen allerdings nicht umhin, den hier vorliegenden Texten wiederum ein eigenes Sein zukommen zu lassen, sobald sie zu lesen beginnen. Schon dieses Resümee ist darum ein Art Ontologietransformation. Die ontologisierende Entfremdung des Textes vom Autor bemerkte schon Benjamin (1984). Foucault fürchtete wegen der sich daraus ergebenden Erklärungsbedürftigkeit durch den Autor den Anfang (1991) und verbarg sich später lieber hinter einer Maske (1990). Diese aber setzt der Leser dem Autor ohnehin auf.

Die Autoren dieses Buchs legen sich also fest: Die kontingente Konstruktion notwendiger Ontologien – notwendig im doppelten Sinne als Bedarf und Unvermeidbarkeit von Fixpunkten für die Gesellschaft – offenbart sich einer konstruktivistischen Position, die die Ontologien nicht verneint, sondern über die Bedingungen der Möglichkeit dieser Selbstbindungen aufklärt.

Literatur

Benjamin, Walter (1984): Goethes Wahlverwandtschaften. In Ders.: Allegorien kultureller Erfahrung. Leipzig: Reclam. 286-362.

Esposito, Elena (2004): Die Verbindlichkeit des Vorübergehenden: Paradoxien der Mode. Frankfurt am Main: Suhrkamp.

Foucault, Michael (1990): Der maskierte Philosoph. Gespräch mit Christian Delacampagne. In: Barck, Karlheinz; Gente, Peter; Paris, Heidi; Richter, Stefan (Hrsg.): Aisthesis. Leipzig: Reclam. 5-13.

Foucault, Michael (1991): Die Ordnung des Diskurses. Frankfurt am Main: Fischer.

John, René / Henkel, Anna / Rückert-John, Jana (Hrsg.) (2009): Methodologien des Systems. Wiesbaden: VS Verlag für Sozialwissenschaften.

John, René / Langhof, Antonia (Hrsg.) (2013): Scheitern – ein Desiderat der Moderne? Wiesbaden: VS Verlag für Sozialwissenschaften (in Vorbereitung).

Junge, Matthias (2009): Scheitern: Ein unausgearbeitetes Konzept soziologischer Theoriebildung und ein Vorschlag zu seiner Konzeptionalisierung. In: Junge, Matthias / Lechner, Götz (Hrsg.): Scheitern. Aspekte eines sozialen Phänomens. Wiesbaden: VS Verlag für Sozialwissenschaften. 15-32.

Kneer, Georg (2009): Jenseits von Realismus und Antirealismus. Eine Verteidigung des Sozialkonstruktivismus gegenüber seinen postkonstruktivistischen Kritikern. In: Zeitschrift für Soziologie 38: 5-25.

Luhmann, Niklas (1989): Reden und Schweigen. In: Luhmann, Niklas; Fuchs, Peter: Reden und Schweigen. Frankfurt am Main: Suhrkamp: 7-20.

Watzlawick, Paul; Beavin, Janet H.; Jackson, Don D. (1969): Menschliche Kommunikation. Bern u. a.: Huber.

Verzeichnis der Autorinnen und Autoren

Jens Aderhold, Dr. phil., Institut für Sozialinnovation Berlin. Aktuelle Projekte „Nachhaltiger Konsum durch soziale Innovation" und „Förderliche Governance-Formen im gesellschaftlichen, Transformationsprozess" im Auftrag des Umweltbundesamtes. Forschungsschwerpunkte: Innovations-, Transformations- und Nachhaltigkeitsforschung, Theorie gesellschaftlicher Eliten, Netzwerkbildung und -management, Vertrauens- und Demokratieforschung sowie Organisationsentwicklung.
jens.aderhold@isinova.org

Sylvia Bendel Larcher, Prof. Dr., Hochschule Luzern – Wirtschaft, Dozentin für Kommunikation, Gastprofessorin für deutsche Sprachwissenschaft an der Universität Innsbruck, forscht im Bereich Unternehmenskommunikation, institutionelle Gespräche und Diskursanalyse von Werbetexten.
sylvia.bendel@hslu.ch

Holger Braun-Thürmann, Dr., arbeitet als PostDoc am Klimacampus der Universität Hamburg. Seine Forschungsschwerpunkte liegen im Bereich der Innovations- und Umweltsoziologie.
Holger.braun-thuermann@isinova.org

Alberto Cevolini, Dr., Dipartimento di Comunicazione ed Economia, Università di Modena e Reggio Emilia (Italien), lehrt zurzeit Wissenssoziologie, forscht auf den Gebieten Erkenntnistheorie, Theorie sozialer Systeme und Risikosoziologie.
acevolini@hotmail.com

Karol Chrobak, Dr., Warsaw University of Life Sciences, forscht zu anthropologischen Grundlagen der Kulturphilosophie (H. Plessner, A. Gehlen), arbeitet auf dem Gebiet der Sozialphilosophie und der politischen Philosophie (Institution als anthropologischer Begriff, Theorie der Demokratie).
karol_chrobak@sggw.pl

Thomas Erdmenger, Dipl.-Soz., WZW Wissenschaftszentrum Wittenberg und Institut für Hochschulforschung Wittenberg (HoF), wissenschaftlicher Mitarbeiter, forscht auf den Gebieten Interaktion, Organisation, Hochschule und Krankenhaus.
erdmenger@wzw-lsa.de

Elena Esposito, Prof. Dr., Dipartimento di Comunicazione ed Economia, Università di Modena e Reggio Emilia (Italien). Aktuelle Forschungsschwerpunkte: Soziologische Medientheorie, Gedächtnisforschung, Soziologie der Finanzmärkte, Theorie der Mode.
elena.esposito@unimore.it

Stephan Fuchs, Professor für Soziologie, University of Virginia. Seine Forschungsinteressen betreffen Sozialtheorie, Kultursoziologie und Philosophie der Sozialwissenschaften.
sf4r@cms.mail.virginia.edu

René John, Dr., Philipps-Universität Marburg und Institut für Sozialinnovation Berlin, bearbeitet zurzeit die Umweltbewusstseinsstudie 2012 im Auftrag des Umweltbundesamtes, forscht auf den Gebieten Innovation und sozialer Wandel, Ernährungssoziologie, Geschlechterverhältnisse, Regionalentwicklung, Probleme der Individualisierung und Identität.
rene.john@uni-marburg.de

Kranz, Olaf, Dr., wissenschaftlicher Mitarbeiter an der Universität Regensburg, Lehrstuhl für Führung und Organisation der wirtschaftswissenschaftlichen Fakultät, forscht zur empirisch fundierten und systemtheoretisch informierten Beschreibung der Verhältnisse zwischen sozialen Interaktionen, organisierten Sozialsystemen und Professionen.
olaf.kranz@wiwi.uni-regensburg.de

Hans-Georg Moeller, Dr.; Senior Lecturer, Department of Philosophy, University College Cork, Irland, forscht auf den Gebieten Chinesische Philosophie (vor allem Daoismus und Konfuzianismus), Vergleichende Philosophie, Gesellschaftstheorie (Niklas Luhmann).
h.moeller@ucc.ie

William Rasch ist Professor im Department of Germanic Studies und gegenwärtig Direktor des internationalen Studienprogramms an der Indiana University, Bloomington (USA). Seine Forschungsinteressen umfassen die deutsche intellektuelle Tradition, vor allem die soziale und politische Theorie. Er publizierte umfangreich über Niklas Luhmann, Carl Schmitt und andere deutsche Philosophen und Sozialhistoriker (von Kant bis zur Frankfurt Schule).
wrasch@indiana.edu

Jana Rückert-John, Dr., Zentrum Technik und Gesellschaft der Technischen Universität Berlin und Institut für Sozialinnovation, forscht und lehrt zu Umwelt-, Ernährungs- und Geschlechtersoziologie. Aktuelle Projekte zu sozialen Innovationen und nachhaltigen Konsum sowie förderlichen Governance-Formen.
rueckert-john@ztg.tu-berlin.de

Antje Schlottmann, Jun. Prof. Dr., Goethe-Universität Frankfurt, Institut für Humangeographie forscht im Überschneidungsbereich von Sozialtheorie und Geographie zu gesellschaftlichen Raumverhältnissen in Sprache und Bild, speziell zur Konstruktion von Naturräumen, zu raumbezogener Identität und zu Raumerlebnissen.
schlottm@em.uni-frankfurt.de

Paula-Irene Villa, Prof. Dr., Dipl.-SozWiss, Institut für Soziologie der LMU München, forscht und lehrt zu Soziologischer Theorie, Gender Studies, Körper- und Kultursoziologie, Biopolitik, Elternschaft.
paula.villa@lmu.de

Christine Weinbach, Dr. rer. soc., Wissenschaftliche Mitarbeiterin an der Universität Potsdam. Forschungsschwerpunkte sind Politische Soziologie, Geschlechtersoziologie, Systemtheorie.
Weinbach@uni-potsdam.de

The manufacturer's authorised representative in the EU is Springer
Nature Customer Service Centre GmbH, Europaplatz 3, 69115 Heidelberg,
Germany. If you have any concerns regarding our products, please
contact ProductSafety@springernature.com

Printed and bound by CPI Group (UK) Ltd, Croydon, CR0 4YY
27/04/2026
02097634-0003